数学竞赛问题与感悟

第三卷：真题集锦

主　编　羊明亮

编　委　冷岗松　罗振华

　　　　吴尉迟　施柯杰

　　　　杜昌敏　叶　思

华东师范大学出版社

·上海·

图书在版编目(CIP)数据

数学竞赛问题与感悟.第三卷,真题集锦/羊明亮
主编.—上海:华东师范大学出版社,2019
（新星数学竞赛丛书）
ISBN 978 - 7 - 5675 - 8844 - 8

Ⅰ.①数… Ⅱ.①羊… Ⅲ.①中学数学课-高中-习
题集 Ⅳ.①G634.603

中国版本图书馆 CIP 数据核字(2019)第 062109 号

数学竞赛问题与感悟(第三卷：真题集锦)

主　　编　羊明亮
总 策 划　倪　明
项目编辑　孔令志
审读编辑　石　战
装帧设计　高　山

出版发行　华东师范大学出版社
社　　址　上海市中山北路 3663 号　邮编 200062
网　　址　www.ecnupress.com.cn
电　　话　021 - 60821666　行政传真 021 - 62572105
客服电话　021 - 62865537　门市(邮购)电话 021 - 62869887
地　　址　上海市中山北路 3663 号华东师范大学校内先锋路口
网　　店　http://hdsdcbs.tmall.com

印 刷 者　常熟市文化印刷有限公司
开　　本　787 毫米×1092 毫米　1/16
印　　张　17
字　　数　340 千字
版　　次　2019 年 4 月第 1 版
印　　次　2023 年 2 月第 2 次
书　　号　ISBN 978 - 7 - 5675 - 8844 - 8/G · 11863
定　　价　50.00 元

出 版 人　王　焰

(如发现本版图书有印订质量问题,请寄回本社客服中心调换或电话 021 - 62865537 联系)

序 言

数学新星网创办于 2014 年元月.创办的宗旨是为参加国内外高层次的数学竞赛学生和他们的老师提供一个网上交流平台.五年多来,它坚持严格的择文标准,宁缺毋滥,因此成长为一个高质量的中学数学竞赛网.现在,它既是反映中学生数学创新能力的一个窗口,又引导师生在数学竞赛活动中进行"研究型学习".

五年多来,数学新星网共发表各类文章 180 余篇,新星征解问题 30 期(共计 120 个问题).

数学新星网中最有特色的专栏是数学新星问题征解,供题者有在读的中学生、教练员及年轻的数学家(他们不少是当年的数学竞赛选手,有些甚至是当年的国家队队员).从第十三期开始,新星征解栏由牟晓生(2008年 IMO 满分金牌获得者,哈佛大学博士)主持,题目的新颖度和难度更是有了大的提升,获得了广泛赞誉.

数学新星网中另一个亮丽的专栏是学生作品专栏.学生投稿踊跃,其中不少文章具有新的观点、新的视野及新的方法,反映出中学生极强的创新能力.不少学生作品被一些专家和学者关注、讨论、精心修改.在这里,我们要特别感谢那些幕后的专家和学者的无私奉献.也正是因为这样,学生们的研究兴趣被大大激发,研究能力也得到相应的提升.现在,学生们以能在新星网学生专栏中发表文章为荣.我们也会为收到一篇优秀的学生作品而兴奋不已.

数学新星网的所有文章将分别在两个出版社正式出版.其中有 27 篇学生作品将发表在由熊斌教授主编的《数学竞赛与初等数学研究》一书中,由高等教育出版社出版.其他的大多数文章和新星征解题都将收录新星系列丛书《数学竞赛问题与感悟》,分三卷在华东师大出版社出版.第一卷书名为《征解题集》,主编:牟晓生;第二卷书名为《研究文集》,主编:冷岗松;第三卷书名为《真题集锦》,主编:羊明亮.

在新星系列丛书出版之时,我们特别感谢中国数学奥林匹克的创始人之一裘宗沪先生,他一直关注数学新星网的创建和发展,多次献计献策,使我们备受鼓舞.我们还要特别感谢华东师范大学的熊斌教授,他一直特别关心新星网的建设,给予很多鼓励,在新星网文的出版过程中更是鼎力支持.

我们还要感谢余红兵、李伟固、吴建平、冯志刚、朱华伟、瞿振华、艾颖华、何忆捷、张思汇、付云皓、王彬、冯跃峰、萧振纲、边红平、张瑞祥、聂子佩、邹瑾、张端阳、李先颖等老师多年来对新星网的支持和厚爱.我们还要感谢华东师大出版社教辅分社倪明社长和孔令志副社长,他们的辛勤劳动和支持使得这套系列丛书能够顺利出版.我们也要感谢仁慧书院的张慧伦先生为新星网的宣传和传播所做的贡献.

最后我们还要感谢新星网的一些编辑人员:施柯杰、杜昌敏、王广廷、席东盟、李晋、罗振华、吴尉迟、孙孟越、叶思及一些其他工作人员.

永无踌躇和休止,不断追求和创新.祝愿新星网越办越好!

冷岗松

2019 年 4 月

目 录

一、国内外数学竞赛试题解答与评析

003 2015 年第 31 届 CMO 试题解答与评析（张盛桐 黄小雨）

015 2016 年第 32 届 CMO 试题解答与评析（丁力煌）

027 2017 年第 33 届 CMO 试题解答与评析（韩新淼 叶 奇）

043 2018 年国家集训队第一阶段选拔试题解答与评析（李一笑）

059 2015 年中国西部数学邀请赛试题与解答（王广廷）

069 2016 年中国西部数学邀请赛试题与解答（王广廷）

078 2017 年中国西部数学邀请赛试题与解答（邹 瑾）

087 2017 年北大清华金秋营试题解答与评析（孙孟越等）

105 2016 年全俄数学奥林匹克试题解答与评析（何天成）

116 2016 年 USAMO 试题解答与评析（王逸轩）

127 2018 年 USAMO 试题解答与评析（姚 睿 罗振华）

138 2017 年欧洲女子数学奥林匹克竞赛试题与解答（李朝晖）

144 第一届国际大都市竞赛数学试题解答与评析（吴尉迟等）

153 第二届国际大都市竞赛数学试题解答与评析（张盛桐）

161 2016 年第 57 届国际数学奥林匹克试题及解答（瞿振华）

169 2017 年第 58 届国际数学奥林匹克试题及解答（瞿振华）

176 2018 年第 59 届国际数学奥林匹克试题及解答（瞿振华）

二、新星奥林匹克(NSMO)真题及解答评析

187 2016 年春季上海新星数学奥林匹克试题与解答（施柯杰）

195 2016 年秋季上海新星数学奥林匹克试题解答与评析（吴尉迟　施柯杰）

205 2017 年春季上海新星数学奥林匹克试题解答与评析（吴尉迟等）

215 2017 年夏季上海新星数学奥林匹克试题解答与评析（吴尉迟等）

224 2017 年秋季上海新星数学奥林匹克试题解答与评析（吴尉迟等）

234 2018 年春季上海新星数学奥林匹克试题解答与评析（吴尉迟等）

246 2018 年夏季上海新星数学奥林匹克试题解答与评析（罗振华等）

255 2018 年秋季上海新星数学奥林匹克试题解答与评析（吴尉迟等）

一、国内外数学竞赛试题解答与评析 ①

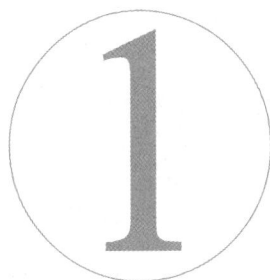

2015 年第 31 届 CMO 试题解答与评析

张盛桐　黄小雨

（上海中学，200231）

指导教师：王广廷

第 31 届中国数学奥林匹克（全国中学生数学冬令营）于 2015 年 12 月 14 日至 18 日在江西省鹰潭市举行．作为参赛者之一，我们觉得此次冬令营试题难度很大，极具挑战性．下面我们给出各题的解答和评注，供大家参考．

题 1　设正整数 a_1，a_2，$\cdots$，a_{31}；b_1，b_2，$\cdots$，b_{31} 满足：

(i) $a_1 < a_2 < \cdots < a_{31} \leqslant 2015$，$b_1 < b_2 < \cdots < b_{31} \leqslant 2015$；

(ii) $a_1 + a_2 + \cdots + a_{31} = b_1 + b_2 + \cdots + b_{31}$．

求 $S = |a_1 - b_1| + |a_2 - b_2| + \cdots + |a_{31} - b_{31}|$ 的最大值．

解　令 $a'_i = a_i - i + 1$，$b'_i = b_i - i + 1$，则由 $\mathbf{Z}$ 的离散性知

$$1 \leqslant a'_1 \leqslant a'_2 \leqslant \cdots \leqslant a'_{31} \leqslant 1985,$$
$$1 \leqslant b'_1 \leqslant b'_2 \leqslant \cdots \leqslant b'_{31} \leqslant 1985, \tag{1}$$

且

$$a'_1 + a'_2 + \cdots + a'_{31} = b'_1 + b'_2 + \cdots + b'_{31},$$
$$S' = \sum_{i=1}^{31} |a'_i - b'_i| = \sum_{i=1}^{31} |a_i - b_i| = S. \tag{2}$$

故只需求 S' 的最大值．记

$$S_1 = \{i \mid a'_i \geqslant b'_i, 1 \leqslant i \leqslant 31\},$$
$$S_2 = \{i \mid a'_i < b'_i, 1 \leqslant i \leqslant 31\}.$$

则

$$|S_1|+|S_2|=31. \tag{3}$$

下证一个关键性的引理.

引理 对任意的 $i \in S_1$, $j \in S_2$,

$$|a_i'-b_i'|+|a_j'-b_j'| \leqslant 1984.$$

事实上,对任意的 $i \in S_1$, $j \in S_2$,

$$|a_i'-b_i'|+|a_j'-b_j'|=|a_i'-b_i'+b_j'-a_j'|$$
$$=|(a_i'-a_j')+(b_j'-b_i')|.$$

由(1)知 $a_i'-a_j'$ 与 $b_j'-b_i'$ 异号,故

$$|a_i'-b_i'|+|a_j'-b_j'| \leqslant \max(|a_i'-a_j'|, |b_j'-b_i'|) \leqslant 1984,$$

引理得证.

回到原题. 由(2)得

$$\sum_{i \in S_1}|a_i'-b_i'|=\sum_{i \in S_2}|a_i'-b_i'|. \tag{4}$$

由(3)、(4)及引理,得

$$\sum_{i=1}^{31}|a_i'-b_i'|=\sum_{i \in S_1}|a_i'-b_i'|+\sum_{i \in S_2}|a_i'-b_i'|$$

$$=\frac{2}{31}(|S_2|\sum_{i \in S_1}|a_i'-b_i'|+|S_1|\sum_{i \in S_2}|a_i'-b_i'|)$$

$$=\frac{2}{31}\sum_{i \in S_1, j \in S_2}(|a_i'-b_i'|+|a_j'-b_j'|)$$

$$\leqslant \frac{2}{31}\sum_{i \in S_1, j \in S_2}1984=\frac{2}{31} \cdot |S_1| \cdot |S_2| \cdot 1984$$

$$=128 \cdot |S_1| \cdot (31-|S_1|)$$

$$\leqslant 128 \times 15 \times 16=30\ 720.$$

当

$$a_1'=\cdots=a_{16}'=1, a_{17}'=\cdots=a_{31}'=1985, b_1'=b_2'=\cdots=b_{31}'=961,$$

即

$$(a_1, a_2, \cdots, a_{16}, a_{17}, a_{18}, \cdots, a_{31})=(1, 2, \cdots, 16, 2001, 2002, \cdots, 2015),$$

$$(b_1, b_2, \cdots, b_{31}) = (961, 962, \cdots, 991)$$

时,上式等号成立.故 S 的最大值为 30 720. □

评注 这是一道离散最值问题,是一个要有组合想法的代数问题.为了看出什么时候取最大值,我们需要对 a_i 和 b_i 作平移变换,平移 $i-1$ 个单位,分别得到 a_i' 和 b_i',这时条件(i)中严格单调就变为上述(1) 式.因此可猜测最大值在一组变量 a_i' 有接近一半取 1,接近一半取 1985,而另一组变量 b_i' 均相等时取得.证明的一个关键点是发现使得 $a_i' \geqslant b_i'$ 中的 $|a_i'-b_i'|$,与使得 $a_j' > b_j'$ 中的 $|a_j'-b_j'|$ 的这两个差的和不大于 1984(即引理).这个引理似乎是避不开的,这也是此题思路较为单一,从而导致难度较高的原因,可以说这是 CMO 史上最难的第一题.

题 2 如图①,凸四边形 $ABCD$ 中,K、L、M、N 分别是边 AB、BC、CD、DA 上的点,满足

$$\frac{AK}{KB} = \frac{DA}{BC}, \frac{BL}{LC} = \frac{AB}{CD}, \frac{CM}{MD} = \frac{BC}{DA}, \frac{DN}{NA} = \frac{CD}{AB}.$$

延长 AB、DC 交于点 E,延长 AD、BC 交于点 F.设 $\triangle AEF$ 的内切圆在边 AE、AF 上的切点分别为 S、T;$\triangle CEF$ 的内切圆在边 CE、CF 上的切点分别为 U、V.证明:若 K、L、M、N 四点共圆,则 S、T、U、V 四点共圆.

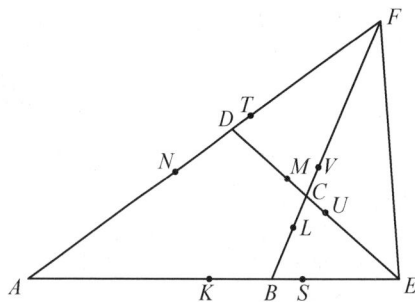

(第 2 题图①)

证明 由 $\dfrac{AK}{KB} = \dfrac{DA}{BC}, \dfrac{DN}{NA} = \dfrac{CD}{AB}$,得

$$AK = \frac{AB \cdot AD}{AD + BC}, \quad AN = \frac{AB \cdot AD}{AB + CD}.$$

当 $AB+CD > AD+BC$ 时,$AN < AK$.同理 $BL < BK$,$CL < CM$,$DN < DM$.故 $\angle AKN < \angle ANK$,$\angle BKL < \angle BLK$,$\angle CML < \angle CLM$,$\angle DMN < \angle DNM$.从而

$$\angle AKN < \frac{\pi - \angle DAB}{2}, \quad \angle BKL < \frac{\pi - \angle ABC}{2},$$

$$\angle CML < \frac{\pi - \angle BCD}{2}, \quad \angle DMN < \frac{\pi - \angle ADC}{2},$$

因此

$$\angle AKN + \angle BKL + \angle CML + \angle DMN < \pi,$$

故 $\angle NKL + \angle NML > \pi$,这与 K、L、M、N 四点共圆矛盾.

因此 $AB + CD > AD + BC$ 不成立,同理 $AB + CD < AD + BC$ 也不可能. 所以 $AB + CD = AD + BC$,故凸四边形 $ABCD$ 有内切圆 ω,设其分别切 AB、BC、CD、DA 于 W、X、Y、Z 点,如图 ② 所示.

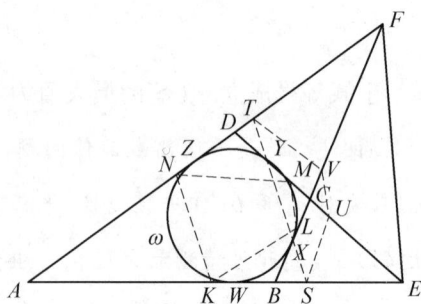

(第 2 题图②)

因为 ω 为 $\triangle ADE$ 的内切圆,$\triangle FCD$ 的外切圆,所以

$$EY = \frac{ED + EC - DC}{2}, \quad CY = \frac{CD + FD - FC}{2},$$

于是 $2CE + CD + FD - FC = AE + ED - AD$,消项整理得 $AF - CF = AE - CE$.

因为 S、U 分别为 $\triangle AEF$ 和 $\triangle CEF$ 与其内切圆的切点,故

$$ES = \frac{AE + EF - AF}{2}, \quad EU = \frac{CE + EF - CF}{2},$$

从而 $ES = EU$.

同理 $FV = FT$,$AT = AS$,$CU = CV$. 因此

$$\angle SUV = \angle SUC + \angle CUV$$

$$= \frac{\pi}{2} + \frac{\angle AEC}{2} + \frac{\angle BCE}{2}$$

$$= \frac{\pi}{2} + \frac{\angle ABC}{2},$$

同样,我们可以得到

$$\angle STV = \angle STF - \angle VTF$$

$$= \pi - \frac{\pi - \angle DAB}{2} - \frac{\pi - \angle AFB}{2}$$

$$= \frac{1}{2}(\angle DAB + \angle AFB)$$

$$= \frac{1}{2}\angle FBE.$$

故

$$\angle SUV + \angle STV = \frac{\pi}{2} + \frac{\angle ABC}{2} + \frac{\angle FBE}{2} = \pi.$$

所以 S、T、U、V 四点共圆. 证毕. □

评注 本题可分解为两道几何题,中间用凸四边形 $ABCD$ 有内切圆这一结论来过渡. 这一题的前半部分不是很难,结合四边形有内切圆的判定条件,用反证法即可得证,属于一个熟知的结论. 后半部分略有难度,关键是发现四个角上的小三角形为等腰三角形,而这一点要结合切线的性质,严谨推导. 值得一提的是,有些同学在得出两组对边和相同后,直接写了图中四个点为内切圆的切点,然而仔细思考后会发现这四个点不一定为切点. 总的来说,第二题是一道中等难度的几何题.

题 3 设 p 是奇素数,a_1,a_2,$\cdots$,a_p 是整数,证明以下两个命题等价:

(i) 存在一个次数不超过 $\dfrac{p-1}{2}$ 的整系数多项式 $f(x)$,使得对每个不超过 p 的正整数 i,都有 $f(i) \equiv a_i \pmod{p}$;

(ii) 对每个不超过 $\dfrac{p-1}{2}$ 的正整数 d,都有

$$\sum_{i=1}^{p} (a_{i+d} - a_i)^2 \equiv 0 \pmod{p},$$

这里下标按模 p 理解,即 $a_{p+n} = a_n$.

证明 我们首先证明下面的引理.

引理 对素数 $p \geqslant 3$,$0 \leqslant n < p-1$,$n \in \mathbf{N}_+$,有 $p \mid \sum\limits_{i=1}^{p} i^n$.

引理证明 当 $n=0$ 时,$\sum\limits_{i=1}^{p} i^n \equiv p \equiv 0 \pmod{p}$,结论成立.

下面考虑 $1 \leqslant n < p-1$ 的情况. 由于 $p \mid p^n$,因此只要证 $p \mid \sum\limits_{i=1}^{p-1} i^n$. 由模素数的原根存在性,设 g 为模 p 的原根($g \in \mathbf{N}_+$),则在模 p 意义下,

$$g^0, g^1, \cdots, g^{p-2} \text{ 为 } 1, 2, \cdots, p-1 \text{ 的排列.} \qquad (*)$$

故只要证明 $p \mid \sum\limits_{i=0}^{p-2} g^{in}$.

设 $d = (n, p-1)$,由 $n < p-1$ 知,$d < p-1$. 又 $g^{p-1} \equiv 1 \pmod{p}$,对任意 $0 \leqslant i \leqslant p-2$,$in$ 模 $p-1$ 的余数中 0,d,$2d$,$\cdots$,$(p-1)-d$ 各出现 d 次. 所以只需证明

$$p \mid d \cdot \sum_{i=0}^{\frac{p-1}{d}-1} g^{id}. \qquad (1)$$

由 $(*)$ 且 $p \mid 1 + 2 + \cdots + (p-1) = \dfrac{p(p-1)}{2}$,得

$$p \mid \sum_{i=0}^{p-2} g^i = (\sum_{i=0}^{d-1} g^i) \cdot (\sum_{i=0}^{\frac{p-1}{d}-1} g^{id}) = \frac{g^d-1}{g-1} \cdot \sum_{i=0}^{\frac{p-1}{d}-1} g^{id}.$$

由于 g 为原根,而 $d < p-1$,因此 $p \nmid g^d - 1$,故

$$p \mid \sum_{i=0}^{\frac{p-1}{d}-1} g^{id}.$$

从而(1)式成立,引理得证.

回到原题.

先证 (i)$\Rightarrow$(ii).

设 $f(x) = c_k x^k + c_{k-1} x^{k-1} + \cdots + c_0$,其中 $c_i \in \mathbf{Z}$, $0 \leqslant i \leqslant k$, $c_k \neq 0$, $k \leqslant \dfrac{p-1}{2}$,则对 $1 \leqslant d \leqslant \dfrac{p-1}{2}$,

$$a_{i+d} - a_i \equiv f(i+d) - f(i) \pmod{p}.$$

而

$$f(x+d) - f(x) = \sum_{i=1}^{k} c_i [(x+d)^i - x^i]$$

$$= d \cdot \Big[\sum_{i=1}^{k} c_i ((x+d)^{i-1} + (x+d)^{i-2} x + \cdots + x^{i-1}) \Big],$$

所以 $f(x+d) - f(x)$ 为关于 x 的不大于 $\dfrac{p-3}{2}$ 次整系数多项式,从而 $[f(x+d) - f(x)]^2$ 为关于 x 的不大于 $p-3$ 次整系数多项式. 设其为

$$g(x) = b_l x^l + \cdots + b_0 (b_i \in \mathbf{Z}, 0 \leqslant i \leqslant l, b_l \neq 0, l \leqslant p-3),$$

从而由引理,得

$$\sum_{i=1}^{p} (a_{i+d} - a_i)^2 \equiv \sum_{i=1}^{p} g(i) = \sum_{i=1}^{p} \sum_{j=0}^{l} b_j i^j = \sum_{j=0}^{l} b_j \sum_{i=1}^{p} i^j \equiv \sum_{j=0}^{l} 0 \equiv 0 \pmod{p}.$$

故(i)$\Rightarrow$(ii)证毕.

下证(ii)$\Rightarrow$(i).

记 F 是次数不大于 $p-1$,且每项系数都属于 $\{0, 1, 2, \cdots, p-1\}$ 的整系数多项式 $f(x)$ 的集合,

$$G = \{(n_1, n_2, \cdots, n_p) \mid 对于 1 \leqslant i \leqslant p, n_i \in \{0, 1, 2, \cdots, p-1\}\}.$$

由于将 $f(x)$ 的系数及 a_i 在模 p 同余下任意替换不影响命题,因此只需考虑 $f(x) \in F$,

$(a_1, a_2, \cdots, a_p) \in G$ 的情况.

构造映射 $\Delta: F \rightarrow G$ 如下:对 $f \in F$,

$$\Delta(f) = (n_1, n_2, \cdots, n_p),$$

且对 $1 \leqslant i \leqslant p$, $f(i) \equiv n_i \pmod{p}$.

若存在 $f \neq g \in F$ 使得 $\Delta(f) = \Delta(g)$,则在模 p 下,$1, 2, \cdots, p$ 均为 $f(x) - g(x)$ 的根. 又 $f(x) - g(x)$ 不会是零多项式,由拉格朗日(Lagrange)定理得 $\deg(f-g) \geqslant p$,而 $\deg f, \deg g \leqslant p - 1$,则 $\deg(f-g) \leqslant p - 1$,矛盾. 所以 Δ 为单射,又 $|F| = p^p = |G|$,因而 Δ 为双射.

由 (i)$\Rightarrow$(ii) 知,要证(ii)$\Rightarrow$(i),只要证明:对 F 中大于 $\dfrac{p-1}{2}$ 次的 f,$\Delta(f) = (n_1, n_2, \cdots, n_p)$,存在 $1 \leqslant d \leqslant \dfrac{p-1}{2}$,使得

$$\sum_{i=1}^{p} (n_{i+d} - n_i)^2 \not\equiv 0 \pmod{p}, \tag{$**$}$$

即存在 $1 \leqslant d \leqslant \dfrac{p-1}{2}$ 使得

$$\sum_{i=1}^{p} [f(i+d) - f(i)]^2 \not\equiv 0 \pmod{p}.$$

设 $f(x) = d_k x^k + \cdots + d_0$,其中 $d_i \in \mathbf{Z}$, $0 \leqslant i \leqslant k$, $d_k \neq 0$, $\dfrac{p+1}{2} \leqslant k \leqslant p - 1$,则

$$[f(x+d) - f(x)]^2 = d^2 \cdot \Big[\sum_{i=0}^{k} d_i ((x+d)^{i-1} + (x+d)^{i-2} x + \cdots + x^{i-1})\Big]^2$$

$$= d^2 \cdot \Big[\sum_{i=0}^{k} d_i (c_i^1 x^{i-1} + c_i^2 x^{i-2} d + c_i^3 x^{i-3} d^2 + \cdots + c_i^i d^{i-1})\Big]^2. \tag{2}$$

展开式为关于 x 的 $2k-2$ 次式,其中每项的系数均为关于 d 的整系数多项式.

设 x^{p-1} 的系数为 $h(d)$,$h(d) \in \mathbf{Z}[x]$,由引理,对 $0 \leqslant n < p-1$,有 $p \mid \sum_{i=1}^{p} i^n$. 而由费马(Fermat)小定理,当 $n = p-1$ 时,

$$\sum_{i=1}^{p} i^n \equiv p - 1 \pmod{p};$$

当 $p-1 < n < 2(p-1)$ 时,

$$\sum_{i=1}^{p} i^n \equiv \sum_{i=1}^{p} i^{n-(p-1)} \equiv 0 \pmod{p}.$$

又 $p - 1 \leqslant 2k - 2 \leqslant 2p - 4$,故

$$\sum_{i=1}^{p}(n_{i+d}-n_i)^2 \equiv \sum_{i=1}^{p}\left[f(i+d)-f(i)\right]^2 \equiv h(d)(p-1) \pmod{p}. \tag{3}$$

注意到(2)式与 d_i 相乘的括号内,每一项 d 与 x 的次数和固定为 $i-1$.因此 $h(d)$ 的最高次项为由 d_k 对应括号内项的积产生,故 $h(d)$ 的最高次项系数为

$$d^2 d_k^2(c_k^1 c_k^{2k-p}+c_k^2 c_k^{2k-p-1}+\cdots+c_k^{2k-p}c_k^1)=d^2 d_k^2(c_{2k}^{2k-p+1}-2c_k^{2k-p+1}),$$

最高次项为 $2k-p-1$ 次.

由 $\dfrac{p+1}{2}\leqslant k\leqslant p-1$,得 $p\nmid 2k-p+1$,$p\nmid c_k^{2k-p+1}$.故在 p 进制下 $2k-p+1$ 与 $p-1$ 相加会进位,由库默尔(Kummer)定理,$p\nmid c_{2k}^{2k-p+1}$,则

$$p\nmid d^2 d_k^2(c_{2k}^{2k-p+1}-2c_k^{2k-p+1}),$$

即 $h(d)$ 在模 p 下次数为 $2k-p-1$ 次且不为零多项式.而 $0\leqslant 2k-p-1\leqslant p-3$,从而存在 $1\leqslant d\leqslant p-1$,使得 $h(d)\not\equiv 0\pmod{p}$,不然,由拉格朗日定理,$2k-p-1\geqslant p-1$,矛盾.故由(3)式得

$$\sum_{i=1}^{p}(n_{i+d}-n_i)^2 \not\equiv 0 \pmod{p}.$$

若 $1\leqslant d\leqslant \dfrac{p-1}{2}$,($**$)已得证.

若 $\dfrac{p-1}{2}\leqslant d\leqslant p-1$,考虑 $d'=p-d$,则 $1\leqslant d'\leqslant \dfrac{p-1}{2}$,

$$\sum_{i=1}^{p}(n_{i+d'}-n_i)^2 \equiv \sum_{i=1}^{p}(n_i-n_{i+d'})^2 \equiv \sum_{i=1}^{p}(n_{i+p}-n_{i+d'})^2$$

$$\equiv \sum_{i=1}^{p}\left[n_{i+d'}+(p-d')-n_{i+d'}\right]^2$$

$$\equiv \sum_{i=1}^{p}(n_{i+d}-n_i)^2 \not\equiv 0 \pmod{p}.$$

所以 $p\nmid \sum_{i=1}^{p}(n_{i+d'}-n_i)^2$,($**$)也得证.

综上,(ii)$\Rightarrow$(i) 成立.故(i)$\Leftrightarrow$(ii). □

评注 作为冬令营第三题,本题难度非常大,直逼集训队考试的难度.(i)推(ii)难度不大,只要用到多项式差分后,再用一个素数的小结论,熟悉数论的同学可以很快做出这一部分.而(ii)推(i)的难度相当的大.首先注意到模 p 意义下不大于 $p-1$ 的多项式在 $1,2,\cdots,p$ 上取值模 p 的余数两两不同,其中要用到拉格朗日定理;然后发现所构造集合元素个数各 p^p 个,可形成双射,从而将其转化为大于

$\dfrac{p-1}{2}$ 次的多项式不满足(ii),之后只要将多项式的差分式的平方展开后分析 x^{p-1} 次项的系数,将其看作一个 d 的多项式并要证明可取一个使之不为 p 的倍数,然后用(i)推(ii)用到的数论结论即可. 这道题的过程可谓是极其繁琐,难度也很大,在写的时候也要极其小心,注意多项式与同余中的各项细节.

题 4 设整数 $n \geqslant 3$,不超过 n 的素数共有 k 个,且 A 是集合 $\{2, 3, \cdots, n\}$ 的子集,A 的元素个数小于 k,且 A 中任意一个数不是另一个数的倍数. 证明:存在集合 $\{2, 3, \cdots, n\}$ 的 k 元子集 B,使得 B 中任意一个数也不是另一个数的倍数,且 B 包含 A.

证明 将集合 $\{2, 3, \cdots, n\}$ 中的素数记为 $p_1, p_2, \cdots, p_k$,令 $z_i = [\log_{p_i} n]$,则

$$p_i^{z_i} \leqslant n < p_i^{z_i+1}, \quad i = 1, 2, \cdots, k.$$

设 $|A| = s$,$s < k$. 对于任意 $a \in A$,称 a 占领 p_i,若 a 与 $p_i^{z_i}$ 有倍数关系,即满足(i)$a \mid p_i^{z_i}$,或者 (ii)$p_i^{z_i} \mid a$.

若对任意 $a \in A$,存在 p_i 满足条件(i),则 a 为 p_i 的方幂,从而 a 只占领 p_i.

另一方面,若 a 由条件(ii)占领了两个素数 $p < q$,则 $q \mid a$,$p^\alpha \mid a$,$\alpha = [\log_p n]$. 从而 $a \geqslant p^\alpha q \geqslant p^{\alpha+1} > n$,矛盾. 因此 a 只占领一个素数 p.

故对任意 $a \in A$,a 至多只占领一个素数,从而 A 至多占领素数 $p_1, p_2, \cdots, p_k$ 中的 s 个. 所以至少有 $k-s$ 个素数未被占领,设其为 $q_1, q_2, \cdots, q_{k-s}$,记 $\alpha_i = [\log_{q_i} n]$,$i = 1, 2, \cdots, k$. 令

$$B = A \bigcup \{q_1^{\alpha_1}, q_2^{\alpha_2}, \cdots, q_{k-s}^{\alpha_{k-s}}\},$$

由占领定义知 B 中元素两两之间无倍数关系,且 $|B| = k$,故 B 满足要求. $\square$

评注 这是一道难度适中的第 4 题,这题在题干中就已经指明了解题方向. 设出了素数有 k 个就提示要从素数考虑,而"非倍数"则提示我们添加最"难以"满足倍数关系的数,结合两点就不难想到取素数最高幂,这就解决了问题.

题 5 在平面中,对任意给定的凸四边形 $ABCD$,证明:存在正方形 $A'B'C'D'$(其顶点可以按顺时针或逆时针标记),使得 $A' \neq A$,$B' \neq B$,$C' \neq C$,$D' \neq D$,且直线 AA'、BB'、CC'、DD' 经过同一个圆.

证明 (1) 凸四边形 $ABCD$ 为矩形,按逆时针标记. 以 A 为顶点,BA、DA 的延长线为边向外任作正方形 $A'B'C'D'$,令 $C' = A$,按顺时针标记. 从而 AA'、BB'、CC'、DD' 过 A,且 $A' \neq A$,$B' \neq B$,$C' \neq C$,$D' \neq D$.

(2) 凸四边形 $ABCD$ 不为矩形. 因为内角和为 $360°$, 所以四个内角中至少有一个锐角, 不妨设 $\angle BAD < 90°$. 任取 AC 上一点 C', 以 C' 为顶点作直角, 保证其两边分别与 AB、CD 交于点 B'、D'.

将直角 $\angle B'C'D'$ 以 C' 为中心旋转, 当接近 $C'D' \parallel AD$ 时, $C'D' \to +\infty$, 而此时 $\angle AC'B' = 90° + \angle DAC < 180° - \angle CAB$. 所以另一边 $C'B'$ 始终与 AB 相交, 则此时 $C'B'$ 趋向一个有限值, 所以 $C'D' - C'B' \to +\infty$.

同理, 当接近 $C'B' \parallel AB$ 时, $C'D' - C'B' \to -\infty$. 因此由介值原理, 存在直角 $\angle B_0C'D_0$, 使 $B_0C' - D_0C' = 0$. 从而以 B_0C'、D_0C' 为边可作正方形 $A'B_0C'D_0$, 且 AA'、B_0B、CC'、D_0D 均过 A.

通过以 A 为中心的位似, 易使 $B_0 \neq B$, $C \neq C'$, $D_0 \neq D$ (因为至多有三个 C' 使这个不成立). 而 $\angle B_0A'D_0 = 90°$, $\angle B_0AD_0 = \angle BAD < 90°$, 所以 $A' \neq A$. 故肯定存在符合要求的 $A_0B'C_0D'$. $\square$

评注 第五题实质上是一个几何作图问题. 入手点是清晰的: 先找出公共的那个点, 再在连线上找出 A'、B'、C'、D'. 关于这个点有两种取法: 一种在边 (或对角线上), 另一种是直接利用顶点 A. 相比较而言, 后一种比较简便.

在做此题时需要灵活运用条件, 避开限制. 这题允许在正方形定住的情况下通过更改顶点标号来避免重合. 很多同学没有意识到这一点, 导致在解题中困难重重. 需要注意的是很多人尝试用位似、射影来解此题, 利用这种方法解题的人往往没有意识到位似、射影中的共点包括平行, 这在此题中是不允许的, 事实上, 这正是难点所在.

题 6 一项赛事共有 100 位选手参加. 对于任意两位选手 x、y, 他们之间恰好比赛一次且分出胜负, 以 $x \to y$ 表示 x 战胜 y. 若对任意两位选手 x、y, 均能找到关于选手序列 $u_1, u_2, \cdots, u_k (k \geqslant 2)$, 使得 $x = u_1 \to u_2 \to \cdots \to u_k = y$, 那么称该赛事结果是 "友好" 的.

(i) 证明: 对任意一个友好的赛事结果, 存在正整数 m 满足如下条件:

对任意两位选手 x、y, 均能找到某个长度为 m 的选手序列 $z_1, z_2, \cdots, z_m$ (这里 $z_1, z_2, \cdots, z_m$ 可以有重复), 使得 $x = z_1 \to z_2 \to \cdots \to z_m = y$.

(ii) 对任意一个友好的赛事结果 T, 将符合 (i) 中条件的最小正整数 m 记为 $m(T)$, 求 $m(T)$ 的最小值.

证明 (i) 对于两位选手 x、y, 按如下方式构造 $a(x, y) \in \mathbf{N}_+$ 与 $b(x, y) \in \mathbf{N}_+$, 满足若 $m = a(x, y)k + b(x, y)(k \in \mathbf{N})$, 则存在 $v_1, v_2, \cdots, v_m$, 使得

$$x \to v_1 \to v_2 \to \cdots \to v_m = y. \qquad\qquad (*)$$

对第一对 (x, y), 由 "友好" 的定义, 存在 $r_1, r_2, \cdots, r_l$, 使得

$$x \rightarrow r_1 \rightarrow r_2 \rightarrow \cdots \rightarrow r_l = y. \tag{1}$$

取 $z \neq x, y$，则由定义，存在 $v_1, v_2, \cdots, v_t, u_1, \cdots, u_s$，使得

$$x \rightarrow v_1 \rightarrow v_2 \rightarrow \cdots \rightarrow v_t = z \rightarrow u_1 \rightarrow u_2 \rightarrow \cdots \rightarrow u_s = x. \tag{2}$$

令 $a(x, y) = t + s \geqslant 2$，$b(x, y) = l$，对 $m = a(x, y)k + b(x, y)$，重复 k 次 (2)，再接一次 (1) 即可。

下设已构造完一些 $a(x, y)$、$b(x, y)$，并记 π 为所有这些 $a(x, y)$ 之积，那么 $\pi \geqslant 2$。考虑 (x_0, y_0)，类似的，令 $b(x_0, y_0) = l_0$，除去 x_0、y_0，剩 98 人，其中至少有一个人胜两局。不妨设 $a \rightarrow b$，$a \rightarrow c$，再不妨设 $b \rightarrow c$，这里 a、b、c 与之前构造的 x、y 均不相等。有定义，设

$$x_0 \rightarrow v_1 \rightarrow \cdots \rightarrow v_{t_0} = a \rightarrow c = u_1 \rightarrow \cdots \rightarrow u_{s_0} = x_0, \tag{3}$$

重复 $\pi - 1$ 次 (3)，再进行一次

$$x_0 \rightarrow v_1 \rightarrow \cdots \rightarrow v_{t_0} = a \rightarrow b \rightarrow c = u_1 \rightarrow \cdots \rightarrow u_{s_0} = x_0,$$

得 $x_0 \rightarrow \cdots \rightarrow x_0$ 且长为 $\pi(t_0 + s_0) + 1$ 的圈。令 $a(x_0, y_0) = \pi(t_0 + s_0) + 1$，则其满足 (*) 且与之前 $a(x, y)$ 均互素（因为与 π 互素）。

所以可对所有的二人对 (x, y) 构造两两互素的 $a(x, y)$ 与 $b(x, y)$ 使 (*) 成立。同余方程组 $m \equiv b(x, y) \pmod{a(x, y)}$ 有正整数解 m。由 (*) 知对任意的 x、y，存在 $v_1, v_2, \cdots, v_m$ 使 $x \rightarrow v_1 \rightarrow v_2 \rightarrow \cdots \rightarrow v_m = y$。

(ii) 记 $m(T, n)$ 为 n 个选手时 $m(T)$ 的最小值。显然 $m(T, n) \geqslant 3$。

首先，我们证明：$m(T, 9) = m(T, 12) = 3$。

当 $n = 9$ 时，把选手编号为 $1, 2, \cdots, 9$，以下均在模 9 时讨论。令选手 i 胜 $i+2$、$i+3$、$i+4$、$i+8$，则有 i 负 $i+7$、$i+6$、$i+5$、$i+1$，故所有胜负关系已确定。此时

$$i \rightarrow (i+2) \rightarrow (i+2+8) = i+1, \quad i \rightarrow (i+3) \rightarrow (i+3+8) = i+2,$$

其余关系类似可得。

当 $n = 12$ 时，令 i 胜 $i+2$、$i+3$、$i+4$、$i+7$、$i+11$，i 与 $i+6$ 间胜负关系可任意确定。类似与 $n = 9$ 的情形可验证所有胜负关系都已确定。

接下来，我们证明：若 $m(T, a) = m(T, b) = 3 = m(T, c)$，$a, b, c \geqslant 3$，则

$$m(T, a+b+1) = 3, \quad m(T, a+b+c) = 3. \tag{**}$$

对 $n = a+b+c$，把选手分为 V_1、V_2、V_3 三组，分别有 a、b、c 人。在 V_1 内确定胜负使得在 V_1 中

$m(T)=3$,同样使 V_2、V_3 中 $m(T)=3$.

令 V_1 中人胜 V_2 中人,V_2 中人胜 V_3 中人,V_3 中人胜 V_1 中人.

对任一选手 $x \in V_1$,考虑选手 y:

(A) 若 $y \in V_1$,由于在 V_1 中 $m(T)=3$,存在另一人 $z \in V_1$,使得 $x \to z \to y$;

(B) 若 $y \in V_2$,由于 V_1 胜 V_2,则存在 $z \in V_1$,且 $x \to z$,使得 $x \to z \to y$;

(C) 若 $y \in V_3$,则对任意 $z \in V_2$,都有 $x \to z \to y$.

对于 $x \in V_2$,V_3 的情形可以类似讨论,因此 $m(T, a+b+c)=3$,$n=a+b+1$ 的情形也可以类似得到. 从而($**$)得证.

故由 $m(T, 9)=m(T, 12)=3$,得 $m(T, 9+12+9)=m(T, 30)=3$,再由($**$)得

$$m(T, 30+9+1)=m(T, 40)=3,$$
$$m(T, 30+40+30)=3,$$

即 $m(T, 100)=3$. □

评注 本题放在第六题的位置似乎比较简单,也许算是对第一天的难度的补偿吧! 第一小问的方法比较多,既可以直接拿出两个人来仔细地分类讨论做分析,也可以直接证明对所有充分大的 m,这样的结论都是成立的. 虽说方法很多,归根结底还是要找到过一个人的两个长度互质的圈. 然后反复地在这些圈上操作,用数论的方法得到所需要的 m,所有方法的本质都在于此.

第二问是一个构造题,需要大胆的猜想与小心的构造,$T(m) \neq 2$ 是一个很好证的结论,简单到以至于让人不敢猜测答案是 $T(m)=3$. 而很多人在试 3、6 到 8 个人,发现 $T(m) \neq 3$ 后便抛弃了这一结论,这是十分可惜的. 实际上,9 个人的时候 $T(m)=3$,接下来结合三组 $T(m)=3$ 的人可合并为一组,从而构造 100 时,$T(m)=3$ 的情况.

2016 年第 32 届 CMO 试题解答与评析

丁力煌

（江苏省南京外国语学校，222008）

指导教师：黄志军

第 32 届 CMO(中国数学奥林匹克)于 2016 年 11 月 21 日至 25 日在湖南省长沙市雅礼中学举行. 作为参赛者的我，在考试中发挥正常，幸运地取得了满分的好成绩. 下面介绍我的各题解法，并加以评注，供大家参考.

题 1 已知数列 $\{u_n\}$、$\{v_n\}$ 满足

$$u_0 = u_1 = 1,\ u_n = 2u_{n-1} - 3u_{n-2}(n \geqslant 2);$$

$$v_0 = a,\ v_1 = b,\ v_2 = c,\ v_n = v_{n-1} - 3v_{n-2} + 27v_{n-3}(n \geqslant 3).$$

已知存在正整数 N，使得当 $n \geqslant N$ 时，v_n 均是整数且可被 u_n 整除，证明：$3a = 2b + c$.

证明 利用特征方程易求得

$$u_n = \frac{1}{2}(\alpha^n + \beta^n),\ v_n = A\alpha^{2n} + B\beta^{2n} + C(\alpha\beta)^n,$$

其中 $\alpha = 1 + \sqrt{2}\,i$，$\beta = 1 - \sqrt{2}\,i$.

由于 $v_{n-3} = \frac{1}{27}(v_n - v_{n-1} + 3v_{n-2})$，所以由归纳法易知：$\forall n \in \mathbf{N}_+$，$v_n \in \mathbf{Q}$，特别地 $a, b, c \in \mathbf{Q}$.

由条件

$$\begin{cases} A + B + C = a, \\ A\alpha^2 + B\beta^2 + C\alpha\beta = b, \\ A\alpha^4 + B\beta^4 + C\alpha^2\beta^2 = c, \end{cases} \tag{$*$}$$

可得 $A, B, C \in \mathbf{Q}[\sqrt{-2}]$. 又因为可将 v_n 乘上 A、B、C 的公分母，故可设 $A, B, C \in \mathbf{Z}[\sqrt{-2}]$.

由于 $\alpha = \bar{\beta}$，所以对 v_n 取共轭，知 $A = \bar{B}$，故 $A\alpha^n + B\beta^n \in \mathbf{R}$. 又注意到 $A\alpha^n + B\beta^n \in \mathbf{Z}[\sqrt{-2}]$，故

$$A\alpha^n + B\beta^n \in \mathbf{Z}[\sqrt{-2}] \cap \mathbf{R} = \mathbf{Z},$$

所以

$$u_n \mid (\alpha^n + \beta^n)(A\alpha^n + B\beta^n) = v_n + 3^n \cdot (C - A - B).$$

注意到 $(u_n, 3) = 1$ 及 $n \geqslant N$ 时有 $u_n \mid v_n$，所以当 $n \geqslant N$ 时，$u_n \mid C - A - B$. 又由 $|\alpha| = \sqrt{3} > 1$ 知 $|u_n|$ 无界. 所以 $C - A - B = 0$，即

$$C = A + B. \tag{1}$$

将(1)代入(∗)式可得

$$a = 2(A + B),\ b = 2(A\alpha + B\beta),\ c = -2(A\alpha^2 + B\beta^2).$$

故

$$3a - 2b - c = 2[A(3 - 2\alpha + \alpha^2) + B(3 - 2\beta + \beta^2)] = 0.$$

□

评注　不知道此题是否有纯递推的做法，似乎应用特征方程写出通项公式是必须的. 在写出通项公式后，我在考场上也想过很多方向，感觉如果不联想到 $\mathbf{Q}[\sqrt{-2}]$ 或 $\mathbf{Z}[\sqrt{-2}]$（虽然只是用到了最基本的性质，完全可以用 $\mathbf{Q}$ 或 $\mathbf{Z}$ 代替）的话做起来似乎还不太方便. 故我认为本题是一道难度偏大的第一题. 对熟悉 $\mathbf{Q}[\sqrt{-2}]$ 的选手，这题却是一道不难的题.

题 2　如图①所示，锐角 $\triangle ABC$ 中，$AB > AC$，$\odot O$ 和 $\odot I$ 分别是 $\triangle ABC$ 的外接圆和内切圆，$\odot I$ 与边 BC 相切于点 D，直线 AO 与边 BC 相交于点 X，AY 是边 BC 上的高，$\odot O$ 在点 B、C 处的切线相交于点 L，PQ 是过点 I 的 $\odot O$ 直径. 证明：当且仅当 P、X、Y、Q 四点共圆时 A、D、L 三点共线.

证明　设 $BC = a$，$CA = b$，$AB = c$，$p = \dfrac{1}{2}(a + b + c)$，则

$$BD = p - b,\ CD = p - c.$$

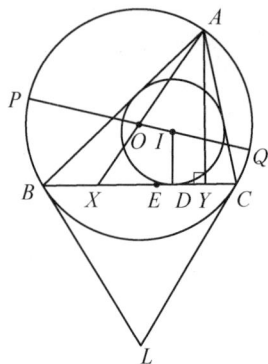

（第 2 题图①）

由正弦定理知

$$\frac{AB}{\sin\angle ADB} = \frac{BD}{\sin\angle BAD},\ \frac{AC}{\sin\angle ADC} = \frac{CD}{\sin\angle CAD},$$

对上面两式相除有

$$\frac{\sin\angle BAD}{\sin\angle CAD}=\frac{BD\cdot AC}{AB\cdot CD}=\frac{b(p-b)}{c(p-c)}.$$

再由正弦定理知

$$\frac{BL}{\sin\angle BAL}=\frac{AL}{\sin\angle ABL},\ \frac{CL}{\sin\angle CAL}=\frac{AL}{\sin\angle ACL},$$

$$\angle ABL=180^\circ-\angle ACB,\ \angle ACL=180^\circ-\angle ABC,\ BL=CL.$$

因此

$$\frac{\sin\angle BAL}{\sin\angle CAL}=\frac{BL\sin\angle ABL}{CL\sin ACL}=\frac{\sin\angle ACB}{\sin\angle ABC}=\frac{c}{b}.$$

从而

$$\begin{aligned}A、D、L\text{ 三点共线}&\Leftrightarrow\frac{\sin\angle BAD}{\sin\angle CAD}=\frac{\sin\angle BAL}{\sin\angle CAL}\\&\Leftrightarrow\frac{b(p-b)}{c(p-c)}=\frac{c}{b}\\&\Leftrightarrow b^2(p-b)=c^2(p-c)\qquad(1)\\&\Leftrightarrow(b-c)[p(b+c)-(b^2+bc+c^2)]=0\\&\Leftrightarrow(b-c)\cdot[a(b+c)-(b^2+c^2)]=0\\&\Leftrightarrow a(b+c)=b^2+c^2(\text{由 }AB>AC).\end{aligned}$$

如图②所示，设过 A 的⊙O 切线交 BC 于 T，OI 交 BC 于 N，AI 交 BC 于 E. 则

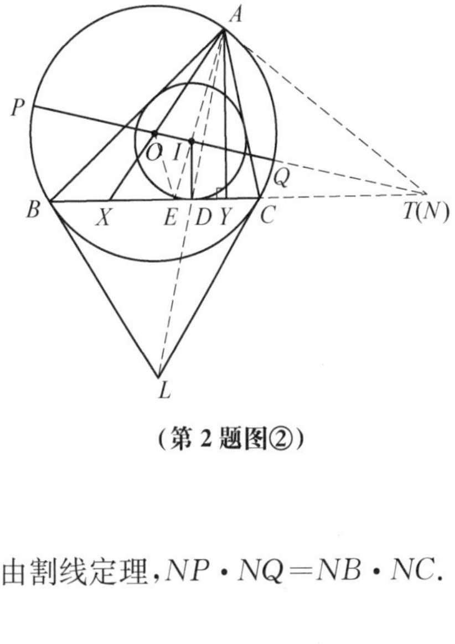

(第2题图②)

$$\begin{aligned}\angle TAY&=\angle TAC+\angle CAY\\&=\angle TBA+90^\circ-\angle ACB\\&=\angle TBA+\angle BAX=\angle TXA.\end{aligned}$$

所以 $\triangle TXA\backsim\triangle TAY$，因此 $TA^2=TX\cdot TY$. 又因为

$$\angle TAE=\angle TAC+\angle CAE=\angle CBA+\angle BAE=\angle TEA,$$

于是 $TA=TE$.

由割线定理知，$TA^2=TB\cdot TC$，从而 $TX\cdot TY=TB\cdot TC$. 又由割线定理，$NP\cdot NQ=NB\cdot NC$.

则

$$P、Q、X、Y \text{ 四点共圆} \Leftrightarrow NP \cdot NQ = NX \cdot NY$$
$$\Leftrightarrow NB \cdot NC = NX \cdot NY. \tag{2}$$

设 $BX = u$，$XY = v$，$CY = w$，则 $u \neq w$. 设 $CN = t$，将其代入 (2) 中有

$$t \cdot (t + u + v + w) = (t + w)(t + v + w),$$

所以 $t \cdot (u - w) = w \cdot (v + w)$，因此 t 唯一. 故

$$(2) \Leftrightarrow N = T \Leftrightarrow O、I、T \text{ 三点共线}. \tag{3}$$

由正弦定理知

$$\frac{\sin\angle ATI}{\sin\angle ETI} = \frac{\dfrac{AI}{AT} \cdot \sin\angle AIT}{\dfrac{IE}{ET} \cdot \sin\angle EIT} = \frac{AI}{IE} = \frac{b+c}{a},$$

$$\frac{\sin\angle ATO}{\sin\angle ETO} = \frac{\dfrac{AO}{OT} \cdot \sin\angle OAT}{\dfrac{OE}{OT} \cdot \sin\angle OET} = \frac{AO}{OE \cdot \sin\angle OET}.$$

又

$$\sin\angle OEC = \frac{OC}{OE} \cdot \sin\angle OCB = \frac{OC}{OE} \cdot \cos A,$$

所以

$$\frac{\sin\angle ATO}{\sin\angle ETO} = \frac{AO}{OC \cdot \cos A} = \frac{2bc}{b^2 + c^2 - a^2}.$$

故

$$(3) \Leftrightarrow \frac{\sin\angle ATI}{\sin\angle ETI} = \frac{\sin\angle ATO}{\sin\angle ETO}$$

$$\Leftrightarrow \frac{b+c}{a} = \frac{2bc}{b^2 + c^2 - a^2}$$

$$\Leftrightarrow (b+c)a^2 + 2bca - (b+c)(b^2 + c^2) = 0 \tag{4}$$

$$\Leftrightarrow (a+b+c)[a(b+c) - (b^2 + c^2)] = 0$$

$$\Leftrightarrow a(b+c) = (b^2 + c^2).$$

由 (1), (4) 知 A、D、L 三点共线 $\Leftrightarrow P$、Q、X、Y 四点共圆. □

评注 这题我觉得纯几何方法并不容易想到,或者说至少要求选手很熟悉极线或反演那一套理论,这对于一般的冬令营选手(包括我)是不可能的. 但如果能结合一定量的几何推导并进行三角计算的话本题还是不太难的. 事实上从出考场听到的情况来看,平时擅长纯几何题的人做出来的并不多,而平时擅长计算的做出来的不少. 故我认为这题是一道偏向计算的几何题,计算难度不大,几何难度不小.

题 3 矩形 R 被分割成 2016 个小矩形,每个小矩形的边都平行于 R 的边,小矩形的顶点称为结点. 一条在小矩形边上的线段,若其两个端点都是结点,并且其内部不含其他结点,则称这条线段为基本线段. 考虑所有分割方式,求基本线段条数的最大值和最小值.

解 以所有结点为顶点,基本线段为边,作一个图 G. 设 G 的顶点数为 v,边数为 e. 将矩形 R 外部区域看作一个面(区域),则 G 共有面数 $f = 2017$.

由欧拉定理知 $v + f - e = 2$,因此

$$e = v + 2015. \tag{1}$$

因为 G 的度数为 2 的点恰好有 4 个,其余点度为 3 或 4. 度 2 的点为 1 个矩形的顶点,度 3 的点为 2 个矩形的顶点,度 4 的点为 4 个矩形的顶点.

又每个小矩形的所有顶点数之和为 4×2016.

而另一方面,所有小矩形的顶点数之和 $\geqslant 2(v-4) + 4 = 2v - 4$.

所以

$$2v - 4 \leqslant 4 \times 2016.$$

因此 $v \leqslant 4034$.

故由 (1) 可得 $e \leqslant 6049$,当将 R 划分为 1×2016 个小矩形时取等号.

故所求的最大值 $e_{\max} = 6049$.

下面再考虑 e 的最小值.

设分割矩形 R 共用了 a 条横线和 b 条竖线,这里的横线和竖线均不算边界. 因为 a 条横线,b 条竖线至多分出 $(a+1)(b+1)$ 个区域,所以

$$(a+1)(b+1) \geqslant 2016. \tag{2}$$

设度 3 的点有 x 个,度 4 的点有 y 个,则

$$v = 4 + x + y, \quad 4 + 2x + 4y = 4 \times 2016. \tag{3}$$

又注意到每条横线和竖线最两侧的点为两个矩形顶点,因此都是度 3 的点,且这些点互不重复. 故

$$x \geqslant 2a + 2b. \tag{4}$$

由(2),(4)可得

$$\begin{aligned}
x &\geqslant 2[(a+1)+(b+1)] - 4 \\
&\geqslant 4\sqrt{(a+1)(b+1)} - 4 \\
&\geqslant 4\sqrt{2016} - 4 > 175.59,
\end{aligned}$$

因此

$$x \geqslant 176. \tag{5}$$

这样由(3),(5)可得

$$v = 2019 + \frac{1}{2}x \geqslant 2107.$$

这时再由(1)立得 $e \geqslant 4122$. 其中等号在 42×48 的划分中取得.

故 $e_{\min} = 4122$. □

评注 这题我觉得是一道质量很高的题目,首先需要观察到转化成图论问题后,这题边数不好表示,但点数计算方便(因为一个矩形一定是四个顶点,但不知道会有几条边),于是想到用点数来表示边数且已知区域数,自然联想到欧拉公式,想到这步的话最大值就是显然的. 关于最小值的话就相当于求点数的最小值,也就是相当于让恰好在两个矩形上的点数尽量少,画一下矩形数较少的情况就可以发现这样的点出现在四周时候最少,所以证明四周的点必定是恰好两个矩形的顶点,构造可以从小的时候顺便得到. 我认为此题难度不大,应该是第一天最简单的题.

题 4 设 $n \geqslant 2$. 对于 $1, 2, \cdots, n$ 的任意两个排列 $\alpha = (a_1, a_2, \cdots, a_n)$ 和 $\beta = (b_1, b_2, \cdots, b_n)$,若存在正整数 $k \leqslant n$ 使得

$$b_i = \begin{cases} a_{k+1-i}, & 1 \leqslant i \leqslant k, \\ a_i, & k+1 \leqslant i \leqslant n, \end{cases}$$

则称 α 和 β 互为翻转. 证明:可以把 $1, 2, \cdots, n$ 的所有排列适当记为 $P_1, P_2, \cdots, P_m$,使得对每个 $i = 1, 2, \cdots, m$,P_i 与 P_{i+1} 互为翻转,这里 $m = n!$ 且规定 $P_{m+1} = P_1$.

证明 用归纳法证明：可将 $a_1, \cdots, a_n$ 的所有排列符合要求排好且第一个为 $(a_1, \cdots, a_n)$，最后一个为 $(a_n, \cdots, a_1)$.

当 $n=1$ 时，显然成立.

假设 $n-1$ 时成立，现考虑 n 的情况. 对 $\forall 1 \leqslant i \leqslant n$，由归纳假设知，存在 $a_1, \cdots, a_{i-1}, a_{i+1}, \cdots, a_n$ 的所有排列的满足要求的排法，且以 $(a_{i+1}, \cdots, a_n, a_1, \cdots, a_{i-1})$ 为开头，以 $(a_{i-1}, \cdots, a_1, a_n, \cdots, a_{i+1})$ 为结尾. 现在每个这样的排列的最后添加一个 a_i，得到 $a_1, \cdots, a_n$ 的 $(n-1)!$ 个排列，它们满足要求，且以 $(a_{i+1}, \cdots, a_n, a_1, \cdots, a_{i-1}, a_i)$ 开头，$(a_{i-1}, \cdots, a_1, a_n, \cdots, a_{i+1}, a_i)$ 结尾，且所有以 a_i 结尾的排列均出现.

记这 $(n-1)!$ 个排列的排列为 Q_i. 这样就把 $a_1, \cdots, a_n$ 所有排列分成了 $Q_1, Q_2, \cdots, Q_n$ 这 n 组. 再将 $Q_{i-1}(2 \leqslant i \leqslant n)$ 的最后一个排列接上 Q_i 的最初一个排列. 进行衔接时，由于 $(a_{i-1}, \cdots, a_1, a_n, \cdots, a_i)$ 为 $(a_i, \cdots, a_n, a_1, \cdots, a_{i-1})$ 的整体翻折，因此衔接相邻的两个排列满足要求，从而所有排列的这种排法满足要求，且最后一个为 $(a_n, \cdots, a_1)$，第一个为 $(a_1, \cdots, a_n)$. □

评注 我认为此题是全卷最简单的题，观察一下 n 小的情况就可以得到一个归纳的做法了.

题 5 用 D_n 表示正整数 n 的所有正约数构成的集合. 求所有正整数 n，使得 D_n 可以写成两个不相交的子集 A 和 G 的并，且满足：A 和 G 均含有至少三个元素，A 中的元素可以排列成一个等差数列，G 中的元素可以排列成一个等比数列.

解 答案是这样的 n 不存在.

下面用反证法. 假设这样的 n 存在. 设

$$A = \{a_1 < \cdots < a_m\}, \quad G = \{b_1 < \cdots < b_k\}.$$

(1) 若 $n \in A$，则 $a_m = n$. 设 $a_{m-1} = \dfrac{n}{x}$，$x > 1$，因此

$$a_{m-1} \leqslant \dfrac{n}{2}.$$

所以公差 $d \geqslant n - \dfrac{n}{2} = \dfrac{n}{2}$，故

$$a_{m-2} = n - 2d \leqslant 0,$$

矛盾！

这说明 $n \in G$，现对 n 进行如下讨论.

(2) 若 $n=p^t$, p 为素数,$t\in \mathbf{N}_+$,则

$$a_1=p^{\alpha_1},\ a_2=p^{\alpha_2},\ a_3=p^{\alpha_3},\ \alpha_1<\alpha_2<\alpha_3.$$

所以

$$a_3\geqslant pa_2\geqslant 2a_2=a_1+a_3,$$

矛盾!

(3) 故 n 至少有 2 个素因子,设 n 最小的两个素因子为 $p<q$.

a) 若 $\dfrac{n}{p}\in G$. 因为 $n\in G$,则 G 的公比为 p. 若 $1\in G$,则 $n=p^{\alpha}$, $\alpha\in \mathbf{N}_+$,矛盾. 故 $1\in A$. 同理 $p\in A$. 考虑到 1、p 是 n 的最小的两个因子. 故 A 的公差为 $p-1$. 因为 p、q 互素,则 $\dfrac{n}{q}\in A$,因此

$$m\geqslant \frac{\dfrac{n}{q}-1}{p-1}+1>\frac{n}{pq}+1.$$

b) 若 $\dfrac{n}{p}\in A$,则由于 1、p、q 中至少有 2 个在 A 中. 所以

$$m\geqslant \frac{\dfrac{n}{p}-p}{q-p}+1\ \text{或}\ m\geqslant \frac{\dfrac{n}{p}-1}{q-1}+1.$$

故

$$m>\frac{\dfrac{n}{p}}{q}+1=\frac{n}{pq}+1.$$

结合 a), b)可知

$$m>\frac{n}{pq}+1\Rightarrow m\geqslant \frac{n}{pq}+2.$$

设 $n=p_1^{\alpha_1}\cdots p_t^{\alpha_t}$, $p_1=p$, $p_2=q$. 由于 G 含有至少 3 个元素,故

$$m\leqslant (\alpha_1+1)\cdots(\alpha_t+1)-3.$$

又由于

$$m\geqslant 2+p^{\alpha_1-1}q^{\alpha_2-1}p_3^{\alpha_3}\cdots p_t^{\alpha_t},$$

并注意到,当 $k \geqslant 3$ 时,$p_k \geqslant 5$,有 $p_k^{\alpha_k} > (\alpha_k + 1)$. 所以

$$(\alpha_1 + 1)(\alpha_2 + 1) \geqslant 2^{\alpha_1 - 1} \cdot 3^{\alpha_2 - 1} + 5. \qquad (*)$$

i) 若 $\alpha_2 \geqslant 3$,则 $\alpha_2 + 1 \leqslant 3^{\alpha_2 - 1} - 1$. 再由 $(*)$ 式可得

$$(\alpha_1 + 1 - 2^{\alpha_1 - 1}) \cdot 3^{\alpha_2 - 1} \geqslant \alpha_1 + 1 + 5,$$

因此

$$\alpha_1 + 1 - 2^{\alpha_1 - 1} > 0,$$

故 $\alpha_1 \leqslant 2$.

① 当 $\alpha_1 = 1$ 时,由 $(*)$ 式得 $2 \cdot (\alpha_2 + 1) \geqslant 3^{\alpha_2 - 1} + 5$,从而

$$3^{\alpha_2 - 1} \leqslant 2\alpha_2 - 3 = 2(\alpha_2 - 1) - 1,$$

矛盾!

② 当 $\alpha_1 = 2$ 时,由 $(*)$ 式得 $3 \cdot (\alpha_2 + 1) \geqslant 2 \cdot 3^{\alpha_2 - 1} + 5$,从而

$$2 \cdot 3^{\alpha_2 - 1} \leqslant 3(\alpha_2 - 1) + 1,$$

矛盾!

ii) 若 $\alpha_2 \leqslant 2$,则

① 当 $\alpha_2 = 1$ 时,由 $(*)$ 式得 $2(\alpha_1 + 1) \geqslant 2^{\alpha_1 - 1} + 5$,于是

$$2^{\alpha_1 - 1} \leqslant 2(\alpha_1 - 1) - 1,$$

矛盾!

② 当 $\alpha_2 = 2$ 时,由 $(*)$ 式得,

$$3(\alpha_1 + 1) \geqslant 3 \cdot 2^{\alpha_1 - 1} + 5,$$

$$\Rightarrow 3(\alpha_1 + 1) \geqslant 3 \cdot 2^{\alpha_1 - 1} + 6.$$

$$\Rightarrow 2^{\alpha_1 - 1} \leqslant \alpha_1 - 1,$$

矛盾!

综上所述,n 无解. □

评注 我认为此题不算一道难题,直接暴力讨论即可,但较为耗时,想到思路不困难,写完整过程需要比较长的时间.

题6 给定整数 $n \geqslant 2$,以及正数 $a < b$. 设实数 $x_1, x_2, \cdots, x_n \in [a, b]$. 求

$$\frac{\dfrac{x_1^2}{x_2} + \dfrac{x_2^2}{x_3} + \cdots + \dfrac{x_{n-1}^2}{x_n} + \dfrac{x_n^2}{x_1}}{x_1 + x_2 + \cdots + x_{n-1} + x_n}$$

的最大值.

解 设 $f(x_1, \cdots, x_n) = \dfrac{\dfrac{x_1^2}{x_2} + \cdots + \dfrac{x_n^2}{x_1}}{x_1 + \cdots + x_n}$. 固定 $x_2, \cdots, x_n$,设

$$g(x) = f(x, x_2, \cdots, x_n) = \frac{\dfrac{x^2}{c} + \dfrac{d^2}{x} + T}{x + S}, \quad x \in [a, b].$$

其中 $S = x_2 + \cdots + x_n$, $T = \dfrac{x_2^2}{x_3} + \cdots + \dfrac{x_{n-1}^2}{x_n}$, $c = x_2$, $d = x_n$. 则

$$g'(x) = \frac{1}{(S+x)^2}\left(-\frac{Sd^2}{x^2} - \frac{2d^2}{x} - T + \frac{2Sx}{c} + \frac{x^2}{c}\right),$$

$$g''(x) = \frac{1}{(S+x)^3}\left[\left(\frac{2Sd^2}{x^3} + \frac{2d^2}{x^2} + \frac{2S}{c} + \frac{2x}{c}\right)(S+x)\right.$$

$$\left. + 2\left(\frac{Sd^2}{x^2} + \frac{2d^2}{x^2} + T\right) - 2\left(\frac{2Sx}{c} + \frac{x^2}{c}\right)\right].$$

注意到

$$\left(\frac{2S}{c} + \frac{2x}{c}\right)(S+x) - 2\left(\frac{2Sx}{c} + \frac{x^2}{c}\right) = \frac{2S^2}{c} > 0.$$

因此 $g''(x) > 0$. 这说明 $g(x)$ 是凸函数,因此它在 $[a, b]$ 内的最大值在 $x = a$ 或 $x = b$ 处取得.

再依次对其他变元 $x_2, \cdots, x_n$ 作上述讨论知当 $\{x_i\}$ 取端点,即 $x_1, x_2, \cdots, x_n \in \{a, b\}$, $f(x_1, \cdots, x_n)$ 取得最大值.

设 $(x_i, x_{i+1})(i = 1, 2, \cdots, n)$ 中有 u 个 (a, a), v 个 (a, b), w 个 (b, b), z 个 (b, a),则 $v = z$, $x_i(i = 1, 2, \cdots, n)$ 中共有 $u + v$ 个 a, $v + w$ 个 b,则 $u + w + 2v = n$, $v \leqslant \dfrac{n}{2}$.

所以

$$f(x_1, \cdots, x_n) \leqslant \frac{u \cdot a + w \cdot b + v \cdot \left(\dfrac{a^2}{b} + \dfrac{b^2}{a}\right)}{a \cdot (u+v) + b \cdot (v+w)}$$

$$= 1 + \frac{v\left(\dfrac{a^2}{b} + \dfrac{b^2}{a} - a - b\right)}{au + bw + (a + b)v}$$

$$= 1 + \frac{\dfrac{a^2}{b} + \dfrac{b^2}{a} - (a + b)}{\dfrac{au + bw}{v} + (a + b)}.$$

又注意到

$$\frac{au + bw}{v} \geqslant \frac{a(u + w)}{v} = \frac{a(n - 2v)}{v},$$

$$\left(\frac{a^2}{b} + \frac{b^2}{a}\right) \geqslant \frac{(a + b)^2}{a + b} = a + b.$$

我们有

1) 当 n 为偶数时，注意到 $\dfrac{a(n - 2v)}{v} \geqslant 0$，故

$$f(x_1, \cdots, x_n) \leqslant \frac{\dfrac{a^2}{b} + \dfrac{b^2}{a}}{a + b} = \frac{a^2 - ab + b^2}{ab}.$$

此时取 $x_1 = x_3 = \cdots = x_{n-1} = a$，$x_2 = x_4 = \cdots = x_n = b$ 时等号成立. 因此当 n 为偶数时，

$$f_{\max} = \frac{a^2 - ab + b^2}{ab}.$$

2) 当 n 为奇数时，注意到 $\dfrac{a(n - 2v)}{v} \geqslant \dfrac{a}{\dfrac{n-1}{2}} = \dfrac{2a}{n-1}$，故

$$f(x_1, \cdots, x_n) \leqslant 1 + \frac{\dfrac{a^2}{b} + \dfrac{b^2}{a} - (a + b)}{\dfrac{2a}{n-1} + a + b}$$

$$= \frac{(n-1)(a^3 + b^3) + 2a^3 b}{ab[(n+1)a + (n-1)b]}.$$

此时取 $x_1 = x_3 = \cdots = x_n = a$，$x_2 = x_4 = \cdots = x_{n-1} = b$ 时等号成立. 因此当 n 为奇数时，

$$f_{\max} = \frac{(n-1)(a^3 + b^3) + 2a^3 b}{ab[(n+1)a + (n-1)b]}.$$

评注　这题我认为是一道调整法的好题,通过计算验证目标函数关于任一个变元(其他元固定)是凸函数,可把每个变元调整到端点 a 或 b 取最大值,然后直接按连续两个数来分类计算即可.难度应该比第 5 题略大,但所需时间不多是第二天难度适中的一题.

对于整套试卷,我认为:难度适中.第一天偏向想法,第二天偏向写过程.如果能把第 1 题和第 4 题交换一下位置,第 2 题和第 6 题交换位置就更好了.

2017 年第 33 届 CMO 试题解答与评析

韩新淼　叶　奇

（浙江省乐清市乐成寄宿中学，325600）

指导教师：羊明亮

第 33 届 CMO（中国数学奥林匹克）于 2017 年 11 月 13 日至 17 日在浙江省杭州市学军中学举行．作为参赛者，我们在考试中发挥正常，取得了较好的成绩．下面介绍第 33 届 CMO 试题的解答，并对解法进行评析．不当之处，恳请读者批评指正．

题 1　已知素数 p 满足存在 a，$b \in \mathbf{Z}$，使得 $\dfrac{a+b}{p}$、$\dfrac{a^n+b^n}{p^2}$ 均为整数，且均与 p 互质．设 A_n 为所有满足以上条件的素数 p 组成的集合，若 A_n 为有限集合，定义 $f(n)=|A_n|$．证明：

（1）A_n 为有限集合的充分必要条件是 $n \neq 2$；

（2）若 k、m 为正奇数，d 为 k、m 的最大公约数，则

$$f(d) \leqslant f(k) + f(m) - f(km) \leqslant 2f(d).$$

证明　（1）若对素数 p 及正整数 n，有

$$p^\alpha \mid n \text{ 且 } p^{\alpha+1} \nmid n，(\alpha \in \mathbf{N})，$$

则记 $p^\alpha \| n$ 及 $\nu_p(n)=\alpha$．

记 $B_n = A_n \backslash \{2\}$，则 A_n 为有限集 $\Leftrightarrow B_n$ 为有限集．

下证：B_n 为有限集 $\Leftrightarrow n \neq 2$．

任取 $p \in B_n$，则由 A_n 定义及 $B_n = A_n \backslash \{2\}$ 知 p 为奇素数，且存在 a，$b \in \mathbf{N}_+$，使得 $p \| a+b$ 且 $p^2 \| a^n + b^n$．

（a）当 $n=1$ 时，有 $p \| a+b$ 且 $p^2 \| a+b$，这是矛盾的．

故 $B_1 = \varnothing$ 为有限集．

（b）当 $n=2$ 时，有 $p \| a+b$ 且 $p^2 \| a^2 + b^2$．

对任意奇素数 p,取 $a=b=p$,则有 $p\parallel 2p$ 且 $p^2\parallel 2p^2$. 即 $p\mid a+b$ 且 $p^2\parallel a^2+b^2$.

故 $p\in B_2$ 对任意奇素数 p 成立. 又奇素数无穷多,故 B_2 为无限集.

(c) 当 $n\geqslant 3$ 时,有 $p\parallel a+b$ 且 $p^2\parallel a^n+b^n$.

若 $p\mid a$,则也有 $p\mid b$,从而 $p^n\mid a^n+b^n$. 又注意到 $n\geqslant 3$,故 $p^3\mid a^n+b^n$,这与 $p\parallel a^n+b^n$ 矛盾. 故 $p\nmid a$,同理 $p\nmid b$.

i) 当 n 为奇数时,由升幂定理(设 p 为奇素数,n 为正奇数,$p\nmid a$,$p\nmid b$,$p\mid a+b$,$a,b\in\mathbf{N}_+$,则 $\nu_p(a^n+b^n)=\nu_p(a+b)+\nu_p(n)$)知

$$\nu_p(a^n+b^n)=\nu_p(a+b)+\nu_p(n),$$

结合 $\nu_p(a^n+b^n)=2$,$\nu_p(a+b)=1$ 知 $\nu_p(n)=1$,即 $p\parallel n$.

又满足 $p\parallel n$ 的奇素数 p 只有有限多个,故 B_n 为有限集.

ii) 当 n 为偶数时,设 $n=2k(k\in\mathbf{N}_+,k\geqslant 2)$,则有

$$p\parallel a+b \text{ 且 } p^2\parallel a^{2k}+b^{2k}.$$

又 $a+b\mid a^{2k}-b^{2k}$,故 $p\mid a^{2k}-b^{2k}$,则有 $p\mid 2a^{2k}$,$p\mid 2b^{2k}$.

注意到 p 为奇素数,故 $p\mid a$,$p\mid b$,这与 $p\nmid a$,$p\nmid b$ 矛盾.

故 $B_n=\varnothing$ 为有限集.

综上,B_n 为有限集 $\Leftrightarrow n\neq 2$. 从而,A_n 为有限集 $\Leftrightarrow n\neq 2$.

(2) 由(1)中讨论知,对正奇数 n,B_n 即为满足 $\nu_p(n)=1$ 的奇素数 p 构成的集合. (因为这对 $n=1$ 时亦成立)

对正奇数 n,若 $2\in A_n$,则存在 $a,n\in\mathbf{N}_+$,使

$$2\parallel a+b \text{ 且 } 2^2\parallel a^n+b^n.$$

(a) 当 $n=1$ 时,有 $2\parallel a+b$ 且 $2^2\parallel a+b$,这是矛盾的.

(b) 当 $n\geqslant 3$ 时,由 $2\parallel a+b$ 可知 a、b 同奇偶.

i) 若 a、b 均为奇数,注意到 n 为奇数及 $a^2\equiv b^2\equiv 1(\bmod 4)$,故

$$a^n+b^n\equiv a+b(\bmod 4),$$

这与 $2\parallel a+b$ 且 $2^2\parallel a^n+b^n$ 矛盾.

ii) 若 a、b 均为偶数,则 $8\mid a^n+b^n$,与 $2^2\parallel a^n+b^n$ 矛盾.

故 $2\notin A_n$. 从而,对正奇数 n,有

$$A_n = B_n = \{p \mid p \text{ 为奇素数}, \nu_p(n) = 1\}.$$

对正奇数 k、m，按右图定义 $c_1, \cdots, c_8$（例如，$c_5 = \{p \mid p$ 为奇素数，$\nu_p(m) \geq 2, \nu_p(k) = 1\}$），则 $c_1, \cdots, c_8$ 构成 mk 素因子的一个分划.

依定义，易有

$\nu_p(k)$ ＼ $\nu_p(m)$	0	1	≥ 2
0		c_1	c_2
1	c_3	c_4	c_5
≥ 2	c_6	c_7	c_8

$$f(m) = |c_1| + |c_4| + |c_7|,$$
$$f(k) = |c_3| + |c_4| + |c_5|,$$
$$f(mk) = |c_1| + |c_3|,$$
$$f(d) = |c_4| + |c_5| + |c_7|,$$

故

$$f(d) \leq f(m) + f(k) - f(mk) \leq 2f(d)$$
$$\Leftrightarrow |c_4| + |c_5| + |c_7| \leq 2|c_4| + |c_5| + |c_7| \leq 2(|c_4| + |c_5| + |c_7|),$$

上式成立，故原不等式成立. □

评注　此题需刻画出 A_n. 由于 n 在幂次中出现，故可采用升幂定理确定 p 与 n 的关系.（2）中需对 k、m 的素因子按幂次分类，要分为 0 次，1 次，和大于等于 2 次，Venn 图的表示手法使表达较为清晰，值得借鉴.

题 2　设 n、k 是正整数，$T = \{(x, y, z) \mid x, y, z \in \mathbf{Z}, 1 \leq x, y, z \leq n\}$ 是空间直角坐标系中 n^3 个整点构成的集合. 已知 T 中 $(3n^2 - 3n + 1) + k$ 个点被染成红色，满足如下条件：如果 T 中两点 P、Q 都被染成红色且 PQ 平行于坐标轴，那么线段 PQ 上的所有整点也都被染成红色.

证明：存在至少 k 个互不相同的立方体，它们的边长为 1 且每个顶点都被染成红色.

证明　我们依次从一维、二维、三维的角度进行考虑：

（1）对于给定的 y、z，考虑点集 $\{(x, y, z) \mid 1 \leq x \leq n, x \in \mathbf{N}\}$，设该点集中共有 a 个红点（$a \in \mathbf{N}$），因为这个点集中的所有点均在一条与 x 轴平行的直线上. 又由条件，对该点集中任意两个红点，以它们为端点的线段上的所有整点均是红色的，于是，可知这 a 个红点的横坐标为连续整数，则有至少 $a - 1$ 条以红点为端点的单位线段（当 $a = 0$ 时不取等）.

（2）对于给定的 z，考虑点集 $\{(x, y, z) \mid 1 \leq x, y \leq n, x, y \in \mathbf{N}\}$，设该点集中共有 b 个红点，其中纵坐标为 i 的红点共有 a_i 个（$1 \leq i \leq n$）（$b \in \mathbf{N}, a_i \in \mathbf{N}$），则有 $b = \sum\limits_{i=1}^{n} a_i$.

考虑点集中纵坐标为 i 的点，由（1）知，它们可产生至少 $a_i - 1$ 条以红点为端点，纵坐标为 i 的，

与 x 轴平行的单位线段. 故共可产生至少 $\sum_{i=1}^{n}(a_i-1)=b-n$ 条以红点为端点, 与 x 轴平行的单位线段.

将这些单位线段按照两端点的横坐标中较小的那个值分类, 共有 $n-1$ 类. 设第 i 类有 t_i 条这样的线段 $(1\leqslant i\leqslant n-1)(t_i\in \mathbf{N})$, 则有 $\sum_{i=1}^{n-1}t_i\geqslant b-n$.

对于同一类, 任取其中两条线段, 设为 A_1B_1 与 A_2B_2, 且不妨设 A_1、A_2 横坐标相同, B_1、B_2 横坐标相同.

由条件知线段 A_1A_2、B_1B_2 上的格点均为红点. 于是可知同一类线段的纵坐标连续, 从而第 i 类可产生至少 t_i-1 个以红点为顶点, 与平面 xOy 平行的单位正方形, $i=1,\cdots,n-1$.

而对不同类的线段, 产生的单位正方形的顶点横坐标中最小的那个值不同, 从而这些正方形互不相同, 故共可产生至少

$$\sum_{i=1}^{n-1}(t_i-1)\geqslant b-n-(n-1)=b-(2n-1)$$

个以红点为顶点, 与平面 xOy 平行的单位正方形.

(3) 考虑点集 $\{(x,y,z)\mid 1\leqslant x,y,z\leqslant n, x,y,z\in \mathbf{N}\}$, 设 T 中 z 轴方向上坐标为 i 的红点有 b_i 个 $(1\leqslant i\leqslant n)(b_i\in \mathbf{N})$, 则有 $\sum_{i=1}^{n}b_i=3n^2-3n+k+1$.

考虑 T 中 z 轴方向上坐标为 i 的点, 由(2)知, 它们可产生至少 $b_i-(2n-1)$ 个以红点为顶点, z 轴方向上坐标为 i 的, 与 xOy 平行的单位正方形, 故共可产生至少 $\sum_{i=1}^{n}[b_i-(2n-1)]=3n^2-3n+1+k-n(2n-1)=n^2-2n+1+k$ 个以红点为顶点, 与平面 xOy 平行的单位正方形.

我们将这些正方形按照其顶点的横坐标的最小值及纵坐标的最小值分为 $(n-1)^2$ 类. 设第 i 类有 s_i 个这样的单位正方形 $(1\leqslant i\leqslant (n-1)^2)(s_i\in \mathbf{N})$, 则有 $\sum_{i=1}^{(n-1)^2}s_i\geqslant (n-1)^2+k$.

类似于(2)中讨论, 可知第 i 类的正方形可产生至少 s_i-1 个以红点为顶点的单位立方体, 且这些立方体互不相同.

故共可产生至少 $\sum_{i=1}^{(n-1)^2}(s_i-1)\geqslant (n-1)^2+k-(n-1)^2=k$ 个以红点为顶点的单位立方体. 证毕.

$\square$

评注 上述解法思路自然清晰, 从低维向高维扩展, 每次扩展的本质也一样, 故难度不大. 但由简单情况入手的想法值得借鉴, 某种程度上, 简单情况往往反映了一般情况的本质.

题 3 已知正整数 q 不是完全立方数,证明:存在 $c \in \mathbf{R}_+$ 使得

$$\{n\sqrt[3]{q}\} + \{n\sqrt[3]{q^2}\} \geqslant c \cdot \frac{1}{\sqrt{n}}$$

对所有的正整数 n 成立,其中 $\{\lambda\}$, $\lambda \in \mathbf{R}$ 表示 λ 的小数部分.

证法一 设 $[n\sqrt[3]{q}] = k_1$, $[n\sqrt[3]{q^2}] = k_2$, $\{n\sqrt[3]{q}\} = \varepsilon_1$, $\{n\sqrt[3]{q^2}\} = \varepsilon_2$($k_1, k_2 \in \mathbf{N}_+$, $0 < \varepsilon_1 < 1$, $0 < \varepsilon_2 < 1$. 对某一给定的 n)(用到 q 不为完全立方数).

我们证明:

$$\varepsilon_1 + \varepsilon_2 \geqslant \frac{1}{\sqrt{3}\sqrt{q^{\frac{2}{3}} + q^{\frac{4}{3}}}} \cdot \frac{1}{\sqrt{n}}. \qquad (*)$$

记 $x = k_1 n \sqrt[3]{q^2}$, $y = k_2 n \sqrt[3]{q}$, $z = qn^2$,注意到有恒等式

$$(x + y + z)(x^2 + y^2 + z^2 - xy - yz - zx) = x^3 + y^3 + z^3 - 3xyz. \qquad (**)$$

且

$$\begin{aligned}
x + y + z &= k_1 n \sqrt[3]{q^2} + k_2 n \sqrt[3]{q} + qn^2 \\
&< q^{\frac{1}{2}} n \cdot nq^{\frac{2}{3}} + q^{\frac{2}{3}} n \cdot nq^{\frac{1}{3}} + qn^2 = 3qn^2,
\end{aligned} \qquad (1)$$

又

$$\begin{aligned}
& x^2 + y^2 + z^2 - xy - yz - zx \\
&= \frac{1}{2}\left[(x-y)^2 + (y-z)^2 + (z-x)^2\right] \\
&= \frac{1}{2}\left[(k_1 n\sqrt[3]{q^2} - k_2 n\sqrt[3]{q})^2 + (k_2 n\sqrt[3]{q} - qn^2)^2 + (k_1 n\sqrt[3]{q^2} - qn^2)^2\right] \\
&= \frac{1}{2}\left\{[k_1(k_2 + \varepsilon_2) - k_2(k_1 + \varepsilon_1)]^2 + [nq^{\frac{1}{3}}(k_2 - q^{\frac{2}{3}}n)]^2 + [nq^{\frac{2}{3}}(k_1 - q^{\frac{1}{3}}n)]^2\right\} \\
&= \frac{1}{2}\left[(k_1\varepsilon_2 - k_2\varepsilon_1)^2 + n^2 q^{\frac{2}{3}}\varepsilon_2^2 + n^2 q^{\frac{4}{3}}\varepsilon_1^2\right] \\
&< \frac{1}{2}\left[k_1^2 + (q^{\frac{1}{3}}n)^2]\varepsilon_2^2 + [k_2^2 + (q^{\frac{2}{3}}n)^2]\varepsilon_1^2\right] \quad (k_1 k_2 \varepsilon_1 \varepsilon_2 > 0) \\
&< (q^{\frac{1}{3}}n)^2 \varepsilon_2^2 + (q^{\frac{2}{3}}n)^2 \varepsilon_1^2 \quad (k_1 < q^{\frac{1}{3}}n, k_2 < q^{\frac{2}{3}}n) \\
&< (q^{\frac{2}{3}} + q^{\frac{4}{3}})n^2(\varepsilon_1 + \varepsilon_2)^2,
\end{aligned} \qquad (2)$$

以及

$$x^3 + y^3 + z^3 - 3xyz = k_1^3 n^3 q^2 + k_2^3 n^3 q + q^3 n^6 - 3k_1 k_2 q^2 n^4$$

$$= qn^3(k_1^3 q + k_2^3 + q^2 n^3 - 3k_1 k_2 qn) \qquad (3)$$

$$\geqslant qn^3.$$

(注意到由 A-G 不等式：$k_1^3 q + k_2^3 + q^2 n^3 \geqslant 3\sqrt[3]{k_1^3 q \cdot k_2^3 \cdot q^2 n^3} = 3k_1 k_2 qn$，又 $0 < \varepsilon_2 < 1$，故 $k_2 < q^{\frac{2}{3}} n$，故 $k_2 \neq q^{\frac{2}{3}} n$，等号取不到，即 $k_1^3 q + k_2^3 + q^2 n^3 > 3k_1 k_2 qn$. 又 $3k_1 k_2 qn$，$k_1^3 q + k_2^3 + q^2 n^3 \in \mathbf{N}_+$，故由整数的离散性：$k_1^3 q + k_2^3 + q^2 n^3 - 3k_1 k_2 qn \geqslant 1$.)

将 (1)，(2)，(3) 代入 (∗∗) 得：

$$3qn^2 (q^{\frac{2}{3}} + q^{\frac{4}{3}}) n^2 (\varepsilon_1 + \varepsilon_2)^2 > qn^3.$$

故

$$\varepsilon_1 + \varepsilon_2 > \frac{1}{\sqrt{3}\sqrt{q^{\frac{2}{3}} + q^{\frac{4}{3}}}} \cdot \frac{1}{\sqrt{n}}.$$

(∗) 获证！

那么由 (∗)，取 $c = \dfrac{1}{\sqrt{3}\sqrt{q^{\frac{2}{3}} + q^{\frac{4}{3}}}}$，则对任给的 $n \in \mathbf{N}_+$，

$$\{n\sqrt[3]{q}\} + \{n\sqrt[3]{q^2}\} \geqslant c \cdot \frac{1}{\sqrt{n}}.$$

故存在满足条件的 c. 原命题获证！ $\square$

证法二 取 $c = \dfrac{q^{-\frac{11}{6}}}{3}$. 我们证明：对任意的正整数 n，

$$\{q^{\frac{1}{3}} n\} + \{q^{\frac{2}{3}} n\} \geqslant \frac{q^{-\frac{11}{6}}}{3} \cdot \frac{1}{\sqrt{n}}.$$

对给定的正整数 n，记 $a = [nq^{\frac{1}{3}}]$，$b = [nq^{\frac{2}{3}}]$，则 $a < nq^{\frac{1}{3}}$，$b < nq^{\frac{2}{3}}$（用到 q 非完全立方数）. 那么

$$\{nq^{\frac{1}{3}}\} = nq^{\frac{1}{3}} - a = \frac{qn^3 - a^3}{(nq^{\frac{1}{3}})^2 + nq^{\frac{1}{3}} a + a^2} > \frac{qn^3 - a^3}{3n^2 q^{\frac{2}{3}}} > \frac{qn^3 - a^3}{3n^2 q^{\frac{4}{3}}},$$

$$\{nq^{\frac{2}{3}}\} = nq^{\frac{2}{3}} - b = \frac{q^2 n^3 - b^3}{(nq^{\frac{2}{3}})^2 + nq^{\frac{2}{3}} b + b^2} > \frac{q^2 n^3 - b^3}{3n^2 q^{\frac{4}{3}}},$$

（用到 $a < nq^{\frac{1}{3}}$，$b < nq^{\frac{2}{3}}$）故有

$$\{nq^{\frac{1}{3}}\} + \{nq^{\frac{2}{3}}\} > \frac{qn^3 + q^2 n^3 - a^3 - b^3}{3n^2 q^{\frac{4}{3}}}. \qquad (*)$$

下面我们记 $x = n^3 q - a^3$，$y = n^3 q^2 - b^3$. 证明

$$y + qx \geqslant (qn^3)^{\frac{1}{2}}. \qquad (**)$$

由 $x = n^3 q - a^3$，$y = n^3 q^2 - b^3$ 知

$$a^3 b^3 = (n^3 q - x)(n^3 q^2 - y) = n^6 q^3 + xy - n^3 q(y + qx).$$

下面分两种情况讨论：

(1) 若 $ab \geqslant n^2 q - \dfrac{y + qx}{3nq}$，则

$$n^6 q^3 + xy - n^3 q(y + qx) \geqslant \left(n^2 q - \frac{y + qx}{3nq}\right)^3,$$

故

$$xy \geqslant \frac{(y + qx)^2}{3q} - \left(\frac{y + qx}{3nq}\right)^3.$$

又由 A−G 不等式有

$$xy = \frac{1}{q} \cdot y \cdot qx \leqslant \frac{1}{q} \cdot \frac{(y + qx)^2}{4},$$

故有

$$\left(\frac{y + qx}{3nq}\right)^3 \geqslant \frac{(y + qx)^2}{12q},$$

即

$$y + qx \geqslant \frac{9}{4} n^3 q^2,$$

故有

$$y + qx \geqslant \frac{9}{4} n^3 q^2 > (qn)^{\frac{3}{2}},$$

即

$$y + qx > q^{\frac{1}{2}} n^{\frac{3}{2}}.$$

(∗∗)证毕!

(2) 若 $ab < n^2 q - \dfrac{y+qx}{3nq}$,则 $ab \leqslant n^2 q - \dfrac{y+qx+1}{3nq}$,(用到 $a,b \in \mathbf{N}_+$, $qn \in \mathbf{N}_+$) 故

$$n^6 q^3 + xy - n^3 q(y+qx) \leqslant \left(n^2 q - \frac{y+qx+1}{3nq}\right)^3,$$

即

$$xy + n^3 q \leqslant \frac{(y+qx+1)^2}{3q} - \left(\frac{y+qx+1}{3nq}\right)^3.$$

故

$$n^3 q \leqslant \frac{(y+qx+1)^2}{3q} \leqslant (y+qx)^2,$$

$(y+qx \geqslant 1+q(x,y \in \mathbf{N}_+)$,故 $y+qx \geqslant 2$,故 $\dfrac{(y+qx+1)^2}{3} \leqslant (y+qx)^2)$ 即有

$$y + qx \geqslant (qn^3)^{\frac{1}{2}}.$$

(∗∗)证毕!

综合(1)(2)知,$y+qx \geqslant (qn^3)^{\frac{1}{2}}$。

那么代入(∗)有:

$$\{nq^{\frac{1}{3}}\} + \{nq^{\frac{2}{3}}\} > \frac{qx+qy}{3n^2 \cdot q^{\frac{7}{3}}} > \frac{y+qx}{3n^2 \cdot q^{\frac{7}{3}}} > \frac{q^{\frac{1}{2}} \cdot n^{\frac{3}{2}}}{3n^2 \cdot q^{\frac{7}{3}}} = \frac{q^{-\frac{11}{6}}}{3} \cdot \frac{1}{\sqrt{n}},$$

即

$$\{nq^{\frac{1}{3}}\} + \{nq^{\frac{2}{3}}\} > \frac{q^{-\frac{11}{6}}}{3} \cdot \frac{1}{\sqrt{n}},$$

故 c 满足要求!

综上:存在满足要求的 c,原命题获证!

评注 此题的难度较大,但若熟悉 $\{\sqrt{d} n\} \geqslant \dfrac{c}{n}$($d$ 为非完全平方数,c 为正常数)一类问题的证明,

似乎思路较为自然,关键在利用整数离散性上,为此必须想方设法使 $nq^{\frac{1}{3}}$ 与 $nq^{\frac{2}{3}}$ 乘立方,那么我们有如下两个恒等式:

(1) $a^3 + b^3 + c^3 - 3abc = (a + b + c)(a^2 + b^2 + c^2 - ab - bc - ca)$;

(2) $a^3 + b^3 = (a + b)(a^2 - ab + b^2)$ 或 $a^3 - b^3 = (a - b)(a^2 + ab + b^2)$.

证法一考虑到 $\{q^{\frac{1}{3}}n\} + \{q^{\frac{2}{3}}n\}$ 可能趋向于 0,因此我们选择式(1),并先提取左侧公因式,再利用离散性,提高了次数,恰到好处的放出了 $-\frac{1}{2}$ 次.

证法二考虑了单项的式(2),因而需证关于整体性质的(∗∗)式,在证明过程中体现了"削足适履"的思想.

题4 如图①,已知圆内接四边形 $ABCD$,其对角线 AC 与 BD 交于点 P,$\triangle ADP$ 的外接圆交 AB 于 E,$\triangle BCP$ 的外接圆交 AB 于 F,设 $\triangle ADE$ 与 $\triangle BCF$ 的内心分别为 I、J,连结直线 IJ 交 AC 于 K. 求证:A、I、K、E 四点共圆.

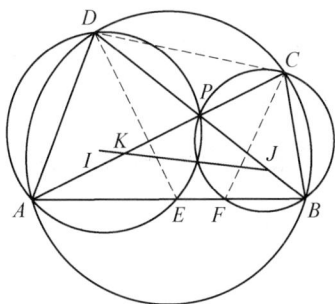 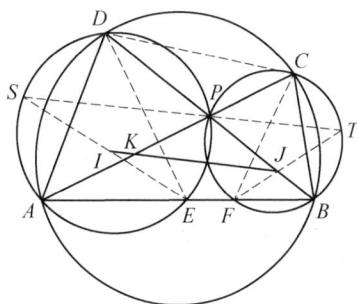

(第 4 题图①)　　　　　　　(第 4 题图②)

证明 如图②,延长 EI 交 $\triangle ADP$ 的外接圆于 S,延长 FJ 交 $\triangle BCP$ 的外接圆于 T.

下证:(1) S、P、T 三点共线;(2) $IJ /\!/ ST$;(3)A、I、K、E 四点共圆.

针对(1):因为 I 是 $\triangle ADE$ 的内心,所以 S 是 $\overset{\frown}{AD}$ 的中点. 从而 $\angle DPS = \angle APS = \frac{1}{2}\angle DPA$.

同理 $\angle CPT = \angle BPT = \frac{1}{2}\angle BPC$.

注意到 $\angle DPA = \angle BPC$,故 $\angle DPS = \angle BPT$,即 S、P、T 三点共线.

针对(2):要证 $IJ /\!/ ST$,只需证点 I 到 ST 的距离等于点 J 到 ST 的距离,即 $IS \cdot \sin\angle PSE = JT \cdot \sin\angle PTF$. 由

$$\angle SDA = \angle SAD = \frac{1}{2}\angle DPA = \frac{1}{2}\angle CPB = \angle TCB = \angle TBC,$$

知 $\triangle ASD \backsim \triangle BTC$；由 $\angle ADP = \angle BCP$，$\angle DPA = \angle CPB$ 知 $\triangle ADP \backsim \triangle BCP$；由鸡爪定理知 $IS = AS$，$JT = BT$. 故

$$\frac{IS}{JT} = \frac{AS}{BT} = \frac{AD}{BC} = \frac{AP}{BP} = \frac{\sin\angle PBA}{\sin\angle PAB} = \frac{\sin\angle PTF}{\sin\angle PSE},$$

即

$$IS \cdot \sin\angle PSE = JT \cdot \sin\angle PTF,$$

从而 $IJ \parallel ST$.

针对(3)：因为 $\angle IKA = \angle SPA = \angle SEA = \angle IEA$，所以 A、I、K、E 四点共圆.

证毕.　　　　　　　　　　　　　　　　　　　　　　　　　　　　　　□

评注　本题解法较多，这里列出了一种思路比较自然的做法. 通过简单导角可知命题等价于 $IJ \parallel ST$，转而计算点 I、J 到直线 ST 的距离，再结合内心性质即可.

题 5　设 $n \geqslant 3$，n 为奇数，对 $n \times n$ 的方格表进行黑白染色，若两个方格 a、b 有公共顶点且同色，则称 a、b 两个方格相邻. 若方格 a、b 能通过一系列的方格 $c_1 \to c_2 \to \cdots \to c_k$，其中 $c_1 = a$，$c_k = b$，且 c_i 与 c_{i+1} 相邻，则 a、b 称为连通. 求最大的正整数 M，使得存在 M 个方格，使得两两不连通.

解法一　所求 M 的最大值为 $\frac{(n+1)^2}{4} + 1$.

一方面，我们说明 $M = \frac{(n+1)^2}{4} + 1$ 满足要求.

如图①，对奇数行且奇数列的方格染黑，其余方格染白，取出所有黑格及任意一个白格，这些方格互不连通，此时，共有 $\frac{(n+1)^2}{4} + 1$ 个方格.

另一方面，我们证明：$M \leqslant \frac{(n+1)^2}{4} + 1$.

我们可将所有方格分成一些类，使得对任意两个方格，它们在同一类当且仅当它们连通，对每一类，我们称其为一个连通分支，并设共有 m 个连通分支.

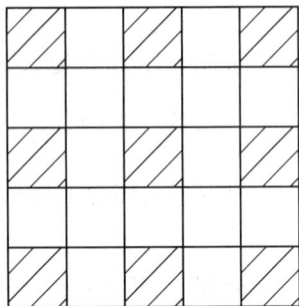

（第 5 题图①）

对第 i 列第 j 行的格点，我们记其坐标为 (i, j) $(1 \leqslant i, j \leqslant n+1)$.

对每个连通分支 A，我们取其所含方格的顶点中 $x+y$ 最大，$x+y$ 最小，$x-y$ 最大，$y-x$ 最大（x、y 分别表示点的横、纵坐标）的各一点，且尽量不取处于方格表边界的格点（即若有两点均为 $x+y$ 有最大，其中一个在方格表边界，一个不在方格表边界，则取不在方格表边界的那个点. 另三种情况，$x+y$ 最小，$x-y$ 最大，$y-x$ 最大同理），则易知取出的四个点互不相同.

对由 A 选出的格点 a，以 a 为顶点的另三个（可能小于三个）在 A 外的方格均与 A 异色，由上述结论知，处于方格表内部的格点至多被一个连通分支对应.（否则，若 a 分别被 A 与 B 对应，则以 a 为顶点的四个方格一个与 A 同色，三个与 A 异色，且一个与 B 同色，三个与 B 异色，则 A、B 同色，而它们有公共顶点，与 A、B 为不同连通分支矛盾.）

下考虑处于方格表边界的格点，若其被两个不同连通分支对应，如图，设点 a 被连通分支 A、B 对应，不妨设 $1\in A$，$2\in B$（用数字代表对应方格）.

(1) 如图②，若 $3\in A$ 且 $4\in B$，则 b 不会被任意连通分支对应，设这种情况的 a 共有 t 个，故可对应 t 个 b（可能相同）.

注意到 1、3 同色及 2、4 同色，及 $n\geqslant 3$，所以 a_1、a_2、a_3 均不为这种情况的 a，故 b 不可能由别的 a 对应，于是不同 a 对应不同 b，故至少有 t 个点没被取出过.

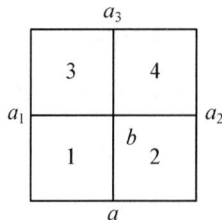

（第 5 题图②）

(2) 如图③，若 $4\in A$ 或 $3\in B$，不妨设 $4\in A$，则 a、c 均为 A 所含方格的顶点，又由 a 被取出及之前取法中的"尽量不取处于方格表边界的格点"知 c 也在方格表边界，则 d 为方格表角落的顶点.

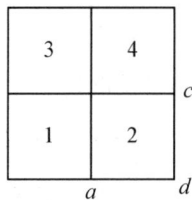

又注意到 c 不会被取出两次，故对每个方格表角落的顶点，至多对应一个这种情况的顶点 a，从而至多有四个这样的 a.

（第 5 题图③）

因此，取出的格点数（包括重复）至多 $(n+1)^2+t-t+4=(n+1)^2+4$ 个，又注意到共取了 $4m$ 个格点（包括重复），故 $4m\leqslant (n+1)^2+4$，即

$$m\leqslant \left(\frac{n+1}{2}\right)^2+1.$$

考虑取出的 M 个方格，因为它们两两不连通，所以它们属于互不相同的连通分支，故

$$M\leqslant m\leqslant \left(\frac{n+1}{2}\right)^2+1.$$

综上，$M_{\max}=\left(\frac{n+1}{2}\right)^2+1$.

解法二 （黄哲宇）答案与构造同解 1.

下面,我们证明:$M \leqslant \dfrac{(n+1)^2}{4} + 1$.

我们可将所有方格分成一些类,使得对任意两个方格,它们在同一类中当且仅当它们连通,对上述每一类方格,我们称其为一个块,并设共有 s 个块,其中,白块为 $k_1, \cdots, k_t$,黑块为 $k_{t+1}, \cdots, k_s (s \geqslant t)$.

定义两个块 A、B 相邻当且仅当存在 A 中一个方格与 B 中一个方格有公共顶点.

构造图 G,s 个顶点分别对应 $k_1, \cdots, k_s$,两点连边当且仅当对应的两块相邻.

注意到对任意两个方格 a、b,存在一系列方格 $c_1 \rightarrow c_2 \rightarrow \cdots \rightarrow c_k$,其中 $c_1 = a$,$c_k = b$,且 c_i 与 c_{i+1} 有公共顶点,所以 G 连通,于是有

$$边数 E \geqslant s - 1. \tag{1}$$

下面证明:若一黑块 A 与一白块 B 相邻,则 A 与 B 至少有 4 个公共顶点,或 A 与 B 恰有 3 个公共顶点,且有一块恰含一个小方格且占据方格表的一个角落.($*$)

由定义知,存在 A 中一方格与 B 中一方格有公共顶点,考虑以该公共顶点为顶点的 4 个或 2 个方格,它们必在 A 或 B 中,又由于其中有两个方格异色,故必有两个有公共边的方格异色,如图④,不妨设 $a \in A$,$b \in B$.

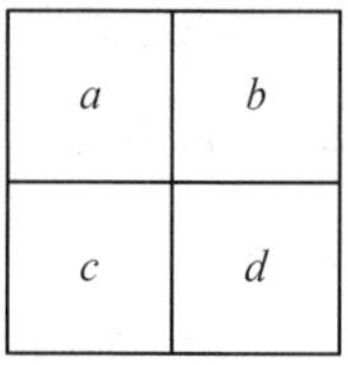

a	b
c	d

（第 5 题图④）

由 $n \geqslant 3$ 不妨设 a、b 所在行的下方还有行,如图 ④,若 $c \in A$,$d \in A$,分下列两种情况:

若 b 上方和右方均无方格,则即为($*$)后者的情况.

若 b 上方或右方有方格,不妨设上方有方格,如图⑤,

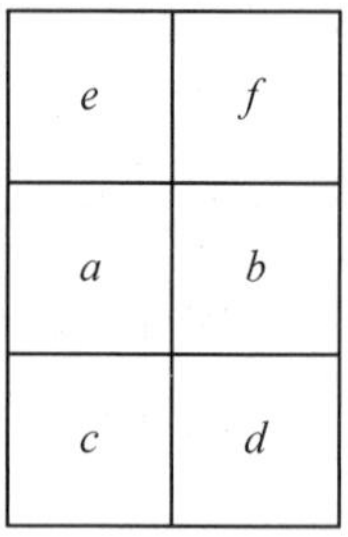

对 $e \in A$,$f \in A$;$e \in A$,$f \in B$;$e \in B$,$f \in A$,$e \in B$,$f \in B$,均有($*$)前者成立.

e	f
a	b
c	d

（第 5 题图⑤）

若 $c \in A$,$d \in B$,由 $n \geqslant 3$,不妨设 a、b 所在行上方还有行,如图 ⑤,对 $e \in A$,$f \in A$;$e \in A$,$f \in B$;$e \in B$,$f \in A$;$e \in B$,$f \in B$,均有($*$)前者成立.

若 $c \in B$,$d \in A$,则已有($*$)前者成立.

若 $c \in B$,$d \in B$,同 $c \in A$,$d \in A$ 知($*$)成立.

故($*$)获证.

于是,由($*$)知,对相邻的一黑块与一白块,若为($*$)前者,则其可对应黑块与白块的 4 个不同公共顶点;若为($*$)后者,则其可对应黑块与白块的 3 个不同公共顶点及方格表角落的一个顶点.

又因为每个点至多属于一个黑块,也至多属于一个白块,且对一个仅含一个方格且占据方格表一个角落的块,与其相邻的异色块至多一个,所以,上述对应中的顶点集互不相交,故

$$4E \leqslant (n+1)^2. \tag{2}$$

注意到取出的 M 个方格互不连通,故它们属于互不相同的块,于是.

$$M \leqslant s. \tag{3}$$

结合(1),(2),(3)即知

$$M \leqslant \frac{(n+1)^2}{4} + 1.$$

综上,$M_{\max} = \frac{(n+1)^2}{4} + 1.$ □

评注 本题答案不难猜出是 $\frac{(n+1)^2}{4} + 1$. 从答案中就可以看出本题的方向是找 1 对 4 的映射,难点主要在于如何产生这个 $+1$. 解 1 直接构造连通分支到顶点集的映射,用一些点被取两次的特例产生 $+1$. 解 2 由乐成寄宿中学的黄哲宇同学给出. 这个解法中产生 $+1$ 的想法更加明智,联系到了连通图中的 $\nu \leqslant e + 1$. 之后转而对 e 分析,构造映射.

此题中有条件 n 为奇数,自然会让人去联想 n 为偶数的情况,不过这比较困难,留给读者思考.

题 6 给定 $n, k \in \mathbf{N}_+ (n > k)$,$a_1, a_2, \cdots, a_n \in (k-1, k)$. 若正实数 $x_1, x_2, \cdots, x_n$ 满足:对任意的集合 $I \subseteq \{1, 2, \cdots, n\}$,$|I| = k$,有

$$\sum_{i \in I} x_i \leqslant \sum_{i \in I} a_i,$$

试求 $x_1 x_2 \cdots x_n$ 的最大值.

解 $x_1 x_2 \cdots x_n$ 的最大值为 $a_1 a_2 \cdots a_n$.

一方面,当 $x_i = a_i$,$i = 1, 2, \cdots, n$ 时,对任意集合 $I \subseteq \{1, 2, \cdots, n\}$,$|I| = k$,有

$$\sum_{i \in I} x_i \leqslant \sum_{i \in I} a_i,$$

此时,$x_1 x_2 \cdots x_n = a_1 a_2 \cdots a_n$.

另一方面,我们证明:$x_1 x_2 \cdots x_n \leqslant a_1 a_2 \cdots a_n$.

当 $n = k + 1$ 时,记

$$S = \{i \mid x_i > a_i, 1 \leqslant i \leqslant n\}, \quad T = \{i \mid x_i \leqslant a_i, 1 \leqslant i \leqslant n\},$$

$$A = \sum_{i \in S} (x_i - a_i), \quad B = \sum_{i \in T} (a_i - x_i). \quad (\text{规定} \sum_{x \in \varnothing} x = 0)$$

若 $S = \varnothing$,则对任意 $1 \leqslant i \leqslant n$,有 $x_i \leqslant a_i$. 从而

$$x_1 x_2 \cdots x_n \leqslant a_1 a_2 \cdots a_n,$$

结论成立!

下设 $S \neq \varnothing$,则 $|T| \leqslant k$,$k \geqslant 2$.

由 $n = k+1$ 及题设条件知对任意 $1 \leqslant j \leqslant n$,有

$$\sum_{i \neq j} x_i \leqslant \sum_{i \neq j} a_i,$$

从而

$$a_j - x_j \leqslant a_j - x_j + \sum_{i \neq j}(a_i - x_i) = \sum_{i=1}^{n}(a_i - x_i) = B - A.$$

对 $j \in T$ 求和有

$$B \leqslant |T|(B - A),$$

从而

$$\frac{A}{B} \leqslant \frac{|T|-1}{|T|} \leqslant \frac{k-1}{k}, \ (|T| \leqslant k),$$

即

$$\frac{A}{k-1} \leqslant \frac{B}{k}.$$

故

$$\sum_{i=1}^{n} \frac{x_i - a_i}{a_i} = \sum_{i \in S} \frac{x_i - a_i}{a_i} - \sum_{i \in T} \frac{a_i - x_i}{a_i}$$

$$\leqslant \sum_{i \in S} \frac{x_i - a_i}{k-1} - \sum_{i \in T} \frac{a_i - x_i}{k} \quad \left(a_i \in (k-1, k)\right)$$

$$= \frac{A}{k-1} - \frac{B}{k} \leqslant 0.$$

从而

$$\sum_{i=1}^{n} \frac{x_i}{a_i} \leqslant n.$$

由均值不等式知

$$\sum_{i=1}^{n} \frac{x_i}{a_i} \geqslant n \cdot \left(\prod_{i=1}^{n} \frac{x_i}{a_i}\right)^{\frac{1}{n}},$$

故

$$n \cdot \left(\prod_{i=1}^{n} \frac{x_i}{a_i} \right)^{\frac{1}{n}} \leqslant n,$$

即

$$\prod_{i=1}^{n} \left(\frac{x_i}{a_i} \right) \leqslant 1,$$

亦即

$$x_1 x_2 \cdots x_n \leqslant a_1 a_2 \cdots a_n.$$

当 $n \geqslant k+2$ 时,由 $n=k+1$ 的情形的证明有:对 $\{1, 2, \cdots, n\}$ 的任一 $k+1$ 元子集 I,有

$$\prod_{i \in I} x_i \leqslant \prod_{i \in I} a_i.$$

对 I 求积即得

$$\left(\prod_{i=1}^{n} x_i \right)^{\left(\frac{n-1}{k} \right)} \leqslant \left(\prod_{i=1}^{n} a_i \right)^{\left(\frac{n-1}{k} \right)},$$

从而

$$x_1 x_2 \cdots x_n \leqslant a_1 a_2 \cdots a_n.$$

综上可知: $x_1 x_2 \cdots x_n$ 的最大值为 $a_1 a_2 \cdots a_n$. □

评注 上述证明可能不是最简单的,但是是本质的.

本题的答案不难猜出为 $a_1 a_2 \cdots a_n$. 假设结论对 $n=k+1$ 成立,援引 $n=k+1$ 的情形即可证明 $n \geqslant k+2$ 的情形. 因此只考虑 $n=k+1$.

由于题设条件均为线性,但结论为积性,所以考虑将积性转化为线性,这就用到了均值不等式. 这一步看似大胆,但也是限于题目条件而不得不为之. 证明中用了不等式证明中常用的增量思想和正负分离技巧.

我们补充一个类似的问题:

问题 非负实数 $a_1, a_2, \cdots, a_n, b_1, b_2, \cdots, b_n$ 满足:

(1) $a_1 \leqslant a_2 \leqslant \cdots \leqslant a_n, a_1 \leqslant b_1 \leqslant b_2 \leqslant \cdots \leqslant b_n \leqslant a_n$;

(2) 对任意的 $1 \leqslant i < j \leqslant n$,有 $a_j - a_i \geqslant b_j - b_i$.

证明: $a_1 a_2 \cdots a_n \leqslant b_1 b_2 \cdots b_n$.

总评　本次 CMO 的 6 个题难度适中.1、4 是基本题.第 2 题只要不一味地想着一步登天,花上一定时间从简单情况逐步深入,应该就能做出来.3、5、6 都具有一定难度,能攻下其中一道并且前面那三题都能稳稳拿下就具有了一定的竞争力.第 3 题需要较强的代数基本功.第 5 题主要是用到了对应的思想,难点还是在 +1 上.第 6 题是一道新颖的中等难度的代数问题,考查学生对一些代数基本思想和技巧的掌握情况.

2018 年国家集训队第一阶段选拔试题解答与评析

李一笑

（江苏省天一中学，214101）

指导教师：何爱君

2018 年第 59 届 IMO 中国数学奥林匹克国家集训队第一阶段活动于 2017 年 12 月 29 日至 2018 年 1 月 10 日，在湖北省武汉市华中师范大学第一附属中学举办．活动中进行了两次选拔考试（每次六题）．根据考试成绩，从 60 名集训队队员中选出 15 人参加下一轮的选拔．在考试中，我发挥正常，有幸进入 15 人名单．下面介绍我对这两次选拔考试问题的解法，并对难度进行大致评估．不当之处，敬请读者批评指正．

本文用"1. a"，"2. a"分别表示第 1 次考试或第 2 次考试的第 a 题．

题 1.1　设 p、q 是给定的两个和为 1 的正实数．证明：对任意一个 2017 元实数组（y_1，y_2，$\cdots$，y_{2017}），都存在唯一的 2017 元实数组（x_1，x_2，$\cdots$，x_{2017}），满足

$$p\max\{x_i, x_{i+1}\} + q\min\{x_i, x_{i+1}\} = y_i,\ i=1, 2, \cdots, 2017.$$

这里 $x_{2018} = x_1$．

证明　记

$$f_y(x) = \begin{cases} \dfrac{y - qx}{p}, & x \leqslant y, \\[2mm] \dfrac{y - px}{q}, & x > y. \end{cases}$$

首先证明如下引理：

引理　若给定 x，$y \in \mathbf{R}$，则 $z \in \mathbf{R}$ 满足 $p\max\{x, z\} + q\min\{x, z\} = y$ 当且仅当 $z = f_y(x)$，其中 f 是上述定义的函数．

引理证明　充分性直接检验即可．

为证必要性. 只须注意到 $g_x(z) = p \max\{x, z\} + q \min\{x, z\}$ 在 $\mathbf{R}$ 上递增, 知 $g_x(z) = y$ 至多一个零点 z. 故有唯一零点 $f_y(x)$. 证毕.

回到原题. 注意到, 对任意 $y \in \mathbf{R}$, $f_y(x)$ 为连续减函数.

由于若给定了 x_1, 则 $x_2 = f_{y_1}(x_1)$, $x_3 = f_{y_2}(x_2)$, $\cdots$, $x_{2017} = f_{y_{2016}}(x_{2016})$ 为定值, 只须证明恰存在一个 x_1.

考虑方程

$$f_{y_{2017}}(f_{y_{2016}}(\cdots f_{y_1}(x)) \cdots) - x = 0. \tag{$*$}$$

由方程左边为 x 的连续减函数, 且 $x \to \pm\infty$ 时 LHS $\to \mp\infty$, 知方程 $(*)$ 恰有一个零点.

若取 x_1 为 $(*)$ 的零点, 明显此时 $(x_1, x_2, \cdots, x_{2017})$ 符合题意, 知至少存在一组 $(x_1, \cdots, x_{2017})$. 又任一组 $(x_1, \cdots, x_{2017})$ 均满足 $x_1 = f_{y_{2017}}(x_{2017}) = \cdots = f_{y_{2017}}(\cdots f_{y_1}(x) \cdots)$, 即 x_1 必为 $(*)$ 的唯一解, 进而 $x_2, \cdots, x_{2017}$ 为定值, 知至多有一组 $(x_1, x_2, \cdots, x_{2017})$.

综上, 恰有一组符合题意, 证毕. $\qquad\square$

评注 此题是一个十分新颖的函数迭代问题, 实际难度不大.

题 1.2 若一个正整数的正约数的个数被 2018 整除, 则称该数为"有趣数". 确定所有正整数 d, 使得存在一个公差为 d 的无穷项等差数列, 该数列中每一项都是有趣数.

解 此题答案是: 所求 d 满足的充要条件是: 存在素数 q 满足

$$q^{1009} \mid d, \text{ 且 } d \neq 2^{1009}. \tag{$*$}$$

(1) 设 d 满足 $(*)$. 现给出满足要求的等差数列的构造.

若奇素数 q 满足 $q^{1009} \mid d$, 取 r 为 $\bmod q$ 的二次非剩余, 则数列

$$a_n = q^{1008}\left(\frac{d}{q^{1008}}n + r\right)$$

以 d 为公差.

由 $\tau(a_n) = 1009\tau\left(\dfrac{d}{q^{1008}}n + r\right)$, 而 $\dfrac{d}{q^{1008}}n + r \equiv r \pmod{q}$ 知 $\dfrac{d}{q^{1008}}n + r$ 不为平方数. 故 $2018 \mid \tau(a_n)$.

若 $2^{1009} \mid d$ 且 $d \neq 2^{1009}$, 取 $t = \dfrac{d}{2^{1009}} > 1$.

(i) 若 t 为偶数, 令 $a_n = 2^{1008}\left(\dfrac{d}{2^{1008}}n + 3\right)$.

(ii) 若 t 为奇数, 取 $q \mid t$, q 为素数, 令 r 为 $\bmod q$ 二次非剩余. 满足 $2 \nmid r$. (若不然, 将 r 换为 $r + q$).

令

$$a_n = 2^{1008}\left(\frac{d}{2^{1008}}n + r\right), \quad \tau(a_n) = 1009\tau\left(\frac{a_n}{2^{1008}}\right).$$

分别有 $\dfrac{a_n}{2^{1008}} \equiv 3 \pmod 4$ 与 $\dfrac{a_n}{2^{1008}} \equiv r \pmod q$，知 $2 \left| \tau\left(\dfrac{a_n}{2^{1008}}\right), 2018 \right| \tau(a_n)$.

综上，我们构造出的数列符合题意.

（2）下证明：符合题意的 d 满足（＊）.

设有趣数列 $\{a_n\}$ 以 d 为公差.

（a）下证存在 q 为素数，$q^{1008} \mid (d, a_1)$，且 $q^{1009} \mid d$.

假设结论不成立. 设 $Q = \{$素数 $q: q^{1008} \mid (d, a_1)$，且 $q^{1009} \nmid d\}$，令 P 为素数之集，任意 $q \in P \backslash Q$，$q^{1008} \nmid (d, a_1)$.

构造同余方程组

$$a_1 + (n-1)d \equiv q^{1009} \pmod{q^{1010}}, \quad \forall q \in Q,$$

$$\Leftrightarrow \frac{a_1}{q^{1008}} + \frac{d}{q^{1008}}(n-1) \equiv q \pmod{q^2}, \quad \forall q \in Q.$$

由中国剩余定理，该方程组有成等差数列的无穷个解 $n = km + t$，k、t 为定值，$m \in \mathbf{N}_+$，其中 $k = \prod\limits_{q \in Q} q^2$.

令 $b_m = a_{km+t}$，$\{b_m\}$ 为等差数列，其公差 $d' = kd = d\prod\limits_{q \in Q} q^2$.

令 $s = (b_1, d')$，对任意 $q \in Q$，

$$\nu_q(s) = \min\{\nu_p(b_1), \nu_p(d')\} = \min\{1009, 2 + \nu_q(d)\} = 1009,$$

其中 $b_1 = a_{k+t} \equiv q^{1009} \pmod{q^{1010}}$.

对任意 $q \in P \backslash Q$，

$$\nu_q(s) \leqslant \nu_q(d') = \nu_q(d) \leqslant 1007.$$

故对任意 $q \in P$，$\nu_q(s) \not\equiv -1 \pmod{1009}$.

由狄利克雷定理知，存在 $m_0 \in \mathbf{N}_+$，$\dfrac{b_1}{s} + \dfrac{d'}{s}(m_0 - 1)$ 为素数，且这样的 m_0 有无穷个.

取 m_0 充分大，使 $\dfrac{b_1}{s} + \dfrac{d'}{s}(m_0 - 1) > s$，则 $\left(\dfrac{b_1}{s} + \dfrac{d'}{s}(m_0 - 1), s\right) = 1$.

$$\tau(b_{m_0})=\tau(s)\tau\left(\frac{b_1}{s}+\frac{d'}{s}(m_0-1)\right)=2\tau(s)$$

$$=2\prod_{q\in P}\left[\nu_q(s)+1\right]\not\equiv 0(\bmod 1009),$$

即 $1009\nmid\tau(a_{km_0+t})$,矛盾.

(b) 下证 $d\neq 2^{1009}$.

假设 $d=2^{1009}$. 由(a), $2^{1008}\mid(d,a_1)$. 设 $a_1=2^{1008}r$, 取 $k\in\mathbf{N}_+$, $k^2>r$, $k\equiv r(\bmod 2)$, 则 $2^{1008}k^2=a_{1+\frac{k^2-r}{2}}$ 为数列中项, $2\nmid\tau(2^{1008}k^2)$. 矛盾.

由(a)及(b)知 d 满足(＊),证毕.　　　　　　　　　　　　　　　□

评注　此题想法较简单,即约去数列公约数后使用狄利克雷定理来构造矛盾,但表述清楚并不容易.

题 1.3　如图①,在 $\triangle ABC$ 中,圆 ω 与边 AB、AC 分别相切于点 D 和 E, $D\neq B$, $E\neq C$,且 $BD+CE<BC$.点 F、G 在边 BC 上,满足 $BF=BD$, $CG=CE$.设线段 DG、EF 相交于点 K.点 L 在 ω 的劣弧 $\overset{\frown}{DE}$ 上,使得 ω 在 L 处的切线平行于 BC.证明:$\triangle ABC$ 的内心在直线 KL 上.

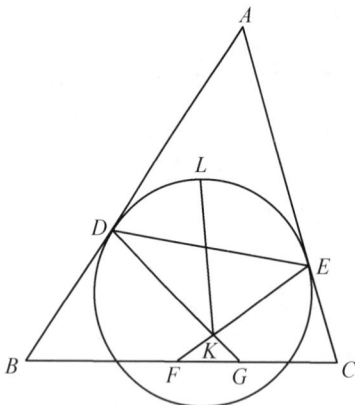
（第 3 题图①）

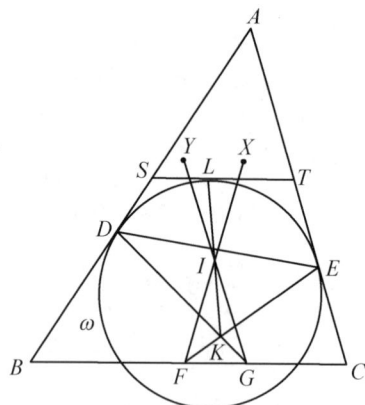
（第 3 题图②）

证明　如图②,过 L 作切线交 AB、AC 于 S、T,则 $ST /\!/ BC$.因此

$$\angle LDA=\angle DLS=\frac{1}{2}\angle ASL.$$

又

$$\angle BDF=\angle BFD=90°-\frac{1}{2}\angle ABC=90°-\frac{1}{2}\angle ASL,$$

所以 $\angle LDF = 90°$.

同理，$\angle LEG = 90°$.

倍长 FI、GI 至 X、Y，其中 I 为 $\triangle ABC$ 的内心.

注意到，D、F 关于 BI 对称，E、G 关于 CI 对称，D、E 关于 AI 对称，即

$$XI = FI = DI = EI = GI = YI.$$

故 D、E、F、G、X、Y 六点共圆.

由 $\angle FDL = \angle FDX = 90°$，得 D、L、X 三点共线. 同理，E、L、Y 三点共线.

在 $\odot(DEFGXY)$ 中，对六边形 $XDGYEF$ 用帕斯卡定理，得 K、I、L 三点共线. 证毕. $\square$

评注 据说此题做法较多. 如果发现 D、E、F、G 四点共圆，利用帕斯卡定理应该是自然的.

题 1.4 设 f 和 g 是定义在整数集且取值为整数的两个函数，满足对任意整数 x、y，都有

$$f(g(x) + y) = g(f(y) + x).$$

假设 f 是有界的，证明：g 是周期函数，即存在正整数 T，使得

$$g(x + T) = g(x)$$

对所有整数 x 成立.

证明 设 F 为 f 的值域，G 为 g 的值域. 对任意的 $x \in \mathbf{Z}$，

$$g(x) = g(x - f(0) + f(0)) = f(0 + g(x - f(0))) \in F.$$

所以 $G \subseteq F$. 同理，$F \subseteq G$，故 $F = G$.

由 f 的有界性，及 $F \subseteq \mathbf{Z}$，知 F 仅由有限个元素构成. 设

$$G = \{a_1, a_2, \cdots, a_k\}, A_i = \{x \in \mathbf{Z} \mid g(x) = a_i\}, i = 1, 2, \cdots, k.$$

若 $k = 1$，则 G 为常值函数，结论得证. 故不妨设 $k \geqslant 2$，则 G 含非零元素 t，由 $t \in F$，设 $t = f(s)$.

注意到，若 x_1, $x_2 \in \mathbf{Z}$ 使 $g(x_1) = g(x_2)$，则

$$g(x_1 + t) = f(s + g(x_1)) = f(s + g(x_2)) = g(x_2 + t). \tag{1}$$

对任意 $i \in \{1, 2, \cdots, k\}$，任取 $x_0 \in A_i$，设 $x_0 + t \in A_j$，$j \in \{1, 2, \cdots, k\}$，(1) 表明对任意 $x \in A_i$，$x + t \in A_j$. 定义 $\pi(i) = j$.

另一方面，对任意 $j \in \{1, 2, \cdots, k\}$，任取 $x_0 \in A_j$，设 $x_0 - t \in A_i$，必有 $\pi(i) = j$.

故 $\pi: \{1, 2, \cdots, k\} \to \{1, 2, \cdots, k\}$ 为满射，从而 π 为 $\{1, 2, \cdots, k\}$ 上的置换. 设单位置换 $e(i) =$

$i(i=1, 2, \cdots, k)$.

由熟知的结论知,存在 $M \in \mathbf{N}_+$, $\pi^M = e$. 对任意 $x \in \mathbf{Z}$, 设 $x \in A_i$, 则

$$x + Mt \in A_{\pi^M(i)} = A_i.$$

所以 $g(x) = g(x + Mt)$. 故 g 以 $M \mid t$ 为周期. 证毕. $\qquad\square$

评注 此题是一道新颖的非常规的函数方程题,有较高的组合要求.

题 1.5 给定正整数 k, 对正整数 n, 若组合数 C_n^0, C_n^1, $\cdots$, C_n^n 中被 k 整除的数的个数不少于 $0.99n$, 则称 n 是"好的". 证明:存在正整数 N, 使得 $1, 2, \cdots, N$ 中好的数不少于 $0.99N$ 个.

证明 对 $t \in \mathbf{N}_+$, $\varepsilon \in (0, 1)$, 称正整数 n 为 (t, ε)-好的,若 C_n^0, C_n^1, $\cdots$, C_n^n 中至多有 εn 个不被 t 整除.

下面首先证明两个引理.

引理 1 设 p 为素数, $\alpha \in \mathbf{N}_+$, $\varepsilon \in (0, 1)$, 则存在 $\beta \in \mathbf{N}_+$, 对任意 $n \in \mathbf{N}_+$, 若 n 在 p 进制下至少 β 位不为 $p-1$, 则 n 为 (p^α, ε)-好的.

证明 取 β 使得 $\sum_{i=0}^{\alpha-1} p^{1-i} \left(1 - \frac{1}{p}\right)^{\beta-i} C_\beta^i \leqslant \varepsilon$. 注意 β 充分大时左侧 $\to 0$, 知这样的 β 存在.

设 $p^r \leqslant n < p^{r+1}$, 任取 n 的 β 个不为 $p-1$ 的位. $\qquad$ (i)

设 A_i 为小于 p^{r+1} 的整数中,在(i)确定的 β 个位上恰有 i 个为 $p-1$ 的数的个数 $(0 \leqslant i \leqslant \beta)$, 则

$$A_i = C_\beta^i p^{r+1-\beta} (p-1)^{\beta-i} \leqslant n C_\beta^i p^{1-i} \left(\frac{p-1}{p}\right)^{\beta-i}, \quad \sum_{i=0}^{\alpha-1} A_i \leqslant \varepsilon n.$$

另一方面,使得 $p^\alpha \nmid C_n^x$ 的正整数 x, 在(i)确定的 β 位上至多 $\alpha-1$ 位为 $p-1$.

这表明这样的数的个数 $\leqslant \sum_{i=0}^{\alpha-1} A_i \leqslant \varepsilon n$. 故 n 为 (p^α, ε)-好数. 证毕.

引理 2 设 p 为素数, $\beta \in \mathbf{N}_+$, $\varepsilon \in (0, 1)$, 则存在 $N_0 \in \mathbf{N}_+$, 对任意的 $N \geqslant N_0$, $1, 2, \cdots, N$ 中至多 εN 个在 p 进制下至多 $\beta-1$ 位不为 $p-1$.

证明 令 $N_0 = p^\gamma$, 其中 γ 满足对任意 $r \geqslant \gamma$, $\sum_{i=0}^{\beta-1} (p-1)^i C_{r+2}^{i+1} \leqslant \varepsilon p^r$. 注意到左边为 r 多项式,知对充分大的 γ 满足条件.

设 $p^r \leqslant N < p^{r+1}$, 则 $r \geqslant \gamma$.

只须证明:在 $1, 2, \cdots, p^{r+1}-1$ 中,至多 εp^r 个使在 p 进制下至多 $\beta-1$ 位不为 $p-1$.

设在全体 j 位数中, p 进制下至多 $\beta-1$ 位不为 $p-1$ 的有 $B_j (1 \leqslant j \leqslant r+1)$ 个. 其中 p 进制下恰有 i 位不为 $p-1$ 的有 $C_{i,j} (0 \leqslant i < \beta)$ 个, 由

$$C_{i,j} \leqslant C_j^i (p-1)^i$$

知

$$B_j = \sum_{i=0}^{\beta-1} C_{i,j} \leqslant \sum_{i=0}^{\beta-1} (p-1)^i C_j^i.$$

则在 $1, 2, \cdots, p^{r+1}-1$ 中,在 p 进制下至多 $\beta-1$ 位不为 $p-1$ 的数的个数为

$$\sum_{j=1}^{r+1} B_j \leqslant \sum_{j=1}^{r+1} \sum_{i=0}^{\beta-1} (p-1)^i C_j^i = \sum_{i=0}^{\beta-1} (p-1)^i C_{r+2}^{i+1} \leqslant \varepsilon p^r.$$

从而结论得证.

推论 对任意素数 $p, \alpha \in \mathbf{N}_+, \varepsilon \in (0, 1)$,存在 $N_0 \in \mathbf{N}_+$,对任意 $N \geqslant N_0$,$1, 2, \cdots, N$ 中至多 εN 个不为 (p^α, ε)-好数.

回到原题.

若 $k=1$,结论显然成立. 不妨设 $k \geqslant 2$.

设 $k = p_1^{\alpha_1} \cdots p_t^{\alpha_t}$, $t \in \mathbf{N}_+$, p_i 为素数,$\alpha_i \in \mathbf{N}_+$, $i \in \{1, 2, \cdots, t\}$.

对 $i = 1, 2, \cdots, t$,由推论知,存在 $N_i \in \mathbf{N}_+$,对任意 $N \geqslant N_i$,$1, 2, \cdots, N$ 中至多 $\dfrac{0.01}{t} N$ 个不为 $\left(p_i^{\alpha_i}, \dfrac{0.01}{t} \right)$-好数.

取 $N \geqslant \max_{1 \leqslant i \leqslant t} N_i$,则 $1, 2, \cdots, N$ 中至少 $0.99N$ 个同时为 $\left(p_i^{\alpha_i}, \dfrac{0.01}{t} \right)$-好数,$i = 1, 2, \cdots, t$. ($*$)

由对 $n \in \mathbf{N}_+$,若 n 同时为 $\left(p_i^{\alpha_i}, \dfrac{0.01}{t} \right)$-好数,则 $C_n^0, C_n^1, \cdots, C_n^n$ 中至多 $\dfrac{0.01}{t} n$ 个不为 $p_i^{\alpha_i}$ 的倍数.

故至多 $0.01n$ 个不被某个 $p_i^{\alpha_i}$ 整除.

故至少 $0.99n+1$ 个为所有 $p_i^{\alpha_i}$ 的倍数,故 n 为好数.

从而($*$)即 $1, 2, \cdots, N$ 中至少 $0.99N$ 个好数. 证毕.

评注 此题没有本质上的难度,即只要取充分大的 N 即可. 但说清楚有些困难.

题 1.6 设 m、n 是正整数,$A_1, A_2, \cdots, A_m$ 是某个 n 元集合的 m 个子集. 证明:

$$\sum_{i=1}^{m} \sum_{j=1}^{m} |A_i| \cdot |A_i \cap A_j| \geqslant \frac{1}{mn} \left(\sum_{i=1}^{m} |A_i| \right)^3,$$

其中 $|X|$ 表示集合 X 的元素个数.

证明 原不等式等价于

$$mn\sum_{i=1}^{m}\sum_{k=1}^{m}|A_i||A_i\bigcap A_k|\geqslant(\sum_{i=1}^{m}|A_i|)^3. \qquad (*)$$

令 $X=\{x_1,x_2,\cdots,x_n\}$,则令

$$c_{ij}=\begin{cases}1, & x_j\in A_i,\\ 0, & x_j\notin A_i.\end{cases}$$

$$a_i=|A_i|=\sum_{j=1}^{n}c_{ij},\quad b_j=\sum_{i=1}^{m}c_{ij}.$$

故

$$(*)\Longleftrightarrow m\sum_{i=1}^{m}\sum_{k=1}^{m}\sum_{j=1}^{n}a_ic_{ij}c_{kj}\geqslant(\sum_{i=1}^{m}a_i)^3$$

$$\Longleftrightarrow mn\sum_{i=1}^{m}\sum_{j=1}^{n}a_ib_jc_{ij}\geqslant(\sum_{i=1}^{m}\sum_{j=1}^{n}c_{ij})^3. \qquad (**)$$

不妨设 $a_i\neq0$, $b_j\neq0$, $i=1,2,\cdots,m$, $j=1,2,\cdots,n$.这是因为,若某个 $A_i=\varnothing$,或某个 x_j 不属于任何一个 A_i,则将其删去.而($*$)左侧减小,右侧不变.

注意到,

$$\sum_{i=1}^{m}\sum_{j=1}^{n}\frac{c_{ij}}{a_i}=\sum_{i=1}^{m}\frac{a_i}{a_i}=m,\quad \sum_{i=1}^{m}\sum_{j=1}^{n}\frac{c_{ij}}{b_i}=n.$$

所以

$$(**)\Longleftrightarrow\Big(\sum_{i=1}^{m}\sum_{j=1}^{n}a_ib_jc_{ij}\Big)\Big(\sum_{i=1}^{m}\sum_{j=1}^{n}\frac{c_{ij}}{a_i}\Big)\Big(\sum_{i=1}^{m}\sum_{j=1}^{n}\frac{c_{ij}}{b_j}\Big)\geqslant(\sum_{i=1}^{m}\sum_{j=1}^{n}c_{ij})^3.$$

由 mn 元赫尔德不等式,上式显然.证毕. □

评注 此题为第一次测试最难的题,其中等价变形难度较大.

题 2.1 如图①,在平面上给定三角形 ABC.设 D、E、F 分别是边 BC、CA、AB 上的动点,满足 $BD=CE$,$CD=BF$.过 B、D、F 三点的圆与过 C、D、E 三点的圆交于点 D 及另一点 P.证明:平面中存在一点 Q,使得线段 PQ 的长度为定值.

证明 如图②,作 $\triangle ABC$ 的内心 I,作 BC 的中垂线交 BC、BI、CI 于 L、M、N,则

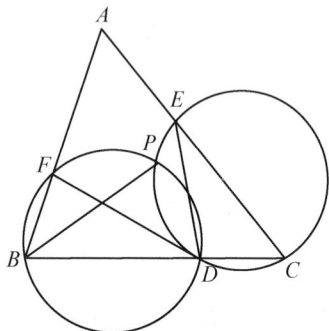

(第 1 题图①)

$$BM = \frac{BC}{2\cos\angle MBL} = \frac{\dfrac{BC}{\sin\angle ABC}}{\sin\dfrac{1}{2}\angle ABC}$$

$$= \frac{(BD+BF)\sin\dfrac{1}{2}\angle ABC}{\sin\angle ABC}.$$

即

$$BM\sin\angle DBF = BD\sin\angle MBD + BF\sin\angle MBF.$$

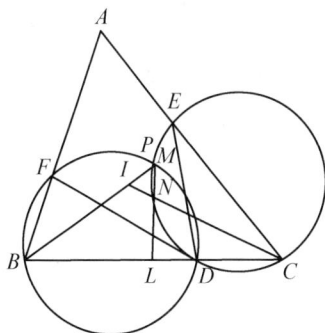

(第 1 题图②)

由正弦定理知,B、D、M、F 四点共圆.

同理,C、D、M、E 四点共圆.

我们证明 P 在 $\odot MNI$ 上.

若 $P=M$ 或 $P=N$,结论已成立.设 $P\notin\{M,N\}$,则

$$\angle MPN = \angle MPD + \angle DPN = \angle MBD + \angle DCN$$

$$= \angle(BM,CN) = \angle MIN.$$

从而 P、M、N、I 四点共圆.又 $\odot MNI$ 为定圆,知结论成立. □

评注 若熟悉 $\odot BDF$ 过定点的基本结论,则可秒做此题;不熟悉则容易走弯路.若一开始尝试找定圆的圆心,则基本做不下去.

题 2.2 设 $P(n)$ 是将 n 表示为若干个(不计次序)正整数之和的方法数.例如 $P(4)=5$,因为 4 有如下 5 个表示:

$$4,1+3,2+2,1+1+2,1+1+1+1.$$

求所有正整数 n,满足

$$P(n)+P(n+4)=P(n+2)+P(n+3).$$

解 定义 $P_k(n)$ 为将 n 表示为无序的不小于 k 的正整数之和的方法数,$n,k\in\mathbf{N}_+$,则 $P(n)=P_1(n)$.首先证明

引理 $P_k(n)=P_k(n-k)+P_{k+1}(n),n\geqslant k,n,k\in\mathbf{N}_+.$

证明 将 n 分为不小于 k 的正整数的分法共 $P_k(n)$ 个,其分为两类:

(1) 不含 k 的分法共有 $P_{k+1}(n)$ 个;(2) 含 k 的分法.

每种去掉一个 k, 知有 $P_k(n-k)$ 个.

故结论得证.

回到原题.

$$P(n)+P(n+4)-P(n+2)-P(n+3)$$
$$=[P(n+1)-P_2(n+1)]+[P(n+3)+P_2(n+4)]$$
$$\quad -[P_2(n+2)+P(n+1)]-P(n+3)$$
$$=-P_2(n+1)+P_2(n+4)-P_2(n+2)$$
$$=P_3(n+4)-P_2(n+1).$$

从而只须求 $n \in \mathbf{N}_+$, 使 $P_3(n+4)=P_2(n+1)$.

对 $n \leqslant 10$ 穷举得 $n=1, 3, 5$ 符合.

当 $n \geqslant 11$ 时, 我们证明: $P_2(n+1) > P_3(n+4)$.

以无序数组表示一个分法.

将 $n+4$ 分为不小于 3 的数的分法, 分为 1 个的有 1 种, 分为 2 个的有 $\left[\dfrac{n}{2}\right]$ 种, 设分为不少于 3 个的分法组成集合 X.

$$P_3(n+4)=1+\left[\frac{n}{2}\right]+|X|.$$

将 $n+1$ 分为不小于 2 的数的分法, 分为 1 个的有 1 种, 分为 2 个的有 $\left[\dfrac{n-1}{2}\right]$ 种, 设分为不少于 3 个的分法组成集合 Y.

$$P_2(n+1)=1+\left[\frac{n-1}{2}\right]+|Y|.$$

下证 $|Y| \geqslant |X|+2$.

我们构造单射 $f: X \to (Y \backslash \{(2, 2, 2, 2, n-7), (2, 2, 2, 2, 2, n-9)\})$.

对 $x=(x_1, x_2, \cdots, x_k) \in X$, $x_1 \leqslant x_2 \leqslant \cdots \leqslant x_k$, $k \geqslant 3$. 令

$$f(x)=(x_1-1, x_2-1, x_3-1, x_4, \cdots, x_k).$$

明显 f 为单射满足题意. 故 $|Y|-2 \geqslant |X|$.

从而

$$P_2(n+1) \geqslant 1 + \left(\left[\frac{n}{2}\right] - 1\right) + |X| + 2$$

$$> 1 + \left[\frac{n}{2}\right] + |X| = P_3(n+4).$$

故 $n \geqslant 11$ 不符合.

综上,所求 $n = 1, 3, 5$.　□

评注　等价变形来简化问题. 实际上,题中的 2、3、4 均是选好的;若稍变一下也许这题就不能做了. $P(n)$ 的解析表达式属于未解之谜,所以此题不可能有无穷多组有规律的解.

题 2.3　给定正整数 p、q,黑板上写有 n 个正整数,允许对这些数进行如下操作:任取黑板上两个相同的数 a 与 a,将这两个数擦去后再写上 $a+p$ 与 $a+q$,这称为一次操作. 如果黑板上 n 个数互不相同,则不能再操作. 求最小的正整数 n,使得可在黑板上写 n 个正整数,对这 n 个数存在一个无限的操作序列.

解　答案是 $\dfrac{p+q}{(p,q)}$.

首先给出 $n = \dfrac{p+q}{(p,q)}$ 的构造:取 $d = (p,q)$,$p = p_1 d$,$q = q_1 d$. 令

$$A_i = \{(i+1)d, (i+2)d, \cdots, (i+p_1)d, (i+1)d, (i+2)d, \cdots, (i+q_1)d\}$$

为可重集 ($i \in \mathbf{N}$).

对 A_i 中的两个 $(i+1)d$ 操作一次即得 A_{i+1}. 故可从 A_0 出发每次操作最小元,得一无穷操作序列.

下证 $n = \dfrac{p+q}{(p,q)}$ 为最小值.

仍令 $d = (p,q)$,$p = p_1 d$,$q = q_1 d$. 不妨设 $p \leqslant q$. 取一元素个数最少的可操作无穷次的集合 A,设 $|A| = n$. 由构造部分,$n \leqslant \dfrac{p+q}{(p,q)}$.

设 $A_0 = A$,则存在无穷可重集合列 $\{A_i\}_{i \in \mathbf{N}}$,使 A_i 操作一次得到 A_{i+1}.

注意到数列 $\{t_i = \min A_i\}$ 单调不减. 下证 $\{t_i\}$ 无界. 若不然,存在 $i_0 \in \mathbf{N}_+$,对任意 $i \geqslant i_0$,有 $t_i = t$,则从 A_{i_0} 中删去一个 t 后仍能操作无穷次,与 n 最小性矛盾.

设 $K = \{x \in \mathbf{N}_+ \mid x \in A_i, i \in \mathbf{N}\}$ 为在各 A_i 中出现过的元素.

对任意 $x \in K$,设 $x \in A_j$,则由 $\{t_i\}$ 无界性,存在 $k \geqslant j$,满足 $t_k > x$. 故取最小的 $k \geqslant j$ 使 $x \notin A_k$,必有对 A_{k-1} 的两个 x 操作一次得到 A_k.

这表明 $x+p$, $x+q\in A_k$, 即 $x+p$, $x+q\in K$. 故 $K+p$, $K+q\subseteq K$. 进而

$$K+(up+vq)\subseteq K, u, v\in \mathbf{N}.$$

另一方面, 由熟知的结论, 对任意 $s\geqslant (p_1-1)(q_1-1)$, 存在 u, $v\in \mathbf{N}$, 使得 $p_1u+q_1v=s$. 从而, $K+sd\subseteq K$.

任取 $t\in K$, $M\geqslant (p_1-1)(q_1-1)$, $M\in \mathbf{N}_+$.

定义 c_i 为可重集 A_i 中小于 $t+Md+q$ 的元素个数, 则当 i 充分大时 $c_i=0$, 取 i_0 使 $c_{i_0}=0$, 显然 $\{c_i\}$ 单调不增.

注意到 $t+Md+rd\in K$, $r=0$, 1, $\cdots$, q_1-1. 故对这些数至少各操作一次. 设对 A_{j_r} 中的两个 $t+Md+rd$ 操作一次得到 A_{j_r+1}, $r=0$, 1, $\cdots$, q_1-1, 则

$$c_{j_r}-c_{j_r+1}=\begin{cases}1, & 0\leqslant r<q_1-p_1, \\ 2, & q_1-p_1\leqslant r<q_1.\end{cases}$$

从而

$$n=\mid A_0\mid \geqslant c_0=c_{i_0}+\sum_{i=0}^{i_0-1}(c_i-c_{i+1})$$

$$\geqslant \sum_{r=0}^{q_1-1}(c_{j_r}-c_{j_r+1})$$

$$=p_1+q_1=\frac{p+q}{(p,q)}.$$

证毕. □

评注　此题是第二次的 6 题中最困难的题, 说理也不容易说清楚. 较明显的想法是不妨设 (p,q) 互质, 并且每次操作最小的数.

题 2.4　设 k 是大于 1 的整数, 且 $k-1$ 有平方因子, M 是正整数. 证明: 存在正实数 α, 使得对任意正整数 n, 数 $[\alpha k^n]$ 与 M 互素. 这里 $[x]$ 表示不超过实数 x 的最大整数.

注: 对正整数 m, 若存在整数 $d>1$, 使得 $d^2\mid m$, 则称 m 有平方因子.

证明　设 $k=ad^2+1$, a 无平方因子, $d\in \mathbf{N}_+$, $d\geqslant 2$.

设对正整数 m, $P(m)=\{p\in \mathbf{N}_+\mid p$ 为素数, $p\mid m\}$. 取 $Q=P(M)\backslash P(adk)$.

由中国剩余定理知, 存在 $t\in \mathbf{N}_+$, 使

$$\begin{cases} t \equiv 1 \quad (\bmod\, ad^2 k), \\ t \equiv 0 \quad (\bmod\, q), \, q \in \mathbf{Q}. \end{cases}$$

令 $\alpha = \dfrac{t(d+1)}{d}$，由

$$t(d+1)k^n \equiv 1 \cdot 1 \cdot 1 \equiv 1 (\bmod\, d),$$

知 $\left\{ \dfrac{t(d+1)k^n}{d} \right\} = \dfrac{1}{d}$. 所以

$$[\alpha k^n] = \frac{t(d+1)k^n - 1}{d}, \, n \in \mathbf{N}_+.$$

$$([\alpha k^n], ad) = \frac{(t(d+1)k^n - 1, ad^2)}{d} = \frac{(d, ad^2)}{d} = 1.$$

$$([\alpha k^n], k) \mid (t(d+1)k^n - 1, k) = 1.$$

$$([\alpha k^n], q) = (t(d+1)k^n - 1, q) = 1, \, q \in \mathbf{Q}.$$

故对任意 $q \in p(M)$，$q \nmid [\alpha k^n]$，即 $(M, [\alpha k^n]) = 1$. 从而符合题意，证毕. □

评注 若猜 α 为无理数，则几乎不可能做出. 反之则很容易想到以 d 为分母构造(k 进制下)循环小数.

题 2.5 给定正整数 n 和 k，满足 $n \geqslant 4k$. 求最小的实数 $\lambda = \lambda(n, k)$，使得对任意正实数 a_1, a_2, $\cdots$, a_n，都有

$$\sum_{i=1}^{n} \frac{a_i}{\sqrt{a_i^2 + a_{i+1}^2 + \cdots + a_{i+k}^2}} \leqslant \lambda,$$

这里 $a_{n+j} = a_j$，$j = 1, 2, \cdots$.

解 令 $M \in \mathbf{R}_+$，$a_i = M^{-i}$，$i = 1, 2, \cdots, n$. 令 $M \to +\infty$，则 LHS $\to n - k$. 故 $\lambda \geqslant n - k$.

下证 $\lambda = n - k$ 符合.

(1) 当 $n = 4$, $k = 1$ 时，两边平方，只须证

$$\frac{a_1^2}{a_1^2 + a_2^2} + \frac{a_2^2}{a_2^2 + a_3^2} + \frac{a_3^2}{a_3^2 + a_4^2} + \frac{a_4^2}{a_4^2 + a_1^2}$$

$$+ \frac{2a_1 a_2}{\sqrt{(a_1^2 + a_2^2)(a_2^2 + a_3^2)}} + \frac{2a_2 a_3}{\sqrt{(a_2^2 + a_3^2)(a_3^2 + a_4^2)}} + \frac{2a_3 a_4}{\sqrt{(a_3^2 + a_4^2)(a_4^2 + a_1^2)}}$$

$$+ \frac{2a_4 a_1}{\sqrt{(a_4^2 + a_1^2)(a_1^2 + a_2^2)}} + \frac{2a_1 a_3}{\sqrt{(a_1^2 + a_2^2)(a_3^2 + a_4^2)}} + \frac{2a_2 a_4}{\sqrt{(a_2^2 + a_3^2)(a_4^2 + a_1^2)}} \qquad (*)$$

$$\leqslant 9.$$

由

$$\frac{a_1^2}{a_1^2+a_2^2}+\frac{a_2^2}{a_2^2+a_3^2}+\frac{a_3^2}{a_3^2+a_4^2}+\frac{a_4^2}{a_4^2+a_1^2}$$

$$\leqslant\frac{a_1^2+a_3^2+a_4^2}{a_1^2+a_2^2+a_3^2+a_4^2}+\frac{a_2^2+a_4^2+a_1^2}{a_1^2+a_2^2+a_3^2+a_4^2}+\frac{a_3^2+a_1^2+a_2^2}{a_1^2+a_2^2+a_3^2+a_4^2}+\frac{a_4^2+a_2^2+a_3^2}{a_1^2+a_2^2+a_3^2+a_4^2}$$

$$=3,$$

以及

$$\frac{a_1a_3}{\sqrt{(a_1^2+a_2^2)(a_3^2+a_4^2)}}+\frac{a_2a_4}{\sqrt{(a_2^2+a_3^2)(a_4^2+a_1^2)}}\leqslant\frac{a_1a_3}{a_1a_3+a_2a_4}+\frac{a_2a_4}{a_1a_3+a_2a_4}=1,$$

$$\frac{a_1a_2}{\sqrt{(a_1^2+a_2^2)(a_2^2+a_3^2)}}+\frac{a_3a_4}{\sqrt{(a_3^2+a_4^2)(a_4^2+a_1^2)}}\leqslant\frac{a_1a_2}{a_1a_2+a_2a_3}+\frac{a_3a_4}{a_3a_4+a_4a_1}=1,$$

$$\frac{a_2a_3}{\sqrt{(a_2^2+a_3^2)(a_3^2+a_4^2)}}+\frac{a_4a_1}{\sqrt{(a_4^2+a_1^2)(a_1^2+a_2^2)}}\leqslant\frac{a_2a_3}{a_2a_3+a_3a_4}+\frac{a_4a_1}{a_4a_1+a_1a_2}=1,$$

知(＊)成立.

（2）当 $n=4k$ 时，

$$\sum_{i=1}^{4k}\frac{a_i}{\sqrt{a_i^2+\cdots+a_{i+k}^2}}\leqslant\sum_{i=1}^{4k}\frac{a_i}{\sqrt{a_i^2+a_{i+k}^2}}$$

$$=\sum_{i=1}^{k}\left(\frac{a_i}{\sqrt{a_i^2+a_{i+k}^2}}+\frac{a_{i+k}}{\sqrt{a_{i+k}^2+a_{i+2k}^2}}+\frac{a_{i+2k}}{\sqrt{a_{i+2k}^2+a_{i+3k}^2}}+\frac{a_{i+3k}}{\sqrt{a_{i+3k}^2+a_i^2}}\right)$$

$$\leqslant\sum_{i=1}^{k}3=3k=n-k.$$

（3）对 n 归纳. 当 $n=4k$ 时已证.

设结论对 $n-1$ 成立. 考虑当 n 时，不妨设 $a_n=\max\{a_1,\cdots,a_n\}$.

令 $a_i'=a_i$, $i=1,2,\cdots,n-1$, $a_{i+n-1}'=a_i'$.

$$\sum_{i=1}^{n}\frac{a_i}{\sqrt{a_i^2+\cdots+a_{i+k}^2}}\leqslant 1+\sum_{i=1}^{n-1}\frac{a_i}{\sqrt{a_i^2+\cdots+a_{i+k}^2}}$$

$$\leqslant 1+\sum_{i=1}^{n-1}\frac{a_i'}{\sqrt{a_i'^2+\cdots+a_{i+k}'^2}}.$$

由归纳假设，

$$\sum_{i=1}^{n-1} \frac{a_i'}{\sqrt{a_i'^2 + \cdots + a_{i+k}'^2}} \leqslant n-1-k.$$

故结论对 n 成立.

由归纳法,对任意 $n \in \mathbf{N}_+$, $n \geqslant 4k$.结论成立.证毕. □

评注　此题的归纳奠基($n=4$, $k=1$)有一定难度,后面的归纳法是自然的.

题 2.6　设 a、b、r 是整数,$a \geqslant 2$,$r \geqslant 2$.若存在函数 $f:\mathbf{Z} \to \mathbf{Z}$ 和整数 M 满足下列条件:

(1) 对任意整数 n,$f^{(r)}(n) = an+b$,这里 $f^{(r)}$ 表示 f 的 r 次迭代;

(2) 对任意整数 $n \geqslant M$,有 $f(n) \geqslant 0$;

(3) 对任意整数 m、n,$m > n \geqslant M$,有 $(m-n) \mid (f(m) - f(n))$.

证明:存在正整数 c,使得 $a = c^r$.

证明　任取 $m > M$.令 $s = f(m)$, $t = f(m+1) - f(m)$.

假设存在 i,使得 $f(m+i) \neq s+it$,且 $i \in \mathbf{N}_+$.

令 $d = |f(m+i) - (s+it)|$. 取 $x \in \mathbf{N}_+$ 充分大,则对任意 $y \geqslant x$,

$$\begin{cases} y > d+i, \\ ty+s+y(y-1) \geqslant m+2ay, \\ ty+s-y(y-1) < 0, \\ M+(2a)^r y > a(m+y)+b. \end{cases}$$

从而对任意 $y \geqslant x$,

$$\begin{cases} y-i \mid f(m+y) - f(m+i), \\ y \mid f(m+y) - f(m), \\ y-1 \mid f(m+y) - f(m+1). \end{cases}$$

这说明 $y(y-1) \mid f(m+y) - (s+ty)$.

由 $(s+ty) - y(y-1) < 0$,及 $f(m+y) \geqslant 0$ 知 $f(m+y) \geqslant s+ty$.

若 $f(m+y) = s+ty$,则 $y-i \mid d$,但 $y-i > d > 0$,矛盾.

故 $f(m+y) \geqslant s+ty+y(y-1) \geqslant m+2ay$, $y \in \mathbf{N}_+$, $y \geqslant x$.

迭代 r 次得

$$f^{(2)}(m+y) \geqslant m+2a(f(m+y)-m) \geqslant m+(2a)^2 y$$

......

$$f^{(r)}(m+y) \geqslant m+2a(f^{(r-1)}(m+y)-m)$$

$$\geqslant m+(2a)^r y > a(m+y)+b$$

矛盾.

故假设不成立. 即对任意 $i \in \mathbf{N}$, $f(m+i)=s+ti \geqslant 0$. 故 $s \geqslant 0$, $t \geqslant 0$.

若 $t=0$, 则 $f(m)=f(m+1)$, 即 $f^{(r)}(m)=f^{(r)}(m+1)$, 矛盾. 故 $t > 0$.

令 $g(x)=t(x-m)+s$. 取 x 充分大, 使 $x > m$, $g(x) > m$, $g^{(2)}(x) > m$, $\cdots$, $g^{(r)}(x) > m$. 则对任意 $y \geqslant x$, $y \in \mathbf{N}_+$ 有 $f(y)=g(y)$, $f^{(2)}(y)=g^{(2)}(y)$, $\cdots$, $f^{(r)}(y)=g^{(r)}(y)$.

比较 $f^{(r)}(y)=g^{(r)}(y)$ 的两边一次项系数, 知 $a=t^r$. 证毕.　　　□

评注　此题作为第 6 题似乎难度不够. 它比第 3 题稍简单. 也比第 5 题简单. 但表述稍有难度.

2015 年中国西部数学邀请赛试题与解答

王广廷

（上海中学，200231）

1. 给定正整数 n，实数 $x_1, x_2, \cdots, x_n$ 满足 $\sum\limits_{k=1}^{n} x_k$ 为整数. 记

$$d_k = \min_{m \in \mathbf{Z}} \mid x_k - m \mid, 1 \leqslant k \leqslant n.$$

求 $\sum\limits_{k=1}^{n} d_k$ 的最大值.

（冷岗松　供题）

解法一　不妨设 $x_1, x_2, \cdots, x_n$ 均属于 $(0, 1]$，否则对 x_i 做一个整数的平移变换，不影响问题的结论. 记 $\sum\limits_{i=1}^{n} x_i = t$，则 $1 \leqslant t \leqslant n, t \in \mathbf{N}_+$.

不妨设 $x_1, x_2, \cdots, x_k \leqslant \dfrac{1}{2}$，$x_{k+1}, x_{k+2}, \cdots, x_n > \dfrac{1}{2}$. 则

$$\sum_{k=1}^{n} d_k = x_1 + x_2 + \cdots + x_k + (1 - x_{k+1}) + \cdots + (1 - x_n)$$

$$= 2(x_1 + x_2 + \cdots + x_k) + n - k - t,$$

注意到

$$x_1 + x_2 + \cdots + x_k \leqslant \frac{k}{2},$$

$$x_1 + x_2 + \cdots + x_k = t - (x_{k+1} + \cdots + x_n) \leqslant t - \frac{n-k}{2}.$$

故

$$\sum_{k=1}^{n} d_k \leqslant \min\{k, 2t - n + k\} + n - k - t$$

$$= \min\{n - t, t\} \leqslant \left[\frac{n}{2}\right].$$

当 n 为奇数时，取 $x_1 = x_2 = \cdots = x_{n-1} = \dfrac{1}{2}$，$x_n = 0$；当 n 为偶数时，取 $x_1 = x_2 = \cdots = x_n = \dfrac{1}{2}$，有

$$\sum_{i=1}^{n} d_i = \left[\frac{n}{2}\right].$$

综上可知,所求最大值为 $\left[\dfrac{n}{2}\right]$.　□

解法二　注意到 $d_i + \left|\dfrac{1}{2} - \{x_i\}\right| = \dfrac{1}{2}$,故 $\displaystyle\sum_{i=1}^{n}\left|\dfrac{1}{2} - \{x_i\}\right| = \dfrac{n}{2} - \sum_{i=1}^{n} d_i$,因此,

$$\sum_{i=1}^{n} d_i = \frac{n}{2} - \sum_{i=1}^{n}\left|\frac{1}{2} - \{x_i\}\right|.$$

又 $\displaystyle\sum_{i=1}^{n}\{x_i\} = \sum_{i=1}^{n} x_i - \sum_{i=1}^{n}[x_i] \in \mathbf{Z}.$ 由此可得:

(1) 当 n 为偶数时,$\left|\left(\displaystyle\sum_{i=1}^{n}\{x_i\}\right) - \dfrac{n}{2}\right| \geqslant 0.$

(2) 当 n 为奇数时,

$$\sum_{i=1}^{n} d_i = \frac{n}{2} - \sum_{i=1}^{n}\left|\frac{1}{2} - \{x_i\}\right|$$

$$\geqslant \frac{n}{2} - \left|\frac{n}{2} - \sum_{i=1}^{n}\{x_i\}\right|$$

$$= \frac{n}{2} - \left|\frac{1}{2} + m\right|$$

$$\geqslant \frac{n}{2} - \frac{1}{2},$$

其中 m 是一个整数.

当 n 为奇数时,取 $x_1 = x_2 = \cdots = x_{n-1} = \dfrac{1}{2}$,$x_n = 0$;当 n 为偶数时,取 $x_1 = x_2 = \cdots = x_n = \dfrac{1}{2}$,有

$$\sum_{i=1}^{n} d_i = \left[\frac{n}{2}\right].$$

综上可知,所求最大值为 $\left[\dfrac{n}{2}\right]$.　□

2. 如图①,圆 ω_1 与圆 ω_2 内切于点 T.点 M、N 是圆 ω_1 上不同于 T 的不同两点.圆 ω_2 的两条弦 AB、CD 分别为过 M、N.证明:若线段 AC、BD、MN 交于同一点 K.求证:TK 平分 $\angle MTN$.

（羊明亮　供题）

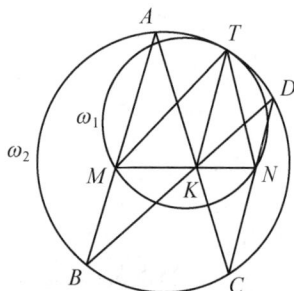

（第 2 题图①）

证明 如图②,分别延长 TM、TN 交圆 ω_2 于点 E、F. 连结 EF,从而 $MN /\!/ EF$. 于是

$$\frac{TM}{TN}=\frac{ME}{NF},$$

故由相交弦定理知

$$\frac{TM^2}{TN^2}=\frac{TM}{TN}\cdot\frac{ME}{NF}=\frac{AM\cdot MB}{DN\cdot NC}. \tag{1}$$

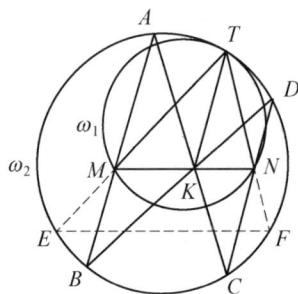

在 $\triangle AMK$ 和 $\triangle DNK$ 中,由正弦定理知

$$\frac{AM}{\sin\angle AKM}=\frac{MK}{\sin\angle MAK},$$

$$\frac{DN}{\sin\angle DKN}=\frac{KN}{\sin\angle KDN}.$$

注意到 $\angle MAK=\angle BAC=\angle BDC=\angle KDN$,于是

$$\frac{AM}{DN}=\frac{MK\cdot\sin\angle AKM}{NK\cdot\sin\angle DKN}.$$

同理可知

$$\frac{MB}{NC}=\frac{MK\cdot\sin\angle MKB}{NK\cdot\sin\angle NKC}.$$

从而

$$\frac{AM\cdot MB}{DN\cdot NC}=\frac{MK^2}{NK^2}. \tag{2}$$

由 (1),(2) 知

$$\frac{TM^2}{TN^2}=\frac{MK^2}{NK^2},$$

即

$$\frac{TM}{TN}=\frac{MK}{NK}.$$

故 TK 平分 $\angle MTN$. □

(第 2 题图②)

3. 设整数 $n \geqslant 2$，正实数 $x_1，x_2，\cdots，x_n$ 满足 $\sum\limits_{i=1}^{n} x_i = 1$. 证明：

$$\left(\sum_{i=1}^{n} \frac{1}{1-x_i}\right)\left(\sum_{1 \leqslant i < j \leqslant n} x_i x_j\right) \leqslant \frac{n}{2}.$$

（羊明亮、牟晓生　供题）

解法一　不妨设 $0 < x_1 \leqslant x_2 \leqslant \cdots \leqslant x_n \leqslant 1$. 注意到

$$2 \sum_{1 \leqslant i < j \leqslant n} x_i x_j = \sum_{i=1}^{n} x_i \sum_{j \neq i} x_j = \sum_{i=1}^{n} x_i (1 - x_i),$$

故原不等式等价于

$$\left(\sum_{i=1}^{n} \frac{1}{1-x_i}\right)\left[\sum_{i=1}^{n} x_i (1 - x_i)\right] \leqslant n. \qquad (*)$$

因为对任意 $1 \leqslant i < j \leqslant n$，有 $x_i + x_j \leqslant 1，0 < x_i < x_j \leqslant 1$，从而

$$(x_i - x_j)(1 - x_i - x_j) \leqslant 0,$$

故 $x_i(1-x_i) \leqslant x_j(1-x_j)$. 于是

$$x_1(1-x_1) \leqslant x_2(1-x_2) \leqslant \cdots \leqslant x_n(1-x_n).$$

又 $\dfrac{1}{1-x_1} \leqslant \dfrac{1}{1-x_2} \leqslant \cdots \leqslant \dfrac{1}{1-x_n}$，由切比雪夫(Chebyshev) 不等式得

$$\frac{1}{n}\left(\sum_{i=1}^{n} \frac{1}{1-x_i}\right)\left[\sum_{i=1}^{n} x_i(1-x_i)\right] \leqslant \left[\sum_{i=1}^{n}\left(\frac{1}{1-x_i}\right) x_i(1-x_i)\right] = 1.$$

所以 $(*)$ 成立，从而原不等式成立.　　　　　　　　　　　　　　　　□

解法二　先证局部不等式：对任意 $1 \leqslant k \leqslant n$，有

$$\left(2 \sum_{1 \leqslant i < j \leqslant n} x_i x_j\right)\left(\frac{1}{1-x_k}\right) \leqslant 2x_k + \frac{n-2}{n-1} \sum_{i \neq k} x_i. \qquad (*)$$

事实上，由均值不等式 $\sum\limits_{i \neq k} x_i^2 \geqslant \dfrac{2}{n-2} \sum\limits_{i,\,j \neq k} x_i x_j$，可得

$$2 \sum_{1 \leqslant i < j \leqslant n;\, i,\,j \neq k} x_i x_j \leqslant \frac{n-2}{n-1}\left(\sum_{i \neq k} x_i\right)^2.$$

从而

$$\left(2 \sum_{1 \leqslant i < j \leqslant n} x_i x_j\right)\left(\frac{1}{1-x_k}\right)$$

$$= \left[2x_k(1-x_k) + 2 \sum_{1 \leqslant i < j \leqslant n;\, i,\, j \neq k} x_i x_j \right] \left(\frac{1}{1-x_k} \right)$$

$$= 2x_k + \frac{2 \sum\limits_{1 \leqslant i < j \leqslant n,\, i,\, j \neq k} x_i x_j}{\sum\limits_{i \neq k} x_i}$$

$$\leqslant 2x_k + \frac{n-2}{n-1} \sum_{i \neq k} x_i.$$

所以(＊)成立.

回到原题,对(＊)两边的 $k = 1, 2, \cdots, n$ 求和知原不等式成立. □

---

4. 平面上有100条直线,用 T 表示由这些直线中的某三条直线围成的直角三角形的集合. 求 $|T|$ 的最大值.

（邹瑾　供题）

解　$|T|_{max} = 62\,500$.

先证明直角三角形的个数不超过 62 500.

任取一条直线,将所有与之平行的直线组成的集合记为 A_1(包括这条直线本身),所有与之垂直的直线组成的集合记为 B_1(若不存在直线与之垂直,则 $B_1 = \varnothing$). 此时从剩下的直线中任取一条,将所有与之平行的直线的集合记为 A_2,所有与之垂直的直线组成的集合记为 B_2. 再考虑剩下的直线,类似定义 $A_3, B_3, \cdots$. 于是这100条直线被分成彼此不交的集合 $A_1, B_1, A_2, B_2, \cdots, A_k, B_k$.

设 $|A_i| = a_i$,$|B_i| = b_i (1 \leqslant i \leqslant k)$,则 $\sum\limits_{i=1}^{k} (a_i + b_i) = 100$.

注意每个直角三角形的三边必为一组互相垂直的直线和另一条与前者不平行或垂直的直线,故所有直角三角形的总个数不超过 $\sum\limits_{i=1}^{k} a_i b_i (100 - a_i - b_i)$. 而

$$\sum_{i=1}^{k} a_i b_i (100 - a_i - b_i)$$

$$\leqslant \sum_{i=1}^{k} \frac{(a_j + b_j)^2}{4} \cdot (100 - a_i - b_i)$$

$$= \frac{1}{4} \sum_{i=1}^{k} (a_i + b_i) \cdot [(a_i + b_i)(100 - a_i - b_i)]$$

$$\leqslant \frac{1}{4} \sum_{i=1}^{k} (a_i + b_i) \cdot \frac{[(a_i + b_i) + (100 - a_i - b_i)]^2}{4}$$

$$= 625 \cdot \sum_{i=1}^{k} (a_i + b_i) = 62\,500.$$

下面给出 62 500 个直角三角形的具体构造.

在坐标平面上取 100 条直线分别为 $x=1$, $x=2$, $\cdots$, $x=25$; $y=1$, $y=2$, $\cdots$, $y=25$; $y=x+26$, $y=x+27$, $\cdots$, $y=x+50$; $y=-x+101$, $y=-x+102$, $\cdots$, $y=-x+125$. 此时, 这 100 条直线分为 4 组, 每组 25 条相互平行, 倾斜角分别为 $0°$、$45°$、$90°$、$135°$. 易知前两组直线相互垂直, 后两组直线也相互垂直, 且任意三线不共点. 故此时直角三角形的总个数等于

$$25 \times 25 \times 50 + 25 \times 25 \times 50 = 62\,500.$$

综上, 所求最大值为 62 500. □

5. 设凸四边形 $ABCD$ 的面积为 S, $AB=a$, $BC=b$, $CD=c$, $DA=d$. 证明: 对 a、b、c、d 的任意一个排列 x、y、z、w, 有

$$S \leqslant \frac{1}{2}(xy+zw).$$

(冯志刚　供题)

证明　凸四边形 $ABCD$ 的边长 a、b、c、d 的排列有 $4!=24$ 种, 事实上由边长 x、y 是否相邻, 我们只须考虑如下两种情况:

(1) 若 x、y 是凸四边形 $ABCD$ 的相邻的两边长, 不失一般性, 只须证明 $S \leqslant \frac{1}{2}(ab+cd)$. 注意到

$$S_{\triangle ABC} = \frac{1}{2}AB \cdot BC\sin\angle ABC \leqslant \frac{1}{2}ab,$$

$$S_{\triangle CDA} = \frac{1}{2}CD \cdot DA\sin\angle CDA \leqslant \frac{1}{2}cd,$$

故 $S = S_{\triangle ABC} + S_{\triangle CDA} \leqslant \frac{1}{2}(ab+cd)$.

(2) 若 x、y 是凸四边形 $ABCD$ 的两相对边的长, 只须证明 $S \leqslant \frac{1}{2}(ac+bd)$.

设点 A 关于 BD 的中垂线的对称点为 A'. 则

$$S_{ABCD} = S_{A'BCD} = S_{\triangle A'BC} + S_{\triangle CDA'}$$

$$\leqslant \frac{1}{2}A'B \cdot BC + \frac{1}{2}CD \cdot DA'$$

$$= \frac{1}{2}AD \cdot BC + \frac{1}{2}CD \cdot AB$$

$$= \frac{1}{2}(ac+bd).$$

由(1),(2)可知原问题成立. □

注　当 x、y 是凸四边形 $ABCD$ 的两相对边的长时,可以用 Ptolemy 不等式证明结论成立,事实上

$$S = S_{ABCD} = \frac{1}{2} AC \cdot BD \sin \theta \leqslant \frac{1}{2} AC \cdot BD$$

$$\leqslant \frac{1}{2} (AB \cdot CD + BC \cdot DA) = \frac{1}{2} (ac + bd).$$

6. 对数列 $a_1, a_2, \cdots, a_m$,定义集合

$$A = \{a_i \mid 1 \leqslant i \leqslant m\},\ B = \{a_i + 2a_j \mid 1 \leqslant i, j \leqslant m, i \neq j\}.$$

设 n 为给定的大于 2 的整数,对所有由正整数组成的严格递增的等差数列 $a_1, a_2, \cdots, a_n$,求集合 $A \triangle B$ 的元素个数的最小值.其中 $A \triangle B = (A \bigcup B) \backslash (A \bigcap B)$.

(王广廷　供题)

解　当 $n = 3$ 时,所求最小值为 5;当 $n \geqslant 4$ 时,所求最小值为 $2n$.

引理　当 $n \geqslant 4$ 时,对公差为 d 的等差数列 $a_1, a_2, \cdots, a_n$,有

$$B = \{3a_1 + kd \mid 1 \leqslant k \leqslant 3n - 4, k \in \mathbf{Z}\}.$$

事实上,对任意 $1 \leqslant i, j \leqslant n, i \neq j$,有

$$a_i + 2a_j = 3a_1 + (i - 1)d + 2(j - 1)d = 3a_1 + (i + 2j - 3)d,$$

而 $1 \leqslant i + 2j - 3 \leqslant 3n - 4$,因此有 $B \subseteq \{3a_1 + kd \mid 1 \leqslant k \leqslant 3n - 4, k \in \mathbf{Z}\}$.

另一方面,对 $1 \leqslant k \leqslant 3n - 4$,可以证明存在 $1 \leqslant i, j \leqslant n, i \neq j$,使得

$$i + 2j - 3 = k.$$

(1)当 $k \geqslant 2n - 2$ 时,取 $i = k + 3 - 2n, j = n$,有 $1 \leqslant i \leqslant n - 1 < j = n$,且

$$i + 2j - 3 = k;$$

(2)当 $k \leqslant 2n - 3$,且 k 为偶数时,取 $i = 1, j = \frac{k + 2}{2}$,有 $1 = i < j < n$,且

$$i + 2j - 3 = k;$$

(3)当 $5 \leqslant k \leqslant 2n - 3$,且 k 为奇数时,取 $i = 2, j = \frac{k + 1}{2}$,有 $1 < i < j < n$,且

$$i + 2j - 3 = k;$$

(4)当 $k = 1$ 时,取 $i = 2$,$j = 1$;当 $k = 3$ 时,取 $i = 4$,$j = 1$.

由上面的讨论,可知总存在 $1 \leqslant i, j \leqslant n$,$i \neq j$ 使得 $i + 2j - 3 = k$. 于是有

$$\{3a_1 + kd \mid 1 \leqslant k \leqslant 3n - 4, k \in \mathbf{Z}\} \subseteq B.$$

引理得证.

回到原题,先讨论 $n \geqslant 4$ 的情形.

设由正整数组成的等差数列 $a_1, a_2, \cdots, a_n$ 严格递增,即公差 $d > 0$. 显然有 $|A| = n$. 由引理可知 $B = \{3a_1 + kd \mid 1 \leqslant k \leqslant 3n - 4, k \in \mathbf{Z}\}$,于是 $|B| = 3n - 4$. 又由 $a_2 = a_1 + d < 3a_1 + d$ 可知 a_1、a_2 不属于 B,于是 $|A \cap B| \leqslant n - 2$. 因此有

$$|A \triangle B| = |A| + |B| - 2|A \cap B| \geqslant n + (3n - 4) - 2(n - 2) = 2n.$$

另一方面,当等差数列为 $1, 3, 5, \cdots, 2n - 1$ 时,有 $A = \{1, 3, 5, \cdots, 2n - 1\}$,而由引理可得 $B = \{5, 7, \cdots, 6n - 5\}$,此时有 $|A \triangle B| = 2n$.

当 $n = 3$ 时,设 a_1, a_2, a_3 为正整数组成的严格递增的等差数列,则 $|A| = 3$. 由

$$2a_1 + a_2 < 2a_1 + a_3 < 2a_3 + a_1 < 2a_3 + a_2$$

可知 $|B| \geqslant 4$. 又由 a_1、a_2 不属于 B 可知 $|A \cap B| \leqslant 1$,因此 $|A \triangle B| \geqslant 5$. 另一方面,当 $a_1 = 1$,$a_2 = 3$,$a_3 = 5$ 时,$A = \{1, 3, 5\}$,$B = \{5, 7, 11, 13\}$,$|A \triangle B| = 5$. 由此即得 $|A \triangle B|$ 的最小值为 5.

综上所述,当 $n = 3$ 时,所求最小值为 5;当 $n \geqslant 4$ 时,所求最小值为 $2n$. □

7. 设 $a \in (0, 1)$,$f(z) = z^2 - z + a$,$z \in \mathbf{C}$. 证明:对任意满足 $|z| \geqslant 1$ 的复数 z,存在满足 $|z_0| = 1$ 的复数 z_0,使得 $|f(z_0)| \leqslant |f(z)|$.

(张新泽 供题)

证明 我们先证明如下引理:

引理 若复数 z 在单位圆外,则存在模为 1 的复数 z_0,对单位圆内的任意复数 ω 有

$$|z_0 - \omega| < |z - \omega|.$$

事实上,令 $z_0 = \dfrac{z}{|z|}$,则 Z_0 是 Z 与圆心 O 的连线段与圆的交点. 注意到 ω 在圆的内部,则 $|\omega| < 1 = |z_0|$,故 $\angle OZ_0W < 90°$,$\angle WZ_0Z > 90°$. 这里 Z_0、W、Z 是以 O 为原点的复平面上复数 z_0、w、z 对应的点. 因此,$|z_0 - \omega| < |z - \omega|$.

回到原题,我们先证明 $f(z)$ 的两根在单位圆内.

下面分两种情况:

(1) 当 $0 < a \leqslant \dfrac{1}{4}$ 时,因为判别式 $\Delta = 1 - 4a \geqslant 0$,所以 z_1、z_2 均为实数,于是由韦达定理知 $z_1, z_2 \in (0, 1)$.

(2) 当 $\dfrac{1}{4} < a < 1$ 时,因为 $\Delta = 1 - 4a < 0$,所以 z_1、z_2 互为共轭复数,于是由韦达定理知

$$|z_1|^2 = |z_2|^2 = z_1 z_2 = a \in (0, 1).$$

由 (1),(2) 可知 $f(z)$ 的两根 z_1、z_2 均在单位圆内.

又 $|f(z)| = |z^2 - z + a| = |(z - z_1)(z - z_2)| = |z - z_1||z - z_2|$.

当 $|z| = 1$ 时,取 $z_0 = z$,则 $|f(z)| = |f(z_0)|$;

当 $|z| > 1$ 时,由引理知存在 $z_0 = \dfrac{z}{|z|}$ 有

$$|z_0 - z_1| < |z - z_1|,\quad |z_0 - z_2| < |z - z_2|,$$

于是 $|f(z_0)| < |f(z)|$.

综上可知原题成立. $\square$

8. 设 k 为正整数,$n = (2^k)!$.证明:$\sigma(n)$ 至少有一个大于 2^k 的素因子.其中 $\sigma(n)$ 为 n 的所有正约数之和.

(牟晓生 供题)

证明 因为

$$\nu_2(n) = \left[\frac{2^k}{2}\right] + \left[\frac{2^k}{4}\right] + \cdots + \left[\frac{2^k}{2^k}\right]$$
$$= 2^{k-1} + 2^{k-2} + \cdots + 1$$
$$= 2^k - 1,$$

所以,$2^{2^k - 1} \parallel n$.

设 $n = 2^{2^k - 1} p_1^{\alpha_1} p_2^{\alpha_2} \cdots p_t^{\alpha_t}$,其中 $t \in \mathbf{N}_+$,$p_1, p_2, \cdots, p_t$ 为互不相同的奇素数,$\alpha_1, \alpha_2, \cdots, \alpha_t$ 为正整数.从而

$$\sigma(n) = \sigma(2^{2^k-1})\sigma(p_1^{\alpha_1})\cdots\sigma(p_t^{\alpha_t})$$

$$= (2^{2^k}-1)\cdot M$$

$$= (2^{2^{k-1}}+1)(2^{2^{k-1}}-1)\cdot M,$$

其中 M 为正整数. 于是 $(2^{2^{k-1}}+1) \mid \sigma(n)$.

考虑 $2^{2^{k-1}}+1$ 的任意一个因子 p,则 p 为奇素数. 由费马(Fermat)小定理,$2^{p-1} \equiv 1 \pmod{p}$,由 $2^{2^{k-1}} \equiv -1 \pmod{p}$ 知 $2^{2^k} \equiv 1 \pmod{p}$,故 $2^{\gcd(2^k,\ p-1)} \equiv 1 \pmod{p}$.

若 $2^k \nmid (p-1)$,则 $\gcd(2^k,\ p-1) \mid 2^{k-1}$,从而 $2^{2^{k-1}} \equiv 1 \pmod{p}$,故 $2^{2^{k-1}} \equiv 1 \equiv -1 \pmod{p}$,从而 $p=2$. 这与 p 为奇素数矛盾.

故 $2^k \mid (p-1)$,因此 $p \geqslant 2^k+1$. 即 $\sigma(n)$ 有一个大于 2^k 的素因子. $\qquad\square$

2016 年中国西部数学邀请赛试题与解答

王广廷

（上海中学，200231）

1. 设实数 a、b、c、d 满足 $abcd > 0$，证明：存在 a、b、c、d 的一个排列 x，y，z，w，使得

$$2(xz + yw)^2 > (x^2 + y^2)(z^2 + w^2).$$

（刘诗雄 供题）

证法一 假设对 a、b、c、d 的任意一个排列 x，y，z，w，都有

$$2(xz + yw)^2 \leqslant (x^2 + y^2)(z^2 + w^2).$$

则对排列 a、c、b、d 有

$$2(ab + cd)^2 \leqslant (a^2 + c^2)(b^2 + d^2),$$

对排列 a、d、c、b 有

$$2(ac + db)^2 \leqslant (a^2 + d^2)(c^2 + b^2),$$

对排列 a、b、d、c 有

$$2(ad + bc)^2 \leqslant (a^2 + b^2)(d^2 + c^2).$$

将以上三式相加得

$$2(a^2b^2 + c^2d^2 + a^2c^2 + b^2d^2 + a^2d^2 + b^2c^2) + 12abcd$$
$$\leqslant 2(a^2b^2 + c^2d^2 + a^2c^2 + b^2d^2 + a^2d^2 + b^2c^2),$$

即 $abcd \leqslant 0$. 这与 $abcd > 0$ 矛盾，证毕！ □

证法二 取 x，z 是 a、b、c、d 中最大的两个，y，w 是 a、b、c、d 中最小的两个. 下证这样的排列满足要求.

事实上，因为

$$(x^2 + y^2)(z^2 + w^2) - (xz + yw)^2 = (xw - yz)^2,$$

所以只需证明

$$(xz + yw)^2 > (xw - yz)^2,$$

即

$$| xz + yw | > | xw - yz |. \qquad (*)$$

因为 $xyzw > 0$，所以 x、z 的符号相同，y、w 的符号相同. 注意到当同时改变 x、z 或 y、w 的符号时，式（＊）不变，因此不妨设 x、y、z、w 都大于 0. 此时

$$| xz + yw | = xz + yw > xz > \max\{xw, yz\} > | xw - yz |.$$

（＊）式成立，故结论得证. □

2. 如图①，设 $\odot O_1$ 与 $\odot O_2$ 相交于点 P、Q，它们的一条外公切线分别与 $\odot O_1$、$\odot O_2$ 相切于点 A、B. 过点 A、B 的圆 Γ 分别与 $\odot O_1$、$\odot O_2$ 相交于点 D、C. 证明：$\dfrac{CP}{CQ} = \dfrac{DP}{DQ}$.

（张端阳　供题）

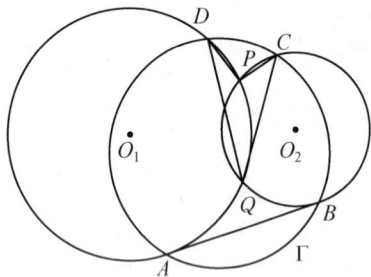 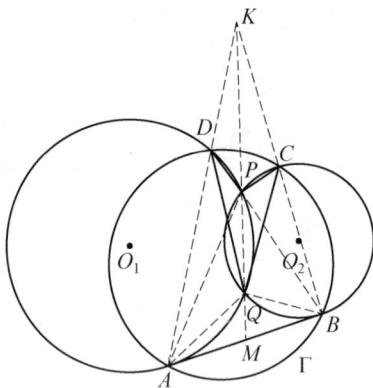

（第 2 题图①）　　　　　　　（第 2 题图②）

证明　如图②，由蒙日定理，直线 AD、QP、BC 交于一点，设为 K. 连结 AP、AQ、BP、BQ.

因为 $\triangle KPD \backsim \triangle KAQ$，所以 $\dfrac{DP}{AQ} = \dfrac{KP}{KA}$；因为 $\triangle KPA \backsim \triangle KDQ$，所以 $\dfrac{AP}{DQ} = \dfrac{KA}{KQ}$. 将两式相乘得，

$$\frac{AP \cdot DP}{AQ \cdot DQ} = \frac{KP}{KQ}.$$

同理，$\dfrac{BP \cdot CP}{BQ \cdot CQ} = \dfrac{KP}{KQ}$，从而

$$\frac{AP \cdot DP}{AQ \cdot DQ} = \frac{BP \cdot CP}{BQ \cdot CQ}. \tag{1}$$

延长 PQ 交 AB 于点 M. 因为 $\triangle AQM \backsim \triangle PAM$, 所以

$$\frac{AQ}{AP} = \frac{AM}{PM} = \frac{QM}{AM},$$

于是

$$\left(\frac{AQ}{AP}\right)^2 = \frac{AM}{PM} \cdot \frac{QM}{AM} = \frac{QM}{PM}.$$

同理, $\left(\frac{BQ}{BP}\right)^2 = \frac{QM}{PM}$. 从而

$$\left(\frac{AQ}{AP}\right)^2 = \left(\frac{BQ}{BP}\right)^2, \frac{AQ}{AP} = \frac{BQ}{BP}. \tag{2}$$

由式(1),(2)知

$$\frac{DP}{DQ} = \frac{CP}{CQ}.$$

证毕. □

3. 给定正整数 n、k, $k \leqslant n-2$. 设实数集 $\{a_1, a_2, \cdots, a_n\}$ 的任意 k 元子集的元素和的绝对值不超过 1. 证明:若 $|a_1| \geqslant 1$, 则对任意的 $2 \leqslant i \leqslant n$, 都有

$$|a_1| + |a_i| \leqslant 2.$$

（冷岗松　供题）

证明　不妨设 $a_1 \geqslant 1$, 此时要证结论成立, 只须证明对任意 $2 \leqslant j \leqslant n$ 有 $a_j \geqslant a_1 - 2$ 且 $a_j \leqslant 2 - a_1$. 记 $[n] = \{1, 2, \cdots, n\}$.

先证 $a_j \geqslant a_1 - 2$.

设 $2 \leqslant j \leqslant n$, 取 $[n]$ 的两个 k 元子集 I、J, 使得 $I \backslash J = \{1\}$, $J \backslash I = \{j\}$. 由条件知

$$\sum_{s \in I} a_s \leqslant 1, \sum_{s \in J} a_s \geqslant -1.$$

将这两个不等式作差可得 $a_1 - a_j \leqslant 2$, 即 $a_j \geqslant a_1 - 2$.

再证 $a_j \leqslant 2 - a_1$.

记 $S=\{i\in[n]\mid a_i>0\}$，则 $1\in S$．假设 $|S|\geqslant k$，取 S 的一个 k 元子集 I，使得 $1\in I$，由条件知

$$0<\sum_{s\in I\setminus\{1\}}a_s\leqslant 1-a_1\leqslant 0,$$

矛盾！故 $|S|\leqslant k-1$．因此

$$|[n]\setminus(S\cup\{j\})|\geqslant n-k\geqslant 2.$$

从而存在 $i'\neq j'\in[n]\setminus\{1,j\}$，使得 $a_{i'}\leqslant 0$，$a_{j'}\leqslant 0$．现选取 $[n]$ 的两个 k 元子集 I 和 I'，使得 $I\setminus I'=\{1,j\}$，$I'\setminus I=\{i',j'\}$．由条件知

$$\sum_{s\in I}a_s\leqslant 1,\ \sum_{s\in I'}a_s\geqslant -1.$$

将两个不等式相减可得

$$a_j+a_1-a_{i'}-a_{j'}\leqslant 2,$$

故

$$a_j\leqslant 2-a_1+a_{i'}+a_{j'}\leqslant 2-a_n.$$

证毕. □

4. 定义 n 元整数组的一次变换为：

$$(a_1,a_2,\cdots,a_{n-1},a_n)\to(a_1+a_2,a_2+a_3,\cdots,a_{n-1}+a_n,a_n+a_1).$$

求所有的正整数对 (n,k)，$n,k\geqslant 2$，满足：对任意的 n 元整数组 $(a_1,a_2,\cdots,a_n)$，在有限次变换后所得数组中每一个数都是 k 的倍数.

（张新泽　供题）

解　$(n,k)=(2^p,2^q)$，$p,q\in\mathbf{N}_+$．

引理　记 n 元整数组 $(a_1,a_2,\cdots,a_n)$ 经过 t 次变换后所得的数组为 $(a_1^{(t)},a_2^{(t)},\cdots,a_n^{(t)})$，则

$$a_i^{(t)}=a_i\mathrm{C}_t^0+a_{i+1}\mathrm{C}_t^1+\cdots+a_{i+t}\mathrm{C}_t^t,\ i=1,2,\cdots,n.$$

引理证明　用数学归纳法.

当 $t=1$ 时结论显然成立.

设 $a_i^{(t)}=a_i\mathrm{C}_t^0+a_{i+1}\mathrm{C}_t^1+\cdots+a_{i+t}\mathrm{C}_t^t$，$i=1,2,\cdots,n$．则

$$a_i^{(t+1)} = a_i^{(t)} + a_{i+1}^{(t+1)}$$

$$= (a_i C_t^0 + a_{i+1} C_t^1 + \cdots + a_{i+t} C_t^t) + (a_{i+1} C_t^0 + a_{i+2} C_t^1 + \cdots + a_{i+1+t} C_t^t)$$

$$= a_i C_t^0 + a_{i+1}(C_t^1 + C_t^0) + a_{i+2}(C_t^2 + C_t^1) + \cdots + a_{i+t}(C_t^t + C_t^{t-1}) + a_{i+1+t} C_t^t$$

$$= a_i C_{t+1}^0 + a_{i+1} C_{t+1}^1 + \cdots + a_{i+t+1} C_{t+1}^{t+1}.$$

引理证毕.

回到原题.

一方面,我们证明 n、k 均为 2 的幂.

注意到每次变换后所得的 n 个数之和是变换前 n 个数之和的 2 倍,令

$$a_1 = 1, \ a_2 = a_3 = \cdots = a_n = 0.$$

由题设存在有限次变换(不妨设为 m 次)使所得的每个数均为 k 的倍数,因此 m 次变换后所得的 n 个数之和为 2^m,故 $k \mid 2^m$,即 k 为 2 的幂.

于是,m 次变换后所得的每个数均为 2 的倍数,进而以后的每次变换后所得的数均为 2 的倍数.

取 $2^s > m$,$s \in \mathbf{N}_+$. 注意到 $C_{2^s}^i = \dfrac{2^s}{i} C_{2^s-1}^{i-1}(1 \leqslant i \leqslant 2^s - 1)$ 为偶数,则经过 2^s 次变换后有

$$a_1^{(2^s)} \equiv a_1 + a_{1+2^s} \equiv 0 \pmod 2.$$

故 $a_{1+2^s} = 1 = a_1$. 因此,$n \mid 2^s$,即 n 为 2 的幂.

另一方面,我们说明当 $(n, k) = (2^p, 2^q)$,$p, q \in \mathbf{N}_+$ 时,任意 n 元整数组 $(a_1, a_2, \cdots, a_n)$ 均能经过有限次变换使得到的每个数均为 k 的倍数.

结合引理及 $C_{2^s}^i$ 是偶数,对数组 $(a_1, a_2, \cdots, a_n)$ 经过 $n = 2^p$ 次变换后,有

$$a_i^{(n)} \equiv a_i + a_{i+n} \equiv 0 \pmod 2, \ i = 1, 2, \cdots, n.$$

再将 $\left(\dfrac{1}{2}a_1^{(n)}, \dfrac{1}{2}a_2^{(n)}, \cdots, \dfrac{1}{2}a_n^{(n)}\right)$ 经过 $n = 2^p$ 次变换得到的每个数也均为偶数,即

$$a_i^{(2n)} \equiv 0 \pmod 4, \ i = 1, 2, \cdots, n.$$

由归纳原理有 $a_i^{(qn)} \equiv 0 \pmod{2^q}$,$i = 1, 2, \cdots, n$. 即每个数均为 $k = 2^q$ 的倍数.

综上,结论成立. □

5. 证明:存在无穷多个正整数组 (a, b, c),满足 a、b、c 两两互素,且 $ab+c$、$bc+a$、$ca+b$ 两两互素.

(张端阳　供题)

证明 取正整数 k 满足 $k-1$ 不是 5 的倍数.

下证正整数组 $(2k-1,\ 2k,\ 2k+1)$ 满足题中要求.

事实上,显然有 $2k-1$、$2k$、$2k+1$ 两两互素,且

$$(2k-1)2k+(2k+1)=4k^2+1,$$

$$2k(2k+1)+(2k-1)=4k^2+4k-1,$$

$$(2k+1)(2k-1)+2k=4k^2+2k-1.$$

因为 $4k^2+1$ 是奇数,所以

$$(4k^2+1,\ 4k^2+4k-1)=(4k^2+1,\ 4k-2)=(4k^2+1,\ 2k-1)=(2,\ 2k-1)=1.$$

又 $k-1$ 不是 5 的倍数,因此

$$(4k^2+1,\ 4k^2+2k-1)=(4k^2+1,\ 2k-2)=(4k^2+1,\ k-1)=(5,\ k-1)=1.$$

最后,

$$(4k^2+4k-1,\ 4k^2+2k-1)=(4k^2+4k-1,\ 2k)=1.$$

从而 $(2k-1,\ 2k,\ 2k+1)$ 的确满足题中要求,故满足题中要求的正整数组有无穷多个. □

6. 设 $a_1,\ a_2,\ \cdots,\ a_n$ 是 n 个非负实数,记 $S_k=\displaystyle\sum_{i=1}^{k}a_i$, $1\leqslant k\leqslant n$. 证明:

$$\sum_{i=1}^{n}\left(a_iS_i\sum_{j=i}^{n}a_j^2\right)\leqslant\sum_{i=1}^{n}(a_iS_i)^2.$$

(王广廷　供题)

证法一 令 $b_i=a_iS_i$, $c_i=\displaystyle\sum_{j=i}^{n}a_j^2$, $i=1,\ 2,\ \cdots,\ n$,则原不等式等价于

$$\sum_{i=1}^{n}b_ic_i\leqslant\sum_{i=1}^{n}b_i^2. \tag{$*$}$$

注意到对 $1\leqslant i\leqslant n$,有

$$
\begin{aligned}
B_i &= b_1+b_2+\cdots+b_i\\
&= a_1S_1+a_2S_2+\cdots+a_iS_i\\
&\leqslant (a_1+a_2+\cdots+a_i)S_i\\
&= S_i^2.
\end{aligned}
$$

故由阿贝尔恒等式有

$$\sum_{i=1}^{n} b_i c_i = \sum_{i=1}^{n-1} B_i(c_i - c_{i+1}) + B_n c_n$$

$$\leqslant \sum_{i=1}^{n-1} a_i^2 S_i^2 + B_n c_n$$

$$\leqslant \sum_{i=1}^{n} a_i^2 S_i^2 = \sum_{i=1}^{n} b_i^2.$$

故(*)式成立,所以原不等式成立.

证法二　注意到下面的恒等式

$$\sum_{i=1}^{n} \left(a_i S_i \sum_{j=i}^{n} a_j^2 \right) = \sum_{j=1}^{n} \left(a_j^2 \sum_{i=1}^{j} a_i S_i \right).$$

故要证明原不等式,只须证明

$$\sum_{j=1}^{n} \left(a_j^2 \sum_{i=1}^{j} a_i S_i \right) \leqslant \sum_{j=1}^{n} a_j^2 S_j^2.$$

对 $1 \leqslant j \leqslant n$,比较上式两端 a_j^2 的系数,要使得上式成立,只须

$$\sum_{i=1}^{j} a_i S_i \leqslant S_j^2.$$

事实上,$\sum_{i=1}^{j} a_i S_i \leqslant \left(\sum_{i=1}^{j} a_j \right) S_j = S_j^2.$ 故上式成立.所以,原不等式成立.

7. 如图①,四边形 $ABCD$ 为圆内接四边形,$\angle BAC = \angle DAC$. 设 $\odot I_1$、$\odot I_2$ 分别为 $\triangle ABC$、$\triangle ADC$ 的内切圆.证明:$\odot I_1$、$\odot I_2$ 的某一条外公切线与 BD 平行.

（羊明亮　供题）

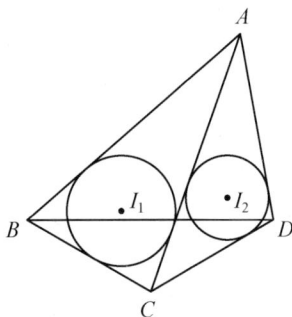
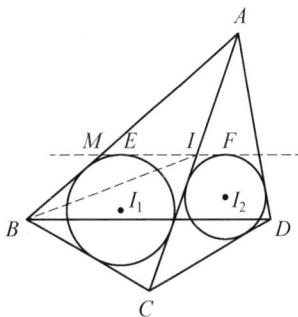

（第 7 题图①）　　　　（第 7 题图②）

证明　如图②,设 I 为 $\triangle ABD$ 的内心,连结 BI. 过 I 作 $\odot I_1$ 的一条切线,切点为 E,交 AB 于

点 M.

由熟知的结论(鸡爪定理) $CI=CB$ 以及(圆外切四边形对边长度之和相等) $CI+MB=CB+MI$ 知 $MB=MI$,从而 $\angle MBI=\angle MIB$.注意到 I 为 $\triangle ABD$ 的内心,有 $\angle MBI=\angle DBI$.所以 $\angle MIB=\angle DBI$,由此 $IE \parallel BD$.

同理,过 I 作 $\odot I_2$ 的一条切线,切点为 F,有 $IF \parallel BD$.

故 E、I、F 三点共线,即 $\odot I_1$、$\odot I_2$ 的一条外公切线 EF 与 BD 平行. $\square$

8. 给定整数 m、n,$2 \leqslant m < n$,$(m,n)=1$.求最小的整数 k,满足:对集合 $\{1,2,\cdots,n\}$ 的任意 m 元子集 I,若 $\sum_{i \in I} i > k$,则存在 n 个实数 $a_1 \leqslant a_2 \leqslant \cdots \leqslant a_n$,使得

$$\frac{1}{m}\sum_{i \in I} a_i > \frac{1}{n}\sum_{i=1}^{n} a_i.$$

(邹瑾 供题)

解 满足条件的最小整数 $k=\dfrac{mn+m-n+1}{2}$.

首先证明当 $k=\dfrac{mn+m-n+1}{2}$ 时满足条件.

对集合 $\{1,2,\cdots,n\}$ 的满足 $\sum_{i \in I} i > k$ 的 m 元子集 I,设 $I=\{i_1,i_2,\cdots,i_m\}$,其中

$$1 \leqslant i_1 < i_2 < \cdots < i_m \leqslant n.$$

注意到由 $(m,n)=1$,可得

$$\sum_{r=1}^{m}\left[(r-1)\frac{n}{m}\right]=\frac{1}{2}\left(\sum_{r=1}^{m-1}\left[r \cdot \frac{n}{m}\right]+\sum_{r=1}^{m-1}\left[(m-r)\cdot\frac{n}{m}\right]\right)$$
$$=\frac{1}{2}\cdot(n-1)\cdot(m-1),$$

因此

$$\sum_{r=1}^{m}\left(\left[(r-1)\frac{n}{m}\right]+1\right)=k<\sum_{r=1}^{m}i_r.$$

从而存在 $1 \leqslant r \leqslant m$ 使得 $i_r > \left[(r-1)\frac{n}{m}\right]+1$.

取 $a_1=\cdots=a_{i_r-1}=0,a_{i_r}=a_{i_r+1}=\cdots=a_n=1$,则

$$\frac{1}{m} \cdot \sum_{i \in I} a_i = \frac{m-r+1}{m}, \quad \frac{1}{n} \cdot \sum_{i=1}^{n} a_i = \frac{n-i_r+1}{n},$$

由 $i_r > \left[(r-1) \dfrac{n}{m} + 1 \right]$ 及 i_r 为整数可得 $i_r > (r-1) \dfrac{n}{m} + 1$. 于是

$$\frac{1}{m} \sum_{i \in I} a_i > \frac{1}{n} \sum_{i=1}^{n} a_i,$$

结论成立.

下面证明当 $k < \dfrac{mn+m-n+1}{2}$ 时不满足条件.

取 $i_r = \left[(r-1) \dfrac{n}{m} \right] + 1$, $r = 1, 2, \cdots, m$, 则 $I = \{ i_1, i_2, \cdots, i_m \} \subseteq \{ 1, 2, \cdots, n \}$, 且与前面类似可得

$$\sum_{i \in I} i = \frac{mn+m-n+1}{2} > k.$$

对 n 个实数 $a_1 \leqslant a_2 \leqslant \cdots \leqslant a_n$, 有

$$
\begin{aligned}
\sum_{i=1}^{n} a_i &= \sum_{r=1}^{m-1} \left(\sum_{i=i_r}^{i_{r+1}-1} a_i \right) + \sum_{i=i_m}^{n} a_i \\
&\geqslant \sum_{r=1}^{m-1} a_{i_r} (i_{r+1} - i_r) + a_{i_m} (n - i_m + 1) \\
&= i_1 (-a_{i_1}) + i_2 (a_{i_1} - a_{i_2}) + \cdots + i_m (a_{i_{m-1}} - a_{i_m}) + (n+1) a_{i_m} \\
&\geqslant 1 \cdot (-a_{i_1}) + \left(\frac{n}{m} + 1 \right) (a_{i_1} - a_{i_2}) + \cdots \\
&\quad + \left[(m-1) \frac{n}{m} + 1 \right] (a_{i_{m-1}} - a_{i_m}) + (n+1) a_{i_m} \\
&= \frac{n}{m} (a_{i_1} + a_{i_2} + \cdots + a_{i_m}),
\end{aligned}
$$

于是有

$$\frac{1}{n} \sum_{i=1}^{n} a_i \geqslant \frac{1}{m} \sum_{i \in I} a_i,$$

结论不成立.

综上所述, 所求最小整数 $k = \dfrac{mn+m-n+1}{2}$. □

2017 年中国西部数学邀请赛试题与解答

邹 瑾

（北京高思教育，100083）

1. 已知素数 p 和正整数 n 满足：$\prod\limits_{k=1}^{n}(k^2+1)$ 能被 p^2 整除. 求证：$p<2n$.

（王广廷　供题）

证明　按照 $\prod\limits_{k=1}^{n}(k^2+1)$ 中的因子所含 p 的幂次分情况讨论：

(1) 若存在 $k(1\leqslant k\leqslant n)$，使得 $p^2\mid k^2+1$，则 $p^2\leqslant n^2+1$，即

$$p\leqslant\sqrt{n^2+1}<2n.$$

(2) 若对任意的 $k(1\leqslant k\leqslant n)$，$k^2+1$ 不能被 p^2 整除. 由条件知，存在 $1\leqslant j\neq k\leqslant n$，使得 $p\mid(j^2+1)$ 且 $p\mid(k^2+1)$. 则 $p\mid(k^2-j^2)$，即 $p\mid(k-j)(k+j)$.

① 若 $p\mid(k-j)$，则 $p\leqslant k-j\leqslant n-1<2n$；

② 若 $p\mid(k+j)$，则 $p\leqslant k+j\leqslant n+n-1=2n-1<2n$.

综上可知，$p<2n$. □

评注　这个问题刚开始给出的条件是 $\prod\limits_{k=1}^{n}(k^3+1)$ 能被 p^2 整除，让参赛同学证明 $p<2n$. 经过命题组讨论，基于如下两个方面的考虑，将条件 $\prod\limits_{k=1}^{n}(k^3+1)$ 改为 $\prod\limits_{k=1}^{n}(k^2+1)$：一是作为第一题要降低难度，二是数论中讨论 n^2+1 的因子的问题较多见，给参赛选手一种亲切感. 其实这两个条件的差别仅仅在于多进行了一次因式分解，也就是要用到立方和公式.

2. 设 n 是一个正整数，使得存在正整数 x_1，x_2，$\cdots$，x_n 满足

$$x_1x_2\cdots x_n(x_1+x_2+\cdots+x_n)=100n,$$

求 n 的最大可能值.

（邹瑾　供题）

解 n 的最大可能值为 9702. 由已知,

$$x_1 x_2 \cdots x_n (x_1 + x_2 + \cdots + x_n) = 100n.$$

显然 $x_1 + x_2 + \cdots + x_n \geqslant 1 + 1 + \cdots + 1 = n$, 故 $x_1 x_2 \cdots x_n \leqslant 100$. 又等号无法成立, 故 $x_1 x_2 \cdots x_n \leqslant 99$. 而

$$x_1 x_2 \cdots x_n = [(x_1 - 1) + 1][(x_2 - 1) + 1] \cdots [(x_n - 1) + 1]$$
$$\geqslant (x_1 - 1) + (x_2 - 1) + \cdots + (x_n - 1) + 1$$
$$= x_1 + x_2 + \cdots + x_n - n + 1,$$

故

$$x_1 + x_2 + \cdots + x_n \leqslant x_1 x_2 \cdots x_n + n - 1 \leqslant n + 98.$$

于是 $99(n + 98) \geqslant 100n$, 解得 $n \leqslant 99 \times 98 = 9702$.

此时取 $x_1 = 99$, $x_2 = x_3 = \cdots = x_{9702} = 1$ 可使等号成立. □

3. 如图①, 在 $\triangle ABC$ 中, D 为边 BC 上一点, 设 $\triangle ABD$ 和 $\triangle ACD$ 的内心分别为 I_1 和 I_2, $\triangle AI_1D$ 和 $\triangle AI_2D$ 的外心分别为 O_1 和 O_2, 直线 I_1O_2 与 I_2O_1 交于点 P. 求证: $PD \perp BC$.

（张端阳　供题）

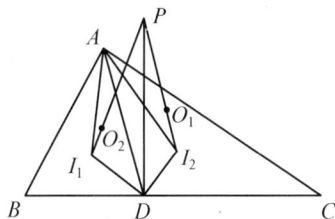
（第 3 题图①）

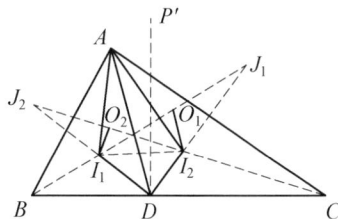
（第 3 题图②）

证明 因为 $O_1A = O_1I_1 = O_1D$, 所以由内心的性质, O_1 是 $\triangle ABD$ 的外接圆弧 $\overset{\frown}{AD}$ 的中点. 如图②, 延长 BI_1、DI_2 交于点 J_1, 则 J_1 是 $\triangle ABD$ 角 B 内的旁心, 且 O_1 是 I_1J_1 的中点. 同理, 延长 DI_1、CI_2 交于点 J_2, 则 J_2 是 $\triangle ACD$ 角 C 内的旁心, 且 O_2 是 I_2J_2 的中点.

过 D 作 $DP' \perp BC$, 只需证明 I_1O_2、I_2O_1、DP' 三线共点. 对 $\triangle DI_1I_2$ 用角元塞瓦定理知, 只需证明

$$\frac{\sin \angle P'DI_2}{\sin \angle P'DI_1} \cdot \frac{\sin \angle DI_1O_2}{\sin \angle O_2I_1I_2} \cdot \frac{\sin \angle O_1I_2I_1}{\sin \angle DI_2O_1} = 1.$$

事实上,由 $O_2J_2=O_2I_2$ 知 $S_{\triangle O_2I_1J_2}=S_{\triangle O_2I_1I_2}$,所以

$$\frac{\sin\angle DI_1O_2}{\sin\angle O_2I_1I_2}=\frac{\sin\angle O_2I_1J_2}{\sin\angle O_2I_1I_2}=\frac{\dfrac{2S_{\triangle O_2I_1J_2}}{I_1J_2\cdot I_1O_2}}{\dfrac{2S_{\triangle O_2I_1I_2}}{I_1I_2\cdot I_1O_2}}=\frac{I_1I_2}{I_1J_2}.$$

同理,$\dfrac{\sin\angle O_1I_2I_1}{\sin\angle DI_2O_1}=\dfrac{I_2J_1}{I_1I_2}$. 又 $\dfrac{\sin\angle P'DI_2}{\sin\angle P'DI_1}=\dfrac{\cos\angle CDI_2}{\cos\angle BDI_1}$,所以只需证明

$$\frac{I_2J_1\cdot\cos\angle CDI_2}{I_1J_2\cdot\cos\angle BDI_1}=1,$$

即 I_2J_1 和 I_1J_2 在 BC 上的投影长度相同.

如图③,设 I_1、I_2、J_1、J_2 在 BC 上的投影分别为 H_1、H_2、K_1、K_2,则

$$\begin{aligned}H_2K_1&=DK_1-DH_2\\&=\frac{1}{2}(AB+AD-BD)-\frac{1}{2}(AD+CD-AC)\\&=\frac{1}{2}(AB+AC-BC).\end{aligned}$$

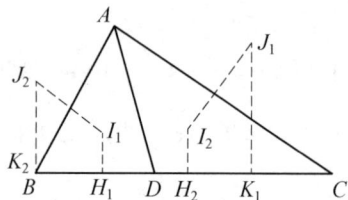

(第 3 题图③)

同理,$H_1K_2=\dfrac{1}{2}(AB+AC-BC)$. 所以 $H_2K_1=H_1K_2$,命题得证. □

评注 本题有如下的等价形式:

如图④,$\odot O_1$ 与 $\odot O_2$ 交于 A、B 两点,过 A 作两条垂直的射线分别与 $\odot O_1$、$\odot O_2$ 交于点 C、D. 设直线 DO_1、CO_2 交于点 P,则 $\angle PAD=\angle BAC$.

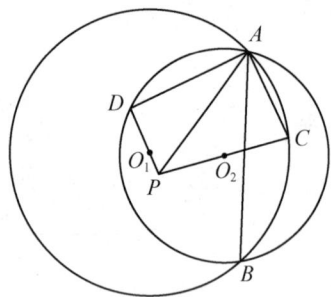

(第 3 题图④)

读者可自行证明这两种形式的等价性.

4. 给定整数 n、k,$n\geqslant k\geqslant 2$. 甲、乙两人在一张每个小方格都是白色的 $n\times n$ 的方格纸上玩游戏:两人轮流选择一个白色小方格将其染为黑色,甲先进行. 如果某个人染色后,每个 $k\times k$ 的正方形中都至少有一个黑色小方格,则游戏结束,此人获胜. 问谁有必胜策略?

(瞿振华 供题)

解 将方格纸按从上到下标记行,从左到右标记列.

若 $n \leqslant 2k-1$，则甲将第 k 行第 k 列的小方格染为黑色后，每个 $k \times k$ 正方形中至少有一个黑格，因此甲获胜.

下面假设 $n \geqslant 2k$. 我们证明当 n 是奇数时,甲有获胜策略;当 n 是偶数时,乙有获胜策略.

对于一个已经有若干个方格染为黑色的局面:如果有两个不相交的 $k \times k$ 正方形所含的全是白格,并且方格纸内白格总数为奇数,我们称其为"好局面";如果有两个不相交的 $k \times k$ 正方形所含的全是白格,并且方格纸内白格总数为偶数,称其为"坏局面".

我们证明当某人面对好局面时,他有获胜策略.

假设甲面对好局面,他先取定两个不相交的 $k \times k$ 正方形 A 和 B,其中都是白格. 由于白格总数为奇数,可选取不在 A、B 中的另一个白格,将它染为黑色,此时白格总数为偶数,且 A、B 中仍然都是白格,因此变为一个坏局面.

轮到乙面对坏局面,如果他染色后,仍有两个不相交的 $k \times k$ 正方形中都是白格,此时白格总数是奇数,又回到好局面. 如果他染色后,不存在两个不相交的 $k \times k$ 正方形,注意到此时至少有一个全白格的 $k \times k$ 正方形. 设 $A_1, \cdots, A_m$ 是所有全白格的 $k \times k$ 正方形,那么它们两两相交,故必然包含于某个 $(2k-1) \times (2k-1)$ 的正方形 S,因此 S 的中心方格 P 是 $A_1, \cdots, A_m$ 的公共格. 这样甲将 P 染为黑色后,所有 $k \times k$ 正方形中都含有黑格,于是甲获胜.

总之,当某人面对好局面时,他可以在自己的下一回合获胜或是仍面对好局面,而游戏必在有限步内结束,因此他有获胜策略. 由上述论证亦可知,当某人面对坏局面时,他要么让对方下一回合即可获胜,要么留给对方好局面,因此对方有获胜策略. 在 $n \geqslant 2k$ 时,由于四个角上的 $k \times k$ 正方形互不相交,且一开始都是白格,因此当 n 是奇数时,一开始是好局面,甲有获胜策略;当 n 是偶数时,一开始是坏局面,乙有获胜策略. □

5. 设 9 个正整数 $a_1, a_2, \cdots, a_9$(可以相同),满足:对任意 $1 \leqslant i < j < k \leqslant 9$,都存在与 i、j、k 不同的 l，$1 \leqslant l \leqslant 9$,使得 $a_i + a_j + a_k + a_l = 100$. 求满足上述要求的有序 9 元数组 $(a_1, a_2, \cdots, a_9)$ 的个数.

(何忆捷 供题)

解 对满足条件的正整数组 $(a_1, a_2, \cdots, a_9)$,将 $a_1, a_2, \cdots, a_9$ 从小到大排列为 $b_1 \leqslant b_2 \leqslant \cdots \leqslant b_9$. 由条件知,分别存在 $l \in \{4, 5, \cdots, 9\}$ 及 $l' \in \{1, 2, \cdots, 6\}$,使得

$$b_1 + b_2 + b_3 + b_l = b_{l'} + b_7 + b_8 + b_9 = 100. \tag{①}$$

注意到

$$b_{l'} \geqslant b_1, \quad b_7 \geqslant b_2, \quad b_8 \geqslant b_3, \quad b_9 \geqslant b_l, \tag{②}$$

结合①知,②中的不等号均为等号,故 $b_2 = b_3 = \cdots = b_8$.

因此可设 $(b_1, b_2, \cdots, b_9) = (x, y, \cdots, y, z)$,其中 $x \leqslant y \leqslant z$.

由条件知,使 $x + y + z + b_l = 100$ 的 b_l 的值只能是 y,即

$$x + 2y + z = 100.$$ ③

(1) 当 $x = y = z = 25$ 时,有 $(b_1, b_2, \cdots, b_9) = (25, 25, \cdots, 25)$,此时得到一组 $(a_1, a_2, \cdots, a_9)$.

(2) 当 x、z 中恰有一个等于 y 时,记另一个为 w,由③知 $w + 3y = 100$.该条件也是充分的.此时 y 可以取 $1, 2, \cdots, 24, 26, 27, \cdots, 33$ 这 32 种不同值,每个 y 值对应一组 $(b_1, b_2, \cdots, b_9)$,进而对应 9 组不同的 $(a_1, a_2, \cdots, a_9)$,共有 $32 \times 9 = 288$ 个数组 $(a_1, a_2, \cdots, a_9)$.

(3) 当 $x < y < z$ 时,由条件知,存在某个 $b_l \in \{x, y, z\}$,使得 $3y + b_l = 100$,与③比较知,$y + b_l = x + z$,故必有 $b_l = y$,进而 $y = 25$,$x + z = 50$.该条件也是充分的.此时,对 $x = 1, 2, \cdots, 24$,每个 x 值对应一组 $(b_1, b_2, \cdots, b_9)$,进而对应 $9 \times 8 = 72$ 组不同的 $(a_1, a_2, \cdots, a_9)$,共有 $24 \times 72 = 1728$ 个数组 $(a_1, a_2, \cdots, a_9)$.

综合(1),(2),(3)知,符合条件的数组个数是 $1 + 288 + 1728 = 2017$. □

6. 如图①,在锐角 $\triangle ABC$ 中,点 D、E 分别在边 AB、AC 上,线段 BE、DC 交于点 H,点 M、N 分别为线段 BD、CE 的中点.证明:点 H 为 $\triangle AMN$ 的垂心的充要条件是 B、C、E、D 四点共圆且 $BE \perp CD$.

（石泽晖　供题）

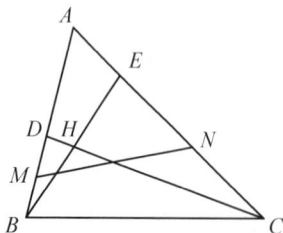

(第6题图①)

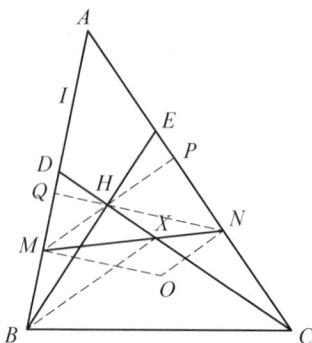

(第6题图②)

证明　如图②,延长 MH 交 AC 于点 P,延长 NH 交 AB 于点 Q.

先证明充分性:由于 B、C、E、D 四点共圆,故 $\angle BDH = \angle CEH$.又 $BE \perp CD$,从而 $\triangle DHB$、

$\triangle EHC$ 均为直角三角形,注意到点 M、N 分别为斜边 BD、CE 的中点,故 $\angle MDH = \angle MHD$,$\angle MHB = \angle MBH$. 从而

$$\angle EHP + \angle HEC = \angle MHB + \angle HDB$$
$$= \angle MBH + \angle HDB = 90°,$$

即 $MH \perp AC$. 同理 $NH \perp AB$,从而点 H 为 $\triangle AMN$ 的垂心.

再证明必要性:若点 H 为 $\triangle AMN$ 的垂心,则 $MP \perp AN$,$NQ \perp AM$,从而

$$\frac{DQ}{QB} = \frac{DH \cdot \sin\angle DHQ}{BH \cdot \sin\angle BHQ} = \frac{DH \cdot \sin\angle CHN}{BH \cdot \sin\angle EHN} = \frac{DH \cdot EH}{BH \cdot CH}.$$

同理 $\dfrac{EP}{PC} = \dfrac{DH \cdot EH}{BH \cdot CH}$,故 $\dfrac{EP}{PC} = \dfrac{DQ}{QB}$. 利用比例性质及 $DM = MB$,$EN = NC$ 可知:

$$\frac{EC}{PC} = \frac{DB}{QB} \Rightarrow \frac{NC}{PC} = \frac{MB}{QB} \Rightarrow \frac{NC}{PN} = \frac{MB}{QM} \Rightarrow \frac{EN}{PN} = \frac{DM}{QM}.$$

又因为点 H 为 $\triangle AMN$ 的垂心,故 $\angle DMH = \angle ENH$,从而有 $\dfrac{QM}{MH} = \dfrac{PN}{NH}$,因此 $\dfrac{DM}{MH} = \dfrac{EN}{NH}$,从而 $\triangle DMH \backsim \triangle ENH$,故 $\angle MDH = \angle NEH$,因此 B、C、E、D 四点共圆.

设四边形 $BCED$ 的外心为 O,易知 $OM \perp AB$,从而 $OM \parallel NH$,同理 $ON \parallel MH$,故四边形 $MHNO$ 为平行四边形,因此 $MH = ON$. 过点 B 作 MH 的平行线交 DC 于 X,注意到 M 为 AB 的中点,故 $BX = 2MH = 2ON$,由熟知的外心性质可知 X 为 $\triangle BCE$ 的垂心,从而 $CX \perp BE$,即 $CD \perp BE$.

□

7. 设正整数 $n = 2^a \cdot q$,其中 α 为非负整数,q 为奇数. 证明:对任意正整数 m,方程 $x_1^2 + x_2^2 + \cdots + x_n^2 = m$ 的整数解 $(x_1, x_2, \cdots, x_n)$ 的个数能被 2^{a+1} 整除.

(王广廷　供题)

证法一　设方程 $x_1^2 + x_2^2 + \cdots + x_n^2 = m$ 的解的个数为 $N(m)$. 设 $(x_1, x_2, \cdots, x_n)$ 是方程 $x_1^2 + x_2^2 + \cdots + x_n^2 = m$ 的一个非负整数解. 不妨设其中有 k 个非零项,注意到 $(x_1, x_2, \cdots, x_n)$ 的每个分量有正负两种情况,则恰好对应原方程的 2^k 个整数解. 设 S_k 是该方程的恰有 $k(k = 1, 2, \cdots, n)$ 个非零项的非负整数解的个数,则

$$N(m) = \sum_{k=1}^{n} 2^k \cdot S_k.$$

因为 k 个非零项的非负整数解有 C_n^k 种位置可选,故 $C_n^k \mid S_k$.

故要证明 $2^{a+1} \mid N(m)$，只需证明：$2^{a-k+1} \mid C_n^k$.

注意到 $C_n^k = \dfrac{n(n-1)\cdots(n-k+1)}{k!}$，分子中 2 的因子个数至少为 a，而分母中的 2 的因子个数为

$$\sum_{i=1}^{[\log_2 k]}\left[\frac{k}{2^i}\right] < \sum_{i=1}^{\infty}\frac{k}{2^i} = k,$$

故分母的 2 的因子至多有 $k-1$ 个，所以 $2^{a-k+1} \mid C_n^k$. 即 $2^{a-k+1} \mid N(m)$. □

评注 这个问题中要证明 $2^{a-k+1} \mid C_n^k$，实际也可以用库默尔定理处理. 库默尔定理是指：设 n、i 是正整数且 $i \leqslant n$，p 是素数，则 $p^t \parallel C_n^k$ 当且仅当在 p 进制中，$(n-i)+i$ 发生了至多 $t(t \geqslant 0)$ 次进位.

证法二 记 $f(n, m)$ 为该方程整数解的个数. 首先证明如下关于 $f(n, m)$ 的递推关系：

引理 $f(2n, m) = 2f(n, m) + \displaystyle\sum_{k=1}^{m-1} f(n, k)f(n, m-k).$

引理证明 设 $(x_1, x_2, \cdots, x_{2n})$ 是方程 $x_1^2 + x_2^2 + \cdots + x_{2n}^2 = m$ 的一个解. 设

$$x_1^2 + x_2^2 + \cdots + x_n^2 = k.$$

若 $k = 0$，则 $(x_1, x_2, \cdots, x_n) = (0, 0, \cdots, 0)$，且 $x_{n+1}^2 + x_{n+2}^2 + \cdots + x_{2n}^2 = m$，这样的 $(x_{n+1}, x_{n+2}, \cdots, x_{2n})$ 有 $f(n, m)$ 组. 故当 $k = 0$ 时，原方程有 $f(n, m)$ 组解.

同理可知，当 $k = m$ 时，原方程也有 $f(n, m)$ 组解.

当 $1 \leqslant k \leqslant m-1$ 且 k 为正整数时，方程 $x_1^2 + x_2^2 + \cdots + x_n^2 = k$ 有 $f(n, k)$ 个解，方程 $x_{n+1}^2 + x_{n+2}^2 + \cdots + x_{2n}^2 = m-k$ 有 $f(n, m-k)$ 个解. 由此可得方程 $x_1^2 + x_2^2 + \cdots + x_{2n}^2 = m$ 有 $f(n, k)f(n, m-k)$ 组解.

综上可知，

$$f(2n, m) = 2f(n, m) + \sum_{k=1}^{m-1} f(n, k)f(n, m-k).$$

回到原题. 下面证明当 $n = 2^a \cdot q$ 时，有 $2^{a+1} \mid f(n, m)$. ①

对 a 进行归纳.

当 $a = 0$ 时，由于对原方程的任意一组解 $(x_1, x_2, \cdots, x_n)$，$(-x_1, -x_2, \cdots, -x_n)$ 也是该方程的一组解. 由于 m 是正整数，因此，$x_1, x_2, \cdots, x_n$ 不全为零. 故 $(x_1, x_2, \cdots, x_n)$ 和 $(-x_1, -x_2, \cdots, -x_n)$ 是不同的两个解. 于是原方程的解可以两两配对. 故

$$2 = 2^{0+1} \mid f(n, m).$$

假设①对 a 成立，下面考虑 $a+1$ 的情形. 注意到

$$f(n, m) = 2f\left(\frac{n}{2}, m\right) + \sum_{k=1}^{m-1} f\left(\frac{n}{2}, k\right) f\left(\frac{n}{2}, m-k\right).$$

注意到此时 $n = 2^{\alpha+1} \cdot q$，故 $\frac{n}{2} = 2^{\alpha} \cdot q$. 因此由归纳假设，知 $2^{\alpha+1}$ 分别整除 $f\left(\frac{n}{2}, m\right)$，$f\left(\frac{n}{2}, k\right)$，$f\left(\frac{n}{2}, m-k\right)$，故

$$2^{\alpha+2} \mid 2f\left(\frac{n}{2}, m\right), \quad 2^{2(\alpha+1)} \mid \sum_{k=1}^{m-1} f\left(\frac{n}{2}, k\right) f\left(\frac{n}{2}, m-k\right).$$

由于 $2(\alpha+1) \geqslant \alpha+2$，因此 $2^{\alpha+2} \mid f(n, m)$.

综上可知，①式成立. 所以原问题得证. □

8. 设整数 $n \geqslant 2$，证明：对任意正实数 $a_1, a_2, \cdots, a_n$，都有

$$\sum_{i=1}^{n} \max\{a_1, a_2, \cdots, a_i\} \cdot \min\{a_i, a_{i+1}, \cdots, a_n\} \leqslant \frac{n}{2\sqrt{n-1}} \cdot \sum_{i=1}^{n} a_i^2.$$

（张端阳 供题）

证明 对 n 用第二数学归纳法.

当 $n = 2$ 时，左式 $= a_1 \cdot \min\{a_1, a_2\} + \max\{a_1, a_2\} \cdot a_2$.

若 $a_1 \geqslant a_2$，则原式等价于 $2a_1 a_2 \leqslant a_1^2 + a_2^2$，命题成立；

若 $a_1 \leqslant a_2$，则原式等价于 $a_1^2 + a_2^2 \leqslant a_1^2 + a_2^2$，命题成立.

假设命题对所有大于等于 2 且小于 n 的正整数成立，来看 n 时的情形.

对 $2 \leqslant i \leqslant n$，记 $c_i = \dfrac{i}{2\sqrt{i-1}}$，再令 $c_1 = 1$，容易验证 $c_1 = c_2 < c_3 < \cdots < c_n$.

记 $M = \max\{a_1, a_2, \cdots, a_n\}$，并设 $a_k = M$.

当 $k = 1$ 时，原式 $= M \sum_{i=1}^{n} \min\{a_i, a_{i+1}, \cdots, a_n\}$. 因为

$$\min\{a_1, a_2, \cdots, a_n\} = \min\{a_2, \cdots, a_n\} \leqslant \frac{1}{n-1} \sum_{i=2}^{n} a_i,$$

且当 $2 \leqslant i \leqslant n$ 时，$\min\{a_i, a_{i+1}, \cdots, a_n\} \leqslant a_i$，所以

$$\sum_{i=1}^{n} \min\{a_i, a_{i+1}, \cdots, a_n\} \leqslant \frac{1}{n-1} \sum_{i=2}^{n} a_i + \sum_{i=2}^{n} a_i = \frac{n}{n-1} \sum_{i=2}^{n} a_i.$$

由均值不等式,

$$\text{原式} \leqslant \frac{n}{n-1} M \sum_{i=2}^{n} a_i \leqslant \frac{n}{2\sqrt{n-1}} \left[M^2 + \frac{1}{n-1} \left(\sum_{i=2}^{n} a_i \right)^2 \right]$$

$$\leqslant \frac{n}{2\sqrt{n-1}} \left(M^2 + \sum_{i=2}^{n} a_i^2 \right) = \frac{n}{2\sqrt{n-1}} \sum_{i=1}^{n} a_i^2.$$

当 $k = n$ 时,$\min\{a_i, a_{i+1}, \cdots, a_n\} = \min\{a_i, a_{i+1}, \cdots, a_{n-1}\}$,所以

$$\text{原式} = \sum_{i=1}^{n-1} \max\{a_1, a_2, \cdots, a_i\} \cdot \min\{a_i, a_{i+1}, \cdots, a_{n-1}\} + M^2.$$

由归纳假设,

$$\sum_{i=1}^{n-1} \max\{a_1, a_2, \cdots, a_i\} \cdot \min\{a_i, a_{i+1}, \cdots, a_{n-1}\} \leqslant c_{n-1} \sum_{i=1}^{n-1} a_i^2,$$

所以

$$\text{原式} \leqslant c_{n-1} \sum_{i=1}^{n-1} a_i^2 + M^2 < \frac{n}{2\sqrt{n-1}} \left(\sum_{i=1}^{n-1} a_i^2 + M^2 \right) = \frac{n}{2\sqrt{n-1}} \sum_{i=1}^{n} a_i^2.$$

当 $2 \leqslant k \leqslant n-1$ 时,结合 $k = 1$ 和 $k = n$ 时的证明得,

$$\text{原式} = \sum_{i=1}^{k-1} \max\{a_1, a_2, \cdots, a_i\} \cdot \min\{a_i, a_{i+1}, \cdots, a_n\} + M \sum_{i=k}^{n} \min\{a_i, a_{i+1}, \cdots, a_n\}$$

$$\leqslant \sum_{i=1}^{k-1} \max\{a_1, a_2, \cdots, a_i\} \cdot \min\{a_i, a_{i+1}, \cdots, a_{k-1}\} + \frac{n-k+1}{n-k} M \sum_{i=k+1}^{n} a_i$$

$$\leqslant c_{k-1} \sum_{i=1}^{k-1} a_i^2 + \frac{n-k+1}{2\sqrt{n-k}} \left(M^2 + \sum_{i=k+1}^{n} a_i^2 \right)$$

$$= c_{k-1} \sum_{i=1}^{k-1} a_i^2 + c_{n-k+1} \sum_{i=k}^{n} a_i^2 < \frac{n}{2\sqrt{n-1}} \sum_{i=1}^{n} a_i^2.$$

综上,命题得证. □

评注 取 $a_1 = \sqrt{n-1}$,$a_2 = \cdots = a_n = 1$ 可知,常数 $\dfrac{n}{2\sqrt{n-1}}$ 是最佳的.

2017 年北大清华金秋营试题解答与评析

孙孟越[1]　杨泓暕[2]　刘润声[3]　谭健翔[3]　金及凯[1]　付云皓[4]

（1. 华东师范大学第二附属中学，201203；2. 北京人大附中，100080；

3. 华南师范大学附属中学，510630；4. 广东第二师范学院数学系，510303）

金秋十月，北京大学和清华大学如期举办了数学学科营. 北大的考试时间为 2017 年 10 月 13 日下午和 2017 年 10 月 14 日上午，每次 3 小时，分别由 4 道题目组成. 清华的考试时间为 2017 年 10 月 13 日晚上，共 3 小时 6 个题目. 本文我们给出这些题目的解答以及一些简评.

北大金秋营试题及评析由孙孟越、杨泓暕、付云皓、金及凯整理. 清华金秋营试题及评析由杨泓暕、刘润声、谭健翔、孙孟越、付云皓整理.

I. 试题

一、 北大金秋营试题

1. 如图，已知锐角三角形 ABC 的外心为 O，$BO \cap AC = F$，$CO \cap AB = E$，EF 的中垂线交 BC 于 D，$DE \cap BF = M$，$DF \cap CE = N$. 若 EM、FN 的垂直平分线交于 EF 上一点 K，求证：$\angle BAC = 60°$.

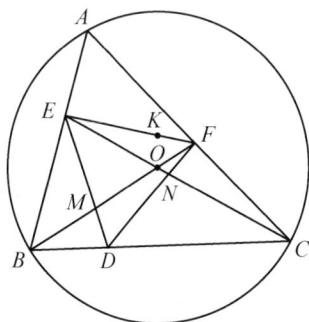

（第 1 题图）

2. 已知 $m = 42$，且集合 $S = \{1, 2, \cdots, 51m\}$. A 为 S 的子集，且满足 $|A| = 50m$. 求证：存在非空子集 X，$Y \subseteq S$，满足：(1) $X \cap Y = X \cap A = Y \cap A = \varnothing$；　(2) $\sum\limits_{x \in X} x = \sum\limits_{y \in Y} y$；　(3) $\sum\limits_{x \in X} x^2 = \sum\limits_{y \in Y} y^2$.

3. 给定素数 p，已知 n、a 为正整数，且 $\gcd(a, p) = 1$. 证明：存在无穷个 $k \in \mathbf{N}_+$，使得

$$p^n \mid k^k - a.$$

4. 求最小的 λ 使得对一切满足 $a_i < 2^i$ 的正实数 a_1，a_2，$\cdots$，a_n，都有

$$\sum_{i,j=1}^{n} \{a_i a_j\} \leqslant \lambda \sum_{i=1}^{n} \{a_i\},$$

其中 $\{x\}$ 表示 x 的小数部分.

5. 实数 $x_i \neq 0$, $i=1, 2, \cdots, n$ 满足 $\sum_{i=1}^{n} x_i = 0$, 求下式

$$\left(\sum_{i=1}^{n} x_i^2\right)\left(\sum_{i=1}^{n} \frac{1}{x_i^2}\right)$$

的最小值.

6. 已知 $[0, n]$ 的 n 元子集 S 满足 $0 \in S$, $n \in S$. 若 $S+S = \{x+y : x, y \in S\}$ 中恰有 $2n$ 个元素, 则称 S 为 $n-$ 好的. 求所有 $n-$ 好的集合 S 的个数.

7. 求所有的函数 $f : \mathbf{R} \rightarrow \mathbf{R}$, 满足对任意实数 x、y 均有

$$f(f(x)+y) = 2x + f(f(y)-x).$$

8. 给定正整数 p、q, 满足 $1 < q < p$. 求证: 对任意素数 $r > p$, 存在正整数 n 满足

$$r \mid \mathrm{C}_{p^n}^{q^n}.$$

二、 清华金秋营试题

1. 设 T 是一个平面到自身的映射, 满足平面上任意两点在变换 T 下的距离不变. 证明: 存在实数 $a, b, c, d, x_0, y_0 \in \mathbf{R}$, 使得 T 将每个点 (x, y) 映射成 $(ax+by+x_0, cx+dy+y_0)$.

2. 求所有的连续函数 $f : \mathbf{R}_+ \rightarrow \mathbf{R}_+$ 使得对任意 $x, y > 0$,

$$f\left(\frac{x+y}{2}\right) = f(\sqrt{xy}).$$

3. 已知 $m, n \in \mathbf{N}_+$, $m < n$. 证明:

$$\sum_{i=0}^{m} \mathrm{C}_n^i < \left(\frac{3n}{m}\right)^m.$$

4. 对有限实数集 X, 记 $n(X) = |S|$, 其中

$$S = \{(x_1, x_2, x_3, x_4) \mid x_1 + x_2 = x_3 + x_4, x_i \in X (i=1, 2, 3, 4)\}.$$

证明: 对于有限实数集 A、B、C、D, 集合

$$M = \{(a, b, c, d) \mid a+b=c+d, a \in A, b \in B, c \in C, d \in D\}$$

的元素个数不超过 $\sqrt[4]{n(A)n(B)n(C)n(D)}$.

5. 给定奇素数 p 和整数 a. 求方程 $x^2 + y^2 \equiv a \pmod p$ 在模 p 意义下的解的个数.

6. 已知 $x > 2$ 是实数, 证明: 若一个简单图 G 中有不少于 $\dfrac{x(x-1)(x-2)}{6}$ 个三角形, 则图 G 的边数大于等于 $\dfrac{x(x-1)}{2}$.

Ⅱ. 解答与评注

一、北大金秋营试题解析

1. 如图①, 已知锐角三角形 ABC 的外心为 O, $BO \bigcap AC = F$, $CO \bigcap AB = E$, EF 的中垂线交 BC 于 D, $DE \bigcap BF = M$, $DF \bigcap CE = N$. 若 EM、FN 的垂直平分线交于 EF 上一点 K, 求证: $\angle BAC = 60^\circ$.

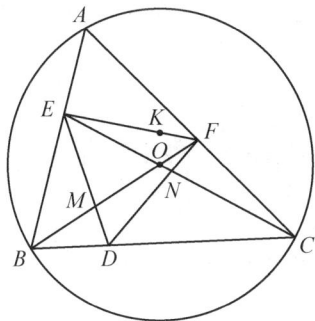

（第 1 题图①）

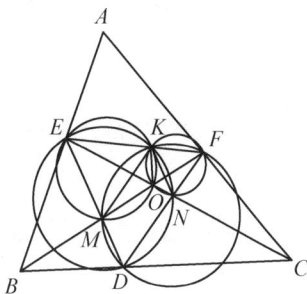

（第 1 题图②）

证明 （金及凯、孙孟越）

如图②, 由于 $\angle KNF = \angle KFN = \angle EFD = \angle DEF$, 故 K、N、E、D 四点共圆, 同理 K、M、F、D 四点共圆. 这表明 K 是完全四边形 $MONDEF$ 的密克点. 这说明 K、O、M、E 四点共圆, K、O、N、F 四点共圆.

注意到 $\angle EOK = \angle EFN = \angle KNF = \angle KOF$, 故 OK 是 $\angle EOF$ 的内角平分线. 而 $\angle EOF = 2\angle BAC$, 故我们有 $\angle DEF = \angle DFE = \dfrac{1}{2}\angle EOF = \angle BAC$. 故 DE、DF 为 $\triangle AEF$ 的外接圆的切线.

记 ω 为 $\triangle AEF$ 的外接圆, 设 O' 为 CE 与 ω 不同于 E 的交点.

对内接于圆 ω 的六边形 $AEEO'FF$ 用帕斯卡(Pascal)定理, $EE \bigcap FF = D$, $AF \bigcap O'E = C$. 故 AE、$O'F$、CD 共点, 但 $AE \bigcap CD = B$, 故 B、O'、F 三点共线, $O = O'$.

故 O 在 ω 上, 这推出 $\angle BAC + 2 \angle BAC = 180°$, 即 $\angle BAC = 60°$, 结论成立. □

评注　这样的几何题放在第一题, 难度着实不小. 前面一半密克点部分的论证是不困难的, 可以通过 E、F 确定点 D 的位置; 难点是如何用好 B、D、C 共线的条件, 这其实是帕斯卡定理的结构.

2. 已知 $m = 42$, 且集合 $S = \{1, 2, \cdots, 51m\}$. A 为 S 的子集, 且满足 $|A| = 50m$. 求证: 存在非空子集 X, $Y \subseteq S$, 满足: (1) $X \bigcap Y = X \bigcap A = Y \bigcap A = \varnothing$; (2) $\sum\limits_{x \in X} x = \sum\limits_{y \in Y} y$; (3) $\sum\limits_{x \in X} x^2 = \sum\limits_{y \in Y} y^2$.

证明　(杨泓暕、孙孟越)

我们其实就是要证明: 任给 S 的 m 元子集 B, 存在 B 的两个不同的子集, 其和与平方和都相等(注意不交的条件可以通过去掉交集保证).

对 $X \subset B$, 记 $f(X) = \left(\sum\limits_{x \in X} x, \sum\limits_{x \in X} x^2 \right)$. 为了证明结论成立, 我们只要证明 f 值域的元素个数少于 2^m 即可.

为了精确地估计, 我们需要利用 $\sum x$ 与 $\sum x^2$ 的关系: 对每个和 $S_1 = \sum x$, 我们来看 $S_2 = \sum x^2$ 能取到多少值.

由柯西(Cauchy)不等式及序关系知道 $\dfrac{S_1^2}{m} \leqslant S_2 \leqslant 51m \cdot S_1$, 再注意到

$$0 \leqslant S_1 \leqslant \frac{m}{2}(50m + 1 + 51m) = 89\,103,$$

故 $f(X)$ 的值域的元素个数不大于

$$\sum_{k=0}^{89\,103} \left(51m \cdot k - \frac{k^2}{m} + 1 \right) = \frac{8\,665\,798\,181\,516}{3} < 4 \cdot 10^{12} < 2^{42}.$$

即知结论成立. □

评注　本题有相当难度, 难点主要在于计数的改进上, 几乎无人拿到满分. 这个想法也出现于 2017 年新星夏季精品班小考问题 1.4 中. 我们再举一个问题作为练习:

给定正整数 N, 问是否存在两个不同的集合 A、B, 满足 $|A|$, $|B| \leqslant N^2$, 且对 $x \in (0, 1)$ 成立

$$\left| \sum_{a \in A} x^a - \sum_{b \in B} x^b \right| < (1-x)^N ?$$

3. 给定素数 p,已知 n、a 为正整数,且 $\gcd(a, p)=1$. 证明:*存在无穷个* $k \in \mathbf{N}_+$,*使得*

$$p^n \mid k^k - a.$$

证明 (孙孟越)

首先,我们注意到,若 k 满足 $p^n \mid k^k - a$,那么由欧拉定理,$k + p^n(p-1)$ 也满足. 故只要找到一个 k 即可.

我们对 n 用数学归纳法.

当 $n=1$ 时,取 $k = (p-1)(p-a) + p$,由费马小定理,则有

$$k^k \equiv a^p \equiv a \pmod{p},$$

结论成立.

下设 n 时成立. 考虑 $n+1$ 时,设正整数 k 满足 $p^n \mid k^k - a$,则 $(p, k)=1$.

对 $t = 0, 1, 2, \cdots, p-1$,由欧拉定理以及二项式定理,

$$[k + p^n(p-1)t]^{(k+p^n(p-1)t)} \equiv [k + p^n(p-1)t]^k$$
$$\equiv k^k + [k(p-1)p^n]t \pmod{p^{n+1}}.$$

由于 $p^n \mid k^k - a$,并注意到 $k(p-1)$ 与 p 互质. 故当 t 取遍 $0, 1, \cdots, p-1$ 时,

$$[k + p^n(p-1)t]^{(k+p^n(p-1)t)} \pmod{p^{n+1}}$$

取遍 $a, a+p^n, a+2p^n, \cdots, a+(p-1)p^n$. 故存在 t 满足

$$[k + p^n(p-1)t]^{(k+p^n(p-1)t)} \equiv a \pmod{p^{n+1}}.$$

因此命题对 $n+1$ 成立,由归纳原理知结论成立. $\square$

评注 因为升幂的想法已经在同学们心中熟知,这题属于较为容易的题目.

北大这个题的方法可以用来做如下 2016 年伊朗数学奥林匹克(第三轮)的题目:

对正整数 m,称正整数 a 是一个模 m 的黄金剩余,若 $\gcd(a, m)=1$,并且存在正整数 x 满足 $x^x \equiv a \pmod{m}$. 给定正整数 n,以及模 n^n 的黄金剩余 a. 求证:a 也是模 n^{n^n} 的黄金剩余.

4. 求最小的 λ 使得对一切满足 $a_i < 2^i$ 的正实数 $a_1, a_2, \cdots, a_n$,都有

$$\sum_{i,j=1}^n \{a_i a_j\} \leqslant \lambda \sum_{i=1}^n \{a_i\}, \tag{1}$$

其中 $\{x\}$ 表示 x 的小数部分.

解 （付云皓）

$$\lambda_{\min} = 2^{n+1} - n - 2 + \frac{n + (2^{n+1} - n - 2)(2^n - 1)}{\sqrt{(2^n - 1)^2 + 1}}.$$

证明 对正数 $0 < \varepsilon < 1$，我们取 $a_n = \sqrt{(2^n - 1)^2 + 1} - \varepsilon$，

$$a_i = \frac{(2^i - 1)(2^n - 1) + 1 - \varepsilon}{a_n}, \ i = 1, 2, \cdots, n - 1.$$

取 ε 充分小，可以保证对所有 $1 \leqslant i, j \leqslant n$，都有

$$(2^i - 1)(2^j - 1) < a_i a_j < (2^i - 1)(2^j - 1) + 1.$$

这推出 $[a_i a_j] = (2^i - 1)(2^j - 1)$，此即 $\{a_i a_j\} = a_i a_j - (2^i - 1)(2^j - 1)$，且有 $\{a_i\} = a_i - (2^i - 1)$. 代入条件中的等式，我们得到

$$\left(\sum_{i=1}^{n} a_i\right)^2 - \left(\sum_{i=1}^{n} [a_i]\right)^2 \leqslant \lambda\left(\sum_{i=1}^{n} a_i - \sum_{i=1}^{n} [a_i]\right) \Leftrightarrow \sum_{i=1}^{n} a_i + \sum_{i=1}^{n} [a_i] \leqslant \lambda \tag{2}$$

$$\Leftrightarrow a_n + \frac{(2^n - n - 1)(2^n - 1) + n - 1 - (n - 1)\varepsilon}{a_n} + 2^{n+1} - n - 2 \leqslant \lambda.$$

由 ε 的任意性（以及充分小），可知

$$\lambda \geqslant 2^{n+1} - n - 2 + \frac{n + (2^{n+1} - n - 2)(2^n - 1)}{\sqrt{(2^n - 1)^2 + 1}} \overset{\text{def}}{=} \lambda_0.$$

下面来证明，对 $\lambda = \lambda_0$，不等式确实成立.

由于 $\lambda_0 > 2^{n+1} - n - 2 \geqslant n^2$，故当 $\sum_{i=1}^{n} \{a_i\} \geqslant 1$ 时，(1) 式左边 $\leqslant n^2 \leqslant$ (1) 式右边. 此时(1) 显然成立.

下设 $\sum_{i=1}^{n} \{a_i\} < 1$. 先做一些基本的分析，设 $a_i = b_i + r_i$，其中 b_i 是整数，$0 \leqslant r_i < 1$. 那么

$$\begin{aligned}
\{a_i a_j\} &= \{b_i b_j + b_i r_j + b_j r_i + r_j r_i\} \\
&= \{b_i r_j + b_j r_i + r_j r_i\} \\
&\leqslant b_i r_j + b_j r_i + r_j r_i.
\end{aligned} \tag{3}$$

累加可以得到

$$\sum_{i,j=1}^{n}\{a_i a_j\} \leqslant \sum_{i,j=1}^{n}(b_i r_j + b_j r_i + r_j r_i)$$
$$= 2\Big(\sum_{i=1}^{n} b_i\Big)\Big(\sum_{i=1}^{n} r_i\Big) + \Big(\sum_{i=1}^{n} r_i\Big)^2. \tag{4}$$

若(3)中至少有一个不等式是严格的,则(4)可改进为

$$\sum_{i,j=1}^{n}\{a_i a_j\} \leqslant 2\Big(\sum_{i=1}^{n} b_i\Big)\Big(\sum_{i=1}^{n} r_i\Big) + \Big(\sum_{i=1}^{n} r_i\Big)^2 - 1$$
$$\leqslant 2\Big(\sum_{i=1}^{n} b_i\Big)\Big(\sum_{i=1}^{n} r_i\Big) \leqslant \lambda_0\Big(\sum_{i=1}^{n} r_i\Big). \tag{4'}$$

此处用到了 $b_i \leqslant 2^i - 1$. 此时不等式(1)也成立.

若至少有一个 $b_j < 2^j - 1$,由于 b_j 是整数,则 $b_j \leqslant 2^j - 2$,则(4)可改进为

$$\sum_{i,j=1}^{n}\{a_i a_j\} \leqslant \Big(2\sum_{i=1}^{n} b_i + \sum_{i=1}^{n} r_i\Big)\Big(\sum_{i=1}^{n} r_i\Big)$$
$$\leqslant (2^{n+1} - n - 2)\Big(\sum_{i=1}^{n} r_i\Big) \leqslant \lambda_0\Big(\sum_{i=1}^{n} r_i\Big). \tag{4''}$$

此时不等式(1)也成立.

下面考虑(3)中每一个等号都成立,且 $b_i = 2^i - 1$, $\forall i$ 均成立的情形.

同(2)的过程,这时只需证明

$$a_1 + a_2 + \cdots + a_n + b_1 + b_2 + \cdots + b_n \leqslant \lambda_0$$
$$\Leftrightarrow a_1 + a_2 + \cdots + a_n \leqslant \frac{n + (2^{n+1} - n - 2)(2^n - 1)}{\sqrt{(2^n - 1)^2 + 1}}.$$

这时对任意的 $1 \leqslant i, j \leqslant n$,

$$[a_i a_j] = b_i b_j \Leftrightarrow b_i b_j \leqslant a_i a_j < b_i b_j + 1.$$

特别地, $a_n < \sqrt{b_n^2 + 1}$,以及

$$a_n(a_1 + a_2 + \cdots + a_{n-1}) < b_n(b_1 + b_2 + \cdots + b_{n-1}) + n - 1,$$

故有

$$a_n + a_1 + a_2 + \cdots + a_{n-1} < a_n + \frac{b_n(b_1 + b_2 + \cdots + b_{n-1}) + n - 1}{a_n}. \tag{5}$$

由于 $b_n(b_1 + b_2 + \cdots + b_{n-1}) + n - 1 < b_n^2$,故(5)式右边关于 a_n 在 $[b_n, \sqrt{b_n^2 + 1})$ 上单调增.因此

$$(5) 的右边 \leqslant \sqrt{b_n^2 + 1} + \frac{b_n(b_1 + b_2 + \cdots + b_{n-1}) + n - 1}{\sqrt{b_n^2 + 1}}$$

$$= \frac{n + (2^{n+1} - n - 2)(2^n - 1)}{\sqrt{(2^n - 1)^2 + 1}}.$$

此即我们需要的结论.

评注 无人得分. 困难的题目.

5. 实数 $x_i \neq 0$, $i = 1, 2, \cdots, n$ 满足 $\sum\limits_{i=1}^{n} x_i = 0$, 求下式

$$\left(\sum_{i=1}^{n} x_i^2 \right) \left(\sum_{i=1}^{n} \frac{1}{x_i^2} \right)$$

的最小值.

解 (孙孟越)

不妨设 $x_1, x_2, \cdots, x_k > 0$, $x_{k+1}, x_{k+2}, \cdots, x_n < 0$. 显然我们有 $1 \leqslant k < n$.

由于 $\sum\limits_{i=1}^{n} x_i = 0$, 可记

$$S = x_1 + x_2 + \cdots + x_k = -x_{k+1} - x_{k+2} - \cdots - x_n > 0.$$

由柯西不等式,

$$\sum_{i=1}^{k} x_i^2 \geqslant \frac{(x_1 + x_2 + \cdots + x_k)^2}{k} = \frac{S^2}{k},$$

$$\sum_{i=k+1}^{n} x_i^2 \geqslant \frac{(x_{k+1} + x_{k+2} + \cdots + x_n)^2}{n - k} = \frac{S^2}{n - k}.$$

由赫尔德(Hölder)不等式,

$$\sum_{i=1}^{k} \frac{1}{x_i^2} \geqslant \frac{k^3}{(x_1 + x_2 + \cdots + x_k)^2} = \frac{k^3}{S^2},$$

$$\sum_{i=k+1}^{n} \frac{1}{x_i^2} \geqslant \frac{(n - k)^3}{(x_{k+1} + x_{k+2} + \cdots + x_n)^2} = \frac{(n - k)^3}{S^2}.$$

故

$$\left(\sum_{i=1}^{n} x_i^2 \right) \left(\sum_{i=1}^{n} \frac{1}{x_i^2} \right) \geqslant \left(\frac{S^2}{n - k} + \frac{S^2}{k} \right) \cdot \left[\frac{k^3}{S^2} + \frac{(n - k)^3}{S^2} \right]$$

$$= \frac{n^2(n^2 - 3nk + 3k^2)}{k(n - k)}$$

$$= n^2\left(\frac{k}{n-k} + \frac{n-k}{k} - 1\right).$$

在 $x_1 = x_2 = \cdots = x_k = \dfrac{S}{k}$，$x_{k+1} = x_{k+2} = \cdots = x_n = \dfrac{-S}{n-k}$ 时，上面等号均可以成立.

容易知道在 n 是偶数，$k = \dfrac{n}{2}$ 时，$\dfrac{k}{n-k} + \dfrac{n-k}{k}$ 取到最小值 2；在 n 是奇数，$k = \dfrac{n \pm 1}{2}$ 时，$\dfrac{k}{n-k} + \dfrac{n-k}{k}$ 取到最小值 $2 + \dfrac{4}{n^2-1}$.

故 $\left(\displaystyle\sum_{i=1}^{n} x_i^2\right)\left(\displaystyle\sum_{i=1}^{n} \frac{1}{x_i^2}\right)$ 的最小值为 $\begin{cases} n^2, & n \text{ 是偶数}, \\ \dfrac{n^2(n^2+3)}{n^2-1}, & n \text{ 是奇数}. \end{cases}$ $\qquad\square$

评注 取等条件不难发现，把 x_i 分为正负两类是自然的手段，这也使得 $\displaystyle\sum x_i^2$，$\displaystyle\sum \frac{1}{x_i^2}$ 可以估计. 这个题是第二天最容易的题目.

6. 已知 $[0, n]$ 的 n 元子集 S 满足 $0 \in S$，$n \in S$. 若 $S + S = \{x + y : x, y \in S\}$ 中恰有 $2n$ 个元素，则称 S 为 n — 好的. 求所有 n — 好的集合 S 的个数.

解 （杨泓暕）

当 $n = 3$ 时有无穷多个，事实上取 $S = \{0, x, 3\}$，$0 < x < \dfrac{3}{2}$，即符合要求，以下设 $n \geqslant 4$.

首先我们熟知：设 A 是有限实数集，则 $|A+A| \geqslant 2|A| - 1$，且等号成立当且仅当 A 中元素构成一等差数列.

我们在此基础上归纳证明：若 n 元有限实数集 A 满足 $|A+A| = 2n$，则 A 中元素是某个等差数列的连续 $n-1$ 项再加上相隔的一项，即为 $a+d$，$a+2d$，$\cdots$，$a+(n-1)d$，$a+(n+1)d$ 或 $a+d$，$a+2d$，$\cdots$，$a+(n-1)d$，$a-d$ 的形式（$d > 0$）.

设 $A = \{a_1, a_2, \cdots, a_n\}$，其中 $a_1 < a_2 < \cdots < a_n$.

当 $n = 4$ 时，若 $A_1 = \{a_1, a_2, a_3\}$ 是三项等差数列，则由 $a_4 + a_4$，$a_4 + a_3$ 不同于 $A_1 + A_1$ 中的各元知 $a_4 + a_2$，$a_4 + a_1$ 中恰有一项与 $A_1 + A_1$ 中元素相同.

若为前者，则 $a_4 + a_2 = 2a_3$，此时给出矛盾；若为后者，则 $a_4 + a_1 = 2a_3$ 或 $a_4 + a_1 = a_2 + a_3$，第一种情况给出结论，第二种情况给出矛盾.

若 A_1 不为三项等差数列，则有 $a_4 + a_2 = 2a_3$，此时类似讨论 a_1 的情况即证.

假设 n 时结论成立，来看 $n+1$ 的情形.

若 $A_1 = \{a_1, a_2, \cdots, a_n\}$ 是 n 项等差数列,类似 $n = 4$ 的讨论可证;否则必定有 $|A_1 + A_1| = 2n$(由 $a_{n+1} + a_{n+1}$, $a_{n+1} + a_n$ 不同于 $A_1 + A_1$ 中的各元),此时由归纳假设知 A_1 必有 $a + d$, $a + 2d$, $\cdots$, $a + (n-1)d$, $a + (n+1)d$ 或 $a + d$, $a + 2d$, $\cdots$, $a + (n-1)d$, $a - d$ 的形式($d > 0$).

若为前者,则 $a_{n-1} + a_{n+1} = 2a_n = a + (n+3)d$,这时 $a_{n+1} + a_{n-2} = 2a + (2n+1)d$ 是一个不属于 $A_1 + A_1$ 也不为 $a_{n+1} + a_{n+1}$, $a_{n+1} + a_n$ 的元素,矛盾;若为后者,容易证明结论成立.

命题对 $n + 1$ 成立,由归纳原理知命题成立.

由上述结论易知 $n \geqslant 4$ 时,S 只有 $\{0, 1, \cdots, n-2, n\}$ 和 $\{0, 2, 3, \cdots, n\}$ 两种可能,故此时好的 n 元子集有 2 个. □

评注　这个问题是很典型的加性组合中的逆问题(给出集合的性质要求确定其结构),数学竞赛中这类问题一般需要对元素的性质(大小、个数等)进行透彻的分析.

这个问题不需要太多的知识,但要求有比较高水平的分析问题的能力,同时也有一定的背景,应该说是一个好题.关于集合中包含等差数列的问题,我们有以下的定理:

定理(Freiman)　设有限 $n(\geqslant 3)$ 元整数集 A 满足

$$|A + A| = 2n - 1 + a \leqslant 3n - 4,$$

则 A 包含于一个 $n + a$ 项等差数列.

7. 求所有的函数 $f: \mathbf{R} \rightarrow \mathbf{R}$,满足对任意实数 x、y 均有

$$f(f(x) + y) = 2x + f(f(y) - x).$$

解　对每个实数 c,函数 $f(x) = x + c$ 为该函数方程的解.

下面证明除此外没有其他的解.

先证明 f 为满射.事实上,令 $y = -f(x)$ 得

$$f(0) = 2x + f(f(-f(x)) - x).$$

即

$$f(f(-f(x)) - x) = -2x + f(0).$$

由于 $-2x + f(0)$ 为 $\mathbf{R}$ 上的满射,故 f 为 $\mathbf{R}$ 上的满射.

由上可知存在实数 a 满足 $f(a) = 0$.在方程中令 $x = a$,则

$$f(y) = 2a + f(f(y) - a) \Rightarrow f(y) - a = f(f(y) - a) + a.$$

又 $f(y) - a$ 是 $\mathbf{R}$ 上的满射,故 $x = f(x) + a$ 对所有实数 x 成立.结论成立. □

评注　这道题是捷克斯洛伐克 2003 年的题目，曾被用作 2003 年国家队培训题，这里的解答引自《走向 IMO：数学奥林匹克试题集锦（2003）》. 这一题是第二天的简单题，对函数方程较为熟悉的同学应该可以很快做出来.

8. 给定正整数 p、q，满足 $1 < q < p$. 求证：对任意素数 $r > p$，存在正整数 n 满足

$$r \mid C_{p^n}^{q^n}.$$

证明　（付云皓）

为了证明此题结论成立，由库默尔定理，只需要证明存在正整数 m、n 使得 q^n 在 r 进制下第 m 位的数比 q^n 在 r 进制下第 m 位的数大.

引理　当正整数 m 充分大时（只依赖于 r），对任意大于 1 且不被素数 r 整除的正整数 p，我们有 p^1，p^2，p^3，$\cdots$，$p^{\varphi(r^m)}$ 在 r 进制下第 m 位的 0，1，$\cdots$，$r-1$ 出现次数相等.（如果 0，1，$\cdots$，$r-1$ 出现的次数相等，则我们称之为均匀分布）

引理证明　设 p 模 r^{m-1} 的阶为 k，则 $p^k \equiv N \cdot r^{m-1} + 1 \pmod{r^m}$.

首先说明，当 m 充分大时，可以使得 $N \not\equiv 0 \pmod{r}$. 事实上，这就是要证明，对于任意充分大的正整数 m，p 模 r^{m-1} 的阶不等于 p 模 r^m 的阶. 首先，因为 $p \neq 1$，所以必然存在一个充分大的正整数 m_0，使得 p 模 r^{m_0-1} 的阶不等于 p 模 r^{m_0} 的阶，设 p 模 r^{m_0-1} 的阶为 k_0.

则由升幂定理，可得对任意的 $\alpha \in \mathbf{N}_+$，

$$v_r(p^{k_0 r^\alpha} - 1) = m_0 - 1 + \alpha,$$

$$v_r(p^{k_0 r^{\alpha+1}} - 1) = m_0 + \alpha.$$

故 p 模 $r^{m_0+\alpha}$ 的阶为 $k_0 r^{\alpha+1}$. 故结论成立.

对于某个 $\alpha \in \mathbf{N}_+$，$\alpha < k$，考虑 p^α，$p^{k+\alpha}$，$\cdots$，$p^{(r-1)k+\alpha}$，则对任意 $t = 0$，1，$\cdots$，$r-1$，成立

$$p^{tk+\alpha} \equiv (tN \cdot r^{m-1} + 1)p^\alpha \equiv tNp^\alpha \cdot r^{m-1} + p^\alpha \pmod{r^m}.$$

故这一组数在 r 进制下第 m 位是 0，1，$\cdots$，$r-1$ 的一个排列，于是可以知道 p，p^2，$\cdots$，p^{kr} 在 r 进制下第 m 位的值均匀分布，注意到 $kr \mid \varphi(r^m)$，故将此结论延拓至 p，p^2，$\cdots$，$p^{\varphi(r^m)}$ 即可. 引理证毕.

假设结论不成立，那么取 m 充分大，则 p^n、q^n 在 r 进制下第 m 位的数必须全部相同（因为由引理，p^n、q^n，$n = 1, 2, \cdots, \varphi(r^m)$ 在 r 进制下第 m 位均匀分布，且 q^n 在 r 进制下的第 m 位的数对应小于等于 p^n 在 r 进制下第 m 位的数）.

但是，取充分大的 m，使得 $\log_r p^m - \log_r q^m \geqslant 1$，由于 $r > p$，故存在正整数 n，使得在 r 进制下，p^n

在第 m 位的数字非零,而 q^n 最高位未到第 m 位,矛盾!

故原题结论成立. □

评注 考场中无人做出.本题唯一着手点显然是库默尔定理(或卢卡斯(Lucas)定理),是此类题目中较为困难的问题.此题是 2015 年 IMO 金牌得主俞辰捷命制的,难度在 IMO 中也属于困难题.

二、 清华金秋营试题解析

1. 设 T 是一个平面到自身的映射,满足平面上任意两点在变换 T 下的距离不变.证明:存在实数 a,b,c,d,x_0,$y_0 \in \mathbf{R}$,使得 T 将每个点 (x,y) 映射成 $(ax+by+x_0,cx+dy+y_0)$.

证明 (杨泓暕、刘润声)

对点 (x,y) 考虑变换 $S(x,y)=T(x,y)-T(0,0)$,则变换 S 仍然保距,且满足 $S(0,0)=0$.于是,变换 S 将每个以原点为圆心的圆映射为自身,而各个圆上任意两点之间变换前后距离不变,所以在每一个圆上变换的效果是旋转和反射叠加的变换,所以一定是线性的.接下来,考虑圆 $x^2+y^2=1$.不妨假设变换 S 将其上每一个点都映为自身,否则,给变换 S 复合一个线性变换即可.此时,平面上其余各点与它们的像到无穷多个非共线点等距,于是所有的点都映射为自身,综上可知结论成立. □

评注 本题实际上是要证明平面上的保距变换可写成线性变换和一平移的复合.保距这个条件太强了.本题属于经典结论,对几何变换有一定了解的同学应该很快可以做出来.

2. 求所有的连续函数 $f:\mathbf{R}_+ \to \mathbf{R}_+$ 使得对任意 $x,y>0$,

$$f\left(\frac{x+y}{2}\right)=f(\sqrt{xy}).$$

解 对任意正实数 $a>b$,令 $x=a+\sqrt{a^2-b^2}$,$y=a-\sqrt{a^2-b^2}$.那么代入等式得到 $f(a)=f(b)$.可知 f 是正的常值函数,这也显然是全部解. □

评注 并没有用到连续性的条件.事实上,固定了 $\frac{x+y}{2}$ 以后,$\sqrt{xy}$ 可取遍 $\left(0,\frac{x+y}{2}\right]$.这也就道出了证明.这是一个送分题.

3. 已知 $m,n \in \mathbf{N}_+$,$m<n$.证明:

$$\sum_{i=0}^{m} \mathrm{C}_n^i < \left(\frac{3n}{m}\right)^m.$$

证明

$$\sum_{i=0}^{m} C_n^i \leqslant \sum_{i=0}^{m} \frac{n^i}{i!} \leqslant \left(\frac{n}{m}\right)^m \cdot \sum_{i=0}^{m} \frac{m^i}{i!} < \left(\frac{n}{m}\right)^m \cdot e^m < \left(\frac{3n}{m}\right)^m.$$

这里用到了指数函数的幂级数展开 $e^m = \sum_{i=0}^{+\infty} \frac{m^i}{i!}$. □

评注 二项式系数的放缩是容易想到的. 这样做变得易于求和, 之后的每一步也顺理成章. 这是一道形式新颖但不太困难的问题. 本题也可对 n 归纳证明.

4. 对有限实数集 X, 记 $n(X) = |S|$, 其中

$$S = \{(x_1, x_2, x_3, x_4) \mid x_1 + x_2 = x_3 + x_4, x_i \in X(i=1, 2, 3, 4)\}.$$

证明: 对于有限实数集 A、B、C、D, 集合

$$M = \{(a, b, c, d) \mid a+b=c+d, a \in A, b \in B, c \in C, d \in D\}$$

的元素个数不超过 $\sqrt[4]{n(A)n(B)n(C)n(D)}$.

证明 (杨泓暕)

具体而言, 对有限实数集 X、Y 及实数 x, 记

$$n_{XY}(a) = |\{(x, y) \in X \times Y : x - y = a\}|,$$

我们将欲证的式子以 n_{XY} 来表示.

容易证明 $n(X) = \sum n_{XX}^2(x)$,

$$|\{(a, b, c, d) \in A \times B \times C \times D : a+b=c+d\}| = \sum n_{AC}(x) n_{DB}(x).$$

其中求和号遍历一切实数 x, 当然我们知道这是一个有限和.

再做一些准备工作: 对有限正实数集 X、Y, 我们有

$$\sum n_{XX}(x) n_{YY}(x) = |\{(x_1, x_2, y_1, y_2) \in X^2 \times Y^2 : x_1 - x_2 = y_1 - y_2\}|$$

$$= |\{(x_1, x_2, y_1, y_2) \in X^2 \times Y^2 : x_1 - y_1 = x_2 - y_2\}|$$

$$= \sum n_{XY}^2(x).$$

故由柯西不等式

$$n(A)n(B)n(C)n(D) = \sum n_{AA}^2(x) \sum n_{BB}^2(x) \sum n_{CC}^2(x) \sum n_{DD}^2(x)$$

$$\geqslant \left(\sum n_{AA}(x) n_{CC}(x) \right)^2 \left(\sum n_{DD}(x) n_{BB}(x) \right)^2$$

$$= \left(\sum n_{AC}^2(x) \right)^2 \left(\sum n_{DB}^2(x) \right)^2$$

$$\geqslant \left(\sum n_{AC}(x) n_{DB}(x) \right)^4.$$

$\square$

评注 本题有相当的难度,如果没见过类似处理手法的话是很不容易的.有经验的同学可能会试图构造单射,但元素太多难以控制,且不好做.希望以更有代数味道的办法写出结论.

5. 给定奇素数 p 和整数 a. 求方程 $x^2 + y^2 \equiv a \pmod{p}$ 在模 p 意义下的解的个数.

解 (刘润声、孙孟越)

先计算 $x^2 + y^2 \equiv 0 \pmod{p}$ 的解数. 若 $p \equiv -1 \pmod 4$,则只有唯一解. 若 $p \equiv 1 \pmod 4$,则有 $2p - 1$ 组解.

再来计算 $S \overset{\text{def}}{=} \sum\limits_{x=0}^{p-1} \left(\dfrac{1-x^2}{p} \right)$,注意到 $\sum\limits_{i=0}^{p-1} i^k \equiv 0 \pmod p$(当 k 不是 $p-1$ 的倍数),结合欧拉判别法可以得到

$$\sum_{x=0}^{p-1} \left(\frac{1-x^2}{p} \right) \equiv \sum_{x=0}^{p-1} (1-x^2)^{\frac{p-1}{2}} \equiv (-1)^{\frac{p-1}{2}}(p-1) \equiv -(-1)^{\frac{p-1}{2}} \pmod p.$$

并且我们注意 $\left| \sum\limits_{x=0}^{p-1} \left(\dfrac{1-x^2}{p} \right) \right| \leqslant p-2$. 故 $S = (-1)^{\frac{p+1}{2}}$.

i) 若 $p \equiv -1 \pmod 4$,则 $S = 1$,$\left(\dfrac{1-x^2}{p} \right)$ 中有 $\dfrac{p-1}{2}$ 个为 1,有 2 个为 0,有 $\dfrac{p-3}{2}$ 个为 -1,故 $a = 1$ 时有 $p+1$ 组解.

取 g 是模 p 的一个原根. 若 a 是模 p 的二次剩余,设 $a = g^{2k}$,在等式两边同时乘 g^{-2k},则

$$(xg^{-k})^2 + (yg^{-k})^2 = 1,$$

所以,任意不同的二次剩余所对应的解数相同(这是因为:(x, y) 到 (xg^{-k}, yg^{-k}) 是一一对应的),同样的道理,任意二次非剩余对应的解数也相同. 故对每个二次剩余 a,有 $p+1$ 组解.

由于对所有的 a,共有 p^2 组解,并且对任意二次非剩余 a 所对应的 (x, y) 解数也相同. 进而对每个二次非剩余 a,有 $\dfrac{2}{p-1} \left[p^2 - 1 - \dfrac{p-1}{2} \times (p+1) \right] = p+1$ 组解.

ii) 若 $p \equiv 1 \pmod{4}$，则 $S = -1$，$\left(\dfrac{1-x^2}{p}\right)$ 中有 $\dfrac{p-3}{2}$ 个为 1，有 2 个为 0，有 $\dfrac{p-1}{2}$ 个为 -1，故 $a = 1$ 时有 $p-1$ 组解.

取 g 是模 p 的一个原根. 若 a 是模 p 的二次剩余，设 $a = g^{2k}$，在等式两边同时乘 g^{-2k}，则

$$(xg^{-k})^2 + (yg^{-k})^2 = 1,$$

所以，任意不同的二次剩余所对应的解数相同（这是因为：(x, y) 到 (xg^{-k}, yg^{-k}) 是一一对应），同样道理，任意二次非剩余对应的解数也相同. 故对每个二次剩余 a，有 $p-1$ 组解.

由于对所有的 a，共有 p^2 组解，并且对任意二次非剩余 a 所对应的 (x, y) 解数也相同. 进而对每个二次非剩余 a，有 $\dfrac{2}{p-1}\left[p^2 - (2p-1) - \dfrac{p-1}{2} \times (p-1)\right] = p-1$ 组解.

所以，最终结果如下：

若 $p \equiv -1 \pmod{4}$，则 $p \mid a$ 时有 1 组解，$p \nmid a$ 时，有 $p+1$ 组解.

若 $p \equiv 1 \pmod{4}$，则 $p \mid a$ 时有 $2p-1$ 组解，$p \nmid a$ 时，有 $p-1$ 组解. □

评注 域 $\mathbf{F}_p$ 上的二次方程解的个数在近年的高级别竞赛中也有出现，方法大同小异（如 2017 中国国家集训队测试第四场第 3 题，总第 21 题）. 本题需要对二次剩余有一个深入的理解.

6. 已知 $x > 2$ 是实数，证明：若一个简单图 G 中有不少于 $\dfrac{x(x-1)(x-2)}{6}$ 个三角形，则图 G 的边数大于等于 $\dfrac{x(x-1)}{2}$.

证明 （谭健翔、孙孟越）

我们考虑在固定图 G 边数的情况下，最大化图 G 中三角形的个数. 用调整法，先进行两个调整.

我们这样进行调整：

判断：如果对于图 G 中任意两个顶点 u、v，都有 $N_G(u) - \{v\}$，$N_G(v) - \{u\}$ 一个包含另一个的时候，进行调整 Ⅱ. 否则进行调整 Ⅰ.

调整 Ⅰ：删去 G 中孤立点. 假设顶点 u、v 满足 $N_G(u) - \{v\}$，$N_G(v) - \{u\}$ 两者互不包含（$N_G(u)$ 表示 u 在 G 中的邻居，其余类似定义）.

不妨设 $d(u) \leqslant d(v)$（顶点的度），设

$$H = (N_G(u) - \{v\}) \backslash (N_G(u) \bigcap N_G(v)) \neq \varnothing,$$

把 H 中顶点与 u 相连的边全部改为与 v 相连的边，得到图 G'，对于图 G 中不包含点 u 的三角形，图

G' 中仍然存在；对于图 G 中包含点 u 的三角形，图 G' 中有一个包含点 v 的三角形与之对应，删除 G 中孤立点，并重复此操作. 操作后 $\sum_{w \in G} d^2(w)$ 严格单调递增. 继续回到判断处.

调整 II：删去 G 中孤立点. 设 $\delta(G)$ 为图 G 中的最小度，记

$$G_1 = G - \{v \mid d(v) = \delta(G)\}.$$

若 G_1 是完全图，调整结束.

若 G_1 不是完全图，设 $x, y \in G_1$，$xy \notin E(G)$，其中 $E(G)$ 表示 G 的边集. 任取 $z \in G - G_1$. 由于进行了调整 II，故对于图 G 中任意两个顶点 u、v，都有 $N_G(u) - \{v\}$，$N_G(v) - \{u\}$ 一个包含另一个，进而

$$(N_G(z) - \{x, y\}) \subseteq N_G(x), \quad (N_G(z) - \{x, y\}) \subseteq N_G(y).$$

任意删去 z 引出的一条边，改为边 xy. 则图 G 中至多减少 $d(z) - 1$ 个三角形，至少增加 $d(z) - 1$ 个三角形. 删去 G 中孤立点. 操作后 $\sum_{w \in G} d^2(w)$ 严格单调递增. 继续回到判断处.

由于调整 I 和调整 II 中 $\sum_{w \in G} d^2(w)$ 严格单调递增，故有限步后不可能继续进行.

调整 I 和调整 II 都保持 G 的边数和三角形个数不减.

由于对边数给定的没有孤立点的图，三角形个数取到最大的互不同构的图 G 只有有限多个. 由调整 I 和调整 II 的步骤知，存在一个图 G 满足：

(1) G 的边数为给定值.

(2) 在满足上面的性质后，选取 G 使得 G 的三角形个数取到最大值.

(3) 在满足上面两条性质后，选取 G 使得对于图 G 中任意两个顶点 u、v，都有 $N_G(u) - \{v\}$，$N_G(v) - \{u\}$ 一个包含另一个.

(4) 在满足上面三条性质后，选取 G 使得 $G - \{v \mid d(v) = \delta(G)\}$ 是完全图.

(5) 在满足上面四条性质之后，选取 G 使得 G 的顶点数最小.

(6) 在满足上述五条性质之后，选取 G 使得 $\delta(G)$ 最小.

下面就对这个 G 进行考察. 我们证明：$|G_1| \geqslant |G| - 1$.

若不然，存在 $x, y \in G$，$d(x) = d(y) = \delta(G)$，则由于 x、y 在 G 中度数相同，则

$$|N_G(x) - \{y\}| = |N_G(y) - \{x\}|.$$

但注意 $N_G(y) - \{x\}$，$N_G(x) - \{y\}$ 一个包含另一个. 故

$$N_G(y) - \{x\} = N_G(x) - \{y\}.$$

故存在 $z \in G$，xz，$yz \notin E(G)$．

那么把顶点 y 连出的一条边改为 xz，则图 G 中至多减少 $d(y)-1$ 个三角形，至少增加 $d(x)-1$ 个三角形，则 $\delta(G)$ 严格减小．（且由 G 的选取中的条件 5，经过步骤 3 的调整后，G 中不会生成孤立点．）这与 G 的选取中的条件 6 矛盾！

综合以上三步，给定 G 的边数和三角形个数后，可以找到一个图 G_0，满足可以删去 G_0 的至多一个顶点得到一个完全图，并且 G_0 边数等于 G 的边数，G_0 的三角形个数不小于 G 的三角形个数．而对 G_0 是容易证明结论成立的． $\square$

另解 （付云皓）

我们只需证明，对 $x > 2$，若图中边数 $< \dfrac{x(x-1)}{2}$，则三角形数 $< \dfrac{x(x-1)(x-2)}{6}$．

由于 $\dfrac{x(x-1)}{2}$ 和 $\dfrac{x(x-1)(x-2)}{6}$ 在 $(2,+\infty)$ 上均严格增，结合 x 是实数，我们可将问题转化成如下形式：

对 $x \geqslant 2$，若图中边数 $= \dfrac{x(x-1)}{2}$，则三角形数 $\leqslant \dfrac{x(x-1)(x-2)}{6}$．

在给定的图中，每次在度数非零的点中选取一个度数最少的点并去掉，直至图中没有边为止，设去掉的这些顶点在被去掉时度数依次为 d_1，d_2，$\cdots$，d_k．

易知边数为 $d_1 + d_2 + \cdots + d_k$，三角形数最多为 $C_{d_1}^2 + C_{d_2}^2 + \cdots + C_{d_k}^2$，另有 $d_k = 1$．

又易知 $d_{i+1} \geqslant d_i - 1$，因此，若将 d_1，d_2，$\cdots$，d_k 按降序排为 e_1，e_2，$\cdots$，e_k，则有 $e_i - e_{i+1} \leqslant 1$．（若不然，设 $e_i - e_{i+1} \geqslant 2$，则在 d_1，d_2，$\cdots$，d_k 中不可能前一个数 $\geqslant e_i$，后一个数 $\leqslant e_{i+1}$，但 $d_k = 1$，矛盾．）

设 $e_1 = a$，则 e_1，e_2，$\cdots$，e_k 中有 1，2，$\cdots$，a 各一个，还可能有重复的数，但由于

$$C_{d_i}^2 = \frac{d_i(d_i-1)}{2} \leqslant \frac{d_i(a-1)}{2},$$

故

$$C_{d_1}^2 + C_{d_2}^2 + \cdots + C_{d_k}^2$$
$$\leqslant C_1^2 + C_2^2 + \cdots + C_a^2 + \frac{a-1}{2}\left[d_1 + d_2 + \cdots + d_k - \frac{a(a+1)}{2}\right]$$
$$= \frac{a-1}{2}(d_1 + d_2 + \cdots + d_k) - \frac{a(a-1)(a+1)}{12}.$$

由于 e_1，e_2，$\cdots$，e_k 中有 1，2，$\cdots$，a 各一个，故 $d_1 + d_2 + \cdots + d_k \geqslant C_{a+1}^2$，因此 $x \geqslant a+1$，故

$$\frac{a-1}{2}(d_1+d_2+\cdots+d_k)-\frac{a(a-1)(a+1)}{12}$$

$$=\frac{a-1}{12}\left[3x(x-1)-a(a+1)\right]$$

$$\leqslant\frac{x(x-1)(x-2)}{6},$$

其中,最后一个不等式等价于 $(x-a-1)(x-a)(2x+a-1)\geqslant 0$.这显然成立. □

评注 这个题中 x 是实数,很有品位.似乎没有证法可以只从对整数 x 命题成立推出对实数 x 命题成立.

第一个解答的思路是:从直觉上来讲,完全图是边数确定后,三角形个数最多的图.对一般的 G,也希望调整出大部分都是完全图的一个形式.

另解的基本思路是每次去掉一个度数最少的点,这样减少的三角形数量不会太多.用此思路也可以归纳地做,但要先估计出度数最少的点的度数上界,而且后面有一个较为复杂的不等式,有兴趣的读者可以尝试一下.相比归纳的想法,本解法在发现 d_1, d_2, $\cdots$, d_k 的性质(实际上是正整数中的"连续性")后采用组合的技巧辅助估值和放缩,显得证明更为流畅.

Ⅲ. 总评

一、 北大金秋营

第一天的第 1、3 题相对来说是较容易的.第 2 题有很多细节需要注意,很多同学在考场上会有一些细节上的差错,这一题几乎没有满分.第 4 题全场零分.第 5、7 题是容易题,第 6 题也有很多细节要处理,第 8 题也是爆零.最高的同学大概做了四个题多一点.这次考试难度相当巨大,尤其是第 4、8 题,即使在 IMO 中也属于困难的题目,除了付云皓外,我们其余五个作者均不会做.

二、 清华金秋营

本次测试,前三题比较简单,偏重基础,但也需要考生有一定的知识背景.第 4 题解答虽然不长,但是其方法颇有意思,值得品味.第 5 题是有限域上不定方程的解的个数,需要考生对二次剩余理论有比较深刻的了解.第 6 题有些同学只对 x 是整数的情况证明了结论,但对一般的实数 x 没什么帮助.在考场上,应该做出 3 题的考生占了大部分.做对 3 题半就具有相当的竞争力.

2016 年全俄数学奥林匹克试题解答与评析

何天成

（华南师范大学附属中学，广州，510630）

第 42 届俄罗斯数学奥林匹克于 2016 年 4 月 21 日至 29 日在俄罗斯圣彼得堡市举行. 竞赛共分两天考试（每天 5 小时考 4 道题目），分九、十和十一三个年级组进行. 此文为笔者参加十年级组考试时对题目的解答与想法，不足之处难免，欢迎读者批评指正.

10.1 NBA 常规赛有 30 支球队参加. 问：可否将这 30 支球队分为两个联盟：东部和西部，及适当指定任意两队间比赛的场数，使得每支队伍都恰好参加 82 场比赛，且东部队和西部队之间比赛的场数恰好是总比赛场数的一半？

分析 询问"是否"的题目往往不容易直接看清本质，所以先就问题本身分析. 如果存在这样的方案，首先要确定东西部的队伍数量以及东部内部、西部内部与东西部之间的比赛的次数；而如果不行的话，最好是从整除性、奇偶性的计算上入手，试图导出矛盾. 而这道题只需稍加计算，即可很快找到问题的关键.

解 答案为否. 用反证法，反设存在这样的方案. 设东部有 a 支队伍，西部有 b 支队伍，且设东部两队间的比赛共 x 场，西部两队间的比赛共 y 场. 则由题设，$a+b=30$，东西部间的比赛共 $(x+y)$ 场.

我们考虑东部所有队伍所参加比赛的次数之和. 一方面，每支队伍各参加了 82 场比赛；另一方面，每一场东部两队间的比赛会使得东部队伍比赛次数总和增加 2，而一场东西部间的比赛会使得比赛次数总和增加 1. 从而

$$82a = 2x + (x+y).$$

同理

$$82b = 2y + (x+y).$$

两式相加得：$82 \times 30 = 4(x+y)$，即 $(x+y) = 41 \times 15$. 而由

$$82a - 2x = x + y = 41 \times 15,$$

该式子左边为偶数,右边为奇数,矛盾. 故答案为否. □

10.2 圆内接四边形 $ABCD$ 的对角线 AC 和 BD 交于点 P,线段 BC 上的点 Q 满足 $PQ \perp AC$. 证明:$\triangle APD$ 和 $\triangle BQD$ 的外心连线与 AD 平行.

分析 设 $\triangle APD$、$\triangle BQD$ 的圆心分别为 O_1、O_2. 要证明 O_1O_2 与 AD 平行,首先想到的应该就是寻找与 O_1O_2 有关的相似三角形对或与 O_1、O_2 相关的四点共圆组. 而结合 A、B、C、D 四点共圆,不难发现:$\triangle DO_2Q \backsim \triangle DO_1P$,进而得出 $\triangle DO_1O_2 \backsim \triangle DPQ$,从而通过角度计算证明问题. 另外,考虑 $\odot O_1$、$\odot O_2$ 的根轴,并试图证明根轴与 AD 垂直也是一个可行的思路.

证明 如图,设 $\triangle APD$、$\triangle BQD$ 的圆心分别为 O_1、O_2. 注意到

$$\angle QO_2D = 2\angle QBD = 2\angle PAD = \angle PO_1D,$$

又 $QO_2 = DO_2$, $PO_1 = DO_1$, 得 $\triangle DO_2Q \backsim \triangle DO_1P$,进而 $\triangle DO_1O_2 \backsim \triangle DPQ$. 故 $\angle DO_1O_2 = \angle DPQ = \angle DPC + 90°$. 而

$$\angle ADO_1 = \frac{1}{2} \times (180° - \angle DO_1A) = 90° - \angle DPC,$$

从而 $\angle ADO_1 + \angle DO_1O_2 = 180°$,即有 $AD \parallel O_1O_2$. □

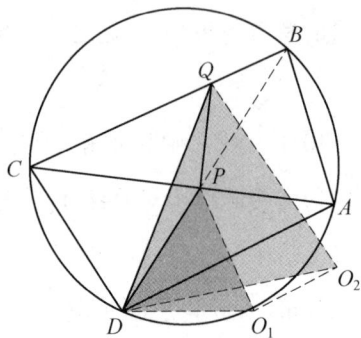
(第2题图)

10.3 设 $f(x)$ 是一个三次多项式. 如果 $f(a) = b$, $f(b) = c$, $f(c) = a$,则称三元互异实数组 (a, b, c) 为循环的. 假设存在 8 个循环组 $(a_i, b_i, c_i)(1 \leqslant i \leqslant 8)$ 包含了 24 个互异的实数,求证:8 个和 $a_i + b_i + c_i$ 中至少有 3 个互异.

分析 看到 $f(a) = b$, $f(b) = c$, $f(c) = a$ 似乎难以下手. 但从待证结论看,要是结论不成立,8 个和 $a_i + b_i + c_i$ 中至多取到两个不同的值,这是一个很强的结论. 因为这意味着对某个 S,至少会有四个不同的 $1 \leqslant i \leqslant 8$,使得 $a_i + b_i + c_i = S$. 结合题目条件要求,所有 a_i、b_i、c_i 彼此不同,容易联想到构造多项式,利用代数基本定理处理.

证明 用反证法. 若不然,则 $a_i + b_i + c_i (1 \leqslant i \leqslant 8)$ 至多取到两个不同的值,从而由抽屉原理,存在某个实数 S,至少有四个 i 满足 $a_i + b_i + c_i = S$. 不妨设 $S = a_i + b_i + c_i$, $i = 1, 2, 3, 4$.

令 $g(x) = x + f(x) + f(f(x)) - S$. 由题设,$g(x) = 0$ 至少有 12 个不同的实根 a_i、b_i、$c_i (i = 1, 2, 3, 4)$. 但由 f 为三次多项式,$g(x)$ 的次数恰为 9,这与代数基本定理矛盾. □

10.4 凸 100 边形内部一点 X 不在任意对角线上. 开始时多边形各顶点均未染色, 甲、乙两人由甲开始依次对各顶点染色. 甲第一次对两顶点染色, 以后每次甲、乙都只对一个还未染色的顶点染色. 如果某人染色后, X 位于某个各顶点均已染色的多边形内, 则此人输掉游戏. 求证: 甲有必胜策略.

分析 笔者认为此题是本次全俄数学奥林匹克(十年级)中最为困难的题目. 这道题目表面上是一道两人博弈的问题, 实际却是一道组合几何问题. 想到把问题转化为寻找一个"好线段"是第一步("好线段"的定义见证明)(事实上, 可以证明甲有必胜策略等价于好线段存在), 但是之后的证明仍然有一定难度. 笔者采用了一个较为复杂的方法证明此题.

证明 我们记这个 100 边形的顶点按顺时针依次为 M_1, M_2, $\cdots$, M_{99}, M_{100} 并规定 $M_i = M_{100+i}(1 \leqslant i \leqslant 100)$. 记这个 100 边形为 S, 并记在 S 内部且不在对角线上的点为"一般位置的".

对于两个不同顶点 M_i、M_j, 记 $\{M_i \rightarrow M_j\}$ 为从 M_i 到 M_j 中顺时针经过的顶点集合(不包括 M_i、M_j 本身), 即当 $i > j$ 时,

$$\{M_i \rightarrow M_j\} = \{M_{i+1}, M_{i+2}, \cdots, M_{100+j-1}\};$$

当 $i < j$ 时,

$$\{M_i \rightarrow M_j\} = \{M_{i+1}, M_{i+2}, \cdots, M_{j-1}\}.$$

定义"$\triangle ABC$"为三角形 ABC(可以为退化的三角形)及其内部区域的点集. 定义线段 $M_i M_j$ 的控制区域 $S(M_i M_j)$ 为

$$S(M_i M_j) = (\triangle M_i M_{i+1} M_j \cap \triangle M_i M_j M_{j-1}) \cup (\triangle M_i M_j M_{i-1} \cap \triangle M_i M_j M_{j+1}).$$

下面, 若 $(i-j)$ 为奇数, 且 $X \in S(M_i M_j)$, 则称线段 $M_i M_j$ 为"好线段". 我们可以证明一个引理.

引理 若存在一条好线段 $M_i M_j$, 则甲有必胜策略.

引理证明 不妨设 $i < j$ 且 $X \in (\triangle M_i M_{i-1} M_j \cap \triangle M_i M_j M_{j+1})$, 则甲的必胜策略为: 先对顶点 M_i、M_j 染色, 之后只要集合 $\{M_i \rightarrow M_j\}$ 中还有未被染色的顶点, 就任意染其中之一.

事实上, 若乙在某次操作中染了 $\{M_j \rightarrow M_i\}$ 中的某个点 K, 则有 $X \in \triangle K M_i M_j$, 乙输掉.

因此如果轮到甲时乙还没有输掉, 乙在之前的操作中只能染集合 $\{M_i \rightarrow M_j\}$ 中的点, 所以轮到甲时若集合 $\{M_i \rightarrow M_j\}$ 还有未被染色的顶点, 甲将该顶点染色后, 任何所有顶点均被染色的多边形均在多边形 $M_i M_{i+1} M_{i+2} \cdots M_{j-1} M_j$ 内部, 因此 X 不在任何各顶点均被染色的多边形中, 甲不会立刻输掉.

但是按照这样的操作进行下去, 由于 $(i-j)$ 为奇数, 当 $\{M_i \rightarrow M_j\}$ 中的所有顶点都被染色后, 轮到乙. 则乙必须染 $\{M_j \rightarrow M_i\}$ 中的某个点, 乙输掉. 引理得证.

回到原题. 以下用反证法, 反设不存在好线段.

设集合 $A = \{M_1, M_3, \cdots, M_{99}\}$，$B = \{M_2, M_4, \cdots, M_{100}\}$，记

$$D(M_i \to M_j) = \triangle M_i M_j M_{j-1} \bigcup \triangle M_i M_j M_{j+1},$$

则

$$S(M_i M_j) = D(M_i \to M_j) \bigcap D(M_j \to M_i).$$

对任意顶点 M_k，由于

$$\bigcup_{i=1}^{50} D(M_k \to M_{k+2i-1}) = S,$$

且 X 至多在 $D(M_k, M_{k+2i-1})(1 \leqslant i \leqslant 50)$ 的一个中，因而可不妨设 $X \in D(M_k, f(M_k))$，其中 $f(M_k)$ 与 M_k 一个在集合 A 中，一个在集合 B 中。

注意到

(i)若对某个 k 有 $f(f(M_k)) = M_k$，则

$$X \in D(M_k \to f(M_k)) \bigcap D(f(M_k) \to M_k),$$

即线段 $M_k f(M_k)$ 为好线段，矛盾. 故 $f(f(M_k)) \neq M_k$.

(ii)若 $i-j$ 为偶数，则线段 $M_i f(M_i)$ 与线段 $M_j f(M_j)$ 有公共点. 这是因为若线段 $M_i f(M_i)$ 与 $M_j f(M_j)$ 没有公共点，则区域 $D(M_i \to f(M_i))$ 与 $D(M_j \to f(M_j))$ 的交集中必没有一般位置的点，这与

$$X \in D(M_i \to f(M_i)) \bigcap D(M_j \to f(M_j))$$

矛盾.

任取 $a_1 \in A$，并设 $b_i = f(a_i)$，$b_i \in B$，$a_{i+1} = f(b_i)$，$a_i \in A$，$(i = 1, 2, \cdots)$. 由于 $a_2 = f(f(a_1)) \neq a_1$，不妨设 $a_2 \in \{a_1 \to b_1\}$.

下面归纳证明：$a_{n+1} \in \{a_n \to b_1\}$，$b_{n+1} \in \{b_n \to a_1\}$.

当 $n = 1$ 时，$a_2 \in \{a_1 \to b_1\}$；由于线段 $a_2 b_2$ 与 $a_1 b_1$ 有公共点，且 $b_2 \neq b_1$，从而 $b_2 \in \{b_1 \to a_1\}$.

设当 $n = 1, 2, \cdots, k-1(k \geqslant 2)$ 时命题成立. 下面考虑 $n = k$ 时的情形.

由于 $a_{k+1} = f(f(a_k)) \neq a_k$，且线段 $b_k a_{k+1}$ 与线段 $b_1 a_2$、$b_{k-1} a_k$ 均有公共点，结合 $b_k \in \{b_{k-1} \to a_1\}$，得

$$a_{k+1} \in (\{a_2 \to b_1\} \bigcap \{a_k \to b_{k-1}\}) = \{a_k \to b_1\}.$$

类似的，由于 $b_{k+1} \neq b_k$，线段 $a_{k+1} b_{k+1}$ 与线段 $a_k b_k$，$a_1 b_1$ 均有公共点，且 $a_{k+1} \in \{a_k \to b_1\}$，因此有

$b_{k+1} \in \{b_k \to a_1\}$.

故由归纳假设，$a_{n+1} \in \{a_n \to b_1\}$，$b_{n+1} \in \{b_n \to a_1\}$ 对任意 $n = 1, 2, \cdots, 49$ 成立，即有 S 的 100 个顶点按顺时针依次为：$a_1, a_2, \cdots, a_{50}, b_1, b_2, \cdots, b_{50}$，但这与集合 A、B 的定义矛盾.

综上，命题得证. □

10.5 1、2、3、4、5、6、7、8、9 各出现一次组成的 9 位数称为好数. 已知 9 个好数（不必互异）的和是 10^k 的整数倍，求 k 的最大值.

分析 直接拿到题目并没有特别好的思路. 从证明上容易得出 $k \leqslant 8$，但是构造上似乎并不明显，开始的时候只能通过较没规律的试验法得出 $k = 4$，5 等较小 k 值时的构造. 但经过较长时间多次的尝试，一般不难构造出 $k = 8$ 时的例子，且例子不唯一.

解 所求 k 的最大值为 8.

首先，注意到好数的数字和为 45，从而好数均为 9 的倍数. 对于 9 个好数 A_1, A_2, $\cdots$, A_9，设

$$S = A_1 + A_2 + \cdots + A_9 = 10^k \times t, \quad (k \text{、} t \text{ 为正整数}),$$

则有 t 为 9 的倍数，$t \geqslant 9$. 从而

$$10^k \leqslant \frac{9 \times 987\,654\,321}{t} \leqslant \frac{987\,654\,321}{9} < 10^9,$$

即 $k \leqslant 8$.

另一方面，令 $A_1 = A_2 = \cdots = A_8 = 987\,654\,321$，$A_9 = 198\,765\,432$，则此时 $S = 81 \times 10^8$，k 可以取到 8.

综上，k 的最大值为 8. □

10.6 有两个矩形如果其中一个经过平移及旋转可以放到另一个里则称这两个矩形可比较大小. 将一条边平行于坐标轴的正方形，用 $n - 1$ 条水平直线和 $n - 1$ 条垂直直线分成 $n^2 (> 1)$ 个矩形. 求证：从这 n^2 个矩形中一定可以选出 $2n$ 个使这 $2n$ 中的任意两个都可比较大小.

分析 先要将这 n^2 个小长方形的边长排序. 显然可以找出 $2n - 1$ 个互相可以比较的长方形，即一条"长方形链". 而题目要求我们找到 $2n$ 个这样的长方形，因此需要"旋转"比较. 之后最直观的联想就是找到长方形 (a_i, b_{i+1}) 与 (a_{i+1}, b_i)（对某个 i），并说明他们可以比较. 这样再配合一条"长方形链"的其他元素即可找出 $2n$ 个长方形.

证明 用反证法，反设不存在这样的 $2n$ 个长方形.

先设 $n-1$ 条水平直线将正方形分为 n 个长方形,其中从上至下每个长方形的宽为 a_1,a_2,$\cdots$,a_n;$n-1$ 条竖直直线将正方形分为 n 个长方形,其中从左往右每个长方形的宽为 b_1,b_2,$\cdots$,b_n. 则

$$a_1+a_2+\cdots+a_n=b_1+b_2+\cdots+b_n.$$

当然,两个长方形能否比较大小只取决于其边长,不取决于其位置,因而不妨设

$$a_1\geqslant a_2\geqslant\cdots\geqslant a_n,\quad b_1\geqslant b_2\geqslant\cdots\geqslant b_n.$$

下面以 (a_i,b_j) 代表从上至下第 i 个长方形与从左往右第 j 个长方形之交所形成的小长方形.

显然,对 $i<k$,$j<l$,有 (a_i,b_j) 与 (a_k,b_l) 可以比较. $\hspace{2em}(\ast)$

不失一般性,设 $a_1\geqslant b_1$. 若对某个 $1\leqslant i\leqslant n-1$,有 $a_i\geqslant b_i$,且 $a_{i+1}\leqslant b_{i+1}$,则考虑以下 $2n$ 个长方形:

$$(a_1,b_1),(a_1,b_2),\cdots,(a_1,b_i),(a_2,b_i),\cdots,(a_i,b_i),(a_{i+1},b_i),$$

$$(a_i,b_{i+1}),(a_{i+1},b_{i+1}),(a_{i+2},b_{i+1}),\cdots,(a_n,b_{i+1}),(a_n,b_{i+2}),\cdots,(a_n,b_n).$$

对于除了 (a_{i+1},b_i),(a_i,b_{i+1}) 外的任何两个长方形,由 $(\ast)$ 知它们可比较大小;而由于 $a_{i+1}\leqslant b_{i+1}\leqslant b_i\leqslant a_i$,$(a_{i+1},b_i)$,$(a_i,b_{i+1})$ 亦是可以互相比较的. 从而这 $2n$ 个长方形符合题意,产生矛盾.

因此若 $a_i\geqslant b_i$,必有 $a_{i+1}>b_{i+1}(1\leqslant i\leqslant n-1)$. 又由于 $n>1$,故

$$a_1+a_2+\cdots+a_n>b_1+b_2+\cdots+b_n,$$

这与之前的 $a_1+a_2+\cdots+a_n=b_1+b_2+\cdots+b_n$ 产生了矛盾.

综上,命题成立. $\hspace{2em}\square$

10.7 对 4 个绝对值大于 10^6 的互素(不必两两互素)的互异整数,计算它们两两的和得到 6 个整数. 将这 6 个整数分成三组,每组两个数做乘积得到的 3 个乘积可否彼此都相等?

分析 又是一道"是否"的问题. 如果要证明"否",必须按照分组情况的不同而分类讨论,情况并不少,也并不简单,所以先思考是否能构造. 若设四个数为 a、b、c、d,一个非常自然的方法是令

$$(a+b)(a+c)=(d+b)(d+c)=(a+d)(b+c),$$

因为前一个等号可以得出(因为 a、d 不同)$a+b+c+d=0$,而我们需要满足:

(1) a、b、c、d 彼此不同;

(2) a、b、c、d 整体互素;

(3) a、b、c、d 的绝对值都足够大(大于 10^6);

(4) $(a+b)(a+c)=-(b+c)^2$(这里用到了 $a+b+c+d=0$).

把(4)看作关于 a 的方程,可以解出:$a,d=\dfrac{k\pm t}{2}$,其中 $k=b+c$,且

$$t^2=(b+c)^2-4(b^2+c^2+3bc)=(2b-k)^2-4k^2,$$

即

$$t^2+(2k)^2=(2b-k)^2.$$

上式是一个勾股方程,我们可以令

$$t=(m^2-n^2)\cdot(2s),\ 2k=2mn\cdot(2s),\ 2b-k=(m^2+n^2)\cdot(2s),$$

这样解出:

$$a,d=s\cdot[-mn\pm(m^2-n^2)],\ b,c=s\cdot[mn\pm(m^2+n^2)].$$

当然,为了满足(2),我们要令 $s=1$,为了满足(3) 和(1),我们令 $n=1$,m 足够大即可给出一组合乎题意的解.

若令 $t=2mn\cdot(2s)$,$2k=(m^2-n^2)\cdot(2s)$,亦可解出另一组符合题意的通解.同时,某些其他的对 6 个和的分组方式亦可得出另外的通解,有兴趣的读者可以尝试一下.

解 答案是可以.令这四个数分别为:

$$a=m^2-m-1,b=m^2+m+1,c=-m^2+m-1,d=-m^2-m+1,$$

其中 $m=10^{10}$. 则

(1) 显然 a、b、c、d 互不相等;

(2) 由于 $a+c=2$,且 a 为奇数,有 $\gcd(a,c)=\gcd(a,2)=1$,因而 a、b、c、d 整体互素;

(3) a、b、c、d 的绝对值都大于 m^2-m-1,大于 10^6;

(4) 注意到

$$a+b=2m^2,\ a+c=-2,\ b+d=2,$$
$$c+d=-2m^2,\ a+d=-2m,\ b+c=2m,$$

从而

$$-4m^2=(a+b)(a+c)=(b+d)(c+d)=(a+d)(b+c).$$

由以上四点,我们给出了合乎要求的四个数,故答案为可以. □

10.8 Ω 是锐角三角形 ABC 的外接圆.已知 $AC<BC$;M 为 AB 的中点,CC' 为 Ω 的直径,直线 CM 与直线 AC' 和 BC' 分别交于 K 和 L. 过 K 与 AC' 垂直的直线为 l_1,过 L 与 BC' 垂直的直线为 l_2,求证:l_1、l_2 和直线 AB 所围成的三角形的外接圆与 Ω 相切.

分析 作为一道压轴题,此题难度相对第四题稍易.证明两圆相切问题在最近的比赛中出现较频,也是几何中的一个比较难的题型.

设 l_1、l_2 分别交直线 AB 于 A_0、B_0,l_1 与 l_2 交于 C_0,则 $\triangle A_0 B_0 C_0 \backsim \triangle ABC$.这一对相似三角形直接使得刻画 $\triangle A_0 B_0 C_0$ 的外接圆变得并不复杂:设 $\triangle ABC$、$\triangle A_0 B_0 C_0$ 的外接圆圆心分别为 O、O_0,线段 $A_0 B_0$ 的中点为 M_0,则有

$$\frac{O_0 A_0}{OA} = \frac{O_0 M_0}{OM} = \frac{A_0 B_0}{AB},$$

从而可以相对容易的算出两圆圆心距与两圆半径差,并完成证明.笔者在考场上给出的证明即是基于这个思路.(见证法一)

当然,证明两圆相切更优美也更自然的方法是找到两圆切点 T:若两圆相切于一点 T,则延长 TA_0、TB_0、TC_0 与 Ω 的三个交点所形成的三角形与 $\triangle A_0 B_0 C_0$ 关于 T 顺位似,因此这三个交点恰分别为 A、B、C 关于 Ω 的对径点(分别记为 A'、B'、C').

因此我们重新刻画 T 点的性质:设 CC_0 与 Ω 交于另一点 T',则

$$\angle T'BA = \angle T'C'A = \angle C_0 C'K = \angle KLC_0 = \angle MCB,$$

同理 $\angle T'AB = \angle ACM$.之后只需要证明 $A_0 T' \perp AT'$,则 T'、A_0、A' 共线.类似得出 T'、B_0、B' 共线,则 T' 为 $\triangle A_0 B_0 C_0$ 与 $\triangle A'B'C'$ 的位似中心,角度计算即可得出两圆相切于 T' 点.

而关于 $A_0 T' \perp AT'$ 的证明有多种方法,并不复杂的方法是算出 AA_0 的长度,再说明 $AT' = AA_0 \cdot \sin\angle T'AA_0$.证法二即是基于这个思路的.

证法一 如图①,设 l_1、l_2 分别交直线 AB 于 A_0、B_0,l_1 与 l_2 交于 C_0.设 $\triangle A_0 B_0 C_0$ 的外接圆圆心为 O_0,$A_0 B_0$ 的中点为 M_0.

由 $A_0 C_0 \perp AC'$,$B_0 C_0 \perp BC'$,得 $A_0 C_0 /\!/ AC$,$B_0 C_0 /\!/ BC$,因而 $\angle C_0 B_0 A_0 = \angle CBA$,$\angle C_0 A_0 B_0 = \angle CAB$,故 $\triangle A_0 B_0 C_0 \backsim \triangle ABC$.

接下来,设 Ω 的直径为 1,$\angle BCM = \alpha$,$\angle ACM = \beta$,则 $\alpha + \beta < 90°$.又 $BC > AC$ 从而 $\beta > \alpha$.由 M 为 AB 的中点得 $\frac{\sin\angle BAC}{\sin\angle ABC} = \frac{\sin\beta}{\sin\alpha}$,从而

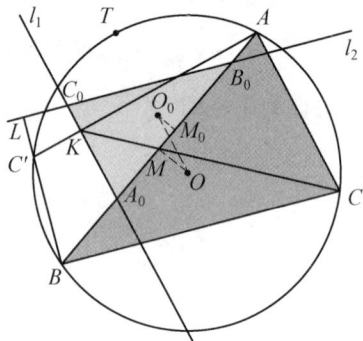

(第 8 题图①)

$$BL = BC \cdot \tan\alpha = \sin\angle BAC \cdot \tan\alpha,$$

$$BB_0 = \frac{BL}{\sin\angle ABC} = \frac{\sin\angle BAC}{\sin\angle ABC} \cdot \frac{\sin\alpha}{\cos\alpha} = \frac{\sin\beta}{\cos\alpha}.$$

同理 $AA_0 = \dfrac{\sin \alpha}{\cos \beta}$, 而 $AB = \sin(\alpha + \beta)$, 故

$$AA_0 + BB_0 = \frac{\sin \beta}{\cos \alpha} + \frac{\sin \alpha}{\cos \beta} = \frac{2\sin \alpha \cos \alpha + 2\sin \beta \cos \beta}{2\cos \alpha \cos \beta}$$

$$= \frac{\sin 2\alpha + \sin 2\beta}{2\cos \alpha \cos \beta} = \frac{\sin(\alpha + \beta)\cos(\alpha - \beta)}{\cos \alpha \cos \beta}$$

$$= \sin(\alpha + \beta) \cdot \frac{\cos \alpha \cos \beta + \sin \alpha \sin \beta}{\cos \alpha \cos \beta}.$$

所以

$$A_0B_0 = AA_0 + BB_0 - AB = \sin(\alpha + \beta) \cdot \frac{\sin \alpha \sin \beta}{\cos \alpha \cos \beta}.$$

而由于 $\triangle A_0 B_0 C_0 \backsim \triangle ABC$ 且

$$\frac{O_0 A_0}{OA} = \frac{O_0 M_0}{OM} = \frac{A_0 B_0}{AB} = \frac{\sin \alpha \sin \beta}{\cos \alpha \cos \beta},$$

结合 $OM = \dfrac{\cos(\alpha + \beta)}{2}$, $OA = \dfrac{1}{2}$, 得

$$O_0 M_0 + OM = OM \cdot \frac{\cos(\alpha - \beta)}{\cos \alpha \cos \beta} = \frac{\cos(\alpha + \beta)\cos(\alpha - \beta)}{2\cos \alpha \cos \beta},$$

$$OA - O_0 A_0 = OA \cdot \frac{\cos(\alpha + \beta)}{\cos \alpha \cos \beta} = \frac{\cos(\alpha + \beta)}{2\cos \alpha \cos \beta}.$$

注意到

$$AM_0 = \frac{AA_0 + AB_0}{2} = \frac{AA_0 + AB - BB_0}{2}, \quad AM = \frac{AB}{2},$$

又因为

$$AA_0 < BB_0 \Leftrightarrow \sin \alpha \cos \alpha < \sin \beta \cos \beta$$

$$\Leftrightarrow 0 < \cos(\alpha + \beta)\sin(\beta - \alpha),$$

从而 $AM > AM_0$. 因此

$$MM_0 = AM - AM_0 = \frac{BB_0 - AA_0}{2}$$

$$= \frac{\sin 2\beta - \sin 2\alpha}{4\cos \alpha \cos \beta} = \frac{\cos(\alpha + \beta)\sin(\beta - \alpha)}{2\cos \alpha \cos \beta}.$$

由于 $OM \perp AB$，$O_0 M_0 \perp AB$，且

$$OO_0^2 = (OM + O_0 M_0)^2 + MM_0^2$$

$$= \left[\frac{\cos(\alpha+\beta)}{2\cos\alpha\cos\beta}\right]^2 \cdot \left[\sin^2(\beta-\alpha) + \cos^2(\beta-\alpha)\right]$$

$$= \left[\frac{\cos(\alpha+\beta)}{2\cos\alpha\cos\beta}\right]^2,$$

即

$$OO_0 = \frac{\cos(\alpha+\beta)}{2\cos\alpha\cos\beta} = OA - O_0 A_0.$$

这说明 $\odot O$ 与 $\odot O_0$ 内切. 证毕. □

证法二 同证法一中定义 A_0、B_0、C_0、O、O_0、α、β，且设 Ω 的直径为 1. 证法一中给出了 $AA_0 = \dfrac{\sin\alpha}{\cos\beta}$.

如图②，设直线 $C'C_0$ 与 Ω 交于另一点 T，下面我们证明：$\odot O$ 与 $\odot O_0$ 相切于 T.

注意到

$$\angle TBA = \angle TC'A = \angle C_0 C'K = \angle KLC_0 = \alpha,$$

同理 $\angle TAB = \beta$. 而 $AT = \sin\alpha$，$\dfrac{AT}{AA_0} = \cos\beta$，从而 $AT \perp TA_0$. 则

$$\angle C_0 TA_0 = \angle C'TA - 90° = \angle ABC = \angle A_0 B_0 C_0,$$

得 A_0、B_0、C_0、T 共圆.

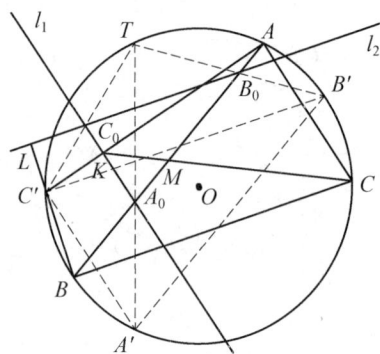

（第 8 题图②）

结合

$$\angle B_0 TO_0 = 90° - \angle TA_0 B_0 = 90° - \angle TC_0 B_0$$

$$= 90° - \angle LKC' = \angle LKC_0 = \angle LCA = \beta,$$

与

$$\angle B_0 TA = 90° - \angle A_0 TB_0 = 90° - \alpha - \beta,$$

得

$$\angle ATO_0 = \angle B_0 TA + \angle B_0 TO_0 = 90° - \alpha.$$

又 $\angle OTA = 90° - \alpha$，从而 T、O、O_0 共线. 故 T 为 $\odot O$ 与 $\odot O_0$ 相切的切点，证毕. □

总结 这一次全俄数学奥林匹克(10 年级)对比往年难度适中，其中 4、7、8 三题相对较难. 俄罗斯数学竞赛试题更注重巧妙的思维，题目新奇有趣，是不可多得的好题目.

2016 年 USAMO 试题解答与评析

王逸轩

(湖北省武钢三中,430080)

本文给出今年美国数学奥林匹克(USAMO)试题的解答与评析,供有兴致的读者参考.

1. 设 X_1,X_2,$\cdots$,X_{100} 是集合 S 的两两不同的非空子集.集合 X_i 与集合 X_{i+1} 的交集是空集,并且它们的并集不是全集 S,即对任意 $i \in \{1, 2, \cdots, 99\}$,都有 $X_i \bigcap X_{i+1} = \varnothing$,$X_i \bigcup X_{i+1} \neq S$.求集合 S 中元素个数的最小值.

解 集合 S 中元素个数的最小值 $|S|_{\min} = 8$.

一方面,当 $|S| = 8$ 时,不妨设 $S = \{1, 2, 3, 4, 5, 6, 7, 8\}$.将元素按 mod 8 理解,即 $i + 8 = i$.

考察 S 的一元集,二元集,三元集及形如 $\{i, i+1, i+2, i+3\}(1 \leqslant i \leqslant 8)$ 的共 $C_8^1 + C_8^2 + C_8^3 + 8 = 100$ 个子集.令

$$X_{2i-1} = \{i, i+1, i+2, i+3\}, X_{2i} = \{i+5, i+6, i+7\}, (1 \leqslant i \leqslant 8),$$

则当 $1 \leqslant i \leqslant 15$ 时,已有 $X_i \bigcap X_{i+1} = \varnothing$,$|X_i \bigcup X_{i+1}| = 7$,故 $X_i \bigcup X_{i+1} \neq S$. 又

$$X_{2i+15} = \{i-1, i, i+3\}, X_{2i+16} = \{i+2, i+5, i+6\}, (1 \leqslant i \leqslant 8),$$

则 $i = 16$ 及 $17 \leqslant i \leqslant 31$ 时,$X_i \bigcap X_{i+1} = \varnothing$,$|X_i \bigcup X_{i+1}| = 6$,故 $X_i \bigcup X_{i+1} \neq S$.

$$X_{2i+31} = \{i-2, i, i+2\}, X_{2i+32} = \{i+4, i+5\}, (1 \leqslant i \leqslant 8),$$

则 $i = 32$ 及 $33 \leqslant i \leqslant 47$ 时,$X_i \bigcap X_{i+1} = \varnothing$. $|X_i \bigcup X_{i+1}| = 6$ 或 5,故 $X_i \bigcup X_{i+1} \neq S$.

$$X_{2i+47} = \{i-2, i-1, i+1\}, X_{2i+48} = \{i+3, i+5\}, (1 \leqslant i \leqslant 8),$$

则 $i = 48$ 及 $49 \leqslant i \leqslant 63$ 时,$X_i \bigcap X_{i+1} = \varnothing$,$|X_i \bigcup X_{i+1}| = 5$.故 $X_i \bigcup X_{i+1} \neq S$.

$$X_{2i+63} = \{i-3, i-1, i\}, X_{2i+64} = \{i+2\}, (1 \leqslant i \leqslant 8),$$

则 $i = 64$ 及 $65 \leqslant i \leqslant 79$ 时,$X_i \bigcap X_{i+1} = \varnothing$,$|X_i \bigcup X_{i+11}| = 5$ 或 4,故 $X_i \bigcup X_{i+1} \neq S$.

$$X_{2i+79} = \{i+3, i, i+5\}, \quad X_{2i+80} = \{i-1, i+2\}, \quad (1 \leqslant i \leqslant 8),$$

则 $i=80$ 及 $81 \leqslant i \leqslant 95$ 时,$X_i \bigcap X_{i+1} = \varnothing$,$|X_i \bigcup X_{i+1}| = 4$ 或 5,故 $X_i \bigcup X_{i+1} \neq S$.

$$X_{i+96} = \{i, i+4\}, \quad (1 \leqslant i \leqslant 4),$$

则 $i=96$ 及 $97 \leqslant i \leqslant 99$ 时,$X_i \bigcap X_{i+1} = \varnothing$,$|X_i \bigcup X_{i+1}| = 4$,故 $X_i \bigcup X_{i+1} \neq S$. 且 X_1, $\cdots$, X_{100} 确为这 100 个子集的排列(互不相同),故构造符合条件.

另一方面,我们证明 $|S| \leqslant 7$ 不符合条件.

事实上,若 $|S| < 7$ 时符合条件,在 S 中添加 $(7 - |S|)$ 个元素知 $|S'| = 7$ 时符合条件,故只用证 $|S| = 7$ 不符合条件.下用反证法.

由于 X_i 非空,且 $X_i \bigcup X_{i+1} \neq S$,得到对每个 i,有

$$|X_i| + |X_{i+1}| = |X_i \bigcup X_{i+1}| \leqslant 6.$$

故对每个 j,有 $|X_j| \in \{1, 2, 3, 4, 5\}$.

下面我们说明至多有 29 个 X_i,满足 $|X_i| \in \{4, 5\}$. \hfill (1)

反证法,设存在 $|X_{i_1}|$, $|X_{i_2}|$, $\cdots$, $|X_{i_{30}}| \in \{4, 5\}$,且 $i_1 < i_2 < \cdots < i_{30}$. 由 $|X_i| + |X_{i+1}| \leqslant 6$ 得

$$|X_{i_1+1}|, \cdots, |X_{i_{29}+1}| \in \{1, 2\}, \quad i_{1+1} < \cdots < i_{29+1} \leqslant i_{30}.$$

故有 29 个一元和二元子集. 而这样的子集总共只有 $C_7^1 + C_7^2 = 28$ 个,矛盾! 故(1)获证.

进而 100 个 $X_i (1 \leqslant i \leqslant 100)$ 中,至多 C_7^1 个一元集;至多 C_7^2 个二元集;至多 C_7^3 个三元集;至多 29 个四元和五元集. 所以 $100 \leqslant 7 + 21 + 35 + 29 = 92$,矛盾!

故假设不成立,即 $|S| \leqslant 7$ 不符合条件.

综上所述,$|S|_{\min} = 8$. \hfill $\square$

评析 这题不难,但需要细致分类.用反证法,恰当分析相邻两集合元素个数和 $\leqslant 6$;用计数方法导出 $|S| \leqslant 7$ 矛盾;$|S| = 8$ 时的构造,需要对元素较少的 100 个集合在 mod 8 意义下分类,再分段进行构造即可(尽量先确定多元素的集合).

2. 求证:对任意正整数 k,

$$(k^2)! \cdot \prod_{j=0}^{k-1} \frac{j!}{(j+k)!}$$

是一个整数.

证明 记 $\nu_p(x)$ 为 x 中 p 的幂次,其中 p 为素数,x 为正整数.

原题只要证明对于一切素数 p,若

$$\nu_p\left((k^2)!\prod_{j=0}^{k-1}j!\right)\geqslant\nu_p\left(\prod_{j=0}^{k-1}(j+k)!\right),\tag{1}$$

则有

$$\prod_{j=0}^{k-1}(j+k)!\ \left|\ \prod_{j=0}^{k-1}j!\ \cdot(k^2)!,\right.$$

即所求为整数.

事实上,由于 $n!$ 中 p 的幂为 $\displaystyle\sum_{\alpha=1}^{+\infty}\left[\frac{n}{p^\alpha}\right]$,故

$$(1)\Leftrightarrow\sum_{\alpha=1}^{+\infty}\left(\left[\frac{k^2}{p^\alpha}\right]+\sum_{j=0}^{k-1}\left[\frac{j}{p^\alpha}\right]\right)\geqslant\sum_{\alpha=1}^{+\infty}\sum_{j=0}^{k-1}\left[\frac{j+k}{p^\alpha}\right].\tag{2}$$

考虑局部,对每个 α,若有

$$\left[\frac{k^2}{p^\alpha}\right]+\sum_{j=0}^{k-1}\left[\frac{j}{p^\alpha}\right]\geqslant\sum_{j=0}^{k-1}\left[\frac{j+k}{p^\alpha}\right],$$

则(2)成立,故只要证明对一切 $x\in\mathbf{N}_+$,

$$\left[\frac{k^2}{x}\right]+\sum_{j=0}^{k-1}\left[\frac{j}{x}\right]\geqslant\sum_{j=0}^{k-1}\left[\frac{j+k}{x}\right].\tag{3}$$

事实上,做带余除法,设 $k=lx+r$,其中 $0\leqslant r\leqslant x-1$,$l\in\mathbf{N}$.则

$$\sum_{j=0}^{k-1}\left[\frac{j}{x}\right]=\sum_{j=r}^{k-1}\left[\frac{j}{x}\right]=\sum_{j=0}^{lx-1}\left[\frac{j+r}{x}\right],$$

$$\sum_{j=0}^{k-1}\left[\frac{j+k}{x}\right]=\sum_{j=0}^{lx-1}\left[\frac{j+r+lx}{x}\right]+\sum_{j=lx}^{lx+r-1}\left[\frac{j+r+lx}{x}\right]$$

$$=\sum_{j=0}^{lx-1}\left[\frac{j+r}{x}\right]+l^2x+2rl+\sum_{j=0}^{r-1}\left[\frac{r+j}{x}\right],$$

$$\left[\frac{k^2}{x}\right]=l^2x+2lr+\left[\frac{r^2}{x}\right].$$

故

$$(3)\Leftrightarrow\left[\frac{r^2}{x}\right]\geqslant\sum_{j=0}^{r-1}\left[\frac{r+j}{x}\right].\tag{4}$$

在 $2r\leqslant x$ 时,(4) 右边为 0,成立.

在 $2r>x$ 时,(4)右边在 $j<x-r$ 时为 0, $j=x-r,x-r+1,\cdots,r-1$ 时为 1.故右边为 $2r-x$. 故

$$(4)\Leftrightarrow\left[\frac{r^2}{x}\right]\geqslant 2r-x.$$

结合 $2r-x\in\mathbf{Z}_+$ 知

$$(4)\Leftrightarrow\frac{r^2}{x}\geqslant 2r-x\Leftrightarrow(r-x)^2\geqslant 0.$$

成立.

从而(4)成立,故命题获证. □

评析　这题只要想到素因子幂次分析(而不是组合意义),抽象出局部不等式之后,用带余除法化简.和式运算后变为一个简单的不等式.分类讨论即可.证明整除还是要以素数幂分析为主要手段.

3. 设点 O、I_B、I_C 分别是锐角三角形 ABC 的外接圆圆心,角 B 内的旁切圆圆心和角 C 内的旁切圆圆心.在 AC 边上取点 E 和 Y 使得 $\angle ABY=\angle CBY$, $BE\perp AC$.在 AB 边上取点 F 和 Z 使得 $\angle ACZ=\angle BCZ$, $CF\perp AB$.直线 I_BF 和 I_CE 交于点 P.求证:$PO\perp YZ$.

证明　如图,设 P 在 AB、AC 上的投影分别为 H、G.设 I_B 在 AB 上的投影为 K.

由 P、F、I_B 共线,设 $\dfrac{PF}{FI_B}=\lambda$.

由 P、E、I_C 共线,设 $\dfrac{PE}{EI_C}=\lambda'$.得

$$\overrightarrow{AH}=\lambda\overrightarrow{AF}+(1-\lambda)\overrightarrow{AK}.$$

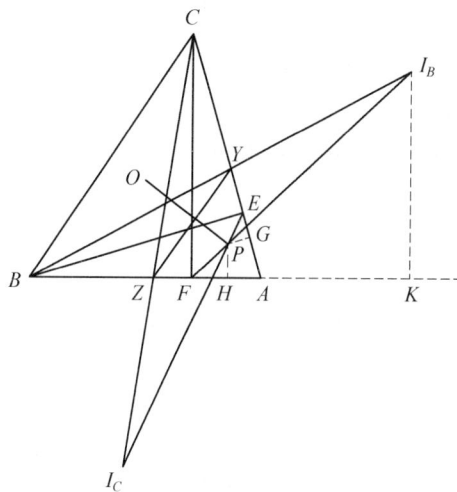

(第 3 题图)

用 a、b、c、R 分别表示 $|BC|$、$|AC|$、$|AB|$ 及外接圆的半径,由于 $I_BK=4R\sin\dfrac{B}{2}\cos\dfrac{C}{2}\cos\dfrac{A}{2}$ 且 $AK=\tan\dfrac{A}{2}I_BK$,所以

$$|AH|=\lambda\cdot 2R\cdot\sin B\cos A-(1-\lambda)\cdot 4R\sin\frac{B}{2}\sin\frac{A}{2}\cos\frac{C}{2}.$$

类似地,

$$|AH| = \lambda' \cdot 2R \sin C \cos^2 A + (1-\lambda')4R \sin \frac{C}{2} \sin \frac{A}{2} \cos \frac{B}{2}.$$

所以

$$
\begin{aligned}
d = |AH| &= \lambda \cdot 2R \sin B \cos A - (1-\lambda)4R \sin \frac{B}{2} \sin \frac{A}{2} \cos \frac{C}{2} \\
&= \lambda' \cdot 2R \sin C \cos^2 A + (1-\lambda')4R \sin \frac{C}{2} \sin \frac{A}{2} \cos \frac{B}{2}.
\end{aligned}
\tag{1}
$$

类似地

$$
\begin{aligned}
e = |AG| &= \lambda \cdot 2R \sin B \cos^2 A + (1-\lambda)4R \sin \frac{B}{2} \sin \frac{A}{2} \cos \frac{C}{2} \\
&= \lambda' \cdot 2R \sin C \cos A - (1-\lambda')4R \sin \frac{C}{2} \sin \frac{A}{2} \cos \frac{B}{2}.
\end{aligned}
\tag{2}
$$

由 (1)＋(2) 得

$$\lambda \cdot 2R \cdot \sin B(\cos A + \cos^2 A) = \lambda' 2R \sin C(\cos A + \cos^2 A).$$

故可设 $\lambda = \sin C \cdot K$，$\lambda' = \sin B \cdot K$，代入(1) 整理，得

$$K\left[2R \sin B \sin C \cos A(1-\cos A) + 8R \sin \frac{A}{2} \sin \frac{B}{2} \sin \frac{C}{2}\left(\cos^2 \frac{C}{2} + \cos^2 \frac{B}{2}\right)\right] = 4R \sin \frac{A}{2} \cdot \cos \frac{A}{2}.$$

所以

$$K = \frac{\cos \dfrac{A}{2}}{\sin B \sin C \cos A \cdot \sin \dfrac{A}{2} + \sin \dfrac{B}{2} \sin \dfrac{C}{2}(\cos C + \cos B + 2)}, \tag{3}$$

代入(1)、(2)式就得到 d、e 的表达式.

注意到

$PO \perp YZ$

$\Leftrightarrow -OY^2 + YP^2 = -OZ^2 + ZP^2$

$\Leftrightarrow YP^2 + R^2 - OY^2 = ZP^2 + R^2 - OZ^2$

$\Leftrightarrow YG^2 + PG^2 + AY \cdot CY = ZH^2 + HP^2 + AZ \cdot BZ$

$\Leftrightarrow YG^2 - (AP^2 - PG^2) + AY \cdot CY = ZH^2 - (AP^2 - PH^2) + AZ \cdot BZ$

$\Leftrightarrow YG^2 - AG^2 + AY \cdot CY = ZH^2 - AH^2 + AZ \cdot BZ$

$\Leftrightarrow AY(GY - AG + CY) = AZ(BZ + ZH - AH).$

由角平分线定理,得 $\dfrac{AY}{CY}=\dfrac{AB}{CB}$,故 $AY=\dfrac{bc}{a+c}$. 同样 $AZ=\dfrac{bc}{b+a}$. 故

$$PO \perp YZ \Leftrightarrow (b+a)(b-2AG)=(a+c)(c-2AH). \tag{4}$$

前面解出

$AG=e$

$$=\dfrac{\left(\sin C\cos A+2\sin\dfrac{C}{2}\sin\dfrac{A}{2}\cos\dfrac{B}{2}\right)\cdot 2R\cos\dfrac{A}{2}\sin B}{\sin B\sin C\cos A\cdot\sin\dfrac{A}{2}+\sin\dfrac{B}{2}\sin\dfrac{C}{2}(\cos C+\cos B+2)}-4R\sin\dfrac{C}{2}\sin\dfrac{A}{2}\cos\dfrac{B}{2},$$

$AH=d$

$$=\dfrac{\left(\sin B\cos A+2\sin\dfrac{B}{2}\sin\dfrac{A}{2}\cos\dfrac{C}{2}\right)\cdot 2R\cos\dfrac{A}{2}\sin C}{\sin B\sin C\cos A\cdot\sin\dfrac{A}{2}+\sin\dfrac{B}{2}\sin\dfrac{C}{2}(\cos C+\cos B+2)}-4R\sin\dfrac{B}{2}\sin\dfrac{A}{2}\cos\dfrac{C}{2}.$$

代入(4)式,下面我们用~表示两边均约去关于 B、C 对称部分后的结果(不影响结论).

左边~$(\sin B+\sin A)\cdot$

$$\left[\left(\sin B+4\sin\dfrac{C}{2}\sin\dfrac{A}{2}\cos\dfrac{B}{2}\right)\left(\sin B\sin C\cos A\sin\dfrac{A}{2}+\sin\dfrac{B}{2}\sin\dfrac{C}{2}(\cos C+\cos B+2)\right)-\right.$$

$$\left.2\cos\dfrac{A}{2}\sin B\left(\sin C\cos A+2\sin\dfrac{C}{2}\sin\dfrac{A}{2}\cos\dfrac{B}{2}\right)\right]$$

$$=2\cos\dfrac{C}{2}\cos\dfrac{A-B}{2}\cdot 2\left[\left(\sin\dfrac{B}{2}+2\sin\dfrac{C}{2}\sin\dfrac{A}{2}\right)\left(\sin B\sin C\cos A\sin\dfrac{A}{2}+\right.\right.$$

$$\left.\left.\sin\dfrac{B}{2}\sin\dfrac{C}{2}(\cos C+\cos B+2)\right)-2\cos\dfrac{A}{2}\sin\dfrac{B}{2}\left(\sin C\cos A+2\sin\dfrac{C}{2}\sin\dfrac{A}{2}\cos\dfrac{B}{2}\right)\right]$$

$$\sim\cos\dfrac{A-B}{2}\left[\left(\sin B\sin C\cos A\sin\dfrac{A}{2}+\sin\dfrac{B}{2}\sin\dfrac{C}{2}(\cos B+\cos C+2)\right)\cos\dfrac{A-C}{2}-\right.$$

$$\left.4\cos\dfrac{A}{2}\sin\dfrac{B}{2}\sin\dfrac{C}{2}\left(\cos\dfrac{C}{2}\cos A+\sin\dfrac{A}{2}\sin\dfrac{A+C}{2}\right)\right]$$

$$=\cos\dfrac{A-B}{2}\cos\dfrac{A-C}{2}\cdot\left[\sin B\sin C\cos A\sin\dfrac{A}{2}+\sin\dfrac{B}{2}\sin\dfrac{C}{2}(\cos B+\cos C+2)-4\cos^2\dfrac{A}{2}\sin\dfrac{B}{2}\sin\dfrac{C}{2}\right].$$

上式为关于 B、C 的对称式,故(4)左边为关于 B、C 的对称式. 由对称性知(4)成立. 故命题证毕. □

评析 这道几何题条件和结论均十分简洁. 用计算方法,先等价转化为投影长度的关系,再进一步

用投影法计算. 虽然计算量巨大, 但熟悉三角形中基本量就不困难. 纯几何方法难以想到, 主要原因是由于这是一个探索中导出的结果. 最后化为证明根轴, 用根心定理即证. 注意旁心, 内心等等之间的联系.

4. 求所有的函数 $f:\mathbf{R}\to\mathbf{R}$, 满足对任意实数 x、y, 都有

$$(f(x)+xy)\cdot f(x-3y)+(f(y)+xy)\cdot f(3x-y)=(f(x+y))^2.$$

证明 所求函数为 $f(x)\equiv 0$ 或 $f(x)=x^2(\forall x\in\mathbf{R})$.

原式中令 $x=y=0$ 得 $f^2(0)=0$, 故 $f(0)=0$.

令 $x=y$ 得

$$(f(x)+x^2)(f(2x)+f(-2x))=f^2(2x);\tag{1}$$

令 $x=3y$ 得

$$(f(y)+3y^2)f(8y)=f^2(4y);\tag{2}$$

令 $y=3x$ 得

$$(f(x)+3x^2)f(-8x)=f^2(4x).\tag{3}$$

比较 (2), (3) 知, 若存在 a, 使得 $f(8a)\neq f(-8a)$, 则 $f(a+3a^2)=0$, 且 $f(4a)=0$.

故由 $f(x)\neq f(-x)$ 可推出 $f\left(\dfrac{x}{2}\right)=0$. 同样用 $-x$ 换 x, 得 $f\left(-\dfrac{x}{2}\right)=0$.\tag{*}

若存在 a, 使得 $f(a)\neq f(-a)$, 则 (1) 中令 $x=\dfrac{a}{2}$, 结合 (*) 得

$$f^2(a)=(f(a)+f(-a))\cdot\dfrac{a^2}{4}.\tag{4}$$

同样

$$f^2(-a)=(f(a)+f(-a))\cdot\dfrac{a^2}{4}.$$

所以 $f(a)=-f(-a)$. 此时代入 (4) 得 $f^2(a)=0=f^2(-a)$, 则有 $f(a)=f(-a)=0$. 矛盾!

故对任意 a, 均有 $f(a)=f(-a)$. 代入 (1), 得

$$f(2x)\big[f(2x)-2f(x)-2x^2\big]=0.\tag{5}$$

$f(x)$ 恒为 0 时符合条件. 下设 $f(x)$ 不恒为 0. 对于一切 a, 其中 $f(a)\neq 0$, 则 $a\neq 0$.

由(2)知若 $f(t) \neq 0$. 令 $y = \dfrac{t}{4}$ 有 $f(2t) \neq 0$. 故归纳易知 $f(2a), \cdots, f(2^l a) \neq 0 (l \in \mathbf{Z}_+)$.

结合(5)知

$$f(2^{l+1}a) = 2f(2^l a) + 2^{2l+1}a^2$$

对 $l \in \mathbf{N}$ 成立. 特别地

$$f(2a) = 2a^2 + 2f(a),\ f(4a) = 12a^2 + 4f(a),\ f(8a) = 56a^2 + 8f(a).$$

在(2)中令 $y = a$, 结合前述 $f(4a)$、$f(8a)$ 的取值, 得

$$(f(a) + 3a^2)(8f(a) + 56a^2) = (4f(a) + 12a^2)^2.$$

所以 $f^2(a) + 2f(a) - 3a^4 = 0$. 即 $f(a) = a^2$ 或 $f(a) = -3a^2$.

当 $f(a) = -3a^2$ 时, $f(4a) = 0$. 与前述 $f(4a) \neq 0$ 矛盾!

故 $f(a) = a^2$. 即对一切 $f(a) \neq 0$ 有 $f(a) = a^2$. 　　　　　　　　　　（∗∗）

此时, 若存在 $x \neq 0$, 使得 $f(x) = 0$. 取 a 使得 $f(a) \neq 0$, 由前述知 $f(2^l a) \neq 0 (l \in \mathbf{N})$. 故 $f(2^l a) = 2^{2l}a^2$.

原式中考察 $\left(x, \dfrac{x - 2^l a}{3}\right)$ 来替换 (x, y), 得

$$\frac{x(x - 2^l a)}{3} \cdot 2^{2l}a^2$$

$$= f\left(x + \frac{x - 2^l a}{3}\right)^2 - \left[f\left(\frac{x - 2^l a}{3}\right) + \frac{x(x - 2^l a)}{3}\right]f\left(3x - \frac{x - 2^l a}{3}\right) \tag{6}$$

$$= \lambda_1 \cdot \left(\frac{4x - 2^l a}{3}\right)^4 - \frac{x(x - 2^l a)}{3}\lambda_2 \cdot \left(\frac{8x + 2^l a}{3}\right)^2 - \lambda_2 \lambda_3 \left(\frac{x - 2^l a}{3}\right)^2 \cdot \left(\frac{8x + 2^l a}{3}\right)^2.$$

其中 $\lambda_1, \lambda_2, \lambda_3 \in \{0, 1\}$.

令 $y = 2^l$, 则由抽屉原理知存在 $(\varepsilon_1, \varepsilon_2, \varepsilon_3) \in \{0, 1\}^3$, 使得当 $(\lambda_1, \lambda_2, \lambda_3) = (\varepsilon_1, \varepsilon_2, \varepsilon_3)$ 时, 有无穷多个 y 满足等式(6). 而(6)左右两侧关于 y 为至多 4 次多项式, 故恒等.

比较 4 次项有 $\lambda_1 = \lambda_2 \lambda_3$. 比较 3 次项有

$$\frac{-xa^3}{3} = -\lambda_1 \cdot \frac{16xa^3}{3^4} + \frac{\lambda_2 xa^3}{27} - \frac{\lambda_2 \lambda_3 14xa^3}{3^4}.$$

由 $a, x \neq 0$, 所以

$$27 - 16\lambda_1 - 14\lambda_2 \lambda_3 + 3\lambda_2 = 0.$$

只有 $\lambda_1 = \lambda_2 = \lambda_3 = 1$(否则左边 > 0).

此时由于恒等,令 $y = \dfrac{x}{a}$ 知(6)成立.而此时(6)左边为 0,右边为 $\left(\dfrac{4x-x}{3}\right)^4 = x^4 \neq 0$.矛盾!

故假设不成立.即对一切 $x \neq 0$ 有 $f(x) \neq 0$.结合($**$)得 $f(x) = x^2$ 总成立.

此时验证知原式 左边 = 右边 = $(x+y)^4$ 成立.

综上,$f(x) \equiv 0$ 或 $f(x) = x^2$. □

评析 函数方程先赋一些特征值进行探索,猜想为偶函数(由于对称性).用反证法来证明,进而导出 $f(2x)$ 与 $f(x)$ 的关系,证明 $f(x) \neq 0$ 时 $f(x) = x^2$.最后,用反证法说明对任意 $x \neq 0$,均有 $f(x) \neq 0$(不妨设 f 不恒为 0).这个题整体思路比较清晰,但每一步的实施还是有难度.

5. 在三角形 ABC 中,点 M 和点 Q 分别在边 AB 和 AC 上,点 N 和点 P 都在边 BC 上,使得五边形 $AMNPQ$ 的五条边长度相等.记点 S 为直线 MN 和 PQ 的交点,l 为 $\angle MSQ$ 的角平分线.求证:直线 OI 与 l 平行.其中 O、I 分别是三角形 ABC 的外接圆圆心和内切圆圆心.

证明 我们以 $\triangle ABC$ 的外接圆为单位圆建立复平面,用相应的小写字母表示其对应复数.

设外接圆上不含 A、B、C 的 $\overgroup{BC}$、$\overgroup{AC}$、$\overgroup{AB}$ 的中点分别为 X、Y、Z.由 I 为 XYZ 的垂心得

$$I = x + y + z.$$

由题意,设 $AM = AQ = QP = PN = NM = s$,则 $|m - a| = s$.且 $AM \perp OZ$,故 $m - a = szi$.
同理 $p - n = sxi$,$a - q = syi$.
所以

$$s(x+y+z)i = m - n + p - q = (m-n) - (q-p).$$

由于 $|m-n| = |q-p|$,故 $(m-n) - (q-p)$ 对应的方向为 $\angle MSQ$ 的外平分线.于是 OI 对应方向与 $\angle MSQ$ 外平分线对应方向垂直,因此命题证毕. □

评析 本题利用复数算法,由于相等量较多,恰当设基本量会有意想不到的简化结果,这种技巧值得注意.

几何方法相对困难,主要是难找到切入点.但如果熟知以下两个结论,就十分容易.

(1) 四边形 $ABCD$ 中 $AB = CD$,则 AD、BC 的中点连线关于 AB、CD 成等角(复数易证);

(2) $\triangle ABC$ 不是等边三角形,到三边的有向距离和为常数的点的轨迹为与 OI 垂直的直线(O、Z 分别为外心、内心)(向量法可证).

进而可以找出外接圆交点,找到旋转相似,利用对称性及位似证明平行.更为本质的做法是直接只

用证明 $\angle MSQ$ 外角平分线上的点到 $\triangle ABC$ 三边距离和为常数,用有向面积易证.所以我们要注意几何结论的积累.

6. 给定整数 $n \geqslant k \geqslant 2$.你和一个邪恶的巫师玩这样一个游戏:巫师有 $2n$ 张卡片,每张卡片的正面上写有一个整数.对任意 $i \in \{1,2,\cdots,n\}$,都恰有两张卡片上正面写着 i.

初始时,巫师将所有卡片正面朝下排成一行,而你并不知道卡片的顺序.

你可以重复进行如下操作:你选择其中 k 张卡片,并把它们翻成正面朝上.如果其中有两张卡片上的整数相同,则你获得游戏的胜利;否则,你闭上眼睛,由巫师将这 k 张卡片重新排列顺序并将它们翻回正面朝下(其余卡片位置不动).然后你可以进行下一次操作.

我们称数对 (n,k) 是"可胜数对",如果存在一个正整数 m,使得无论巫师如何操作,你确保能在 m 次操作内获胜.

求所有的"可胜数对" (n,k).

解　所有可胜数对为 (n,k).$n > k \geqslant 2$,$n,k \in \mathbf{Z}$.

一方面,对于 $n = k \geqslant 2$ 时,我们说明不是可胜的.

事实上,我们指出:可能每轮操作结束后,均有 n 张卡片,数字为 $1 \sim n$ 的排列,且不能确定任何一张卡片上的数字.　　　　　　　　　　　　　　　　　　　①

初始时①满足,若前一轮满足.

下一轮中,在余下 n 张卡片中选数不妨设为 $1 \sim t$,则这 n 张卡片中选出 $n-t$ 张卡片可能数字恰为 $t+1 \sim n$.故选出了 n 张卡片为 $1 \sim n$ 排列.在重新排列后,无法确定卡片上的数字.①仍满足.

故①始终满足,每一轮均可能选出 n 张卡片为 $1 \sim n$ 排列.故无法获胜.

另一方面,当 $n > k \geqslant 2$ 时,我们说明是可胜的.

事实上,用反证法说明 $2(n+1)+1$ 轮内必胜.

我们说明若已确定 $i (0 \leqslant i \leqslant n)$ 张卡片上的数后.可在两轮中确定另一张卡片上的数(这里确定一张卡片上的数,是指知道其上写的数,且卡片不会再改变位置).　　　　　　　　　　②

事实上,不妨设第 $2n-i+1,\cdots,2n$ 张卡片已确定.

翻开第 $1,2,\cdots,k$ 张卡片得到 k 个不同数,再翻开第 $1,2,\cdots,k-1,k+1$ 张卡片(注意到 $k+1 \leqslant n < 2n-i+1$,故后 i 张卡片不改变位置).

第一轮操作后,$1 \sim k$ 张卡片上的数形成集合已知道.而第二次操作知道 $1 \sim k-1$ 张卡片上的数,故第 k 张卡片上的数已知道,且第二次操作不会变动第 k 张卡片的位置.

故第 k 张卡片上的数已确定,②成立.

于是 $2(n+1)$ 轮后,确定了 $n+1$ 张卡片上的数.由抽屉原理知必有两张卡片 A、B 上的数一样.第 $2(n+1)+1$ 轮选择的 k 张卡片包含 A、B.则已获胜,与反证假设矛盾!

故假设不成立,命题证毕.

综上,所有可胜数对 (n,k) 为 $n>k \geqslant 2$. □

评析 本题不难却很好.先猜出结论.给出一个"不变的性质"说明 $n=k$ 时不行;$n>k$ 时,化为说明可以依次定下 $n+1$ 张牌(进而可用抽屉原则).只需注意连续两次操作即可定下 1 张牌(注意范围),只要猜出结论及证明方向就十分容易.

2018 年 USAMO 试题解答与评析

姚　睿[1]，罗振华[2]

（1. 华中师范大学第一附属中学，430223　2. 上海四季教育，200070）

本文给出今年美国数学奥林匹克(USAMO)试题的解答与评析，供有兴致的读者参考.

1. 设 a、b、c 是正实数，且满足 $a+b+c=4\sqrt[3]{abc}$，证明：

$$2(ab+bc+ca)+4\min\{a^2,b^2,c^2\} \geqslant a^2+b^2+c^2.$$

证明　由对称性，不妨设 $a=\min\{a,b,c\}$，则原不等式等价于

$$2(ab+bc+ca)+4a^2 \geqslant a^2+b^2+c^2.$$

两边同时加上 $2(ab+bc+ca)$，上式等价于

$$4(ab+bc+ca)+4a^2 \geqslant (a+b+c)^2,$$

进而等价于

$$4a(a+b+c)+4bc \geqslant (a+b+c)^2.$$

由题设，$a+b+c=4\sqrt[3]{abc}$，则上式等价于

$$4a^{\frac{4}{3}}b^{\frac{1}{3}}c^{\frac{1}{3}}+bc \geqslant 4a^{\frac{2}{3}}b^{\frac{2}{3}}c^{\frac{2}{3}}. \qquad (*)$$

由均值不等式，

$$4a^{\frac{4}{3}}b^{\frac{1}{3}}c^{\frac{1}{3}}+bc \geqslant 2\sqrt{4a^{\frac{4}{3}}b^{\frac{1}{3}}c^{\frac{1}{3}}bc}=4a^{\frac{2}{3}}b^{\frac{2}{3}}c^{\frac{2}{3}},$$

故（＊）式成立，从而原不等式成立.　□

评析　本题是一道简单的不等式问题. 题目条件看上去很怪异，上面的解法通过恒等变形凑出含有 $a+b+c$ 的项，代入题设之后发现原不等式化归为均值不等式，从而证得了结论.

2. 求所有的函数 $f:(0,+\infty) \rightarrow (0,+\infty)$，使得对所有满足 x，y，$z>0$ 且 $xyz=1$ 的实数组 (x,y,z)，均有

$$f\left(x+\frac{1}{y}\right)+f\left(y+\frac{1}{z}\right)+f\left(z+\frac{1}{x}\right)=1.$$

解 注意到 $xyz=1$，我们做代换 $x=\dfrac{a}{b}$，$y=\dfrac{b}{c}$，$z=\dfrac{c}{a}$，其中 a、b、c 是正实数. 将其代入原方程，得到

$$f\left(\frac{b+c}{a}\right)+f\left(\frac{c+a}{b}\right)+f\left(\frac{a+b}{c}\right)=1.$$

令 $g(x)=f\left(\dfrac{1}{x}-1\right)$，由于 $f:(0,+\infty) \rightarrow (0,+\infty)$，则 $g:(0,1)\rightarrow(0,1)$. 且有

$$g\left(\frac{a}{a+b+c}\right)+g\left(\frac{b}{a+b+c}\right)+g\left(\frac{c}{a+b+c}\right)$$

$$=f\left(\frac{b+c}{a}\right)+f\left(\frac{c+a}{b}\right)+f\left(\frac{a+b}{c}\right)=1.$$

注意到 $\dfrac{a}{a+b+c}+\dfrac{b}{a+b+c}+\dfrac{c}{a+b+c}=1$，则问题转化为确定 $g:(0,1)\rightarrow(0,1)$ 使得

$$g(u)+g(v)+g(w)=1,\ u+v+w=1.$$

因此 $g\left(\dfrac{1}{3}\right)=\dfrac{1}{3}$.

再令 $h(x)=g\left(x+\dfrac{1}{3}\right)-g\left(\dfrac{1}{3}\right)=g\left(x+\dfrac{1}{3}\right)-\dfrac{1}{3}$，由 $g:(0,1)\rightarrow(0,1)$ 知，$h:\left(-\dfrac{1}{3},\dfrac{2}{3}\right)\rightarrow\left(-\dfrac{1}{3},\dfrac{2}{3}\right)$，且有

$$h(x)+h(y)+h(z)=0,\ x+y+z=0.$$

令 $x=y=z=0$，得 $h(0)=0$. 令 $x\in\left(-\dfrac{1}{3},\dfrac{1}{3}\right)$，$y=-x$，$z=0$，得

$$h(-x)=-h(x),\ x\in\left(-\frac{1}{3},\frac{1}{3}\right).$$

这说明 h 在 $\left(-\dfrac{1}{3},\dfrac{1}{3}\right)$ 是奇函数.

令 x，$y \in \left(-\dfrac{1}{6}, \dfrac{1}{6}\right)$，$z = -(x+y)$，得

$$h(x+y) = h(x) + h(y), \quad x, y \in \left(-\frac{1}{6}, \frac{1}{6}\right).$$

令 $x = y \in \left(-\dfrac{1}{3}, \dfrac{1}{6}\right)$，$z = -2x$，得

$$h(-2x) = -2h(x), \quad x \in \left(-\frac{1}{3}, \frac{1}{6}\right).$$

结合 h 在 $\left(-\dfrac{1}{3}, \dfrac{1}{3}\right)$ 是奇函数知

$$h(2x) = 2h(x), \quad x \in \left(-\frac{1}{6}, \frac{1}{3}\right).$$

对任意 x，y，$x + y \in \left(-\dfrac{1}{3}, \dfrac{2}{3}\right)$，存在正整数 n，使得 $\dfrac{x}{2^n}$，$\dfrac{y}{2^n}$，$\dfrac{x+y}{2^n} \in \left(-\dfrac{1}{6}, \dfrac{1}{6}\right)$. 所以

$$h(x) + h(y) = 2^n h\left(\frac{x}{2^n}\right) + 2^n h\left(\frac{y}{2^n}\right)$$

$$= 2^n h\left(\frac{x}{2^n} + \frac{y}{2^n}\right) = h(x+y).$$

这样 $h(x+y) = h(x) + h(y)$ 在定义域 $\left(-\dfrac{1}{3}, \dfrac{2}{3}\right)$ 上均成立.

由于 h 是有界的，则柯西方程 $h(x+y) = h(x) + h(y)$ 有如下解

$$h(x) = cx, \quad c \in \mathbf{R} \text{ 是一个常数.}$$

由 $h: \left(-\dfrac{1}{3}, \dfrac{2}{3}\right) \to \left(-\dfrac{1}{3}, \dfrac{2}{3}\right)$ 知 $c \in \left[-\dfrac{1}{2}, 1\right]$.

结合 $g(x) = f\left(\dfrac{1}{x} - 1\right)$ 与 $h(x) = g\left(x + \dfrac{1}{3}\right) - \dfrac{1}{3}$ 知

$$f(x) = \frac{1-c}{3} + \frac{c}{x+1}, \quad \text{其中 } c \in \left[-\frac{1}{2}, 1\right].$$

可以检验，上述函数是原方程的解.

综上可知，所求的解为 $f(x) = \dfrac{1-c}{3} + \dfrac{c}{x+1}\left(c \in \left[-\dfrac{1}{2}, 1\right]\right)$. □

评注　这是一道形式优美且有难度的函数方程问题. 做代换 $x = \dfrac{a}{b}$，$y = \dfrac{b}{c}$，$z = \dfrac{c}{a}$ 是熟知的技

巧,"消化了"条件,把函数方程作了初步的化简. 下面两个关键步骤是:代换出新函数 $g(x) = f\left(\dfrac{1}{x} - 1\right)$,使得方程变成了规范的线性方程;再做代换 $h(x) = g\left(x + \dfrac{1}{3}\right) - \dfrac{1}{3}$,使问题的对称性得到了体现,从而转化成了柯西方程.

3. 给定整数 $n \geqslant 2$, a_1, a_2, $\cdots$, a_m 为所有不超过 n 且与 n 互素的正整数组成的集合. 证明:若 m 的每个素因数均为 n 的素因数,则对任何正整数 k,有 $m \mid a_1^k + a_2^k + \cdots + a_m^k$.

证明 为方便起见,对任意正整数 n,令

$$A(n) = \{x \in \mathbf{Z} \mid 1 \leqslant x \leqslant n, (x, n) = 1\},$$

则 $|A(n)| = \varphi(n)$.

记 $S(n, k) = \displaystyle\sum_{a \in A(n)} a^k$.

我们证明比原题更强的命题.

命题 已知 n 为不小于 2 的正整数,k 为正整数. 对于 n 的素因数 p,有

$$\nu_p(\varphi(n)) \leqslant \nu_p(S(n, k)),$$

这里 $\nu_p(x)$ 表示 x 中 p 的幂次.

为此需要如下两个引理.

引理 1 对于任意素数 p 与正整数 e、k,有

$$S(p^e, k) = \sum_{x \in A(p^e)} x^k \equiv 0 \pmod{p^{e-1}}.$$

引理 1 证明 对 e 用数学归纳法证明结论.

当 $e = 1$ 时,结论显然成立.

假设命题对 e 成立,则

$$S(p^e, k) = \sum_{x \in A(p^e)} x^k \equiv 0 \pmod{p^{e-1}}.$$

考虑 $e + 1$ 时的情况,由于

$$A(p^{e+1}) = \{a + h \cdot p^e \mid a \in A(p^e) \text{ 且 } h = 0, \cdots, p-1\},$$

故

$$S(p^{e+1}, k) = \sum_{x \in A(p^e)} \sum_{h=0}^{p-1} (x + h \cdot p^e)^k \equiv \sum_{x \in A(p^e)} \sum_{h=0}^{p-1} x^k \equiv p S(p^e, k) \equiv 0 \pmod{p^e}.$$

所以 $e+1$ 时命题成立. 故引理 1 获证.

引理 2 对于任意素数 p 与正整数 k、t，有 $\nu_p(1^k+\cdots+t^k) \geqslant \nu_p(t)-1$.

引理 2 证明 设 $t=p^a t_1$，其中 $(p, t_1)=1$. 把 $1^k+\cdots+t^k$ 按连续 p^a 个数一组分成 t_1 组，则每组数的第 i 项都与 i 模 p^a 同余，由引理 1，$p^{a-1} \mid 1^k+\cdots+(p^a)^k$，故 $p^{a-1} \mid 1^k+\cdots+t^k$. 引理 2 获证.

回到原题. 我们使用数学归纳法证明开始提到的命题，对 n 的素因数个数（计重数）α 进行归纳.

当 n 是素数的幂次时，由引理 2，结论成立.

假设对于素因数个数不大于 α 的所有自然数，命题成立.

考虑 $\alpha+1$ 的情形. 对于有 $\alpha+1$ 个素因数的 n_1，设 $n_1=nq$，其中 q 是 n_1 的一个素因数，那么 n 有 α 个素因数.

当 $q \nmid n$ 时，由于 $\varphi(nq)=\varphi(n)\varphi(q)$，故对于 n 的素因数 p，

$$\nu_p(\varphi(nq))=\nu_p(\varphi(n))+\nu_p(\varphi(q))=\nu_p(\varphi(n))+\nu_p(q-1),$$

则只需说明

$$\nu_p(S(nq, k)) \geqslant \nu_p(\varphi(n))+\nu_p(q-1).$$

注意到

$$A(nq)=\{a+nh \mid a \in A(n) \text{ 且 } h=0, \cdots, q-1\} \backslash qA(n).$$

则有

$$
\begin{aligned}
S(nq, k) &= \sum_{a \in A(n)} \sum_{h=0}^{q-1} (a+nh)^k - \sum_{a \in A(n)} (qa)^k \\
&= \sum_{a \in A(n)} \sum_{h=0}^{q-1} \sum_{j=0}^{k} C_k^j a^{k-j}(nh)^j - q^k S(n, k) \\
&= \sum_{j=0}^{k} \sum_{h=0}^{q-1} \sum_{a \in A(n)} a^{k-j} C_k^j (nh)^j - q^k S(n, k) \\
&= \sum_{j=0}^{k} \sum_{h=0}^{q-1} S(n, k-j) C_k^j n^j h^j - q^k S(n, k) \\
&= (q-q^k) S(n, k) + \sum_{j=1}^{k} S(n, k-j) C_k^j n^j \sum_{h=1}^{q-1} h^j.
\end{aligned}
$$

为了使得二项式定理成立，这里需要补充定义 $0^0=1$.

下面说明上式最后一行的两项 p 的幂次都至少为 $\nu_p(\varphi(n))+\nu_p(q-1)$. 对于第一项，由归纳假设知 $S(n, k)$ 中 p 的幂次至少为 $\nu_p(\varphi(n))$，$q-q^k$ 为 $q-1$ 的倍数，它所含 p 的幂次至少为 $\nu_p(q-1)$；

对于第二项,由归纳假设知对每个 j 都有 $S(n,k-j)$ 中 p 的幂次至少为 $\nu_p(\varphi(n))$,由引理 2,$\sum\limits_{h=1}^{q-1} h^j$ 中 p 的幂次至少为 $\nu_p(q-1)-1$,n^j 中 p 的幂次至少为 1. 故上式最后一行的两项 p 的幂次都至少为 $\nu_p(\varphi(n))+\nu_p(q-1)$.

当 $q\mid n$ 时,$\varphi(nq)=q\varphi(n)$,故对于 n 的素因数 p,

$$\nu_p(\varphi(nq))=\nu_p(\varphi(n))+\nu_p(q).$$

注意到

$$A(nq)=\{a+nh\mid a\in A(n) \text{ 且 } h=0,\cdots,q-1\}.$$

与前一种情况类似计算可得

$$S(nq,k)=qS(n,k)+\sum_{j=1}^{k} S(n,k-j)C_k^j n^j \sum_{h=1}^{q-1} h^j.$$

类似讨论可知,上式所含 p 的幂次不小于 $\nu_p(\varphi(n))+\nu_p(q)$.

故 $\alpha+1$ 时结论成立. 这就完成了归纳证明.

综上可知,命题获证. □

评析 这是一道比较困难的数论问题,想法很基本不过解题过程十分繁琐. 本题的思路是先用标准分解把这个问题归结为 n 的素因数的问题,然后再使用数学归纳法对 n 的素因数个数归纳. 归纳过渡中需要分析 $A(n)$ 的结构,根据 $A(n)$ 的结构对 $S(n,k)$ 进行适当分拆就可以完成证明.

4. 设 p 是素数,$a_1,a_2,\cdots,a_p$ 为给定的整数列,证明:存在一个整数 k,使得 $a_1+k,a_2+2k,\cdots,a_p+pk$ 被 p 除时,至少有 $\dfrac{p}{2}$ 个不同的余数.

证明 当 $p=2$ 时,结论显然成立.

下面考虑 $p\geqslant 3$ 的情形.

作一个 p 阶完全图,设它的顶点集为 $\{A_1,A_2,\cdots,A_p\}$,对任意 $1\leqslant i<j\leqslant p$,我们在边 A_iA_j 上标记数 k,这里 k 由 $0\leqslant k<p$,$k\equiv-\dfrac{a_i-a_j}{i-j} \pmod{p}$ 唯一确定,其中 $\dfrac{1}{x}$ 表示模 p 意义下的逆.

注意到对任意 $1\leqslant i<j\leqslant p$,$A_iA_j$ 边上的数 k 满足 $a_i+ik\equiv a_j+jk \pmod{p}$,而且满足这个同余方程的 k 在模 p 意义下是唯一的.

图 G 一共有 $\dfrac{p(p-1)}{2}$ 条边,k 只有从 0 到 $p-1$ 这 p 种取值,由抽屉原理,存在一个 k_0 使得图中

标 k_0 的边至多 $\dfrac{p-1}{2}$ 条.

作 G 的子图 G_1,其中 G_1 含有 G 的所有顶点与 G 中标 k_0 的边. 在子图 G_1 中,我们断言若 A_iA_j 与 A_jA_l(i、j、l 互不相同)都连有边,则 A_iA_l 也连有边. 这是因为若 A_iA_j 连有边,则 $a_i+k_0i\equiv a_j+k_0j \pmod p$,同理 $a_j+k_0j\equiv a_l+k_0l \pmod p$. 则 $a_i+k_0i\equiv a_l+k_0l\pmod p$,所以 A_iA_l 也连有边.

这说明 G_1 中所有连通分支都是完全图.

设 G_1 有 s 个连通分支,第 i 个分支有 x_i 个点. 由于 G_1 至多有 $\dfrac{p-1}{2}$ 条边,所以有

$$\sum_{i=1}^{s}\mathrm{C}_{x_i}^2\leqslant\frac{p-1}{2}.$$

因为 x_i 是正整数,所以 $(x_i-1)(x_i-2)\geqslant0$,则

$$\frac{1}{2}(x_i^2-x_i)\geqslant x_i-1.$$

故

$$\sum_{i=1}^{s}(x_i-1)\leqslant\sum_{i=1}^{s}\mathrm{C}_{x_i}^2\leqslant\frac{p-1}{2}.$$

而图中共有 p 个点,则 $\sum_{i=1}^{s}x_i=p$. 那么上式可以化为

$$p-s\leqslant\frac{p-1}{2}\Leftrightarrow s\geqslant\frac{p+1}{2}.$$

这说明 G_1 至少有 $\dfrac{p+1}{2}$ 个连通分支.

对于不同连通分支的点 A_u,A_v($u\neq v$),有 $a_u+uk_0\not\equiv a_v+vk_0 \pmod p$,这就得到了 $a_i+ik_0(i=1,2,\cdots,p)$ 被 p 除时至少有 $\dfrac{p+1}{2}$ 个不同的数. 结论成立. $\square$

评析 这是一道十分漂亮的组合数论问题. 本题要做的是选取一个适当的 k,使得 $a_i+ik(1\leqslant i\leqslant p)$ 在模 p 意义下尽可能出现更多不同的数. 其中一个关键的发现是:对于不同的 i、j,使得 a_i+ik 与 a_j+jk 模 p 同余的 k 是唯一的. 由此,可用一个图来表示这些数的联系,转化之后的图论问题并不困难. 问题中的系数在某些时候是最佳的,例如 $p=5$,$a_1=0$,$a_2=3$,$a_3=4$,$a_4=3$,$a_5=0$ 时,$\dfrac{p+1}{2}$ 恰好可以取等号.

5. 在圆内接四边形 $ABCD$ 中,直线 AC 与 BD 交于点 E,直线 AB 与 CD 交于点 F,直线 BC 与 DA 交于点 G,已知 $\triangle ABE$ 的外接圆与 BC 交于 B、P,且 C、B、P、G 按此顺序排列,$\triangle ADE$ 的外接圆与直线 CD 相交于 D、Q,且 C、Q、D、F 按此顺序排列. 证明:若直线 FP 与 GQ 相交于点 M,则 $\angle MAC = 90^\circ$.

证明 如图,因为 A、E、B、P 四点共圆,A、E、Q、D 四点共圆. 由圆幂定理,有

$$CQ \cdot CD = CE \cdot CA = CB \cdot CP.$$

又因为 A、B、C、D 四点共圆,所以 $\angle ABG = \angle ADC$. 故

$$\angle AEP + \angle AEQ = \angle ABP + 180^\circ - \angle ADQ$$
$$= 180^\circ + (\angle ABG - \angle ADC) = 180^\circ,$$

(第 5 题图)

则 P、E、Q 三点共线. 又 $\angle AQF = \angle AED = \angle APC$,则 A、P、C、Q 四点共圆.

以 C 为圆心,$\sqrt{CQ \cdot CD}$ 为半径作反演变换,则

$$A \to E(E \to A), \quad Q \to D(D \to Q), \quad P \to B(B \to P).$$

设 $F \to X$,$G \to Y$,$M \to N$. 故直线 $FP \to \triangle CXB$ 的外接圆,直线 $GQ \to \triangle CYD$ 的外接圆,因为 M 是直线 FP 与 GQ 的交点,所以 N 是 $\triangle CXB$ 的外接圆与 $\triangle CYD$ 的外接圆的交点.

又因为 A、E、X、F 四点共圆,A、E、Y、G 四点共圆. 所以 $\angle EXF = \angle BAC = \angle BDC$,故 $ED = EX$. 同理,$EB = EY$.

设 U、V 分别是线段 DX、BY 的中点,则 $\angle EUC = \angle EVC = 90^\circ$. 故有 C、U、E、V 四点共圆,且 CE 为圆的直径.

又因为 N、Y、C、D 四点共圆,N、X、C、B 四点共圆,所以

$$\angle NYB = \angle NDX, \quad \angle NBY = \angle NXD.$$

则 $\triangle NBY \backsim \triangle NXD$. 所以 $\dfrac{NY}{BY} = \dfrac{ND}{XD}$.

而 U、V 分别是 DX、BY 的中点,所以 $\dfrac{NY}{YV} = \dfrac{ND}{DU}$. 又 $\angle NYV = \angle NDU$,所以 $\triangle NYV \backsim \triangle NDU$. 则 $\angle NVY = \angle NUD$,这说明 C、U、N、V 四点共圆.

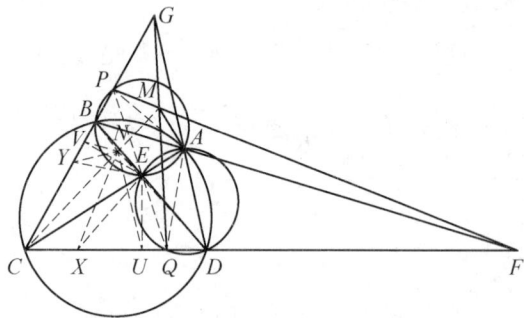

又 C、U、E、V 四点共圆,所以 C、U、E、N、V 五点共圆. 注意到 CE 为圆的直径,所以 $\angle ENC = 90°$. 由反演变换的保角性知,$\angle MAC = \angle ENC = 90°$.

综上可知,结论成立. $\qquad\qquad\qquad\qquad\qquad\qquad\qquad\qquad\qquad\qquad\qquad\qquad\qquad$ □

评析 本题是一道有相当难度的几何题. 由于题目中出现了很多圆,很自然想到使用反演变换. 注意到 $CQ \cdot CD = CE \cdot CA = CB \cdot CP$,比较合理的是取 C 为反演中心,$\sqrt{CQ \cdot CD}$ 为反演半径作反演变换. 反演之后由原题转化而成的几何问题难度大大降低,再利用相似三角形和四点共圆的性质,可以发现 C、U、E、N、V 五点共圆(CE 为直径),结合反演变换的保角性可以证得原题结论.

6. 考虑 $1, 2, \cdots, n$ 的排列 $x_1, x_2, \cdots, x_n$ 满足 $\dfrac{x_1}{1}, \dfrac{x_2}{2}, \cdots, \dfrac{x_n}{n}$ 互不相同,设这样的排列个数为 a_n. 证明 a_n 为奇数.

证明 我们用置换代替题设中的排列讨论问题.

记 $x_1, x_2, \cdots, x_n$ 这个排列所对应的置换为 σ.

置换 σ 称为好置换,如果对所有 $1 \leqslant i \leqslant n$ 都有 $\dfrac{\sigma(i)}{i}$ 互不相同. 对于不满足这个性质的置换称为坏置换.

先证明 σ 为好置换当且仅当 σ^{-1} 为好置换.

这里 σ^{-1} 的定义如下:$\sigma^{-1}(\sigma(i)) = i (1 \leqslant i \leqslant n)$.

当 σ 为好置换时,对 $\forall 1 \leqslant i < j \leqslant n$,有 $\dfrac{\sigma(i)}{i} \neq \dfrac{\sigma(j)}{j}$. 结合 $\sigma^{-1}(i) \neq \sigma^{-1}(j)$ 知

$$\frac{\sigma^{-1}(i)}{\sigma(\sigma^{-1}(i))} \neq \frac{\sigma^{-1}(j)}{\sigma(\sigma^{-1}(j))},$$

而

$$\frac{\sigma^{-1}(i)}{i} = \frac{\sigma^{-1}(i)}{\sigma(\sigma^{-1}(i))}, \quad \frac{\sigma^{-1}(j)}{j} = \frac{\sigma^{-1}(j)}{\sigma(\sigma^{-1}(j))},$$

故

$$\frac{\sigma^{-1}(i)}{i} \neq \frac{\sigma^{-1}(j)}{j},$$

即 σ^{-1} 为好置换. 类似可证另一方面,故上面的结论成立.

置换是由若干个互不重合的循环圈构成的,当置换 σ 的最大循环圈长度不小于 3 时,由于长度不

小于 3 的循环圈所对应的置换与它的逆不同,此时有 $\sigma \neq \sigma^{-1}$. 我们把所有好置换中最大循环圈长度不小于 3 的置换与它的逆两两配对,那么这些置换的总数为偶数,去掉它们不影响奇偶性,故只需考虑最大循环圈长度不大于 2 的好置换的个数.

称使得 $\sigma(i)=i$ 成立的 i 为 σ 的不动点,则对于好置换 σ,它的不动点至多一个(否则存在不同的 i、j 使得 $\sigma(i)=i$,$\sigma(j)=j$,那么 $\frac{\sigma(i)}{i}=\frac{\sigma(j)}{j}$,与题设矛盾). 下面只考虑 σ 的不动点至多一个的情况,由于 σ 最大循环圈长度不大于 2,于是 n 为奇数时 σ 恰有 1 个不动点,n 为偶数时 σ 没有不动点. 这样的 σ 可以看作一个图,其中 1,2,…,n 各表示一个点,i 与 j 连边当且仅当 (i,j) 是构成 σ 的长度为 2 的循环圈,这种图是 K_n 的一个极大匹配(对于给定的图 G,如果它的子图 M 满足其中任意两条边都没有公共点,则称 M 是图 G 的一个匹配;如果图 G 的一个匹配 M' 满足它不是图 G 的其他匹配的真子图,则称 M' 是图 G 的一个极大匹配).

在以上考虑范围内,称好置换所对应的极大匹配为好匹配,坏置换所对应的极大匹配为坏匹配. 只需证明好匹配的数目为奇数.

为了证明结论,我们需要如下引理:

引理 对于任意正整数 $n \geqslant 2$,记 K_n 的极大匹配的数目为 $f(n)$,则 $f(n)$ 为奇数.

引理证明 当 n 是奇数时,K_n 的极大匹配恰有一个点没有连边,这个点有 n 种选择,剩下 $n-1$ 个点构成的子图是 K_{n-1} 的极大匹配,故 $f(n)=nf(n-1)$.

当 n 是偶数时,K_n 的极大匹配每一个点都连有边,取其中一个固定的点,这点所连的边有 $n-1$ 种选择,剩下 $n-2$ 个点所构成的子图是 K_{n-2} 的一个极大匹配,所以 $f(n)=(n-1)f(n-2)$.

注意到 $f(2)=1$ 为奇数,n 为奇数时 $f(n)$ 与 $f(n-1)$ 奇偶性相同,n 为偶数时 $f(n)$ 与 $f(n-2)$ 相同,用数学归纳法不难证明 $f(n)$ 为奇数. 引理获证.

回到原题. 称图上顶点互不相同的两条边 (a,b) 与 (c,d) 是相合的,如果 $\frac{a}{b}=\frac{c}{d}$. 下面定义图上相合的边的换边操作:若 (a,b) 与 (c,d) 是相合的两条边,则把 (a,b) 与 (c,d) 这两条边换为 (a,c) 与 (b,d) 两条边的操作称为换边操作. 由 $\frac{a}{b}=\frac{c}{d}$ 知 $\frac{a}{c}=\frac{b}{d}$,则做完换边操作之后的两组边仍然是相合的. 易知换边操作是可逆的.

我们把所有坏匹配之间的联系用图论的语言描述,定义图 G 如下:

每一个坏匹配——对应图 G 上的一个点,两点之间连边当且仅当对应的两个匹配 M_1、M_2 满足如下性质:如果可以找到 M_1 的若干对顶点互不重合的相合的边,每对边各做一次换边操作把 M_1 变为 M_2.

下面证明图 G 上每个顶点的度数为奇数.

设 M 是一个坏匹配,我们计算在图上与它相邻的坏匹配的数目. 我们把 M 上的边 (i,j)(其中 $i<j$)标上数 $\dfrac{i}{j}$,对于所有可能的小于 1 的正有理数 q,记 E_q 为 M 中所有标上数 q 的边组成的集合. 因为 M 是坏匹配,所以存在 q,使得 $|E_q|\geqslant 2$,而且相合的边只能从这样的 E_q 中取出. 任取一个满足 $|E_q|\geqslant 2$ 的 q,记 $k=|E_q|$,由引理知在 E_q 中选择若干对边的数目为

$$g(q)=\sum_{i=0}^{\lfloor\frac{k}{2}\rfloor}\binom{k}{2i}\cdot f(2i)\equiv\sum_{i=0}^{\lfloor\frac{k}{2}\rfloor}\binom{k}{2i}\equiv 2^{k-1}\equiv 0\pmod 2.$$

则与 M 相邻的坏匹配的数目为

$$\prod_{q,\,|E_q|\geqslant 2}g(q)-1\equiv 1\pmod 2.$$

故 M 在图 G 中的度数为奇数,由 M 的任意性知图上每个顶点的度数为奇数. 而图上所有点的度数之和为边数的两倍,这是个偶数,从而 G 有偶数个顶点. 所以坏匹配的个数为偶数. 由引理,总的极大匹配数目为奇数,故好匹配的数目为奇数.

综上可知,结论成立. □

评析　本题是一道非常困难的组合计数问题. 最大的困难在于 a_n 没有显式表达,无法直接计算来判断奇偶性. 第一步做化简,把置换和它的逆配对,去掉一些数目为偶数的置换,不影响题目讨论. 化简之后,只剩下最大循环圈为 2 且至多 1 个不动点的置换,这可以看作 K_n 的极大匹配. 只需证明好匹配的数目为奇数,这里采用的手法是用图论建立坏匹配之间的联系,发现每个顶点的度数为奇数,这就得到了坏匹配的数目为偶数,从而证明了结论.

感谢上海大学冷岗松教授,华东师大二附中孙孟越仔细审阅了文章并给出了宝贵的意见.

2017 年欧洲女子数学奥林匹克竞赛试题与解答

李朝晖

（复旦大学附属中学，200433）

第一天

1. 在凸四边形 $ABCD$ 中，$\angle DAB = \angle BCD = 90°$，$\angle ABC > \angle CDA$. 点 Q、R 分别是线段 BC、CD 上的点，直线 QR 分别交直线 AB、AD 于点 P、S，且 $PQ = RS$. 设 M、N 分别为线段 BD、QR 的中点. 求证：M、N、A、C 四点共圆.

证明 如图，注意到 N 也是线段 PS 的中点. 在直角三角形 PAS 和 CQR 中，有 $\angle ANP = 2\angle ASP$，$\angle CNQ = 2\angle CRQ$. 因此

$$\angle ANC = \angle ANP + \angle CNQ = 2(\angle ASP + \angle CRQ)$$
$$= 2(\angle RSD + \angle DRS) = 2\angle ADC.$$

同理，通过直角三角形 BAD 和 BCD，可得 $\angle AMC = 2\angle ADC$，故 $\angle AMC = \angle ANC$，所以 M、N、A、C 四点共圆，命题得证. $\square$

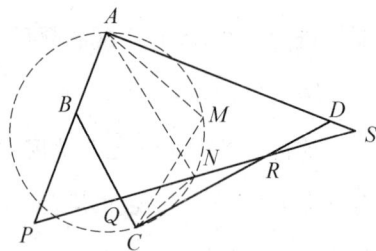

（第 1 题图）

2. 设 k 为正整数. 若可以用 k 种颜色对全体正整数染色，并存在函数 $f: \mathbf{Z}_+ \to \mathbf{Z}_+$，满足：

（i）对同色的正整数 m、n（可以相同），都有 $f(m+n) = f(m) + f(n)$；

（ii）存在正整数 m、n（可以相同），使得 $f(m+n) \neq f(m) + f(n)$.

求 k 的最小值.

解 k 的最小值为 3.

首先构造 $k = 3$ 的例子. 令

$$f(n) = \begin{cases} 2n, & n \equiv 0 \pmod 3, \\ n, & n \equiv 1, 2 \pmod 3, \end{cases}$$

则 $f(1) + f(2) = 3 \neq f(3)$ 满足 (ii).

同时,将模 3 余 0、1、2 的数分别染为三种不同的颜色,则:

对任意 $x \equiv y \equiv 0 \pmod 3$,有 $x+y \equiv 0 \pmod 3$,故

$$f(x+y)=2(x+y)=f(x)+f(y);$$

对任意 $x \equiv y \equiv 1 \pmod 3$,有 $x+y \equiv 2 \pmod 3$,故

$$f(x+y)=x+y=f(x)+f(y);$$

对任意 $x \equiv y \equiv 2 \pmod 3$,有 $x+y \equiv 1 \pmod 3$,故

$$f(x+y)=x+y=f(x)+f(y).$$

由此,条件(i)也满足,故 $k=3$ 满足题意.

下证 $k=2$ 不成立.事实上,仅需证明 $k=2$ 时,对一切满足(i)的函数 f 与染色方案,都有 $f(n)=nf(1)$,$\forall n \in \mathbf{Z}_+$(即与条件(ii)矛盾). 　　　　　　　　　　(*)

在(i)中取 $m=n$,则有

$$f(2n)=2f(n),\ \forall n \in \mathbf{Z}_+. \tag{①}$$

下证

$$f(3n)=3f(n),\ \forall n \in \mathbf{Z}_+. \tag{②}$$

对任意正整数 n,由①知 $f(2n)=2f(n)$,$f(4n)=4f(n)$,$f(6n)=2f(3n)$.

若 n 与 $2n$ 同色,则 $f(3n)=f(2n)+f(n)=3f(n)$,②式成立;若 $2n$ 与 $4n$ 同色,则 $f(3n)=\dfrac{1}{2}f(6n)=\dfrac{1}{2}\left[f(4n)+f(2n)\right]=3f(n)$,②式亦成立.

否则,$2n$ 与 n、$4n$ 均异色,故 n 与 $4n$ 同色.此时,若 n 与 $3n$ 同色,则

$$f(3n)=f(4n)-f(n)=3f(n),$$

②式成立;若 n 与 $3n$ 异色,则 $2n$ 与 $3n$ 同色,$f(3n)=f(4n)+f(n)-f(2n)=3f(n)$,②式亦成立.

至此,②式得证.

假设命题(*)不成立,则存在正整数 m,$f(m) \neq mf(1)$.

不妨取 m 最小,则由①、②知 $m \geqslant 5$,且 m 为奇数.否则由 m 的最小性,$f\left(\dfrac{m}{2}\right)=\dfrac{m}{2}f(1)$,故 $f(m)=2f\left(\dfrac{m}{2}\right)=mf(1)$,矛盾.

考虑 $\dfrac{m-3}{2}<\dfrac{m+3}{2}<m$ 这三个数.

同样由 m 的最小性,知 $f\left(\dfrac{m-3}{2}\right)=\dfrac{m-3}{2}f(1)$,$f\left(\dfrac{m+3}{2}\right)=\dfrac{m+3}{2}f(1)$. 故 $\dfrac{m-3}{2}$、$\dfrac{m+3}{2}$ 异色.

否则 $f(m)=f\left(\dfrac{m-3}{2}\right)+f\left(\dfrac{m+3}{2}\right)=mf(1)$,矛盾.

因此 m 恰与 $\dfrac{m-3}{2}$、$\dfrac{m+3}{2}$ 中的一个同色. 设 m 与 $\dfrac{m+3\eta}{2}$ 同色,这里 $\eta\in\{-1,1\}$,则由 $\dfrac{m+\eta}{2}<m$,得

$$f(m)+f\left(\frac{m+3\eta}{2}\right)=f\left(3\cdot\frac{m+\eta}{2}\right)=3f\left(\frac{m+\eta}{2}\right)=\frac{3(m+\eta)}{2}f(1).$$

化简知 $f(m)=mf(1)$,矛盾.

故命题($*$)得证,即证明了 k 的最小值是 3. □

3. 平面上有 2017 条直线,其中任意三条不共点. 一只蜗牛从某条直线上不为交点的一点任选一个方向出发,按照下述方法在直线上运动:蜗牛只在交叉点处转弯,且总是轮流左转和右转(首次转弯的方向可以任选);若未遇到交叉点,则蜗牛保持运动状态不变. 是否存在一条线段,使得蜗牛在一次运动中可以从两个方向穿过该线段?

解 我们断言:不存在这样的线段.

首先证明:可以将直线分成的区域黑白二染色,使得相邻区域不同色(两个区域相邻,当且仅当它们有公共边). 对直线条数 n 用数学归纳法.

$n=1$ 的情形是平凡的. 假设命题对 n 成立,考虑 $n+1$ 的情形.

先从 $n+1$ 条直线中删去某一条直线 g,则由归纳假设,其余 n 条直线分成的区域可以交替地黑白二染色. 现在加入直线 g,并使直线 g 一侧的所有区域变色,而另一侧不变. 容易验证此时相邻区域仍不同色. 命题得证.

回到原题. 不妨设蜗牛出发时左侧为白色区域,右侧为黑色区域.

在任意一个交叉点,如果蜗牛左转,则其左侧仍为白色区域(说明右侧仍为黑色);如果蜗牛右转,则其右侧仍为黑色区域(说明左侧仍为白色). 这表明,任意时刻,蜗牛的左侧都是白色区域,右侧都是黑色区域. 因此满足要求的线段不存在. □

评注 题设中"轮流左转和右转"这一条件是多余的.

第二天

4. 设 $t_1 < t_2 < \cdots < t_n$ 是 n 个正整数 $(n \in \mathbf{Z}_+)$. 现有 $t_n + 1$ 个人举行象棋比赛, 任意两人之间至多下一盘棋. 求证: 存在一种对局安排, 使得下述两个条件同时满足:

(i) 每个人下棋的盘数都属于集合 $\{t_1, t_2, \cdots, t_n\}$;

(ii) 对每个 $i(1 \leqslant i \leqslant n)$, 存在一个人恰好下了 t_i 盘棋.

证明 记 $T = \{t_1, t_2, \cdots, t_n\}$. 命题用图论语言可等价地表述为: 存在 $t_n + 1$ 阶简单图 G 具有性质 $P(T)$: $\{\deg_G u \mid u \in V(G)\} = T$ (这里 $\deg_G u$ 表示在图 G 中顶点 u 的度, $V(G)$ 表示 G 的顶点集).

对 $n = |T|$ 用数学归纳法. 当 $n = 1$ 时, 设 $T = \{t\}$, 取 G 为 $t+1$ 阶完全图 K_{t+1} 即具有性质 $P(T)$.

假设命题对 $n-1$ 成立, 考虑 n 的情形. 设此时 T 有 $n \geqslant 2$ 个元素 $t_1 < t_2 < \cdots < t_n$, 令集合

$$T' = \{t_n - t_{n-1}, t_n - t_{n-2}, \cdots, t_n - t_1\}.$$

由归纳假设, 存在 $t_n - t_1 + 1$ 阶图 G' 具有性质 $P(T')$. 现将 t_1 个新顶点加入 $V(G')$, 并令这些点的度为 0, 则得到 $t_n + 1$ 阶图 G''. 下面证明: G'' 的补图 G 具有性质 $P(T)$.

事实上, 对任意 $t \in T \backslash \{t_n\}$, $t_n - t \in T'$, 故存在 $v_0 \in V(G'')$ 使得 $\deg_{G''} v_0 = t_n - t$, 由补图的意义 $\deg_G v_0 = t$. 对于 $t = t_n$, 任取 t_1 个新顶点中的一个 u_0, 则 $\deg_{G''} u_0 = 0$, 故 $\deg_G u_0 = t_n$. 至此, 命题对 n 也成立, 得证. $\square$

5. 设正整数 $n \geqslant 2$. 称 n 元数组 $(a_1, a_2, \cdots, a_n)$ 是昂贵数组 (数组中允许出现相同的数), 当且仅当存在正整数 k, 满足

$$(a_1 + a_2)(a_2 + a_3) \cdots (a_{n-1} + a_n)(a_n + a_1) = 2^{2k-1}.$$

(1) 求一切正整数 $n \geqslant 2$, 使得存在 n 元昂贵数组.

(2) 求证: 对任意正奇数 m, 存在正整数 $n \geqslant 2$, 使得 m 在某一 n 元昂贵数组中.

解 (1) 我们证明: 所求 n 为一切大于 1 的奇数.

一方面, 对任意奇数 $n \geqslant 3$, n 元数组 $(1, 1, \cdots, 1)$ 都是昂贵数组.

下面证明: 对任意偶数 $n \geqslant 4$, 若存在 n 元昂贵数组, 则也存在 $n-2$ 元昂贵数组.

事实上, 设 $(a_1, a_2, \cdots, a_n)$ 是 n 元昂贵数组. 不妨设 $a_n = \max\limits_{1 \leqslant i \leqslant n} a_i$. 易见

$$a_{n-1} + a_n \leqslant 2a_n < 2(a_n + a_1), \quad a_n + a_1 \leqslant 2a_n < 2(a_{n-1} + a_n).$$

而由题意, $a_{n-1} + a_n$ 与 $a_n + a_1$ 均为 2 的正整数次幂, 故只能是

$$a_{n-1} + a_n = a_n + a_1,$$

并设为 $2^r (r \in \mathbf{Z}_+)$. 由上式知 $a_{n-1} = a_1$. 因此, 考虑 $n-2$ 元数组 $(a_1, a_2, \cdots, a_{n-2})$, 则

$$\prod_{i=1}^{n-3} (a_i + a_{i+1}) \cdot (a_{n-2} + a_1) = \frac{\prod_{i=1}^{n-1} (a_i + a_{i+1}) \cdot (a_n + a_1)}{(a_{n-1} + a_n)(a_n + a_1)} = 2^{2(k-r)-1}.$$

故 $(a_1, a_2, \cdots, a_{n-2})$ 是 $n-2$ 元昂贵数组. 由此, 若存在偶数元昂贵数组, 则必存在 2 元昂贵数组 (a_1, a_2), 即有 $(a_1 + a_2)^2 = 2^{2k-1}$. 但此式右边不为完全平方数, 矛盾.

因此, 所求 n 为一切大于 1 的奇数.

(2) 对 m 用数学归纳法.

显然 1 在 3 元昂贵数组 $(1, 1, 1)$ 中, 故小于 2 的所有正奇数都在某个昂贵数组中.

假设小于 $2^k (k \in \mathbf{Z}_+)$ 的所有正奇数都在某个昂贵数组中, 下考虑 $(2^k, 2^{k+1})$ 中的奇数.

对任意奇数 $s \in (2^k, 2^{k+1})$, $r = 2^{k+1} - s \in (0, 2^k)$ 为奇数, 故 r 在某个 n 元昂贵数组中, 不妨设为 $(a_1, a_2, \cdots, a_{n-1}, r)$. 由题意,

$$\prod_{i=1}^{n-2} (a_i + a_{i+1}) \cdot (a_{n-1} + r)(r + a_1) = 2^{2l-1}, \quad l \in \mathbf{Z}_+.$$

故

$$\prod_{i=1}^{n-2} (a_i + a_{i+1}) \cdot (a_{n-1} + r)(r + s)(s + r)(r + a_1) = 2^{2l-1} \cdot 2^{2(k+1)} = 2^{2(k+l+1)-1},$$

即 $(a_1, a_2, \cdots, a_{n-1}, r, s, r)$ 也是昂贵数组, 且包含 s.

由此, 小于 2^{k+1} 的所有正奇数也都在某个昂贵数组中. 命题得证. □

评注 第 (1) 问也可对 $\sum a_i$ 用数学归纳法证明.

6. 不等边锐角三角形 ABC 中, 重心 G, 外心 O 关于 BC、CA、AB 的对称点分别记为 G_1、G_2、G_3 和 O_1、O_2、O_3. 求证: $\triangle G_1 G_2 C$、$\triangle G_1 G_3 B$、$\triangle G_2 G_3 A$、$\triangle O_1 O_2 C$、$\triangle O_1 O_3 B$、$\triangle O_2 O_3 A$ 与 $\triangle ABC$ 的外接圆有一个公共点.

证明 为叙述方便, 记 $\triangle XYZ$ 的外接圆为 (XYZ); 若无特殊说明, 点 X 关于 BC、CA、AB 的对称点分别记为 X_1、X_2、X_3.

引理 若 P 是 $\triangle ABC$ 内一点 (P 不为垂心), 则 $(P_1 P_2 C)$, $(P_1 P_3 B)$, $(P_2 P_3 A)$ 交于 (ABC) 上一点 T_P.

引理证明 如图①设 $(P_1 P_2 C)$ 与 (ABC) 交于另一点 $T(\neq C)$ (若两圆相切, 则取 $T = C$). 下仅需

证 T 也在 (P_1P_3B)，(P_2P_3A) 上. 由对称性，$P_1C = P_2C$，故

$$\angle CTP_2 = \angle CP_1P_2 = 90° - \frac{1}{2}\angle P_2CP_1$$

$$= 90° - \angle ACB,$$

同理

$$\angle AP_3P_2 = 90° - \angle BAC.$$

因此

$$\angle P_2TA = \angle CTA - \angle CTP_2 = \angle CBA - (90° - \angle ACB)$$

$$= 90° - \angle BAC = \angle P_2P_3A,$$

故 T 在 (P_2P_3A) 上. 同理 T 在 (P_1P_3B) 上，引理得证.

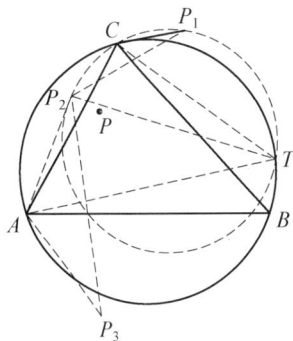

（第 6 题图①）

为叙述方便，对某一点 P，上述四圆所共点记为 T_P. 特别指出：由上述证明可知，T_P 是 (ABC) 上满足 $\angle CT_PP_2 = 90° - \angle ACB$ 的唯一一点.   （＊）

回到原题. 如图②设 H 是 $\triangle ABC$ 的垂心，则由熟知结论，H_2 在 (ABC) 上. 而点 G、O、H 共线（欧拉线），故由对称性，G_2、O_2、H_2 也共线.

设 G_2H_2 与 (ABC) 的另一个交点为 $T(\neq H_2)$，下面只需证明：

$$T = T_G = T_O.$$

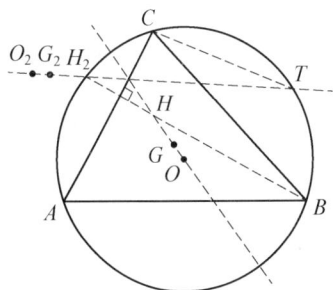

（第 6 题图②）

事实上，$\angle CTG_2 = \angle CTO_2 = \angle CTH_2 = \angle CBH_2 = 90° - \angle ACB$，由（＊）即得 $T = T_G = T_O$.

由此，七圆共点于 T，命题得证.   □

评注　本题的证明方法很多. 读者可尝试利用欧拉线 e 及其关于 BC、CA、AB 的对称直线 e_1、e_2、e_3 的性质证明（事实上，e_1、e_2、e_3 也共点于 T），或利用复数计算之.

第一届国际大都市竞赛数学试题解答与评析

吴尉迟　叶　思　冷岗松

（上海大学，200444）

第一届国际大都市竞赛(IOM)于 2016 年 9 月 4 日至 9 日在莫斯科举行. IOM 比赛是由俄罗斯创办的国际赛事,此次比赛邀请了 22 个国际知名大都市参加,其中中国仅北京参赛. 比赛共分 4 个学科：数学、物理、化学、计算机. 其中数学比赛采用标准 IMO 赛制,分两天,每天四个半小时 3 道题,每题 7分. 本文介绍第一届 IOM 比赛的数学试题与解答.

I . 试题

1. 求所有的正整数 n,使得存在 n 个连续的正整数,其和为完全平方数.

2. 设 a_1, a_2, $\cdots$, a_n 是满足如下不等式的正整数：

$$\sum_{i=1}^{n} \frac{1}{a_i} \leqslant \frac{1}{2}.$$

每年,某机构都要发布 n 个指标的年度报告. 第 $i(i=1,\cdots,n)$ 个指标在集合 $\{1,2,\cdots,a_i\}$ 中取值. 我们称一个年度报告是"乐观的",若至少有 $n-1$ 个指标比前一年的高. 证明：该机构可以一直连续发布乐观的年度报告.

3. 设 $A_1A_2\cdots A_n$ 是内接于圆 $\odot O$ 的凸 n 边形,点 O 是 $A_1A_2\cdots A_n$ 的内点;令 B_1, B_2, $\cdots$, B_n 分别是边 A_1A_2, A_2A_3, $\cdots$, A_nA_1 上的点(均不与顶点重合),证明：

$$\frac{B_1B_2}{A_1A_3} + \frac{B_2B_3}{A_2A_4} + \cdots + \frac{B_nB_1}{A_nA_2} > 1.$$

4. 凸四边形 $ABCD$ 中, $\angle A = \angle C = \frac{\pi}{2}$. 点 E 在边 AD 的延长线上,且有 $\angle ABE = \angle ADC$. 点 K 在 CA 的延长线上,且有 $KA = AC$. 证明： $\angle ADB = \angle AKE$.

5. 设 $r(x)$ 为奇数阶的实系数多项式. 证明：仅存在有限多对实系数多项式 $p(x)$、$q(x)$ 使得

$$p(x)^3 + q(x^2) = r(x).$$

6. 一个国家有 n 个城市,其中某些城市对间存在由 A、B 两个公司运营的单程航班,两个城市间的每个方向的航班都可以多于一趟.一个由 A、B 两个字母组成的词 w 称为"可实施的",若存在一个连续的航班序列,使得该序列上的航班公司名称依次排列组成词 w.证明:若任意 2^n 长的单词可实施,则任意有限长的词可实施.

注:词的长度就是词中 A、B 字母的个数,如 $AABA$ 的长度为 4.

Ⅱ. 解　答

1. 求所有的正整数 n,使得存在 n 个连续的正整数,其和为完全平方数.

解　对正整数 t,令

$$S(n, t) = (t+1) + (t+2) + \cdots + (t+n) = \frac{n(2t+n+1)}{2}.$$

① 当 n 为奇数时,只需令 $t = \dfrac{n-1}{2}$ 就有 $S(n, t) = n^2$.

② 当 n 为偶数时,设 $n = 2^s m$,其中 s 是一个正整数,m 是一个奇数.

注意到 $2t+n+1$ 是奇数,结合 $S(n, t)$ 的定义知:

$$2^{s-1} \mid S(n, t) \text{ 且 } 2^s \nmid S(n, t).$$

因此

i) 当 s 是偶数时,$S(n, t)$ 不是完全平方数;

ii) 当 s 是奇数时,任取奇数 $x > n$,并令

$$t = \frac{mx^2 - n - 1}{2} \in \mathbf{N}_+,$$

则 $S(n, t) = 2^{s-1} m^2 x^2$ 是完全平方数.

综上,满足条件的 n 的解集为 $\{2^s m \mid m \text{ 是任意奇数},s \text{ 是 } 0 \text{ 或者奇数}\}$. □

2. 设 $a_1, a_2, \cdots, a_n$ 是满足如下不等式的正整数:

$$\sum_{i=1}^{n} \frac{1}{a_i} \leqslant \frac{1}{2}.$$

每年,某机构都要发布 n 个指标的年度报告.第 $i(i=1,\cdots,n)$ 个指标在集合 $\{1,2,\cdots,a_i\}$ 中取值. 我们称一个年度报告是"乐观的",若至少有 $n-1$ 个指标比前一年的高.证明:该机构可以一直连续发布乐观的年度报告.

证明 对 $\forall 1\leqslant i\leqslant n$,设 k_i 是满足 $2^{k_i}\leqslant a_i<2^{k_i+1}$ 的正整数,则

$$\sum_{i=1}^{n}\frac{1}{2^{k_i}}<\sum_{i=1}^{n}\frac{2}{a_i}\leqslant 1. \tag{1}$$

下面我们证明:可选取一个模 2^{k_i} 的剩余类 A_i,使得所有这样的 $A_i(1\leqslant i\leqslant n)$ 两两不交.

不妨设 $k_1\leqslant k_2\leqslant\cdots\leqslant k_n$,$A_1,A_2,\cdots,A_n$ 按这个顺序对应选取.A_1 可任意选取,假设已经选取了满足要求的 $A_1,\cdots,A_{i-1}$.注意到对 $\forall j<i$,集合 A_j 至多包含 $2^{k_i-k_j}$ 个不同的模 2^{k_i} 的剩余类.

对每一个 $j(1\leqslant j\leqslant i-1)$,设 $A_j=\{p\cdot 2^{k_j}+t\mid p\in\mathbf{N}_+,1\leqslant t\leqslant 2^{k_j}\}$.

注意到

$$(p+2^{k_i-k_j})\cdot 2^{k_j}+t$$
$$=p\cdot 2^{k_j}+2^{k_i}+t$$
$$\equiv p\cdot 2^{k_j}+t \pmod{2^{k_i}},$$

这说明序列 $\{p\cdot 2^{k_j}+t\}_{p\in\mathbf{N}}$ 关于模 2^{k_i} 是以 $2^{k_i-k_j}$ 为周期的,从而 A_j 的数至多分属于模 2^{k_i} 的 $2^{k_i-k_j}$ 个不同的剩余类.

另一方面,由(1)知

$$\sum_{j=1}^{i-1}2^{k_i-k_j}<2^{k_i}\sum_{j=1}^{i-1}2^{-k_j}<2^{k_i}\sum_{j=1}^{n}\frac{1}{2^{k_j}}\leqslant 2^{k_i},$$

故仍有未被选取的模 2^{k_i} 剩余类,从未被选取的模 2^{k_i} 剩余类中任选一个作为 A_i 即可.

回到原命题.第一年,我们令所有的指标都是 1.现考虑第 m 年的报告,若存在 $1\leqslant j\leqslant n$ 使得 $m\in A_j$,则将第 j 个指标降到 1,其他指标在第 $m-1$ 年的基础上加 1;若 m 不属于任何 A_j,则将第 $m-1$ 年的每一个指标数值加 1.

由于 A_i 是模 2^{k_i} 的剩余类且剩余类 $A_1,\cdots,A_n$ 是两两不交的,故存在唯一的 $1\leqslant m_i\leqslant 2^{k_i}$,使得 $m_i\in A_i$,$m_i\notin A_j(j\neq i)$.从而在前 m_i-1 年,第 i 个指标均加 1,在第 m_i 年,该指标变为 1.在第 $m_i+(k-1)2^{k_i}+1(k\in\mathbf{N}_+)$ 年到 $m_i+k2^{k_i}-1$ 年,第 i 个指标均加 1,在第 $m_i-1+k2^{k_i}$ 年,该指标变为 1.故第 i 个指标不会超过 $2^{k_i}\leqslant a_i$.由于剩余类 $A_1,\cdots,A_n$ 是两两不交的,故至多有一个指标在一年内下降.得证. $\square$

3. 设 $A_1A_2\cdots A_n$ 是内接于圆 $\odot O$ 的凸 n 边形, 点 O 是 $A_1A_2\cdots A_n$ 的内点; 令 B_1, B_2, $\cdots$, B_n 分别是边 A_1A_2, A_2A_3, $\cdots$, A_nA_1 上的点(均不与顶点重合). 证明:

$$\frac{B_1B_2}{A_1A_3} + \frac{B_2B_3}{A_2A_4} + \cdots + \frac{B_nB_1}{A_nA_2} > 1.$$

证法一 我们先证明如下断言: $A_1A_2\cdots A_n$ 的周长 P 大于 $4R$, 其中 R 是 $\odot O$ 的半径.

事实上, 连对角线 A_1A_3, A_1A_4, $\cdots$, A_1A_{n-1}, 从而将多边形分为 $n-2$ 个三角形, 如图所示. 这时, 圆心 O 必属于某个三角形 $A_1A_kA_{k+1}$ 的内部(或边界上), 从而 $\triangle A_1A_kA_{k+1}$ 是非钝角三角形, 再由熟知的结论: 任何非钝角三角形的周长大于其外接圆半径的 4 倍, 可得

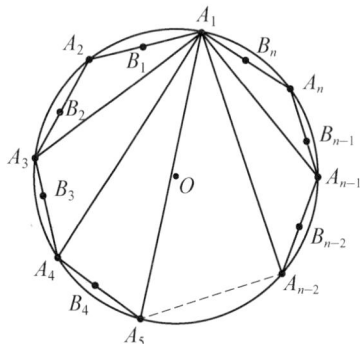

(第3题图)

$$P = (A_1A_2 + \cdots + A_{k-1}A_k) + A_kA_{k+1} + (A_{k+1}A_{k+2} + \cdots + A_nA_1)$$
$$\geqslant A_1A_k + A_kA_{k+1} + A_{k+1}A_1 > 4R.$$

回到原命题. 设三角形 $B_iA_{i+1}B_{i+1}$ 的外接圆半径是 $R_i (i=1, \cdots, n)$ (这里约定 $A_{n+1}=A_1$, $A_{n+2}=A_2$, $B_{n+1}=B_1$). 注意到 $\triangle A_iA_{i+1}A_{i+2}$ 的外接圆半径为 R, 由正弦定理可得:

$$\frac{B_iB_{i+1}}{A_iA_{i+2}} = \frac{2R_i\sin\angle A_{i+1}}{2R\sin\angle A_{i+1}} = \frac{R_i}{R},$$

于是, 要证不等式等价于

$$R_1 + R_2 + \cdots + R_n > R. \tag{1}$$

下证(1). 因为任意三角形的边长小于其外接圆的直径, 故

$$B_iA_{i+1} + A_{i+1}B_{i+1} \leqslant 4R_i.$$

结合前面的断言可知

$$R_1 + \cdots + R_n > \frac{B_1A_2 + A_2B_2}{4} + \frac{B_2A_3 + A_3B_2}{4} + \cdots + \frac{B_nA_1 + A_1B_1}{4}$$
$$= \frac{P}{4} > R,$$

命题得证.

证法二（孙孟越）　记弧 $\overset{\frown}{A_i A_{i+1}}\,(i=1,2,\cdots,n)$（下标按 $\operatorname{mod}n$ 理解）的圆周角为 α_i，R 为外接圆的半径. 由于圆心 O 在多边形的内部，故 $\alpha_i\in\left(0,\dfrac{\pi}{2}\right)$，且有 $\displaystyle\sum_{i=1}^{n}\alpha_i=\pi$.

用 $d(A,l)$ 表示点 A 到直线 l 的距离，则

$$|B_iB_{i+1}|\geqslant d(B_i,A_{i+1}A_{i+2})=|B_iA_{i+1}|\sin\angle A_iA_{i+1}A_{i+2}$$

$$=|B_iA_{i+1}|\cdot\frac{|A_iA_{i+2}|}{2R}.$$

故

$$\frac{|B_iB_{i+1}|}{|A_iA_{i+2}|}\geqslant\frac{|B_iA_{i+1}|}{2R},$$

同理

$$\frac{|B_iB_{i-1}|}{|A_{i-1}A_{i+1}|}\geqslant\frac{|B_iA_i|}{2R}.$$

将上述两式相加可得

$$\frac{|B_iB_{i-1}|}{|A_{i-1}A_{i+1}|}+\frac{|B_iB_{i+1}|}{|A_iA_{i+2}|}\geqslant\frac{|B_iA_i|+|B_iA_{i+1}|}{2R}=\frac{|A_iA_{i+1}|}{2R}=\sin\alpha_i. \tag{2}$$

注意到一个熟知的结论

$$\sin\alpha>\frac{2}{\pi}\alpha,\ \forall\alpha\in\left(0,\frac{\pi}{2}\right).$$

故对（2）式求和可得

$$2\sum_{i=1}^{n}\frac{|B_iB_{i+1}|}{|A_iA_{i+2}|}\geqslant\sum_{i=1}^{n}\sin\alpha_i>\frac{2}{\pi}\sum_{i=1}^{n}\alpha_i=2.$$

命题得证. □

4. 凸四边形 $ABCD$ 中，$\angle A=\angle C=\dfrac{\pi}{2}$. 点 E 在边 AD 的延长线上，且有 $\angle ABE=\angle ADC$. 点 K 在 CA 的延长线上，且有 $KA=AC$. 证明：$\angle ADB=\angle AKE$.

证明　由条件知：四边形 $ABCD$ 在以 BD 为直径的圆上，因此 $\angle ADB=\angle ACB$. 故要证 $\angle ADB=\angle AKE$，只需证 $BC\ /\!/\ KE$.

注意到

$$\angle BCD + \angle CDA = \angle BAD + \angle ABE < 180°,$$

故可设射线 CB 和 DA 有公共点 F,如图所示.

注意到

$$\angle BFA = 90° - \angle ADC = 90° - \angle ABE = \angle BEA,$$

结合 $\angle BAD = 90°$ 知 $FA = AE$,又由于 $CA = AK$,所以四边形 $FCEK$ 是平行四边形.因此 $BC \parallel KE$. $\square$

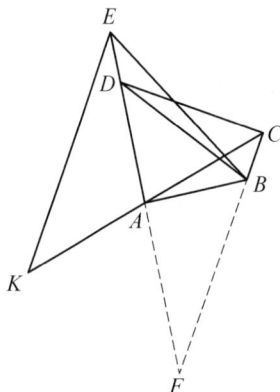

5. 设 $r(x)$ 为奇数阶的实系数多项式.证明:仅存在有限多对实系数多项式 $p(x)$、$q(x)$ 使得

$$p(x)^3 + q(x^2) = r(x).$$

证明(施奕成） 先证明如下引理:

引理 对任意两个实系数多项式 $f(x)$、$g(x)$, $f(x) \neq \delta g(x)$(δ 为常数),只有有限多个实数 λ 使 $f(x) + \lambda g(x)$ 为完全平方式.

引理证明 设 $(f(x), g(x)) = \varphi(x)$.

① 若 $\varphi(x)$ 不是完全平方式.设 $f(x) = \varphi(x) f_1(x)$, $g(x) = \varphi(x) g_1(x)$, $\varphi(x) = \varphi_1(x) \varphi_2^2(x)$, 其中 $\varphi_1(x)$ 不含平方因式.此时 $f_1(x)$、$g_1(x)$ 无公因式.若存在不同的实数 λ、μ 使得 $f(x) + \lambda g(x)$ 和 $f(x) + \mu g(x)$ 为完全平方式.故可设

$$f_1(x) + \lambda g_1(x) = \varphi_1(x) h_\lambda^2(x), \quad f_1(x) + \mu g_1(x) = \varphi_1(x) h_\mu^2(x),$$

其中 $h_\lambda(x)$ 和 $h_\mu(x)$ 为不同的实系数多项式.将上述两式相减得

$$(\lambda - \mu) g_1(x) = \varphi_1(x)[h_\lambda^2(x) - h_\mu^2(x)].$$

从而, $\varphi_1(x) \mid g_1(x)$.同理有, $\varphi_1(x) \mid f_1(x)$.这与 $f_1(x)$、$g_1(x)$ 无公因式矛盾.故当 $\varphi(x)$ 不是完全平方式时,至多有一个实数 λ 使 $f(x) + \lambda g(x)$ 为完全平方式.

② 若 $\varphi(x)$ 是完全平方式,此时不妨设 $f(x)$、$g(x)$ 无公因式.设存在 5 个不同的常数 λ_i($i = 1$, 2,3,4,5）使得

$$f(x) + \lambda_i g(x) = h_i^2(x), \quad i = 1, 2, 3, 4, 5.$$

两边求导得

$$f'(x) + \lambda_i g'(x) = 2h_i'(x)h_i(x), \quad i = 1, 2, 3, 4, 5.$$

所以 $h_i(x)$ 为 $f(x) + \lambda_i g(x)$ 及 $f'(x) + \lambda_i g'(x)$ 的公因式, 从而 $h_i(x)$ 为 $g'(x)[f(x) + \lambda_i g(x)] - g(x)[f'(x) + \lambda_i g'(x)]$ 的因式.

注意到 $h_1(x)$、$h_2(x)$、$h_3(x)$、$h_4(x)$、$h_5(x)$ 两两无公因式, 所以

$$h_1(x)h_2(x)h_3(x)h_4(x)h_5(x) \mid f(x)g'(x) - f'(x)g(x).$$

i) 若 $\deg(fg' - f'g) \neq 0$, 则 $\deg(fg' - f'g) \leqslant \deg f + \deg g - 1$. 注意到至多有一个 λ_i, 使得 $f(x)$ 和 $-\lambda_i g(x)$ 的最高次项系数相同且当 $f(x)$ 和 $-\lambda_i g(x)$ 的最高次项系数不同时, 有

$$\deg h_i = \frac{1}{2}\max\{\deg f, \deg g\},$$

所以 $\deg h_1 h_2 h_3 h_4 h_5 \geqslant 2\max\{\deg f, \deg g\} > \deg(fg' - f'g)$, 矛盾!

ii) 若 $\deg(fg' - f'g) = 0$, 又 $h_1 h_2 h_3 h_4 h_5 \mid fg' - gf'$, 故 $fg' - gf' = 0$, 从而有

$$\left(\frac{f(x)}{g(x)}\right)' = 0.$$

所以 $\dfrac{f(x)}{g(x)}$ 为常数, 矛盾!

故至多有 4 个不同的 λ 使 $f + \lambda g$ 为完全平方式.

回到原题.

不妨设 $r(x)$ 为首一多项式 (若首项为 c, 将 $r(x)$、$p(x)$、$q(x)$ 变为 $\dfrac{r(x)}{c}$、$\dfrac{p(x)}{\sqrt[3]{c}}$、$\dfrac{q(x)}{c}$).

由条件知 $p(x)$ 是奇数阶的, 记

$$r(x) = xa(x^2) + b(x^2), \quad p(x) = xu(x^2) + v(x^2).$$

代入得:

$$xa(x^2) + b(x^2) = x^3 u^3(x^2) + 3xu(x^2)v^2(x^2) + 3x^2 u^2(x^2)v(x^2) + v^3(x^2) + q(x^2).$$

比较奇次项与偶次项可得

$$xu^3(x) + 3u(x)v^2(x) = a(x), \tag{1}$$

$$3xu^2(x)v(x) + v^3(x) + q(x) = b(x), \tag{2}$$

则由 (1) 得 $u(x) \mid a(x)$.

令 $u(x) = \lambda t(x)$, λ 为常数, $t(x)$ 为首一多项式. 则由于 $t(x)$ 为 $a(x)$ 的因式, 故 $t(x)$ 仅有有限个.

下面我们只需证明：只有有限个 λ 使 $u(x) = \lambda t(x)$ 且(1)有解.

对固定的 $t(x)$，记 $a(x) = s(x)t(x)$. 此时，

$$x \cdot \lambda^3 t^3(x) + 3\lambda t(x)v^2(x) = t(x)s(x),$$

化简得

$$s(x) - x \cdot \lambda^3 t^2(x) = \left[\sqrt{3\lambda}\, v(x)\right]^2, \tag{3}$$

从而只需证仅有有限个 λ 使(3)有解.

由引理知当 $s(x) \neq \delta x t^2(x)$（$\delta$ 为常数），则必存在有限个 λ 使得 $s(x) - x\lambda^3 t^2(x)$ 为完全平方式. 当 $s(x) = \delta x t^2(x)$（δ 为常数），则由(3)知 $x t^2(x)$ 为完全平方式，但该多项式次数为奇数，矛盾！

故仅有有限个 λ 使(3)有解. □

6. 一个国家有 n 个城市，其中某些城市对间存在由 A、B 两个公司运营的单程航班，两个城市间的每个方向的航班都可以多于一趟. 一个由 A、B 两个字母组成的词 w 称为"可实施的"，若存在一个连续的航班序列，使得该序列上的航班公司名称依次排列组成词 w. 证明：若任意 2^n 长的单词可实施，则任意有限长的词可实施.

注：词的长度就是词中 A、B 字母的个数，如 $AABA$ 的长度为 4.

证明 记所有的城市所组成的集合为 S. 令

$$S_A = \{x \in S \mid \exists y \in S, \text{ 使得 } y \xrightarrow{A} x\},$$

$$S_B = \{x \in S \mid \exists y \in S, \text{ 使得 } y \xrightarrow{B} x\}.$$

对一般的词 w，可递归定义

$$S_{wA} = \{x \in S \mid \exists y \in S_w, \text{ 使得 } y \xrightarrow{A} x\},$$

$$S_{wB} = \{x \in S \mid \exists y \in S_w, \text{ 使得 } y \xrightarrow{B} x\}.$$

这样定义的集合均为 S 的子集.

我们采用反证法，假设存在不可实施的词. 令 $w = a_1 a_2 \cdots a_N$ 是最短的不可实施的词，显然有 $N > 2^n$. 令 $w_i = a_1 a_2 \cdots a_i$. 由于 n 个城市共有 2^n 个不同的子集且词 w_i 有 $N > 2^n$ 个，由抽屉原理知，存在 $1 \leqslant i < j \leqslant N$，有 $S_{w_i} = S_{w_j}$.

考虑词 $w' = a_1 a_2 \cdots a_{i-1} a_i a_{j+1} a_{j+2} \cdots a_N$，由于 w' 长度小于 N，故是可实施的. 设 T 为词 w' 对应的

一个连续的航班序列,记 T_1 是 T 的前 i 个航班序列,T_2 是 T 的后 $N-j$ 个航班序列;记 c 是 T_1 的终点站.由 A_{w_i} 的递归定义知,$c \in A_{w_i}$.又由于 $S_{w_i} = S_{w_j}$,故存在一个词为 $a_1 a_2 \cdots a_j$ 的连续航班序列 T_3,以 c 为其终点站.故这时 $T_3 T_2$ 是词 w 对应的航班序列,因此词 w 可实施,矛盾. $\square$

致谢　作者感谢华东师大二附中的孙孟越同学和华中师大一附中施奕成同学参与了问题的讨论,感谢冯跃峰老师提供的宝贵修改意见.

第二届国际大都市竞赛数学试题解答与评析

张盛桐

（上海中学，200231）

第二届国际大都市(IOM)竞赛于 2017 年 9 月 3 日至 10 日在莫斯科举行. 这次比赛邀请了三十余个国际上知名的大都市参加，其中包括中国的上海、北京、成都、洛阳. 比赛共分四个学科：数学、物理、化学、计算机. 其中数学比赛采用标准 IMO 赛制，分两天，每天四个半小时三道题，每题 7 分. 虽然组委会声称难度接近 IMO，但笔者认为这次考试的难度略低于 CMO 水平.

共有约 60 人参加了数学比赛，其中有 4 人获得金牌(得分 38，38，35，34). 银牌分数线在 25 分，铜牌线 12 分. 我有幸作为上海的代表参加了这次比赛，成绩为 38 分，获得了一枚金牌.

这次比赛受到了莫斯科市政府的高度关注，参赛条件非常好，试题质量较高. 命题风格和全俄数学奥林匹克比较接近，可以作为高联、CMO 训练的参考.

Ⅰ. 试题

第一天　10:00—14:30

1. 令 $ABCD$ 为一个平行四边形，其中角 B 为钝角且 $AD > AB$. 在对角线 AC 上取点 K、L，满足 $\angle ABK = \angle ADL$（A、K、L、C 两两不同且 K 在 A、L 之间）. 设直线 BK 交三角形 ABC 的外接圆 ω 于 B、E，直线 EL 交 ω 于 E、F. 证明：$BF \parallel AC$.

2. 在一个国家里，某些城市对间有双向直飞航班. 现已知能通过不多于 100 次航班从任意一个城市飞到任意另一个，同时也可以通过偶数次航班从任意一个城市飞到任意另一个. 求最小的正整数 d，使能保证对任意两个城市，总能从任意一个城市飞到另一个，满足乘坐的航班数不超过 d 且为偶数？

注：所有飞行路线允许经过某个城市多次.

3. 令 $Q(t)$ 是一个有两个不同实根的二次多项式. 证明：存在非常数的首一多项式 $P(x)$，满足 $Q(P(x))$ 的所有系数的绝对值，除首项系数之外，均小于 0.001.

第二天　10:00—14:30

4. 试问:至多能从$\{1, 2, \cdots, 100\}$中取出多少个数,使其中任意不同两数的和与积均不为100的倍数?

5. 设大于1的正整数x、y满足:

$$[x+2, y+2]-[x+1, y+1]=[x+1, y+1]-[x, y].$$

其中$[a, b]$表示a和b的最小公倍数.证明:x、y中的一个能整除另一个.

6. 凸六边形$ABCDEF$既有内切圆又有外接圆.记三角形ABC、BCD、CDE、DEF、EFA、FAB的内切圆分别为ω_B、ω_C、ω_D、ω_E、ω_F、ω_A.令l_{AB}表示ω_B、ω_A的另一条外公切线(不为AB),类似定义l_{BC}、l_{CD}、l_{DE}、l_{EF}、l_{FA}.令l_{FA}与l_{AB}的交点为A_1,类似定义B_1、C_1、D_1、E_1、F_1.若六边形$A_1B_1C_1D_1E_1F_1$是凸六边形,证明:该六边形对角线共点.

Ⅱ. 解答与评注

1. 令$ABCD$为一个平行四边形,其中角B为钝角且$AD>AB$.在对角线AC上取点K、L,满足$\angle ABK=\angle ADL$(A、K、L、C两两不同且K在A、L之间).设直线BK交三角形ABC的外接圆ω于B、E,直线EL交ω于E、F.证明:$BF \parallel AC$.

证明　如图,令G是D关于AC的对称点.由于$\angle ABC=\angle ADC=\angle AGC$,故$G$在圆$\omega$上.又由于$AB=CD=CG$,故四边形$ABGC$是一个等腰梯形,故$BG \parallel AC$.

因此我们只需证明F与G重合.由于对称,$\angle AGL=\angle ADL=\angle ABK$,而同时由共圆$\angle ABK=\angle ABE=\angle AGE$,故得$\angle AGL=\angle AGE$,即$G$、$L$、$E$三点共线.故$F$、$G$重合,证毕.　□

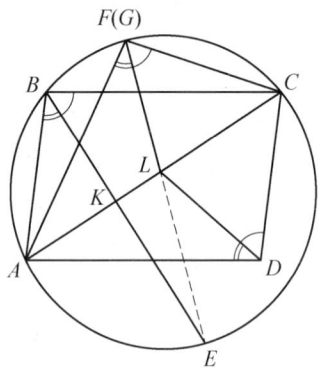

(第1题图)

评注　这是一道十分基础的几何题,难度低于大部分高联几何题.除了同一法,也可以用相似等工具直接处理.此题约有35人得到满分.

2. 在一个国家里,某些城市对间有双向直飞航班.现已知能通过不多于100次航班从任意一个城市飞到任意另一个,同时也可以通过偶数次航班从任意一个城市飞到任意另一个.求最小的正整数d,使能保证对任意两个城市,总能从任意一个城市飞到另一个,满足乘坐的航班数不超过d且为偶数?

注：所有飞行路线允许经过某个城市多次.

解 $d = 200$.

首先构造例子. 考虑 201 个连成一圈的城市，易知它们满足题目要求. 再考虑两个相邻的城市，则连接它们且长为偶数的路径最短需要 200 次航班.

其次证明 $d = 200$ 可行. 对任意两个城市 A 与 B，我们考虑连接它们长度为偶数的路中最短的那条，设其长为 $2k$. 若 $k > 100$，则设该条路径上距 A 为 k 的城市为 C. 由已知，存在从 A 到 C 长为 $m \leqslant 100$ 的路. 若 m 与 k 同奇偶，则有一条从 A 经 C 到 B 长为 $k + m$ 的路，与原路的最短性矛盾. 故 k 与 m 不同奇偶. 类似的，存在一条从 B 到 C 长为 $n \leqslant 100$ 的路，且 n 与 k 不同奇偶. 故存在一条从 A 经 C 至 B，长为 $m + n$ 的路. 该路长为 $m + n \leqslant 200$ 且为偶数，与原路最短性矛盾. 故 $k \leqslant 100$，证毕. □

另证 取定城市对 A、B. 对任意城市 X，记 $f(X)$ 为从 B 至 X 的最短路径长度. 很显然，对任意有直飞航班连接的城市对 (X, Y)，有 $| f(X) - f(Y) | \leqslant 1$. 若对任意这种 X、Y 有 $f(X) \neq f(Y)$，则可以通过 f 值的奇偶证明原图是个二部图，那么任意两个处于不同部的城市就不存在长为偶数的路径，与题意矛盾. 故存在相连的城市 X、Y，满足 $f(X) = f(Y) = b \leqslant 100$. 设 A 到 X 的最短路长为 $a \leqslant 100$，则从 A 到 B 有长为 $a + b$ 的路，也有长为 $a + b + 1$ 的路，其中必有一条长为偶数且小于等于 200. 证毕. □

评注 这是一道简单的图论问题，难度大概介于高联二试第二题、第三题之间. 从方法上看，这道题无需任何图论定理，只需要学生利用极大值原理或奇偶分析，灵活利用题目条件中给出的路，就能得出答案. 考试时有 20 人得到满分.

3. 令 $Q(t)$ 是一个有两个不同实根的二次多项式. 证明：存在非常数的首一多项式 $P(x)$，满足 $Q(P(x))$ 的所有系数的绝对值，除首项系数之外，均小于 0.001.

证明 第一步：转化. 设

$$Q(t) = c[(t-a)^2 - D] \quad (c \neq 0, \ D > 0).$$

由题意，只需构造非常数、首一的多项式 $R(x)$，满足 $R^2(x) - D$ 的系数，除了首项，都小于 $\delta = \dfrac{0.001}{|c|}$.

这样令 $P(x) = R(x) + a$，就得到了满足要求的多项式.

第二步：构造思路. 我们构造的多项式形如：

$$R(x) = x^n + \varepsilon \sum_{i=1}^{m} (x^{n-a_i} + x^{a_i}) + b,$$

其中 m 和 $a_1 < a_2 < \cdots < a_m < n$ 是正整数，b 和 ε 均为实数. 则在 $R^2(x)$ 中出现的项，除了 x^{2n}、x^n

和常数项,均形如:x^{2n-a_i},x^{2n-2a_i},$x^{2n-a_i-a_j}$,x^{n+a_i},$x^{n-a_i+a_j}$,x^{n-a_i},$x^{a_i+a_j}$,x^{2a_i},x^{a_i} 中的一个.

我们试图取出 $a_1 < a_2 < \cdots < a_m < n$,使这些项两两不同.

第三步:具体构造. 我们取

$$a_i = 3^{i-1},\ 1 \leqslant i \leqslant m,\ n = 3^m + 1.$$

则可以验证这组数满足要求. 故 $R^2(x) - D$ 的系数,除了首项系数之外,常数项的系数为 $b^2 - D$,x^n 的系数为 $2b + 2m\varepsilon^2$,其余项的系数为 0、2ε、ε^2、$2\varepsilon^2$、$2b\varepsilon$ 之一.

取 $b = -\sqrt{D}$,$\varepsilon = \sqrt{\dfrac{\sqrt{D}}{m}}$,令 m 充分大,就可以得到满足要求的多项式. 证毕. □

评注 这是一道极难的代数构造问题,考试时仅两人做出,可以作为 CMO 甚至集训队考试的压轴题. 这道题的第二步非常难想到,也基本上是唯一的,笔者的解答也需要类似标答中的形式. 只要能想到第二步中的取法,第三步的取值方向是明确的. 这道题和分析中的纽曼(Newman)多项式有密切的关系,有兴趣者可以阅读相关论文.

4. 试问:至多能从 $\{1, 2, \cdots, 100\}$ 中取出多少个数,使其中任意不同两数的和与积均不为 100 的倍数?

解 45 个.

例子:$1, 2, \cdots, 49$ 除去 $20, 25, 30, 40$.

证明 将 $\{1, 2, \cdots, 100\}$ 分成如下 45 组:

$$\{10, 20, 30, \cdots, 100\},$$
$$\{4, 96, 25, 75\},$$
$$\{i, 100 - i\}\text{(其他数)},$$

则每组中至多取一个数. 故至多取 45 个. □

评注 此题难度较低,考试时约 50 人做出.

5. 设大于 1 的正整数 x、y 满足:

$$[x+2, y+2] - [x+1, y+1] = [x+1, y+1] - [x, y].$$

其中 $[a, b]$ 表示 a 和 b 的最小公倍数. 证明:x、y 中的一个能整除另一个.

证明 $x = y$ 时是平凡的. 下面不妨设 $x < y$.

注意到对任意正整数 m、n 有 $[m, n] = n \cdot \dfrac{m}{(m, n)}$. 故由已知,得

$$ay + c(y+2) = 2b(y+1),$$

其中

$$a = \frac{x}{(x, y)}, \ b = \frac{x+1}{(x+1, y+1)}, \ c = \frac{x+2}{(x+2, y+2)}.$$

两边模 $y+1$,得

$$y+1 \mid c-a.$$

但是,我们又有

$$1 \leqslant a \leqslant x < y, \ 1 \leqslant c \leqslant x+2 \leqslant y+1.$$

因此 $|c-a| \leqslant y$. 故由整除关系,有 $a = c$,故 $a = b = c$. 同时

$$a \mid x, \ b \mid x+1.$$

故得 $a = b = c = 1$,即 $x \mid y$. 证毕. □

评注 这是一道较简单的数论问题,难度也在高联二试第二、三题之间. 把整除关系的比值设出来是俄罗斯比赛试题中常见的方法,但在其他国家的比赛中并不多见. 此题有多种解法,但最终都会用到设比值、估计的技巧. 本题有约 20 人做出.

6. 凸六边形 $ABCDEF$ 既有内切圆又有外接圆. 记三角形 ABC、BCD、CDE、DEF、EFA、FAB 的内切圆分别为 ω_B、ω_C、ω_D、ω_E、ω_F、ω_A. 令 l_{AB} 表示 ω_B、ω_A 的另一条外公切线(不为 AB),类似定义 l_{BC}、l_{CD}、l_{DE}、l_{EF}、l_{FA}. 令 l_{FA} 与 l_{AB} 的交点为 A_1,类似定义 B_1、C_1、D_1、E_1、F_1. 若六边形 $A_1B_1C_1D_1E_1F_1$ 是凸六边形,证明:该六边形对角线共点.

证法一 我们证明 A、B、C、D、E、F 对边平行且相等.

设 ω_X 的内心为 I_X,记 $\angle(l_1, l_2)$ 为 l_1、l_2 的夹角.

引理 1 有 $l_{AB} \parallel CF \parallel l_{DE}$ 等.

证明 如图①,我们设 M 为 $\overparen{AB}$(不含 C)的中点. 设过 M 的外接圆的切线为 m,则 $m \parallel AB$. 由熟知结论,FI_AM、CI_BM 共线,且有 $MI_A = MA = MI_B$. 故有

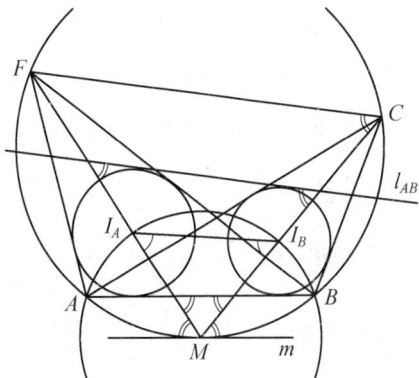

(第 6 题图①)

$$\angle I_A I_B M = \frac{1}{2}(\pi - \angle I_A M I_B) = \frac{1}{2}[\angle(I_B M, m) + \angle(I_A M, m)].$$

又 $\angle(AB, CM) = \angle(CM, m)$，而 l_{AB} 与 AB 关于 $I_A I_B$ 对称. 故

$$\angle(l_{AB}, CM) = 2\angle(I_A I_B, CM) - \angle(AB, CM) = \angle(FM, m).$$

又由弦切角, 有

$$\angle(CF, CM) = \angle(FM, m) = \angle(l_{AB}, CM).$$

故 $l_{AB} /\!/ CF$，同理 $l_{DE} /\!/ CF$，证毕.

引理 2 $A_1 B_1 + C_1 D_1 + E_1 F_1 = A_1 F_1 + D_1 E_1 + B_1 C_1$.

证明 如图②, 我们有(利用切线长相等)

$$\begin{aligned}
LHS - RHS &= (W_E V_D + W_A V_F + W_C V_B) - \\
&\quad (W_D V_C + W_B V_A + W_F V_E) \\
&= (U_E T_D + U_A T_F + U_C T_B) - \\
&\quad - (U_D T_C + U_B T_A + U_F T_E) \\
&= (BC + DE + FA) - (AB + CD + EF).
\end{aligned}$$

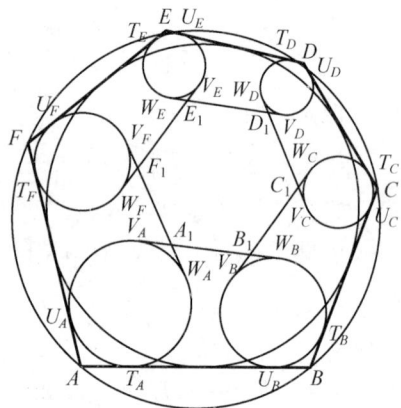

（第 6 题图②）

由于有内切圆, 故最后一式为 0, 证毕.

引理 3 有 $A_1 B_1$ 平行且等于 $E_1 D_1$ 等.

证明 若不然, 不妨设 $A_1 B_1 < E_1 D_1$，则由图 ③ 有:

$$A_1 F_1 > C_1 D_1, \quad B_1 C_1 > E_1 F_1,$$

即 $A_1 F_1 + B_1 C_1 + E_1 D_1 > A_1 B_1 + C_1 D_1 + E_1 F_1$，与引理 2 矛盾.

故 A、B、C、D、E、F 对边平行且相等. 立得结论. □

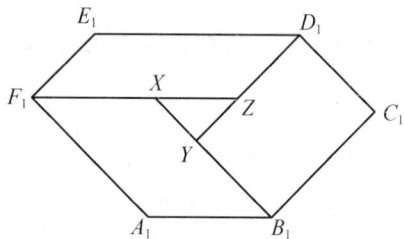

（第 6 题图③）

证法二 我们给出利用引理 1 的另一证法. 如图④, 设 $ABCDEF$ 的内心为 I.

引理 4 $II_A \cdot IA = II_B \cdot IB = \cdots = II_F \cdot IF = \rho^2$，$\rho \in \mathbf{R}_+$ 为某个实数.

证明 由于 $\angle AI_A B = 90° + \frac{1}{2}\angle AFB = 90° + \frac{1}{2}\angle ACB = \angle AI_B B$. 故 A、B、I_A、I_B 共圆. 又由圆幂定理即证.

引理 5 我们有 I_A、A_1、D_1、I_D 共线(及对称结论).

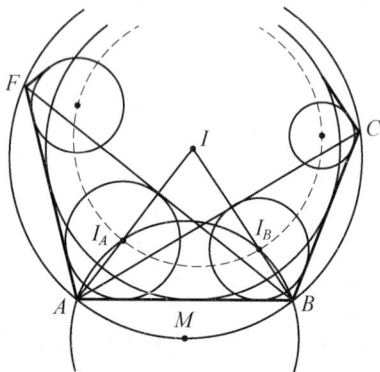

（第 6 题图④）

证明　如图⑤,延长 AI、DI 交外接圆于 N_A、N_D. 我们有:

$$II_A \cdot IA = II_D \cdot ID, \quad IA \cdot IN_A = ID \cdot IN_D.$$

故 $\dfrac{II_A}{IN_A} = \dfrac{II_D}{IN_D}$,即 $I_A I_D \ /\!/ \ N_A N_D$.

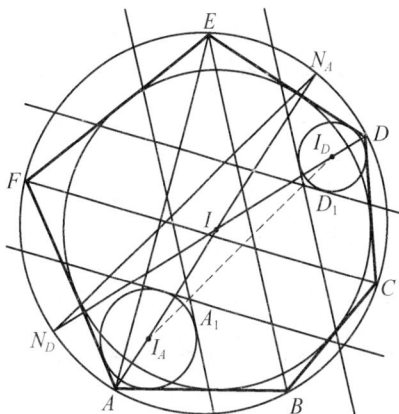

(第 6 题图⑤)

由于 AN_A 为 $\angle FAB$ 的平分线,故 N_A 为 $\overset{\frown}{FDB}$ 的中点. 同理 N_D 为 $\overset{\frown}{CAE}$ 的中点. 所以 $N_A N_D$ 平行于 CF、BE 的夹角平分线(包含 A 点).

又 $CF \ /\!/ \ l_{AB}$,$BE \ /\!/ \ l_{FA}$,且 $I_A A_1$ 为 $\measuredangle(l_{AB}, l_{FA})$ 的平分线. 所以

$$I_A A_1 \ /\!/ \ N_A N_D \ /\!/ \ I_A I_D,$$

即 I_A、I_D、A_1 共线. 同理 I_A、I_D、A_1、D_1 共线.

于是我们仅需证 $I_A I_D$、$I_B I_E$、$I_C I_F$ 共点,由引理 4,以 I 为圆心,ρ 为半径反演知 I_A、I_B、I_C、I_D、I_E、I_F 共圆. 由布列安桑(Brianchon)定理,知 AD、BE、CF 共点. 由如下熟知结论:设 A、B、C、D、E、F 共圆,则 AD、BE、CF 共点等价于 $AB \cdot CD \cdot EF = AF \cdot BC \cdot DE$.(该结论由对三角形 ACE 的角元塞瓦(Ceva) 定理易得.)

因此,当 A、B、C、D、E、F 共圆且 AD、BE、CF 共点时,有

$$AB \cdot CD \cdot EF = BC \cdot DE \cdot FA.$$

又有 $AB = I_A I_B \cdot \dfrac{IA \cdot IB}{\rho^2}$ 等,故

$$I_A I_B \cdot I_C I_D \cdot I_E I_F = I_B I_C \cdot I_D I_E \cdot I_F I_A.$$

故 $I_A I_D$、$I_B I_E$、$I_C I_F$ 共点.　　□

评注　这是一道难度中等的几何题,考试时仅两人做出. 这道题组委会给出了三种证法,这里呈现的是第一、第二种证法,比较自然. 第三种证法依赖于如下定理:

定理　给定两个圆 C、C',折线 $ABCD$ 内接于圆 C 且 AB、BC、CD 均与 C' 相切. 令 I_B、I_C 分别为三角形 ABC、BCD 的内心. 设 l 为与 BC 关于 $I_B I_C$ 对称的直线,则 l 与一个不依赖于 $ABCD$ 的定圆相切.

有了这个定理,结合布列安桑定理就得到了原题的解答. 有兴趣的读者可以自己试着证一下这个定理.

这一道题的各种解答都非常长,需要把题目拆分成几个步骤逐步处理,但是每一个步骤的方法都比较简单自然. 总体而言,这不能算是难题,但考查了对一些常用结论的熟练运用,需要考生比较深入地研究给出的图形.

总评 这次比赛的题目难度相差巨大. 第 1 题、第 4 题甚至低于高联一试难度,第 2 题、第 5 题约为高联二试第二题难度,第 3 题、第 6 题可以作为 CMO 乃至集训队压轴题. 因此,比赛中有大量 28 分出现并非偶然. 作为一次高定位的奥数比赛,第 3 题、第 6 题的质量难以挑剔,但其他题的难度控制似有不妥. 相信这项赛事会越办越好!

2016 年第 57 届国际数学奥林匹克试题及解答

瞿振华

（华东师范大学，200241）

中国　香港

第一天

7 月 11 日　9:00—13:30

1. 已知三角形 BCF 中，$\angle B$ 是直角．在直线 CF 上取点 A，使得 $FA = FB$，且 F 在点 A 和 C 之间．取点 D，使得 $DA = DC$，且 AC 是 $\angle DAB$ 的内角平分线．取点 E，使得 $EA = ED$，且 AD 是 $\angle EAC$ 的内角平分线．设 M 是线段 CF 的中点．取点 X 使得 $AMXE$ 是一个平行四边形（这里 $AM /\!/ EX$，$AE /\!/ MX$）．

证明：直线 BD、FX 和 ME 三线共点．

（比利时　供题）

证明　如图所示．

由条件，我们有

$$\angle FAB = \angle FBA = \angle DAC = \angle DCA = \angle EAD = \angle EDA,$$

记为 θ．由于 $\triangle ABF \backsim \triangle ACD$，有 $\dfrac{AB}{AC} = \dfrac{AF}{AD}$，于是 $\triangle ABC \backsim \triangle AFD$．

又 $EA = ED$，有

$$\angle AFD = \angle ABC = 90° + \theta = 180° - \frac{1}{2}\angle AED.$$

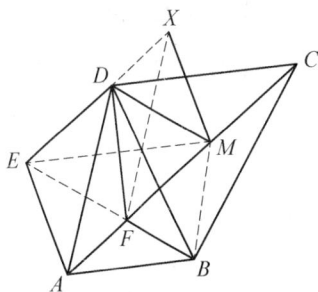

（第 1 题图）

于是 F 在以 E 为圆心，EA 为半径的圆周上，特别地，$EF = EA = ED$．再由

$$\angle EFA = \angle EAF = 2\theta = \angle BFC$$

可知，B、F、E 共线．由于 $\angle EDA = \angle MAD$，因此 $ED /\!/ AM$，从而 E、D、X 共线．由 M 是直角三角形 CBF 斜边 CF 的中点可得，$MF = MB$．在等腰三角形 EFA 和 MFB 中，$\angle EFA = \angle MFB$，$AF = BF$，因此它们全等，从而 $BM = AE = XM$，且

$$BE = BF + FE = AF + FM = AM = EX.$$

从而 $\triangle EMB \cong \triangle EMX$. 又由于 $EF = ED$, D、F 关于 EM 对称, X、B 也关于 EM 对称, 从而直线 BD 和 XF 关于 EM 对称. 由此即得 BD、FX 和 ME 三线共点. □

2. 确定所有正整数 n, 使得可在一张 $n \times n$ 方格表的每一小方格中填入字母 I、M、O 之一, 满足下列条件:

- 在每一行及每一列中, 恰有 $\frac{1}{3}$ 的小方格填入字母 I, $\frac{1}{3}$ 的小方格填入字母 M, $\frac{1}{3}$ 的小方格填入字母 O; 并且

- 在每条对角线上, 若该对角线上的小方格个数是 3 的倍数, 则恰有 $\frac{1}{3}$ 的小方格填入字母 I, $\frac{1}{3}$ 的小方格填入字母 M, $\frac{1}{3}$ 的小方格填入字母 O.

注 一张 $n \times n$ 方格表的行与列按自然的顺序标记为 1 至 n. 由此每个小方格对应于一个正整数对 (i, j), 其中 $1 \leqslant i, j \leqslant n$. 对 $n > 1$, 这张方格表有两类共计 $4n - 2$ 条对角线. 一条第一类对角线是由 $i + j$ 是某个常数的所有小方格 (i, j) 构成, 一条第二类对角线是由 $i - j$ 是某个常数的所有小方格 (i, j) 构成.

(澳大利亚 供题)

解 答案是所有 9 的倍数.

首先, 对下述 9×9 的表格,

$$\begin{pmatrix} I & I & I & M & M & M & O & O & O \\ M & M & M & O & O & O & I & I & I \\ O & O & O & I & I & I & M & M & M \\ I & I & I & M & M & M & O & O & O \\ M & M & M & O & O & O & I & I & I \\ O & O & O & I & I & I & M & M & M \\ I & I & I & M & M & M & O & O & O \\ M & M & M & O & O & O & I & I & I \\ O & O & O & I & I & I & M & M & M \end{pmatrix}$$

容易直接验证满足条件. 对 $n = 9k$, k 是正整数, 将 $n \times n$ 的方格表分成 k^2 个 9×9 的小方格表, 每个小

方格表按上表方式填入 I、M、O. 每一行，每一列，以及每条小方格个数是 3 的倍数的对角线，与每个 9×9 的小方格表的交也是一行，一列或一条小方格个数是 3 的倍数的对角线，或是空集，因此 I、M、O 的个数相同.

下面假设在一张 $n \times n$ 方格表中存在满足要求的填写方式，我们证明 $9 \mid n$. 由于每行中有相同数目的 I、M、O，因此 n 是 3 的倍数. 设 $n = 3k$，其中 k 是正整数. 将这张表格分成 k^2 个 3×3 的小方格表，每个小方格表的中心方格称为关键方格，经过关键方格的线（行线，列线或对角线）均称为关键直线. 考察所有对 (ℓ, c) 构成的集合 S，其中 ℓ 是一条关键直线，c 是填入 M 的一个小方格，且 c 在 ℓ 上. 用两种方式来计算 S 的元素个数.

一方面，在每条关键直线 ℓ 上，恰有 $\frac{1}{3}$ 的小方格填入了 M. 若 ℓ 是行线或列线（共有 k 条关键行线和 k 条关键列线），则 ℓ 上恰有 k 个方格填入 M. 再对关键对角线计算，第一类关键对角线分别含有 $3, 6, 9, \cdots, 3k, 3k-3, \cdots, 3$ 个小方格，第二类关键对角线也是相同情况，因此

$$|S| = 2k \cdot k + 2 \times [1 + 2 + \cdots + k + (k-1) + \cdots + 1] = 2k^2 + 2k^2 = 4k^2.$$

另一方面，对每个填入 M 的小方格 c，要么 c 恰在一条关键直线上，要么 c 恰在 4 条关键直线上（这仅当 c 是关键方格）. 由于整张表格中有 $3k^2$ 个小方格填入 M，$1 \equiv 4 \pmod{3}$，因此

$$|S| \equiv 3k^2 \pmod{3}.$$

从而 $4k^2 = |S| \equiv 3k^2 \pmod{3}$，这导致 $3 \mid k$，从而 $9 \mid n$. 结论获证. □

3. 设 $P = A_1 A_2 \cdots A_k$ 是平面上的一个凸多边形. 顶点 $A_1, A_2, \cdots, A_k$ 的纵横坐标均为整数，且都在一个圆上. P 的面积记为 S. 设 n 是一个正奇数，满足 P 的每条边长度的平方是被 n 整除的整数.

证明：$2S$ 是整数，且被 n 整除.

（俄罗斯　供题）

证明　由皮克 (Pick) 定理知，S 是半整数，因此 $2S$ 是整数. 以下只需对 $n = p^t$ 是奇素数方幂的情形，来证明 $n \mid 2S$.

对 P 的边数 k 进行归纳. 若 P 是三角形，设 P 的三边长分别为 a、b、c，由假设 a^2、b^2、c^2 都被 n 整除. 根据海伦公式，

$$16S^2 = 2a^2 b^2 + 2b^2 c^2 + 2c^2 a^2 - a^4 - b^4 - c^4 \equiv 0 \pmod{n^2},$$

因此 $2S$ 被 n 整除.

假设 $k \geqslant 4$，且结论在小于 k 时均成立. 我们说明 P 有一条对角线，其长度的平方是被 n 整除的整

数.若此结论成立,用这条对角线将 P 分成两个凸多边形 P_1、P_2,设面积分别为 S_1、S_2.由归纳假设可知,$2S_1$、$2S_2$ 都是被 n 整除的整数,因此 $2S = 2S_1 + 2S_2$ 也被 n 整除,从而结论获证.

用反证法来证明我们所需的结论,假设 P 没有一条对角线长度的平方被 $n = p^t$ 整除.用 $v_p(N)$ 表示正整数 N 中素因子 p 的次数.在所有对角线 A_iA_j 中,选取其中一条使得 $v_p(A_iA_j^2)$ 最小,不妨设

$$v_p(A_1A_m^2) = \alpha = \min v_p(A_iA_j^2) < t,$$

这里 $2 < m < k$.

对圆内接四边形 $A_1A_{m-1}A_mA_{m+1}$ 应用托勒密定理,设 $A_1A_{m-1} = a$,$A_{m-1}A_m = b$,$A_mA_{m+1} = c$,$A_{m+1}A_1 = d$,$A_{m-1}A_{m+1} = e$,$A_1A_m = f$,则 $ac + bd = ef$,两边平方即得

$$a^2c^2 + b^2d^2 + 2abcd = e^2f^2.$$

由于 a^2、b^2、c^2、d^2、e^2、f^2 都是正整数,我们有 $2abcd$ 也是正整数.分析等式两边素因子 p 的次数.

$$v_p(a^2c^2) = v_p(c^2) + v_p(a^2) \geqslant t + \alpha,$$

$$v_p(b^2d^2) = v_p(b^2) + v_p(d^2) \geqslant t + \alpha,$$

$$v_p(2abcd) = \frac{1}{2}\big[v_p(a^2c^2) + v_p(b^2d^2)\big] \geqslant t + \alpha.$$

因此

$$v_p(a^2c^2 + b^2d^2 + 2abcd) \geqslant t + \alpha.$$

另一方面,

$$v_p(e^2f^2) = v_p(e^2) + v_p(f^2) < t + \alpha,$$

矛盾.结论获证. □

第二天

7 月 12 日 9:00—13:30

4. 一个由正整数构成的集合称为"芳香集",若它至少有两个元素,且其中每个元素都与其他元素中的至少一个元素有公共的素因子.设 $P(n) = n^2 + n + 1$.试问:正整数 b 最小为何值时能够存在一个非负整数 a,使得集合

$$\{P(a+1), P(a+2), \cdots, P(a+b)\}$$

是一个芳香集?

(卢森堡 供题)

解　b 的最小值为 6. 先证明以下一些结论.

(i) $(P(n), P(n+1))=1.$

这是因为

$$(P(n), P(n+1))=(n^2+n+1, (n+1)^2+(n+1)+1)$$
$$=(n^2+n+1, 2n+2)$$
$$=(n^2+n+1, n+1)$$
$$=(1, n+1)=1.$$

(ii) $(P(n), P(n+2))=1$ 除非 $n \equiv 2 \pmod 7$，此时 $(P(n), P(n+2))=7$.

由于

$$(P(n), P(n+2))=(n^2+n+1, (n+2)^2+(n+2)+1)$$
$$=(n^2+n+1, 4n+6)$$
$$=(n^2+n+1, 2n+3)$$
$$=(4n^2+4n+4, 2n+3)=(7, 2n+3),$$

仅当 $7 \mid 2n+3$，即 $n \equiv 2 \pmod 7$ 时, $(P(n), P(n+2))=7$,否则

$$(P(n), P(n+2))=1.$$

(iii) $(P(n), P(n+3))=1$ 除非 $n \equiv 1 \pmod 3$，此时 $3 \mid (P(n), P(n+3))$.

当 $n \equiv 1 \pmod 3$ 时, $3 \mid P(n)$,故 $3 \mid (P(n), P(n+3))$.

当 $n \not\equiv 1 \pmod 3$ 时, $3 \nmid P(n)$,从而

$$(P(n), P(n+3))=(n^2+n+1, (n+3)^2+(n+3)+1)=(n^2+n+1, 6n+12)$$
$$=(n^2+n+1, n+2)=(4n^2+4n+4, n+2)$$
$$=(3, n+2)=1.$$

(iv) $(P(n), P(n+4))=1$ 除非 $n \equiv 7 \pmod{19}$，此时 $(P(n), P(n+4))=19$.

由于

$$(P(n), P(n+4))=(n^2+n+1, (n+4)^2+(n+4)+1)$$
$$=(n^2+n+1, 8n+20)$$
$$=(n^2+n+1, 2n+5)$$
$$=(4n^2+4n+4, 2n+5)$$
$$=(19, 2n+5),$$

仅当 $19 \mid 2n+5$，即 $n \equiv 7 \pmod{19}$ 时，$(P(n), P(n+4)) = 19$，否则

$$(P(n), P(n+4)) = 1.$$

当 $b=2$ 时，$P(a+1)$ 与 $P(a+2)$ 互素，不存在芳香集.

当 $b=3$ 时，$P(a+2)$ 与 $P(a+1)$，$P(a+3)$ 均互素，也不存在芳香集.

当 $b=4$ 时，若存在芳香集，则 $P(a+2)$ 与 $P(a+4)$ 不互素，$P(a+3)$ 与 $P(a+1)$ 不互素，这仅当 $a+1 \equiv a+2 \equiv 2 \pmod{7}$ 时发生，但这不可能.

当 $b=5$ 时，假设存在芳香集，则 $P(a+3)$ 与 $P(a+1)$，$P(a+5)$ 之一不互素，这表明 $a+1 \equiv 2 \pmod{7}$ 或 $a+3 \equiv 2 \pmod{7}$. 此时 $P(a+2)$ 与 $P(a+4)$ 互素，从而只可能

$$(P(a+2), P(a+5)) > 1, \quad (P(a+4), P(a+1)) > 1.$$

这仅当 $a+1 \equiv a+2 \equiv 1 \pmod{3}$，也不可能.

最后我们说明 $b=6$ 时存在芳香集. 由中国剩余定理，存在正整数 a，使得

$$a+1 \equiv 1 \pmod{3}, \quad a+2 \equiv 7 \pmod{19}, \quad a+3 \equiv 2 \pmod{7}.$$

那么 $(P(a+1), P(a+4)) > 1$，$(P(a+2), P(a+6)) = 19$，$(P(a+3), P(a+5)) = 7$，从而 $\{P(a+1), P(a+2), \cdots, P(a+6)\}$ 是一个芳香集. $\qquad \square$

5. 在黑板上写有方程

$$(x-1)(x-2)\cdots(x-2016) = (x-1)(x-2)\cdots(x-2016),$$

其中等号两边各有 2016 个一次因式. 试问：正整数 k 最小为何值时，可以在等号两边擦去这 4032 个一次因式中的恰好 k 个，使得等号每一边都至少留下一个一次因式，且所得到的方程没有实数根？

（俄罗斯　供题）

解 答案是 2016.

若要使得所得方程无实数根，同一个一次因式在等号两边不能都有，至少删去其中一个，故总共至少需要删去 2016 个一次因式.

下面说明，如果在等式左边删去所有一次因式 $x-k$，$k \equiv 2, 3 \pmod{4}$，在等式右边删去所有一次因式 $x-m$，$m \equiv 0, 1 \pmod{4}$，所得方程

$$\prod_{j=0}^{503}(x-4j-1)(x-4j-4) = \prod_{j=0}^{503}(x-4j-2)(x-4j-3) \tag{1}$$

无实数根. 对实数 x 分情况说明 (1) 式不成立.

情形一：$x = 1, 2, \cdots, 2016$.

在此情形下，(1)式一边等于零，另一边不等于零，因此(1)式不成立.

情形二：$x \in (4k+1, 4k+2) \bigcup (4k+3, 4k+4)$，其中 $k \in \{0, 1, \cdots, 503\}$.

对 $j \in \{0, 1, \cdots, 503\}$，若 $j \neq k$，则

$$(x-4j-1)(x-4j-4) > 0, \quad (x-4j-2)(x-4j-3) > 0;$$

若 $j = k$，则

$$(x-4k-1)(x-4k-4) < 0, \quad (x-4k-2)(x-4k-3) > 0,$$

将这些不等式相乘得(1)式左边小于零，右边大于零，因此(1)式不成立.

情形三：$x < 1$，或 $x > 2016$，或 $x \in (4k, 4k+1)$，其中 $k \in \{1, 2, \cdots, 503\}$.

对 $j \in \{0, 1, \cdots, 503\}$，我们有

$$0 < (x-4j-1)(x-4j-4) < (x-4j-2)(x-4j-3),$$

将这些不等式相乘得(1)式左边小于右边，(1)式不成立.

情形四：$x \in (4k+2, 4k+3)$，其中 $k \in \{0, 1, \cdots, 503\}$.

对 $j \in \{1, 2, \cdots, 503\}$，我们有

$$0 < (x-4j+1)(x-4j-2) < (x-4j)(x-4j-1),$$

此外 $x-1 > x-2 > 0$，$x-2016 < x-2015 < 0$，将这些不等式相乘得

$$\prod_{j=0}^{503}(x-4j-1)(x-4j-4) < \prod_{j=0}^{503}(x-4j-2)(x-4j-3) < 0.$$

(1)式不成立.

综上所述，所需删去一次因式个数的最小值为 2016. □

6. 在平面上有 $n \geqslant 2$ 条线段，其中任意两条线段都交叉，且没有三条线段相交于同一点. 杰夫在每条线段上选取一个端点并放置一只青蛙在此端点上，青蛙面向另一个端点. 接着杰夫会拍 $n-1$ 次手. 每当他拍一次手时，每只青蛙都立即向前跳到它所在线段上的下一个交点. 每只青蛙自始至终不改变跳跃的方向. 杰夫的愿望是能够适当地放置青蛙，使得在任何时刻不会有两只青蛙落在同一个交点上.

(a) 证明：若 n 是奇数，则杰夫总能实现他的愿望.

(b) 证明：若 n 是偶数，则杰夫总不能实现他的愿望.

（捷克　供题）

证明 取一个大圆盘覆盖所有线段,延长线段使得与圆周 ω 交于两点,不妨假设最初时线段的两个端点就在此圆周上,这不影响题目. 因此我们将 n 条线段看作是 ω 的 n 条弦,每两条在内部相交,且没有三条弦相交于同一点. 在 ω 上按顺时针方向将这 n 条弦的 $2n$ 个端点依次记为 A_1, A_2, A_3, $\cdots$, A_{2n}.

(a) 杰夫可将青蛙放在 A_1, A_3, $\cdots$, A_{2n-1} 上. 首先每条弦两侧各有 $n-1$ 个端点,因此这 n 条弦为 $A_i A_{i+n}$, $i=1, 2, \cdots, n$,由于 n 是奇数,i, $i+n$ 一奇一偶,杰夫确实在每条弦的一个端点上放置了一只青蛙. 为证明任何时刻不会有两只青蛙落在同一个交点上,我们考察任意两只青蛙,假设它们是在 A_i、A_{i+2k} 上的两只青蛙,这里 $1 \leqslant k < \dfrac{n}{2}$,下标按模 $2n$ 理解. 设弦 $A_i A_{i+n}$ 与 $A_{i+2k} A_{i+2k+n}$ 相交于点 P. 只需说明线段 $A_i P$ 内部的交点个数与线段 $A_{i+2k} P$ 内部的交点个数不相同. 对于弦 $A_j A_{j+n}$, $j=i+1$, $i+2$, $\cdots$, $i+2k-1$,每条弦恰与线段 $A_i P$、$A_{i+2k} P$ 中的一条相交. 对于其他的弦,要么同时与线段 $A_i P$、$A_{i+2k} P$ 相交,要么同时不相交,因此线段 $A_i P$ 和 $A_{i+2k} P$ 内部的交点总数是奇数,从而不会相等.

(b) 对杰夫的任意一种放置青蛙的方法,一定有两只青蛙放置在相邻的 A_i、A_{i+1} 上,若不然青蛙相间地放置在圆周上,但 n 是偶数,这导致有某个 i,使得 A_i、A_{i+n} 上都有青蛙,不合要求. 设弦 $A_i A_{i+n}$ 与 $A_{i+1} A_{i+n+1}$ 交于点 P. 对于其他任意一条弦,要么同时与线段 $A_i P$、$A_{i+1} P$ 相交,要么同时不相交,因此线段 $A_i P$、$A_{i+1} P$ 内部的交点个数相同,这样在某个时刻,A_i、A_{i+1} 上的青蛙就会同时落在交点 P 上. $\qquad\qquad\square$

2017 年第 58 届国际数学奥林匹克试题及解答

瞿振华

（华东师范大学，200241）

巴西　里约热内卢
第一天

7 月 18 日　9:00—13:30

1. 对每个整数 $a_0 > 1$，定义数列 $a_0, a_1, a_2, \cdots$ 如下：对于任意的 $n \geq 0$，

$$a_{n+1} = \begin{cases} \sqrt{a_n}, & \text{若 } \sqrt{a_n} \text{ 是整数,} \\ a_n + 3, & \text{其他情况.} \end{cases}$$

试求满足下述条件的所有 a_0：存在一个数 A，使得对无穷多个 n，有 $a_n = A$.

（南非　供题）

解　满足条件的 a_0 是所有 3 的倍数.

由于 a_{n+1} 仅由 a_n 确定，故数列 $\{a_n\}$ 中有无穷多项相等，当且仅当该数列是最终周期的，这也等价于该数列是有界的.

注意到完全平方数模 3 同余 0 或 1. 若有某项 $a_k \equiv 2 \pmod 3$，则 a_k 不是平方数，$a_{k+1} = a_k + 3$，并且 $a_{k+1} \equiv 2 \pmod 3$，由归纳法可知，对 $m \geq k$，都有 $a_{m+1} = a_m + 3$，数列从 a_k 起严格递增，于是无上界. 特别，若 $a_0 \equiv 2 \pmod 3$，这样的 a_0 不满足条件.

若 $3 \mid a_k$，则不论 $a_{k+1} = \sqrt{a_k}$ 或 $a_{k+1} = a_k + 3$，仍然有 $3 \mid a_{k+1}$，由归纳法，对 $m \geq k$，a_m 都是 3 的倍数. 特别的，若 $3 \mid a_0$，则数列中每一项都被 3 整除.

假设 $3 \mid a_0$，取定一个完全平方数 $N^2 > a_0$，且 $3 \mid N$. 我们说明对每个 n，有 $a_n \leq N^2$. 反证法，假设存在大于 N^2 项，取最小的 k，使得 $a_k > N^2$. 由于 $3 \mid a_k$，故 $a_k \geq N^2 + 3$. 而 $a_{k-1} \leq N^2$，$a_k - a_{k-1} \leq 3$，故 $a_{k-1} = N^2$，这样按定义 $a_k = N$，矛盾. 故不存在 $a_k > N^2$，因此此数列有界，这样的 a_0 满足要求.

最后考虑 $a_0 \equiv 1 \pmod 3$ 的情况. 易知，若 $3 \nmid a_k$，且 $a_k > 1$，则 $3 \nmid a_{k+1}$，且 $a_{k+1} > 1$. 因此数列 $\{a_n\}$ 中每一项都不被 3 整除，且大于 1. 假设 $\{a_n\}$ 有界，即最终周期，则每一项都模 3 余 1. 取最终周期中的最

大一项 a_k,则 a_k 是完全平方数,否则 $a_{k+1}=a_k+3>a_k$. 设 $a_k=N^2$,于是 $a_{k+1}=N$,从而 $N\equiv 1\pmod 3$,且 $N>1$,即有 $N\geqslant 4$. 由于存在 $j>k$,使得 $a_j=a_k=N^2>(N-2)^2$,而 $a_{k+1}=N\leqslant(N-2)^2$(注意 $N\geqslant 4$),取最小的 $l>k+1$,使得 $a_l>(N-2)^2$,从而 $a_{l-1}\leqslant(N-2)^2<a_l$,于是 $a_l=a_{l-1}+3$. 再由 $a_l\equiv a_{l-1}\equiv 1\pmod 3$,可知 $a_{l-1}=(N-2)^2\equiv 1\pmod 3$,这样由定义 $a_l=N-2$,矛盾. 因此,$a_0\equiv 1\pmod 3$ 也不满足要求. 结论获证. $\square$

2. 设 $\mathbf{R}$ 是全体实数构成的集合. 求所有的函数 $f:\mathbf{R}\to\mathbf{R}$,使得对于任意实数 x 和 y,都有

$$f(f(x)f(y))+f(x+y)=f(xy).$$

(阿尔巴尼亚　供题)

解　将题中所给等式记为 $P(x,y)$. 则由 $P(0,0)$ 可知

$$f(f(0)^2)=0. \tag{1}$$

对任意实数 $x\neq 1$,存在实数 y,满足 $x+y=xy$,事实上,$y=\dfrac{x}{x-1}$. 由 $P\left(x,\dfrac{x}{x-1}\right)$ 可知

$$f\left(f(x)\cdot f\left(\frac{x}{x-1}\right)\right)=0,\ x\neq 1. \tag{2}$$

以下对 $f(0)$ 分两种情形讨论.

情形一:$f(0)=0$. 则由 $P(x,0)$ 可知 $f(x)=0$.

情形二:$f(0)\neq 0$.

结论一:$f(a)=0$,当且仅当 $a=1$.

事实上,由(1)可知存在一个实数 a,使得 $f(a)=0$. 若 $a\neq 1$,则在(2)中令 $x=a$,即得 $f(0)=0$,这与 $f(0)\neq 0$ 的假设矛盾.

由结论一以及(1)得,$f(0)^2=1$,$f(0)=\pm 1$. 先假设 $f(0)=-1$,因为 $f(0)=1$ 的情况只需对 $g(x)=-f(x)$ 来讨论,$g(x)$ 也满足同样的函数方程. 由 $P(x,1)$ 得

$$f(0)+f(x+1)=f(x),$$

即 $f(x+1)=f(x)+1$.

由归纳法易知对任意整数 n,有

$$f(x+n)=f(x)+n. \tag{3}$$

结论二:f 是单射.

反证法,假设存在 $a \neq b$,满足 $f(a) = f(b)$.由(3)可知,对任意整数 N,都有

$$f(a + N + 1) = f(b + N) + 1.$$

选取整数 $N > -b$,则存在实数 x_0、y_0,满足 $x_0 + y_0 = a + N + 1$,$x_0 y_0 = b + N$.由于 $a \neq b$,故 $x_0 \neq 1$,$y_0 \neq 1$.由 $P(x_0, y_0)$ 得

$$f(f(x_0) f(y_0)) + f(a + N + 1) = f(b + N),$$

从而 $f(f(x_0) f(y_0)) + 1 = f(f(x_0) f(y_0) + 1) = 0$.由结论一得 $f(x_0) f(y_0) + 1 = 1$,即 $f(x_0) f(y_0) = 0$.但是 $x_0 \neq 1$,$y_0 \neq 1$,由结论一,$f(x_0) \neq 0$,$f(y_0) \neq 0$,矛盾.

对任意实数 t,由 $P(t, -t)$ 得

$$f(f(t) f(-t)) + f(0) = f(-t^2).$$

从而 $f(f(t) f(-t)) = f(-t^2) + 1 = f(-t^2 + 1)$.由于 f 单射,故

$$f(t) f(-t) = -t^2 + 1. \tag{4}$$

再由 $P(t, 1 - t)$ 得

$$f(f(t) f(1 - t)) + f(1) = f(t(1 - t)).$$

从而 $f(f(t) f(1 - t)) = f(t(1 - t))$.由于 f 单射,故

$$f(t) f(1 - t) = t(1 - t). \tag{5}$$

由于 $f(1 - t) = 1 + f(-t)$,比较(4)、(5)即得 $f(t) = t - 1$.若 $f(0) = 1$,则 $f(t) = 1 - t$.

容易验证 $f_1(x) = 0$,$f_2(x) = x - 1$,$f_3(x) = 1 - x$ 都是满足要求的. □

3. 一个猎人和一只隐形的兔子在欧氏平面上玩一个游戏.已知兔子的起始位置 A_0 和猎人的起始位置 B_0 重合.在游戏的 $n - 1$ 回合之后,兔子位于点 A_{n-1},而猎人位于点 B_{n-1}.在第 n 个回合中,以下三件事情依次发生.

(i) 兔子以隐形的方式移动到一点 A_n,使得 A_{n-1} 和 A_n 之间的距离恰为 1.

(ii) 一个定位设备向猎人反馈一个点 P_n.这个设备唯一能够向猎人保证的事情是,点 P_n 和点 A_n 之间的距离至多为 1.

(iii) 猎人以可见的方式移动到一点 B_n,使得点 B_n 和点 B_{n-1} 之间的距离恰为 1.

试问,是否无论兔子如何移动,也无论定位设备反馈了哪些点,猎人总能够适当地选择她的移动方式,使得在 10^9 个回合之后,她能够确保和兔子之间的距离至多是 100?

(奥地利 供题)

解 猎人无法确保能在 10^9 个回合后与兔子的距离不超过 100.

设 $d_n = A_n B_n$. 如果对某个 $n \leqslant 10^9$, 已有 $d_n > 100$, 那么之后兔子只需每次朝猎人的反方向跳跃即可. 现假设 $d_n \leqslant 100$, 我们说明兔子有适当的移动方式, 并且定位设备的反馈点对兔子"有利"时, 无论猎人采取何种移动方式, 在 200 回合之后, 猎人无法确保 $d_{n+200}^2 < d_n^2 + \dfrac{1}{2}$, 即总有可能 $d_{n+200}^2 \geqslant d_n^2 + \dfrac{1}{2}$.

假设第 n 回合结束后兔子在 $A = A_n$, 猎人在 $B = B_n$, 我们不妨让兔子向猎人明确 A 的位置, 这使得之前定位设备反馈的信息都可忽略. 如图所示, 作射线 BA(当 $B = A$ 时, 任作一条射线), 假如后 200 次定位设备反馈的点恰是沿射线方向从 A 开始每次前进距离 1, 即

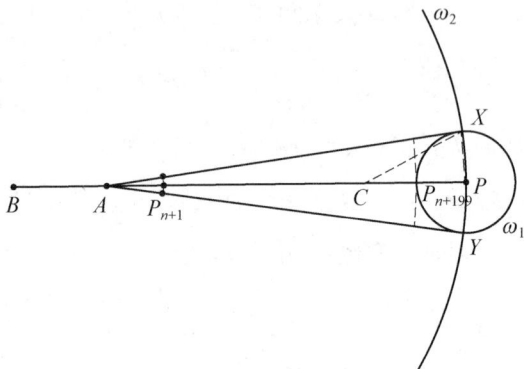

(第 3 题图)

$$A_n P_{n+1} = P_{n+1} P_{n+2} = \cdots = P_{n+199} P_{n+200} = 1.$$

记 $P = P_{n+200}$. 我们不妨提前将之后 200 次反馈的点都告诉猎人, 这只会增加猎人的信息. 猎人看到这 200 次反馈点会如何决定? 显然以 P 为圆心, 1 为半径作圆 ω_1, 兔子在 ω_1 内(含边界). 以 A 为圆心, 200 为半径作圆 ω_2, 兔子也在 ω_2 内(含边界). 设 ω_1 和 ω_2 交于点 X 和 Y, 则兔子在 X 或 Y 都是可能的, 兔子沿 AX 从 A 跳向 X, 或沿 AY 从 A 跳向 Y, 每步跳跃距离等于 1, 这两种跳跃方式以及定位设备的反馈点都是合法的. 假如猎人沿 BP_{n+200} 从 B 移动到 C, $BC = 200$, 则有可能 $d_{n+200}^2 = CX^2$. 假如猎人按任意一种策略移动到某处 Z, 则 Z 在 C 的左侧. 若 Z 在 BC 上方, 则 $ZY^2 \geqslant CY^2$, 若 Z 在 BC 下方, 则 $ZX^2 \geqslant CX^2$, 总之不论猎人怎么选择他的移动方式, 都有可能 $d_{n+200}^2 \geqslant CX^2$.

下面来计算 CX^2. 由斯特瓦尔特(Stewart)定理,

$$CX^2 = \frac{AX^2 \cdot CP + PX^2 \cdot AC}{AP} - AC \cdot CP$$

$$= \frac{200^2 \cdot d_n + 1^2 (200 - d_n)}{200} - (200 - d_n) d_n$$

$$= d_n^2 - \frac{d_n}{200} + 1 \geqslant d_n^2 + \frac{1}{2}.$$

初始时 $d_0 = 0$, 故在 $n_0 = 4 \cdot 10^6 + 200 < 10^9$ 个回合后, 总有可能 $d_{n_0}^2 \geqslant 10^4 + \dfrac{1}{2}$, 即猎人无法保证 $d_{n_0} \leqslant 100$, 从而在 10^9 个回合后, 猎人无法确保能和兔子的距离至多是 100. □

第二天

7 月 19 日 9：00—13：30

4. 设 R 和 S 是圆 Ω 上互异两点,且 RS 不是直径.设 l 是圆 Ω 在点 R 处的切线.平面上一点 T 满足,点 S 是线段 RT 的中点.J 是圆 Ω 的劣弧 $\overparen{RS}$ 上一点,使得三角形 JST 的外接圆 Γ 交 l 于两个不同点.记 Γ 与 l 的交点中接近 R 的那个为 A.直线 AJ 交圆 Ω 于另一点 K.证明:直线 KT 和圆 Γ 相切.

(卢森堡 供题)

证明 如图所示,由 R、K、S、J 共圆,S、J、A、T 共圆,可知

$$\angle KRS = \angle KJS = \angle STA.$$

又 AR 与 Ω 相切,$\angle RKS = \angle TRA$.于是三角形 RKS 与 TRA 相似,从而

$$\frac{RK}{RS} = \frac{TR}{TA}.$$

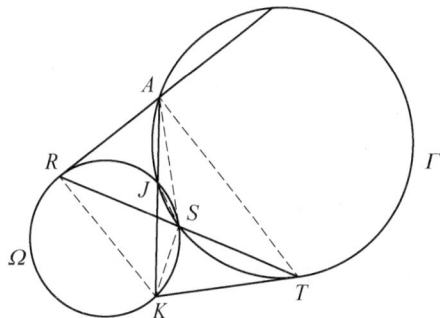

(第 4 题图)

由条件 S 是 RT 的中点,因此 $RS = ST$,于是

$$\frac{RK}{TS} = \frac{RT}{TA},$$

再结合 $\angle KRT = \angle STA$,即得三角形 KRT 与 STA 相似,从而 $\angle SAT = \angle STK$,这表明直线 KT 与圆 Γ 相切. □

5. 给定整数 $N \geqslant 2$.$N(N+1)$ 个身高两两不同的足球队员站成一排.球队教练希望从这些球员中移走 $N(N-1)$ 人,使得这一排上剩下的 $2N$ 名球员满足如下 N 个条件:

(1) 他们当中身高最高的两名球员之间没有别的球员;

(2) 他们当中身高第三和第四的两名球员之间没有别的球员;

⋮

(N) 他们当中身高最矮的两名球员之间没有别的球员.

证明:这总是可以做到的.

(俄罗斯 供题)

证明 将所有 $N(N+1)$ 个队员按身高分成 N 组,最高的 $N+1$ 个人第 1 组,接下来的 $N+1$ 个人第 2 组,$\cdots$,最矮的 $N+1$ 个人第 N 组.教练从这一排中从左往右依次观察这些队员,直至第一次发现有两个人同组,假设 A_1 和 A_2 同组,A_1 在 A_2 的左边,A_1 和 A_2 都在第 t_1 组,那么教练让 A_1、A_2 留下,让 A_2 左边的其他人都离开,并且第 t_1 组中的其他人也都离开.A_2 右边的人都属于其余 $N-1$ 组,每组至多有一人离开,因此每组还至少有 N 人.接着从 A_2 开始往右继续观察剩下的队员,直至再次发现两人同组,假设 A_3、A_4 同组,A_3 在 A_4 的左边,A_3 和 A_4 都在第 t_2 组,教练让 A_3、A_4 留下,A_2 至 A_4 之间的其他人都离开,并且第 t_2 组的其他人也都离开.

如此继续进行下去.当已经确定了 A_1,A_2,$\cdots$,A_{2k-1},A_{2k} 时,他们依次从左至右排列,A_1、A_2 在 t_1 组,A_3、A_4 在 t_2 组,$\cdots$,A_{2k-1}、A_{2k} 在 t_k 组,并且 A_{2k} 右边的人都是剩下的 $N-k$ 组中的人,且每组至少有 $N-k+1$ 个人.如果 $k\leqslant N-1$,从 A_{2k} 开始继续往右观察剩下的队员,一定有两人是同一组的,第一次发现同组的两个人记为 A_{2k+1}、A_{2k+2},A_{2k+1} 在 A_{2k+2} 的左边,设他们是第 t_{k+1} 组的,留下这两个人,让 A_{2k}、A_{2k+2} 之间的其他人离开,让第 t_{k+1} 组的其他人也都离开.

最后我们留下了 $2N$ 个人,A_1,A_2,$\cdots$,A_{2N},在队列中依次从左向右,且每组都恰好留下两个人,每组留下的两个人之间没有其他人,因此结论成立. $\square$

6. 一个本原格点是一个有序整数对 (x,y),其中 x 和 y 的最大公约数是 1.给定一个有限的本原格点集 S,证明,存在一个正整数 n 和整数 a_0,a_1,$\cdots$,a_n,使得对于 S 中的每一个 (x,y),都成立:

$$a_0 x^n + a_1 x^{n-1} y + a_2 x^{n-2} y^2 + \cdots + a_{n-1} x y^{n-1} + a_n y^n = 1.$$

(美国 供题)

证明 对 S 的元素个数归纳.若 $|S|=1$,设 $S=\{(x_0,y_0)\}$.由裴蜀(Bezout)定理,存在整数 a、b,使得 $ax_0+by_0=1$,取齐次整系数多项式 $P(X,Y)=aX+bY$,则对任意 $(x,y)\in S$,有

$$P(x,y)=1.$$

下面假设 $|S|=k\geqslant 2$,并且结论在 $k-1$ 时成立.任取 $(x_0,y_0)\in S$,由贝祖定理,存在整数 a、b,使得 $ax_0+by_0=1$.作平面上的单模整变换

$$T:\mathbf{R}^2 \rightarrow \mathbf{R}^2, \quad T(X,Y)=(aX+bY, -y_0 X+x_0 Y),$$

T 将 $\mathbf{Z}^2$ 到 $\mathbf{Z}^2$ 作一一对应,并且将本原格点也映到本原格点.如果对 $T(S)$,存在齐次整系数多项式 $P(X,Y)$,使得对任意 $(x,y)\in T(S)$,$P(x,y)=1$,那么齐次整系数多项式

$$P(T(X,Y))=P(aX+bY, -y_0 X+x_0 Y),$$

就满足对任意 $(x，y) \in S，P(T(x，y)) = 1$. 我们只需对 $W = T(S)$ 来证明. 注意 $T(x_0，y_0) = (1，0) \in W$. 记 $W' = W \backslash \{(1，0)\}$. 由归纳假设, 存在齐次整系数多项式 $F(X，Y)$, 使得对任意 $(x，y) \in W'$, 都有 $F(x，y) = 1$. 设 $W' = \{(x_1，y_1)，\cdots，(x_{k-1}，y_{k-1})\}$, 令

$$G(X，Y) = \prod_{i=1}^{k-1} (-x_i Y + y_i X)，$$

于是对 $1 \leqslant i \leqslant k-1$, 都有 $G(x_i，y_i) = 0$, 而 $G(1，0) = y_1 y_2 \cdots y_{k-1} = a$. 设

$$F(X，Y) = a_0 X^n + a_1 X^{n-1} Y + \cdots + a_n Y^n.$$

由于

$$F(x_i，y_i) = a_0 x_i^n + y_i (a_1 x_i^{n-1} + \cdots + a_n y_i^{n-1}) = 1，$$

故 $(a_0，y_i) = 1，1 \leqslant i \leqslant n-1$. 从而 $(a_0，a) = 1$. 取正整数 d, 使得 $a_0^d \equiv 1 (\bmod a)$, 且 $d > \deg G$. 令 $M = \dfrac{a_0^d - 1}{a} \in \mathbf{Z}$, 且

$$P(X，Y) = F(X，Y)^d - M X^{d \deg F - \deg G} G(X，Y).$$

于是 $P(X，Y)$ 是 $d \deg F$ 次齐次整系数多项式. 对 $1 \leqslant i \leqslant k-1$,

$$P(x_i，y_i) = F(x_i，y_i)^d - M x_i^{d \deg F - \deg G} G(x_i，y_i) = 1 - 0 = 1，$$

而

$$P(1，0) = F(1，0)^d - M G(1，0) = a_0^d - \frac{a_0^d - 1}{a} \cdot a = 1.$$

□

2018 年第 59 届国际数学奥林匹克试题及解答

瞿振华

（华东师范大学，200241）

罗马尼亚　克卢日纳波卡

第一天

7 月 9 日　9:30—14:00

1. 设 Γ 是锐角三角形 ABC 的外接圆. 点 D 和 E 分别在线段 AB 和 AC 上，满足 $AD = AE$. 线段 BD 和 CE 的垂直平分线分别与 Γ 的劣弧 $\overset{\frown}{AB}$ 和 $\overset{\frown}{AC}$ 交于点 F 和 G. 证明：直线 DE 与 FG 平行（或重合）.

（希腊　供题）

证明　如图所示，点 P、Q、R 分别是 Γ 上劣弧 $\overset{\frown}{BC}$、$\overset{\frown}{CA}$、$\overset{\frown}{AB}$ 的中点，点 M、N 分别是线段 AB、AC 的中点，O 是 Γ 的圆心，于是 O、M、R 共线，O、N、Q 共线.

由 $AD = AE$，AP 平分 $\angle BAC$，可知 $AP \perp DE$. 另一方面

$$\frac{1}{2}\overset{\frown}{AQ} + \frac{1}{2}\overset{\frown}{PBR} = \frac{B}{2} + \frac{A+C}{2} = 90°,$$

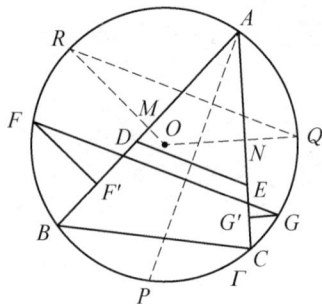

（第 1 题图）

故 $QR \perp AP$，从而 $DE \parallel RQ$.

只需证明 $FG \parallel RQ$，这等价于 $\overset{\frown}{FR} = \overset{\frown}{GQ}$. 设 F'、G' 分别是线段 BD、CE 的中点，则 $FF' \perp AB$，$GG' \perp AC$，从而 $FF' \parallel OR$，$GG' \parallel OQ$. 由于

$$F'M = BM - BF' = \frac{1}{2}(AB - BD)$$

$$= \frac{AD}{2} = \frac{AE}{2}$$

$$= G'N,$$

故直线 FF' 与 GG' 分别到 Γ 的过圆心的直线 OR 与 OQ 的距离相等，故 $\overset{\frown}{FR} = \overset{\frown}{GQ}$，结论获证.　□

2. 求所有整数 $n \geqslant 3$,使得存在实数 a_1,a_2,$\cdots$,a_{n+2},满足 $a_{n+1}=a_1$,$a_{n+2}=a_2$,并且对 $i=1$,2,$\cdots$,n,都有

$$a_i a_{i+1}+1=a_{i+2}.$$

(斯洛伐克　供题)

解　所求 n 是所有 3 的倍数.

一方面,若 n 是 3 的倍数,设 $n=3k$,取 $a_{3i-2}=a_{3i-1}=-1$,$a_{3i}=2$,$i=1$,2,$\cdots$,k,$a_{n+1}=a_{n+2}=-1$,容易验证对 $i=1$,2,$\cdots$,n,都有 $a_i a_{i+1}+1=a_{i+2}$,满足要求.

另一方面,假设存在满足条件的 a_1,a_2,$\cdots$,a_{n+2},将其延拓为以 n 为周期的两端无穷的数列,则对任意整数 i,都有 $a_i a_{i+1}+1=a_{i+2}$.我们依次证明以下结论.

(1) 不存在 i,使得 $a_i>0$,$a_{i+1}>0$.

如果存在这样的 i,使得 $a_i>0$,$a_{i+1}>0$,则 $a_{i+2}=a_i a_{i+1}+1>1$.易用归纳法证明,对所有 $m \geqslant i+2$,都有 $a_m>1$,从而对 $m \geqslant i+2$,有

$$a_{m+2}=a_m a_{m+1}+1>a_m a_{m+1}>a_{m+1},$$

于是 $a_{m+1}<a_{m+2}<a_{m+3}<\cdots<a_{m+n+1}$,这与 $a_{m+n+1}=a_{m+1}$ 矛盾.

(2) 不存在 i,使得 $a_i=0$.

如果存在这样的 i,使得 $a_i=0$,则 $a_{i+1}=a_{i-1}a_i+1=1$,$a_{i+2}=a_i a_{i+1}+1=1$,这与(1)矛盾.

(3) 不存在 i,使得 $a_i<0$,$a_{i+1}<0$,$a_{i+2}<0$.

如果存在这样的 i,使得 $a_i<0$,$a_{i+1}<0$,$a_{i+2}<0$.则 $a_{i+2}=1+a_i a_{i+1}>0$,矛盾.

(4) 不存在 i,使得 $a_i>0$,$a_{i+1}<0$,$a_{i+2}>0$.

如果存在这样的 i,使得 $a_i>0$,$a_{i+1}<0$,$a_{i+2}>0$,则由(1)知,$a_{i-1}<0$,$a_{i+3}<0$.由于 $0<a_{i+2}=1+a_i a_{i+1}<1$,而 $|a_{i+1}a_{i+2}|=|a_{i+3}-1|>1$,故 $|a_{i+1}|>1$,从而 $a_{i+1}<-1$.又由

$$|a_i a_{i+1}|=|a_{i+2}-1|<1,$$

得 $|a_i|<1$,从而 $0<a_i<1$.再由 $a_{i-2}a_{i-1}=a_i-1<0$,得 $a_{i-2}>0$.由 $a_{i+1}<0$,$0<a_i<1$,可得

$$a_{i-1}=\frac{a_{i+1}-1}{a_i}<a_{i+1}-1<a_{i+1}.$$

因此,由 $a_i>0$,$a_{i+1}<0$,$a_{i+2}>0$,我们推出了 $a_{i-1}<0$,$a_{i-2}>0$,并且 $a_{i-1}<a_{i+1}$.用归纳法易知,对 $k \geqslant 0$,有 $a_{i-2k}>0$,$a_{i-2k+1}<0$,并且 $a_{i+1}>a_{i-1}>a_{i-3}>a_{i-5}>\cdots$.特别有 $a_{i+1}>a_{i+1-2n}$,这与所定义的数列 $\{a_m\}_{m \in \mathbf{Z}}$ 以 n 为周期矛盾.

由(1),(2),(3),(4)可知任意连续三项 a_i、a_{i+1}、a_{i+2} 中恰有一项为正数,两项为负数,因此这个数列的符号以 3 为周期. 由于其中至少有一项是正数,假设 $a_i > 0$,则 $a_{i+n} > 0$,从而 $3 \mid n$. □

3. 一个反帕斯卡三角形是由一些数排成的等边三角形数阵,其中每个不在最后一行的数都恰好等于排在它下面的两个数的差的绝对值. 例如,下面的数阵是一个反帕斯卡三角形,它共有四行,并且恰含有 1 至 10 中的每个整数.

$$
\begin{array}{ccccccc}
& & & 4 & & & \\
& & 2 & & 6 & & \\
& 5 & & 7 & & 1 & \\
8 & & 3 & & 10 & & 9
\end{array}
$$

试问:是否存在一个共有 2018 行的反帕斯卡三角形,恰含有 1 至 $1+2+\cdots+2018$ 中的每个整数?

（伊朗 供题）

解 不存在.

反证法,假设存在这样一个反帕斯卡三角形. 记 $N = 1+2+\cdots+2018$,将第 i 行中从左至右的第 j 个数记为 $a_{i,j}$. 设 $a_1 = a_{1,1}$,将 a_1 下方的两个数中大的数记为 a_2,小的数记为 b_2,又将 a_2 下方的两个数中大的数记为 a_3,小的数记为 b_3,如此下去,我们将 a_i 下方的两个数中大的数记为 a_{i+1},小的数记为 b_{i+1},$i = 1, 2, \cdots, 2017$.

由反帕斯卡三角形的定义,有 $a_i = a_{i+1} - b_{i+1}$,$i = 1, 2, \cdots, 2017$,因此

$$a_{2018} = a_1 + b_2 + b_3 + \cdots + b_{2018}.$$

由于 $a_1, b_2, b_3, \cdots, b_{2018}$ 是 2018 个互不相同的正整数,故

$$a_1 + b_2 + b_3 + \cdots + b_{2018} \geqslant 1 + 2 + 3 + \cdots + 2018 = N.$$

而 $a_{2018} \leqslant N$,故只能 $a_{2018} = N$,并且 $\{a_1, b_2, b_3, \cdots, b_{2018}\} = \{1, 2, 3, \cdots, 2018\}$.

设 $a_{2018} = a_{2018, j}$,由对称性,不妨设 $j \leqslant 1009$,因此

$$a_{2018}, b_{2018} \in \{a_{2018, 1}, a_{2018, 2}, \cdots, a_{2018, 1010}\}.$$

于是 $a_1, a_2, \cdots, a_{2018}, b_2, b_3, \cdots, b_{2018}$ 全部都在以下集合 S 中:$S = \{a_{i,j} \mid j \leqslant 1010\}$.

考虑剩下的反帕斯卡三角形 $T = \{a_{i,j} \mid 1011 \leqslant i \leqslant 2018, 1011 \leqslant j \leqslant i\}$.

记 $c_{2011} = a_{1011, 1011}$,对 $i = 1011, 1012, \cdots, 2017$,将 c_i 下方的两个数中大的数记为 c_{i+1},小的数记为 d_{i+1}. 由于 $c_i = c_{i+1} - d_{i+1}$,$i = 1011, 1012, \cdots, 2017$,于是

$$c_{2018} = c_{1011} + d_{1012} + d_{1013} + \cdots + d_{2018}.$$

由于 c_{2011}，d_{1012}，d_{1013}，$\cdots$，d_{2018} 均在 T 中，不在 S 中，它们都大于 2018，且互不相同，故

$$c_{1011} + d_{1012} + d_{1013} + \cdots + d_{2018} \geqslant 2019 + 2020 + \cdots + 3026 = 2\,542\,680$$

$$> N = 2\,037\,171.$$

这与 $c_{2018} \leqslant N$ 矛盾. 因此反证法假设不成立,满足题意的反帕斯卡三角形不存在. □

第二天

7 月 10 日 9:30—14:00

4. 我们所谓一个位置是指直角坐标平面上的一个点 (x,y),其中 x、y 都是不超过 20 的正整数.

最初时,所有 400 个位置都是空的. 甲乙两人轮流摆放石子,由甲先进行. 每次轮到甲时,他在一个空的位置上摆上一个新的红色石子,要求任意两个红色石子所在位置之间的距离都不等于 $\sqrt{5}$. 每次轮到乙时,他在任意一个空的位置上摆上一个新的蓝色石子(蓝色石子所在位置与其他石子所在位置之间的距离可以是任意值). 如此这般进行下去直至某个人无法再摆放石子.

试确定最大的整数 K,使得无论乙如何摆放蓝色石子,甲总能保证至少摆放 K 个红色石子.

(亚美尼亚 供题)

解 $K = 100$.

首先,甲有策略可以保证至少摆放 100 个红色石子. 将所有位置分为奇偶两类,若 $2 \nmid x + y$,则称位置 (x,y) 是奇位置,否则称其为偶位置. 由于任意两个奇位置之间的距离都不等于 $\sqrt{5}$,且奇位置共有 200 个,故甲可以在前 100 次轮到自己时都在空的奇位置上摆放红色石子,这样甲可以保证至少摆放 100 个红色石子.

其次,乙有策略让甲不能摆放 101 个红色石子. 考虑一个 4×4 的点阵,可以分成 4 组,如下所示,标记同一个字母的四个位置为一组.

A B C D

C D A B

B A D C

D C B A

同一组的四个位置,将其中距离等于 $\sqrt{5}$ 的两个点连线,均构成一个平行四边形. 乙采用如下策略,先将 400 个位置分成 25 个 4×4 的点阵,每个点阵中都按上图方式分成 4 组,每组 4 个点,并且在每组中将距

离为 $\sqrt{5}$ 的两个点连线,这样构成了 100 个平行四边形. 甲每次在某个平行四边形中选择了一个顶点摆放红色石子 P,乙就在这个平行四边形上与 P 相对的顶点上摆放蓝色石子,这样与 P 相邻的两个顶点上甲都不能再摆放红色石子. 这样甲在每个平行四边形上至多摆放一个红色石子,因此甲无法摆放 101 个红色石子.

综上可知,所求 $K = 100$. □

5. 设 a_1,a_2,$\cdots$ 是一个无限项正整数序列. 已知存在整数 $N > 1$,使得对每个整数 $n \geqslant N$,

$$\frac{a_1}{a_2} + \frac{a_2}{a_3} + \cdots + \frac{a_{n-1}}{a_n} + \frac{a_n}{a_1}$$

都是整数. 证明:存在正整数 M,使得 $a_m = a_{m+1}$ 对所有整数 $m \geqslant M$ 都成立.

（蒙古 供题）

证明 由条件可知,对整数 $n \geqslant N$,

$$\left(\frac{a_1}{a_2} + \frac{a_2}{a_3} + \cdots + \frac{a_n}{a_{n+1}} + \frac{a_{n+1}}{a_1}\right) - \left(\frac{a_1}{a_2} + \frac{a_2}{a_3} + \cdots + \frac{a_{n-1}}{a_n} + \frac{a_n}{a_1}\right) = \frac{a_n}{a_{n+1}} + \frac{a_{n+1}}{a_1} - \frac{a_n}{a_1}$$

是整数. 从而对 $n \geqslant N$,

$$\frac{a_1 a_n}{a_{n+1}} + a_{n+1} - a_n$$

是整数,于是 $a_{n+1} \mid a_1 a_n$. 由归纳法易证,对 $n \geqslant N$,有 $a_n \mid a_1 a_N^{n-N}$. 设 P 是 $a_1 a_N$ 的所有素因子构成的集合,则 P 是有限集合. 对 $n \geqslant N$,由于 $a_n \mid a_1 a_N^{n-N}$,故 a_n 的素因子都在 P 中.

要证明 $\{a_n\}_{n \geqslant 1}$ 最终是常数,只需对每个素数 $p \in P$,证明 $\{v_p(a_n)\}_{n \geqslant 1}$ 最终是常数.

设 $p \in P$,$n \geqslant N$,则下面两个结论必居其一:

(i) $v_p(a_{n+1}) \leqslant v_p(a_n)$;

(ii) $v_p(a_{n+1}) > v_p(a_n)$,且 $v_p(a_{n+1}) = v_p(a_1)$.

事实上,若 $v_p(a_{n+1}) > v_p(a_n)$,则 $v_p\left(\frac{a_n}{a_{n+1}}\right) < 0$,$v_p\left(\frac{a_n}{a_1}\right) < v_p\left(\frac{a_{n+1}}{a_1}\right)$,由于

$$v_p\left(\frac{a_n}{a_{n+1}} + \frac{a_{n+1}}{a_1} - \frac{a_n}{a_1}\right) \geqslant 0,$$

再结合 $v_p\left(\frac{a_n}{a_{n+1}}\right) < 0$ 可知,$v_p\left(\frac{a_n}{a_{n+1}}\right)$、$v_p\left(\frac{a_n}{a_1}\right)$、$v_p\left(\frac{a_{n+1}}{a_1}\right)$ 中的最小值至少出现两次,故

$$v_p\left(\frac{a_n}{a_{n+1}}\right)=v_p\left(\frac{a_n}{a_1}\right),$$

即 $v_p(a_{n+1})=v_p(a_1)$.

我们再证明(iii)：若 $v_p(a_n)=v_p(a_1)$，其中 $n\geqslant N$，$p\in P$，则

$$v_p(a_{n+1})=v_p(a_1).$$

若 $v_p(a_{n+1})\neq v_p(a_1)$，则由(i)(ii)可知，只能 $v_p(a_{n+1})<v_p(a_n)=v_p(a_1)$. 此时

$$v_p\left(\frac{a_n}{a_{n+1}}\right)>0,\ v_p\left(\frac{a_n}{a_1}\right)=0,\ v_p\left(\frac{a_{n+1}}{a_1}\right)<0,$$

从而

$$v_p\left(\frac{a_n}{a_{n+1}}+\frac{a_{n+1}}{a_1}-\frac{a_n}{a_1}\right)=v_p\left(\frac{a_{n+1}}{a_1}\right)<0,$$

这与 $\dfrac{a_n}{a_{n+1}}+\dfrac{a_{n+1}}{a_1}-\dfrac{a_n}{a_1}$ 是整数矛盾.

设 $p\in P$. 分两种情形讨论.

情形一：对所有 $n\geqslant N$，都有 $v_p(a_{n+1})\leqslant v_p(a_n)$. 此时 $\{v_p(a_n)\}_{n\geqslant N}$ 是单调不增的非负整数序列，最终是常数.

情形二：存在 $n_0\geqslant N$，使得 $v_p(a_{n_0+1})>v_p(a_{n_0})$. 由(ii)知，$v_p(a_{n_0+1})=v_p(a_1)$. 再由(iii)及归纳法可知，对 $n\geqslant n_0$，都有 $v_p(a_n)=v_p(a_1)$，从而 $\{v_p(a_n)\}$ 也是最终是常数. $\qquad\square$

---

6. 在凸四边形 $ABCD$ 中，$AB\cdot CD=BC\cdot DA$. 点 X 在四边形 $ABCD$ 内部，且满足

$$\angle XAB=\angle XCD,\ \angle XBC=\angle XDA.$$

证明：$\angle BXA+\angle DXC=180°$.

（波兰　供题）

证明　首先注意到，我们只需证明

$$\frac{XB}{XD}=\frac{AB}{CD},\tag{1}$$

以及

$$\frac{XA}{XC}=\frac{DA}{BC}.\tag{2}$$

这是因为由(1)及正弦定理,得

$$\frac{\sin\angle AXB}{\sin\angle XAB} = \frac{AB}{XB} = \frac{CD}{XD} = \frac{\sin\angle CXD}{\sin\angle XCD},$$

再由题目条件 $\angle XAB = \angle XCD$,得 $\sin\angle AXB = \sin\angle CXD$. 类似地,由(2)可得

$$\sin\angle DXA = \sin\angle BXC.$$

如果 $\angle AXB + \angle CXD = 180°$,或 $\angle DXA + \angle BXC = 180°$,则结论成立. 如果

$$\angle AXB = \angle CXD, \quad \angle DXA = \angle BXC,$$

则 X 是 AC、BD 的交点,由条件可知四边形 $ABCD$ 是平行四边形. 再由 $AB \cdot CD = BC \cdot DA$ 可知,四边形 $ABCD$ 是菱形,此时 $AC \perp BD$,结论仍然成立.

下面证明(1)和(2)成立. 以 X 为中心,1 为半径做反演变换. 分别以 A'、B'、C'、D' 表示 A、B、C、D 反演后的像. 如图①所示.

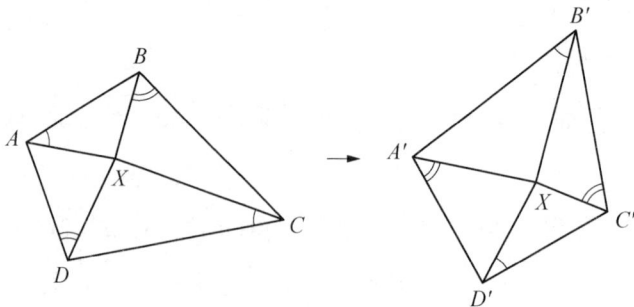

(第6题图①)

由于 $XA \cdot XA' = XB \cdot XB' = XC \cdot XC' = XD \cdot XD'$,故三角形 XAB 与 $XB'A'$ 相似,三角形 XBC 与 $XC'B'$ 相似,故

$$\angle XB'A' = \angle XAB = \angle XCD, \quad \angle XCB = \angle XB'C',$$

从而

$$\angle BCD = \angle BCX + \angle XCD = \angle XB'C' + \angle A'B'X = \angle A'B'C'.$$

类似可得 $\angle CDA = \angle B'C'D'$,$\angle DAB = \angle C'D'A'$,$\angle ABC = \angle D'A'B'$. 故四边形 $ABCD$ 与 $D'A'B'C'$ 的对应内角相等. 又利用相似可知

$$\frac{A'B'}{AB} = \frac{XB'}{XA} = \frac{1}{XA \cdot XB},$$

故 $A'B' = \dfrac{AB}{XA \cdot AB}$. 对 $B'C'$、$C'D'$、$D'A'$ 也有类似的计算公式. 于是

$$A'B' \cdot C'D' = \frac{AB}{XA \cdot XB} \cdot \frac{CD}{XC \cdot XD}$$

$$= \frac{BC}{XB \cdot XC} \cdot \frac{DA}{XD \cdot XA} = B'C' \cdot D'A'.$$

因此四边形 $ABCD$ 与四边形 $D'A'B'C'$ 具有相同的内角,以及对边乘积相等的性质,我们证明它们是相似的四边形.

引理 设四边形 $XYZT$ 和四边形 $X'Y'Z'T'$ 是两个凸四边形,对应的内角相等,并且

$$XY \cdot ZT = YZ \cdot TX, \quad X'Y' \cdot Z'T' = Y'Z' \cdot T'X',$$

则这两个四边形相似.

引理证明 如图②所示,作四边形 XYZ_1T_1 与 $X'Y'Z'T'$ 相似,T_1 和 Z_1 分别在射线 XT 和 YZ 上.假设四边形 $XYZT$ 与 $X'Y'Z'T'$ 不相似,则 $T_1 \neq T$, $Z_1 \neq Z$.并且由于内角相同,$T_1Z_1 \parallel TZ$.不妨设 T_1 在线段 XT 的内部.设线段 XZ,T_1Z_1 交于点 U.

于是

$$\frac{T_1X}{T_1Z_1} < \frac{T_1X}{T_1U} = \frac{TX}{ZT} = \frac{XY}{YZ} < \frac{XY}{YZ_1},$$

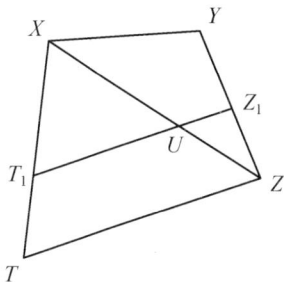

(第 6 题图②)

从而 $T_1X \cdot YZ_1 < T_1Z_1 \cdot XY$,矛盾.

回到原题中,我们证明了四边形 $ABCD$ 与 $D'A'B'C'$ 相似. 于是

$$\frac{BC}{AB} = \frac{A'B'}{D'A'} = \frac{AB}{XA \cdot XB} \cdot \frac{XD \cdot XA}{DA} = \frac{AB}{AD} \cdot \frac{XD}{XB},$$

从而

$$\frac{XB}{XD} = \frac{AB^2}{BC \cdot AD} = \frac{AB^2}{AB \cdot CD} = \frac{AB}{CD}.$$

我们证明了(1),类似地证明(2). □

二、新星奥林匹克(NSMO)真题及解答评析

2

2016 年春季上海新星数学奥林匹克试题与解答

施柯杰

（上海大学，200444）

2016 年春季上海新星数学奥林匹克于 4 月 18 日 8 点到 12 点在上海举行. 下面介绍此次考试的试题和解答.

Ⅰ. 试题

1. 在锐角 $\triangle ABC$ 中，$AB \neq AC$，O、H 分别是其外心和垂心，M 为 BC 的中点，D 是 MH 与 $\triangle ABC$ 的外接圆的交点，且 H 在 D、M 之间. 证明：AD、BC、OH 共点当且仅当 $AB^2 + AC^2 = 2BC^2$.

（吉林大学附属中学　于翔宇　供题）

2. 设 n，a_1，a_2，$\cdots$，a_k 均为大于 1 的整数，使得 $n!$ 被 $a_1!\ a_2!\ \cdots a_k!$ 整除. 证明

$$a_1 + a_2 + \cdots + a_k < \frac{5}{2}n.$$

（苏州大学　余红兵　供题）

3. 正整数数列 a_1，a_2，$\cdots$ 满足

$$\min(a_i, a_j) = a_{\gcd(i, j)}, \ \max(a_i, a_j) = a_{\mathrm{lcm}(i, j)}$$

对所有 $i, j \geqslant 1$ 都成立，其中 $\gcd(i, j)$、$\mathrm{lcm}(i, j)$ 分别表示 i、j 的最大公约数和最小公倍数. 求 a_1，a_2，$\cdots$，a_{2016} 中不同整数个数的最大可能值.

（上海大学　施柯杰　供题）

4. 已知 n 为给定的正整数，S 是 $\{1, 2, \cdots, n\}$ 的一个子集. 求最小的正整数 k，使得对任意满足 $|S| \geqslant k$ 的子集 S，都可以找到 S 中若干个元素（不一定不同）其和为 2 的幂.

（深圳第三高级中学　饶家鼎　供题）

5. 设 O 为锐角 $\triangle ABC$ 的外心，点 P 是 $\triangle ABC$ 的内点，P 关于边 BC 的中点的对称点为 P_a、P_a

关于边 BC 的对称点为 Q_a、AQ_a 的中点记为 R_a. 同样可定义 R_b、R_c. 证明:

$$\frac{S_{\triangle R_a R_b R_c}}{S_{\triangle ABC}} = \frac{1}{4}\left(1 - \frac{OP^2}{OA^2}\right).$$

(湖北武钢三中　王逸轩　熊昱滔　供题)

6. 设 $z \in \mathbf{C}$, $n \in \mathbf{N}(n \geqslant 2)$, 证明:

$$|1 + z + z^2 + \cdots + z^{n-1}|^2 \leqslant \left(1 + |z|^2 + \frac{2}{n-1}\operatorname{Re}z\right)^{n-1}.$$

(上海大学　冷岗松　供题)

Ⅱ. 解答

1. 在锐角 $\triangle ABC$ 中, $AB \neq AC$, O、H 分别是其外心和垂心, M 为 BC 的中点, D 是 MH 与 $\triangle ABC$ 的外接圆的交点, 且 H 在 D、M 之间. 证明: AD、BC、OH 共点当且仅当 $AB^2 + AC^2 = 2BC^2$.

(吉林大学附属中学　于翔宇　供题)

证明 如图, 设 G 为 $\triangle ABC$ 的重心, 则由欧拉定理知 O、G、H 三点共线.

设 F 为直线 AO 与 MH 的交点, 由 $OM \parallel AH$ 且 $OM = \frac{1}{2}AH$ 知 O 为 AF 的中点, 即 F 为 A 的对径点. 因此 AF 为 $\odot O$ 的直径, 故 $AD \perp FD$.

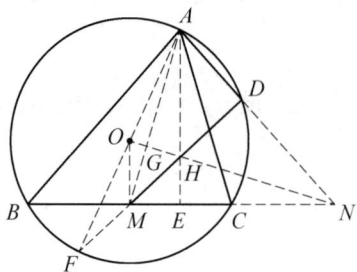

(第1题图)

由题意, 不妨设 $AB > AC$. 则此时点 H 与点 C 在直线 OM 同侧, 故点 D 与点 C 也在 OM 同侧, 从而点 A 与点 D 在 OM 同侧. 又因为 A、B、C、D 四点均在圆 O 上, 所以 AD 与 BC 不可能平行, 否则 A、D 将在直线 OM 的异侧.

故可设直线 AD 与 BC 交于点 N, 直线 AH 与 BC 交于点 E, 则 $AE \perp MN$, $MD \perp AN$. 从而 H 为 $\triangle AMN$ 的垂心, 故 $NH \perp AM$. 因此

$$OH、AD、BC \text{ 共点} \Leftrightarrow O、H、N \text{ 共线}$$
$$\Leftrightarrow O、G、H、N \text{ 共线}$$
$$\Leftrightarrow OG \perp AM$$
$$\Leftrightarrow AO^2 - OM^2 = AG^2 - GM^2.$$

而由中线公式知

$$AG^2 - GM^2 = \left(\frac{4}{9} - \frac{1}{9}\right)AM^2 = \frac{1}{6}\left(AB^2 + AC^2 - \frac{BC^2}{2}\right),$$

$$AO^2 - OM^2 = BO^2 - OM^2 = \frac{1}{4}BC^2.$$

故

$$AO^2 - OM^2 = AG^2 - GM^2$$

$$\Leftrightarrow \frac{1}{6}\left(AB^2 + AC^2 - \frac{BC^2}{2}\right) = \frac{1}{4}BC^2$$

$$\Leftrightarrow AB^2 + AC^2 = 2BC^2.$$

结论得证,且每一步都是充要的. $\qquad\qquad\square$

2. 设 $n, a_1, a_2, \cdots, a_k$ 均为大于 1 的整数,使得 $n!$ 被 $a_1!a_2!\cdots a_k!$ 整除. 证明

$$a_1 + a_2 + \cdots + a_k < \frac{5}{2}n.$$

(苏州大学　余红兵　供题)

证明　用反证法. 假设存在某个满足条件的整数组 $(a_1, \cdots, a_k)$,使得

$$S_0 = a_1 + a_2 + \cdots + a_k \geqslant \frac{5}{2}n,$$

则在所有满足条件的和为 S_0 的数组中取 k 最大的一个,仍记作 $(a_1, \cdots, a_k)$.

若存在 $i(1 \leqslant i \leqslant k)$,使得 $a_i \geqslant 4$,则考察整数组

$$(a_1, \cdots, a_{i-1}, 2, a_i - 2, a_{i+1}, \cdots, a_k), \qquad\qquad (*)$$

它们的和仍为 S 且注意到 $\dfrac{a_i!}{2!(a_i-2)!} = C_{a_i}^2$ 是整数,从而

$$a_1! \cdots a_{i-1}!2!(a_i-2)!a_{i+1}! \cdots a_k! \mid a_1! \cdots a_k!.$$

故新得到数组 $(*)$ 仍符合条件且此时 k 更大,矛盾!

因此对每个 $i(1 \leqslant i \leqslant k)$,有 $a_i \in \{2, 3\}$.

设有 a 个 2,b 个 3,则

$$\prod_{i=1}^{k} a_i! = 2^{a+b} \cdot 3^b.$$

所以由条件可知 $2^{a+b} \mid n!$,$3^b \mid n!$.

记 $\nu_2(n!)$、$\nu_3(n!)$ 分别表示 $n!$ 中 2 的幂次和 3 的幂次,则

$$\nu_2(n!) = \sum_{j=1}^{\infty}\left[\frac{n}{2^j}\right] < \sum_{j=1}^{\infty}\frac{n}{2^j} = n,$$

$$\nu_3(n!) = \sum_{j=1}^{\infty}\left[\frac{n}{3^j}\right] < \sum_{j=1}^{\infty}\frac{n}{3^j} = \frac{n}{2}.$$

所以 $a+b<n$,$b<\dfrac{n}{2}$. 从而

$$S_0 = 2a + 3b < \frac{5}{2}n.$$

矛盾! $\square$

3. 正整数数列 a_1,a_2,$\cdots$满足

$$\min(a_i, a_j) = a_{\gcd(i, j)},\ \max(a_i, a_j) = a_{\mathrm{lcm}(i, j)}$$

对所有 i,$j \geqslant 1$ 都成立,其中 $\gcd(i, j)$、$\mathrm{lcm}(i, j)$ 分别表示 i、j 的最大公约数和最小公倍数. 求 a_1,a_2,$\cdots$,a_{2016} 中不同整数个数的最大可能值.

(上海大学　施柯杰　供题)

解　所求不同整数个数的最大可能值为 11.

事实上,我们可以证明任一个满足条件的正整数数列 a_1,a_2,$\cdots$,a_n 中最多有 $1+[\log_2 n]$ 个不同正整数. 　　　　　　　　　　　　　　　　　　　　　　　　　　　　　　　　　　（ * ）

为方便,记 a_1,a_2,$\cdots$,a_n 中不同整数的个数为 S_n.

一方面,取 $a_k = 2^{\nu_2(k)}(k=1, 2, \cdots, n)$,其中 $\nu_2(k)$ 表示 k 的因子中 2 的幂次. 此时对所有 i,$j \geqslant 1$,满足

$$\min(a_i, a_j) = 2^{\min(\nu_2(i),\nu_2(j))} = 2^{\nu_2(\gcd(i, j))} = a_{\gcd(i, j)},$$

$$\max(a_i, a_j) = 2^{\max(\nu_2(i),\nu_2(j))} = 2^{\nu_2(\mathrm{lcm}(i, j))} = a_{\mathrm{lcm}(i, j)}.$$

即数列 a_1,a_2,$\cdots$,a_n 符合要求,且此时 $S_n = 1 + [\log_2 n]$.

另一方面,我们用数学归纳法证明(*),即 $S_n \leqslant 1 + [\log_2 n]$.

当 $n=1$ 时,结论显然成立.

假设结论对所有 $k \leqslant n-1(n \geqslant 2)$ 都成立,考虑 n 时的情形.

对任意 $d > 1$,由于 $\min(a_1, a_d) = a_1$,$\max(a_1, a_d) = a_d$,从而 $a_1 = \min\limits_{1 \leqslant i \leqslant n} a_i$.

若不存在 $d>1$,使得 $a_d>a_1$,则 $S_n=1$,($*$)成立.

反之,取 d 是满足 $a_d>a_1$ 最小的数,即对任意 $d'<d$,均有 $a_{d'}=a_1$.

对任意 $x>1$,若 $d\nmid x$,由于 $\min(a_d,a_x)=a_{\gcd(d,x)}$,而 $\gcd(d,x)<d$,则由 d 的最小性,可知 $\min(a_d,a_x)=a_1$,因此 $a_x=a_1$.

故 $a_1,a_2,\cdots,a_n$ 中不同的整数至多是在 $a_1,a_d,a_{2d},\cdots,a_{\left[\frac{n}{d}\right]d}$ 这 $\left[\frac{n}{d}\right]+1$ 个数中取. 记 $b_k=a_{kd}\left(k=1,2,\cdots,\left[\frac{n}{d}\right]\right)$,则

$$\min(b_i,b_j)=\min(a_{id},a_{jd})=a_{\gcd(i,j)d}=b_{\gcd(i,j)},$$
$$\max(b_i,b_j)=\max(a_{id},a_{jd})=a_{\text{lcm}(i,j)d}=b_{\text{lcm}(i,j)}.$$

故数列 $b_1,\cdots,b_{\left[\frac{n}{d}\right]}$ 满足题设条件,由归纳假设,数列 $b_1,\cdots,b_{\left[\frac{n}{d}\right]}$ 中至多有 $\left[\log_2\left[\frac{n}{d}\right]\right]+1$ 个不同的整数,从而 $a_1,a_2,\cdots,a_n$ 中不同的整数个数 S_n 满足

$$S_n\leqslant 1+\left[\log_2\left[\frac{n}{d}\right]\right]+1\leqslant 1+[\log_2 n].$$

故($*$)得证. $\square$

4. 已知 n 为给定的正整数,S 是 $\{1,2,\cdots,n\}$ 的一个子集. 求最小的正整数 k,使得对任意满足 $|S|\geqslant k$ 的子集 S,都可以找到 S 中若干个元素(不一定不同)其和为 2 的幂.

(深圳第三高级中学　饶家鼎　供题)

解 所求 k 的最小值为 $\left[\frac{n}{3}\right]+1$.

我们先证明如下引理.

引理 设 a、b 是两个互素的正整数,则存在 $k,l\in\mathbf{N}$,使得 $ka+lb$ 为 2 的幂.

事实上,选取 $s\in\mathbf{N}_+$,满足 $2^s>ab$.

由于 $(a,b)=1$,则存在 $k_0\in\{0,1,\cdots,b-1\}$,使得 $k_0a\equiv 2^s(\bmod b)$. 因此取 $l_0=\dfrac{2^s-k_0a}{b}\in\mathbf{Z}$,又

$$l_0=\frac{2^s-k_0a}{b}>\frac{ab-ab}{b}=0,$$

故 l_0 为正整数. 此时,$k_0a+l_0b=2^s$ 即为所求. 引理得证.

回到原题.

首先考虑 $\{1, 2, \cdots, n\}$ 的子集 $\overline{S} = \left\{ 3i \mid i = 1, 2, \cdots, \left[\dfrac{n}{3}\right] \right\}$，其中若干个元素之和一定是 3 的倍数，不为 2 的幂. 这表明 $k > |\overline{S}| = \left[\dfrac{n}{3}\right]$，即 $k \geqslant \left[\dfrac{n}{3}\right] + 1$.

下面证明：对任意 $S \subseteq \{1, 2, \cdots, n\}$ 满足 $|S| \geqslant \left[\dfrac{n}{3}\right] + 1$，都可以找到 S 中的若干个元素（不一定不同），其和为 2 的幂. $\hfill (\ast)$

用反证法. 假设不能找到 S 中的若干元素（这些元素可以相同），使得其和为 2 的幂，那么易知 $1 \notin S$，$2 \notin S$.

考虑如下 $\left[\dfrac{n}{3}\right]$ 个集合

$$S_i = \{n - 3i, \; n - 3i - 1, \; n - 3i - 2\}, \; i = 0, 1, 2, \cdots, \left[\dfrac{n}{3}\right] - 1.$$

这样的 S_i 将集合 $\{3, 4, \cdots, n\}$ 分成了 $\left[\dfrac{n}{3}\right]$ 组，又 $1, 2 \notin S$，则

$$S \subseteq S_0 \bigcup S_1 \bigcup \cdots \bigcup S_{\left[\frac{n}{3}\right] - 1}.$$

因为 $|S| > \left[\dfrac{n}{3}\right]$，由抽屉原理，必存在正整数 m，使得

$$|S \bigcap \{m, m+1, m+2\}| \geqslant 2.$$

由于 $(m, m+1) = (m+1, m+2) = 1$，$(m, m+2) = 1$ 或 2，故必存在 $a, b \in S$，使得 $(a, b) = 1$ 或 $(a, b) = 2$.

若 $(a, b) = 1$，则由引理知存在 $k, l \in \mathbf{N}$，使得 $ka + lb$ 为 2 的幂，矛盾！

若 $(a, b) = 2$，则 $\left(\dfrac{a}{2}, \dfrac{b}{2}\right) = 1$，再由引理知存在 $k, l \in \mathbf{N}$，使得 $k\dfrac{a}{2} + l\dfrac{b}{2}$ 为 2 的幂. 此时 $ka + lb$ 也为 2 的幂，矛盾！

故 $(\ast)$ 得证. $\hfill \square$

5. 设 O 为锐角 $\triangle ABC$ 的外心，点 P 是 $\triangle ABC$ 的内点，P 关于边 BC 的中点的对称点为 P_a，P_a 关于边 BC 的对称点为 Q_a，AQ_a 的中点记为 R_a. 同样可定义 R_b、R_c. 证明：

$$\frac{S_{\triangle R_a R_b R_c}}{S_{\triangle ABC}} = \frac{1}{4}\left(1 - \frac{OP^2}{OA^2}\right).$$

（湖北武钢三中　王逸轩　熊昱滔　供题）

证明　如图,设 M、N 分别为 P_cP、P_cQ_c 与 AB 的交点,则 MN 为 $\triangle PP_cQ_c$ 的中位线.

从而 $PQ_c \parallel AB$ 且 $PQ_c = 2MN$, 即 PQ_c 关于 AB 的中垂线 OM 对称. 所以 $OP = OQ_c$. 同样 $OP = OQ_a = OQ_b$. 故 P、Q_a、Q_b、Q_c 四点共圆.

由于 $PQ_c \parallel AB$, $PQ_a \parallel BC$, 因此 $\angle Q_cPQ_a = \angle ABC$. 而由 P、Q_a、Q_b、Q_c 四点共圆可得 $\angle Q_aQ_bQ_c = \angle Q_cPQ_a$, 故 $\angle Q_aQ_bQ_c = \angle ABC$. 同理可得 $\angle Q_cQ_aQ_b = \angle CAB$, $\angle Q_aQ_cQ_b = \angle ACB$. 故 $\triangle Q_aQ_bQ_c \backsim \triangle ABC$.

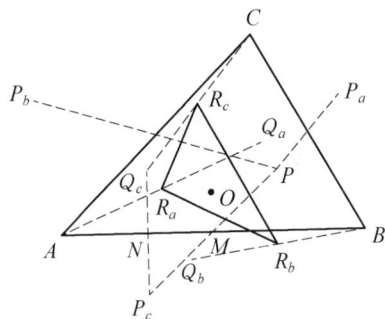

(第 5 题图)

又 O 为 $\triangle Q_aQ_bQ_c$ 与 $\triangle ABC$ 的公共外心,从而 $\triangle OQ_aQ_c \backsim \triangle OAC$(逆向相似). 因此

$$\frac{OQ_a}{OQ_c} = \frac{OA}{OC}, \quad \angle Q_cOQ_a = \angle COA,$$

从而

$$OQ_a \cdot OC = OA \cdot OQ_c, \quad \angle COQ_a = \angle AOQ_c.$$

以下三角形的面积均为有向面积(即顺时针为正,逆时针为负),则

$$S_{\triangle AOQ_c} = S_{\triangle COQ_a} = -S_{\triangle Q_aOC}.$$

因为 R_a、R_c 为 AQ_a、CQ_c 的中点,故

$$\begin{aligned}
S_{\triangle R_aOR_c} &= \frac{1}{2}(S_{\triangle AOR_c} + S_{\triangle Q_aOR_c})\\
&= \frac{1}{4}(S_{\triangle AOQ_c} + S_{\triangle AOC} + S_{\triangle Q_aOC} + S_{\triangle Q_aOQ_c})\\
&= \frac{1}{4}(S_{\triangle AOC} + S_{\triangle Q_aOQ_c}).
\end{aligned}$$

同理,

$$S_{\triangle R_aOR_b} = \frac{1}{4}(S_{\triangle AOB} + S_{\triangle Q_aOQ_b}), \quad S_{\triangle R_bOR_c} = \frac{1}{4}(S_{\triangle BOC} + S_{\triangle Q_bOQ_c}).$$

故

$$\begin{aligned}
S_{\triangle R_aR_bR_c} &= S_{\triangle R_aOR_b} + S_{\triangle R_cOR_a} + S_{\triangle R_bOR_c}\\
&= \frac{1}{4}(S_{\triangle ABC} + S_{\triangle Q_aQ_bQ_c}).
\end{aligned}$$

另一方面,由逆向相似得

$$S_{\triangle Q_a Q_b Q_c} = -\frac{OP^2}{OA^2} \cdot S_{\triangle ABC}.$$

因此

$$S_{\triangle R_a R_b R_c} = \frac{1}{4}\left(1 - \frac{OP^2}{OA^2}\right) S_{\triangle ABC}.$$

□

6. 设 $z \in \mathbf{C}$, $n \in \mathbf{N}(n \geqslant 2)$,证明:

$$|1 + z + z^2 + \cdots + z^{n-1}|^2 \leqslant \left(1 + |z|^2 + \frac{2}{n-1}\mathrm{Re}z\right)^{n-1}.$$

(上海大学　冷岗松　供题)

证明　注意到

$$1 + z + z^2 + \cdots + z^{n-1} = \frac{z^n - 1}{z - 1} = \frac{\prod_{k=1}^{n}(z - \mathrm{e}^{\frac{2\pi ik}{n}})}{z - 1} = \prod_{k=1}^{n-1}(z - \mathrm{e}^{\frac{2\pi ik}{n}}),$$

又因为

$$\sum_{k=1}^{n} \mathrm{e}^{\frac{2\pi ik}{n}} = 0 \Longleftrightarrow \sum_{k=1}^{n-1} \mathrm{e}^{\frac{2\pi ik}{n}} = -1,$$

因此

$$|1 + z + z^2 + \cdots + z^{n-1}|^{\frac{2}{n-1}}$$

$$= \prod_{k=1}^{n-1} |z - \mathrm{e}^{\frac{2\pi ik}{n}}|^{\frac{2}{n-1}}$$

$$= \prod_{k=1}^{n-1}(1 - z \cdot \mathrm{e}^{\frac{-2\pi ik}{n}} - \bar{z} \cdot \mathrm{e}^{\frac{2\pi ik}{n}} + |z|^2)^{\frac{1}{n-1}}$$

$$\leqslant \sum_{k=1}^{n-1} \frac{1 - z \cdot \mathrm{e}^{\frac{-2\pi ik}{n}} - \bar{z} \cdot \mathrm{e}^{\frac{2\pi ik}{n}} + |z|^2}{n-1}$$

$$= 1 + |z|^2 + \frac{z + \bar{z}}{n-1}$$

$$= 1 + |z|^2 + \frac{2}{n-1}\mathrm{Re}(z).$$

□

2016 年秋季上海新星数学奥林匹克试题解答与评析

吴尉迟[1]　施柯杰[2]

(1. 上海大学，200444；2. 复旦大学附属中学，200433)

2016 年秋季上海新星数学奥林匹克于 12 月 4 日 8 点到 12 点在上海举行. 下面介绍此次考试的试题和解答.

Ⅰ. 试题

1. 设 $x_1, x_2, \cdots, x_n$ 是 n 个不同的实数，记 $D = \max\limits_{1 \leqslant i < j \leqslant n} |x_i - x_j|$. 证明：存在 $x_1, x_2, \cdots, x_n$ 的一个排列 $y_1, y_2, \cdots, y_n$ 使得

$$\left| \sum_{i=1}^{n} i y_i \right| \geqslant \frac{n-1}{2} D.$$

（上海大学　冷岗松　供题）

2. 设 A 是任意大于 1 的整数，$p_1, \cdots, p_k$ 是 k 个互不相同的素数 $(k \geqslant 1)$. 证明：存在整数 $x \geqslant 0$ 使得满足 $x < m \leqslant x + A$，且与所有 $p_i (i = 1, \cdots, k)$ 均互素的正整数 m 的个数不超过 $A \prod\limits_{i=1}^{k} \left(1 - \dfrac{1}{p_i} \right)$.

（苏州大学　余红兵　供题）

3. 如图，在 $\triangle ABC$ 中，$AB > AC$，点 H 为垂心，点 S、M 在边 BC 上且满足 $BM = CM$，$\angle BHM = \angle CHS$，点 P 为点 A 在直线 HS 上的射影. 证明：$\triangle MPS$ 的外接圆与 $\triangle ABC$ 的外接圆相切.

（上海理工大学　张思汇　供题）

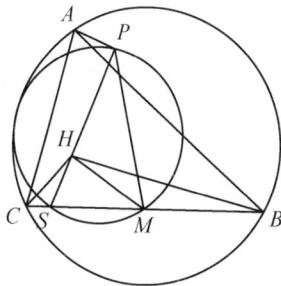

（第 3 题图）

4. 对每个正整数 n，用 $S_2(n)$ 表示 n 在二进制表示下的各位数字之和. 证明：存在无穷多个正整数对 $(a_1, b_1), (a_2, b_2), \cdots$，使得对任意正整

数 k，均有 $\dfrac{a_k}{b_k} = \dfrac{S_2(a_k)}{S_2(b_k)}$，且 $\dfrac{a_1}{b_1}$，$\dfrac{a_2}{b_2}$，$\cdots$ 的值两两不同.

（华东师范大学　何忆捷　供题）

5. 设 $n \geqslant 2$ 为整数，A_1，A_2，$\cdots$，A_{2^n} 为 $\{1, 2, \cdots, n\}$ 的所有子集的任一个排列. 求

$$\sum_{i=1}^{2^n} |A_i \bigcap A_{i+1}| \cdot |A_i \bigcup A_{i+1}|$$

的最大值，其中 $A_{2^n+1} = A_1$.

（北京大学　吴苗　供题）

6. 设 A_1，A_2，$\cdots$，A_{13} 是太空中的 13 颗新星. 对任意 i，j（$1 \leqslant i < j \leqslant 13$），从新星 A_i 通行至 A_j，或从新星 A_j 通行至 A_i，需花费 $f(i, j)$ 个太空币. 问是否可将各 $f(i, j)$（$1 \leqslant i < j \leqslant 13$）的值设定为两两不同的正整数，使得从 A_1 出发，以无论何种次序经过 A_2，A_3，$\cdots$，A_{13} 各一次，再回到 A_1，总是恰好花费 2017 个太空币？

（华东师范大学　何忆捷　供题）

Ⅱ. 解答

1. 设 x_1，x_2，$\cdots$，x_n 是 n 个不同的实数，记 $D = \max\limits_{1 \leqslant i < j \leqslant n} |x_i - x_j|$. 证明：存在 x_1，x_2，$\cdots$，x_n 的一个排列 y_1，y_2，$\cdots$，y_n 使得

$$|\sum_{i=1}^{n} iy_i| \geqslant \frac{n-1}{2}D.$$

（上海大学　冷岗松　供题）

证法一　不妨设 $\max\limits_{1 \leqslant i < j \leqslant n} |x_i - x_j| = |x_1 - x_n|$. 令

$$X = x_1 + 2x_2 + \cdots + (n-1)x_{n-1} + nx_n,$$
$$Y = nx_1 + 2x_2 + \cdots + (n-1)x_{n-1} + x_n.$$

则对任意 $\sigma \in S_n$，有

$$\max_{\sigma \in S_n} |\sum_{i=1}^{n} ix_{\sigma(i)}| \geqslant \max\{|X|, |Y|\} \geqslant \frac{|X-Y|}{2}$$

$$= \frac{1}{2}(n-1)|x_n - x_1|$$

$$= \frac{n-1}{2}D.$$

证法二 设 $y_1 \leqslant y_2 \leqslant \cdots \leqslant y_n$ 为 $x_1, x_2, \cdots, x_n$ 的递增排列,则

$$\max_{1 \leqslant i < j \leqslant n} |x_i - x_j| = y_n - y_1.$$

记 $X = \sum_{i=1}^{n} i y_i,\ Y = \sum_{i=1}^{n} i y_{n+1-i}$,则由排列不等式知

$$\sum_{i=2}^{n-1} i y_i \geqslant \sum_{i=2}^{n-1} i y_{n+1-i}.$$

从而

$$X - Y = (n y_n + y_1) - (n y_1 + y_n) + \sum_{i=2}^{n-1} i(y_i - y_{n+1-i})$$

$$\geqslant (n-1)(y_n - y_1)$$

$$= (n-1) \max_{1 \leqslant i < j \leqslant n} |x_i - x_j|.$$

因此

$$\max(|X|, |Y|) \geqslant \frac{1}{2}(|X| + |Y|) \geqslant \frac{1}{2}|X - Y|$$

$$\geqslant \frac{1}{2}(n-1) \max_{1 \leqslant i < j \leqslant n} |x_i - x_j|.$$

故 $x_1, \cdots, x_n$ 的排列 $y_1 \leqslant \cdots \leqslant y_n$ 或 $y_n \leqslant \cdots \leqslant y_1$ 满足要求,结论成立. □

评注 此题难度并不大.此类存在性问题可以采用优化的思想.选取两个 $x_1, \cdots, x_n$ 的排列,并用绝对值的三角不等式得出结论.事实上,此题是下面命题的一个特例:

设 $x_1, x_2, \cdots, x_n$ 是 n 个向量,$\alpha_1, \alpha_2, \cdots, \alpha_n$ 是 n 个实数,则存在 $x_1, x_2, \cdots, x_n$ 的一个排列 $y_1, y_2, \cdots, y_n$ 使得

$$|\sum_{i=1}^{n} \alpha_i y_i| \geqslant \frac{n-1}{2} D,$$

其中 $D = \max\limits_{1 \leqslant i < j \leqslant n} |x_i - x_j|$.

2. 设 A 是任意大于 1 的整数,$p_1, \cdots, p_k$ 是 k 个互不相同的素数($k \geqslant 1$).证明:存在整数 $x \geqslant 0$ 使得满足 $x < m \leqslant x + A$,且与所有 $p_i (i = 1, \cdots, k)$ 均互素的正整数 m 的个数不超过 $A \prod\limits_{i=1}^{k} \left(1 - \dfrac{1}{p_i}\right)$.

(苏州大学　余红兵　供题)

证明 记 $B_k = p_1 \cdots p_k$，因为模 B_k 的一个缩系中恰有 $\varphi(B_k)$ 个数与 B_k 互素，而区间 $[1, AB_k]$ 可表示为 A 个模 B_k 的缩系之并，故该区间中恰有 $A\varphi(B_k) = Ap_1 \cdots p_k \left(1 - \dfrac{1}{p_1}\right) \cdots \left(1 - \dfrac{1}{p_k}\right)$ 个数与 $p_1 \cdots p_k$ 互素，这里 φ 是欧拉函数.

另一方面，区间 $[1, AB_k]$ 可表示为下面 B_k 个区间的并：

$$(0, A], \ (A, 2A], \ \cdots, \ ((B_k - 1)A, \ B_k A].$$

记第 i 个区间中与 B_k 互素的个数为 x_i，$i = 1, \cdots, B_k$，则由上面结果知

$$\sum_{1 \leqslant i \leqslant B_k} x_i = AB_k \left(1 - \frac{1}{p_1}\right) \cdots \left(1 - \frac{1}{p_k}\right).$$

故有一个 $i \in \{1, 2, \cdots, B_k\}$，使得 $x_i \leqslant A \left(1 - \dfrac{1}{p_1}\right) \cdots \left(1 - \dfrac{1}{p_k}\right)$，即区间 $((i-1)A, \ iA]$ 符合要求，即可取 $x = (i-1)A$. $\qquad\square$

评注 此题可以利用欧拉函数性质，采用整体估计的方法，然后利用平均值原理便可证明.

3. 如图①，在 $\triangle ABC$ 中，$AB > AC$，点 H 为垂心，点 S、M 在边 BC 上且满足 $BM = CM$，$\angle BHM = \angle CHS$，点 P 为点 A 在直线 HS 上的射影. 证明：$\triangle MPS$ 的外接圆与 $\triangle ABC$ 的外接圆相切.

（上海理工大学 张思汇 供题）

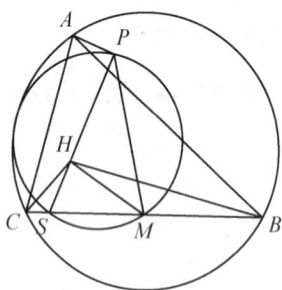 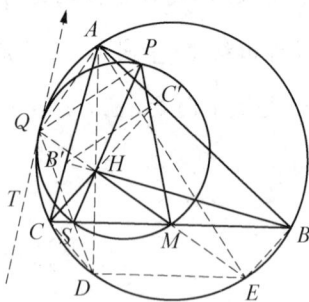

（第 3 题图①）　　　　（第 3 题图②）

证法一 如图②，连结 AH 并延长交 $\triangle ABC$ 的外接圆于点 D，作 $DE \parallel BC$ 与 $\triangle ABC$ 的外接圆交于点 E.

易知 D、H 关于 BC 对称，故 $\angle HCB = \angle BCD = \angle CBE$，因此 $CH \parallel BE$. 由此推出 $EB \perp AB$. 故 AE 为 $\triangle ABC$ 的外接圆的直径.

又由 $CH = CD = EB$，结合 $CH \parallel BE$ 知四边形 $CHBE$ 为平行四边形，所以 EH 过点 M.

设 B'、C' 为 B、C 在 AC、AB 上的射影,延长 EH 交 $\triangle ABC$ 的外接圆于点 Q. 由 $\angle AQH = \angle AQE = 90° = \angle APH$,得 A、Q、B'、H、C'、P 共圆,且以 AH 为直径.

由 $\angle BHM = \angle CHS$ 可得 $\angle B'HQ = \angle C'HP$. 所以 $QB' = PC'$(相等的圆周角所对弦长相等),故有 $PQ \parallel B'C'$.

由 $\angle EAB + \angle B'C'A = 90° - \angle AEB + \angle ACB = 90°$,得 $AE \perp B'C'$. 所以

$$AE \perp PQ.$$

结合 $AQ \perp QE$ 有

$$\angle AQP = \angle AEQ.$$

由此推出

$$\angle SDH = \angle SHD = \angle AHP = \angle AQP$$
$$= \angle AEQ = \angle ADQ = \angle QDH,$$

所以点 Q、S、D 共线. 再由

$$\angle QPS = \angle QPH = \angle QAH = \angle QAD = \angle QED = \angle QMS,$$

得 P、Q、S、M 四点共圆 ω.

过点 Q 作 $\triangle ABC$ 外接圆的切线,由

$$\angle TQS = \angle TQD = \angle QED = \angle QMS,$$

知 TQ 也是圆 ω 的切线.

故 $\triangle MPS$ 的外接圆与 $\triangle ABC$ 的外接圆相切,证毕. □

证法二 (杭州二中学生竺沈涵等) 如图③,设 $\odot(ABC)$ 的外心为 O,取 A 关于 $\odot O$ 的对径点 E,连结 AE. 则 $BE \perp AB$,$CE \perp AC$,结合 $CH \perp AB$,$BH \perp AC$ 可知 $BE \parallel CH$,$CE \parallel BH$. 所以四边形 $BHCE$ 是平行四边形,结合 M 是中点可得 H、M、E 三点共线.

延长 EH 交 $\odot O$ 于 Q 点,从而由 $\angle AQH = \angle APH = 90°$ 可知 A、T、H、P 四点共圆. 连结 AH 并延长交 $\triangle ABC$ 的外接圆于点 D,易知 D、H 关于 BC 对称. 结合四边形 $BHCE$ 是平行四边形,有 $CD = CH = BE$,从而 $BC \parallel DE$.

另一方面,

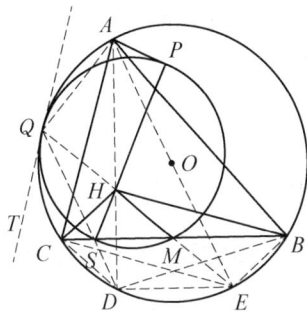
(第 3 题图③)

$$\angle PQM = \angle PQH = \angle PAH = 90° - \angle AHP = 90° - \angle SHD = \angle PSM,$$

所以有 P、Q、S、M 四点共圆 ω.

连结 QS、SD. 由 H、D 关于 BC 对称可知

$$\angle CDS = \angle CHS = \angle BHM = \angle BHE$$

$$= \angle CEH = \angle CEQ = \angle CDQ.$$

故 Q、S、D 三点共线.

过点 Q 作 $\triangle ABC$ 的外接圆的切线,由 Q、S、D 三点共线和 $BC /\!/ DE$ 可得

$$\angle TQS = \angle TQD = \angle QED = \angle QMS,$$

因此,TQ 也是圆 ω 的切线.

故 $\triangle MPS$ 的外接圆与 $\triangle ABC$ 的外接圆相切,证毕. □

评注 此题巧妙地将切点"隐藏"了起来,所以要点是找出切点,再利用垂心的一些对称性质来证明.

4. 对每个正整数 n,用 $S_2(n)$ 表示 n 在二进制表示下的各位数字之和. 证明:存在无穷多个正整数对 (a_1,b_1),(a_2,b_2),…,使得对任意正整数 k,均有 $\dfrac{a_k}{b_k} = \dfrac{S_2(a_k)}{S_2(b_k)}$,且 $\dfrac{a_1}{b_1}$,$\dfrac{a_2}{b_2}$,… 的值两两不同.

（华东师范大学　何忆捷　供题）

证法一 首先证明,对每个正整数 k,存在正整数 m_k,满足

$$S_2(m_k) = 2^{k+1}, \ S_2(3m_k) = 3. \qquad ①$$

为此,取

$$m_k = 1 + \left(\sum_{i=1}^{t_k} 2^{2i-1}\right) + 2^{2t_k}, \qquad ②$$

其中 $t_k = 2^{k+1} - 2$.

由②知,$S_2(m_k) = t_k + 2 = 2^{k+1}$. 又考虑到

$$3m_k = 3 + 3 \cdot \frac{2 \cdot (2^{2t_k} - 1)}{2^2 - 1} + 3 \cdot 2^{2t_k}$$

$$= 3 + 2 \cdot (2^{2t_k} - 1) + 3 \cdot 2^{2t_k}$$

$$= 1 + 5 \cdot 2^{2t_k} = 1 + 2^{2t_k} + 2^{2t_k+2},$$

故 $S_2(3m_k)=3$. 从而由 ② 所定义的正整数 m_k 满足 ①.

以下令

$$a_k=2^{k+1}m_k,\ b_k=3m_k,\ k=1,\ 2,\ \cdots,$$

结合①知

$$\frac{a_k}{b_k}=\frac{2^{k+1}}{3}=\frac{S_2(m_k)}{S_2(3m_k)}=\frac{S_2(2^{k+1}m_k)}{S_2(3m_k)}=\frac{S_2(a_k)}{S_2(b_k)},$$

并且当 k 取不同的正整数时，各 $\dfrac{a_k}{b_k}=\dfrac{2^{k+1}}{3}$ 的值两两不同. 证毕. □

证法二 （雅礼中学学生陈伊一） 对每一个正整数 k，令

$$a_k=\sum_{i=1}^{2^{k+1}}(2^{k+1})^i,$$

$$b_k=\sum_{i=1}^{2^{k+1}}(2^{k+1})^i\frac{2^{k+1}+1}{2^{k+1}}$$

$$=\sum_{i=1}^{2^{k+1}}(2^{k+1})^i+\sum_{i=0}^{2^{k+1}-1}(2^{k+1})^i$$

$$=1+(2^{k+1})^{2^{k+1}}+2\sum_{i=1}^{2^{k+1}-1}(2^{k+1})^i$$

$$=1+(2^{k+1})^{2^{k+1}}+\sum_{i=1}^{2^{k+1}-1}2^{(k+1)i+1}.$$

因为 $k\geqslant 1$，故 $2^{k+1}(k+1)>(2^{k+1}-1)(k+1)+1$，于是

$$S_2(a_k)=2^{k+1},$$

$$S_2(b_k)=2^{k+1}+1.$$

故

$$\frac{S_2(a_k)}{S_2(b_k)}=\frac{2^{k+1}}{2^{k+1}+1}=\frac{a_k}{b_k}.$$

并且当 k 取不同正整数时，各 $\dfrac{a_k}{b_k}=\dfrac{2^{k+1}}{2^{k+1}+1}$ 的值两两不同，证毕. □

评注 此题的解法虽然较多，但需要一定的想法和尝试.

5. 设 $n \geqslant 2$ 为整数,A_1,A_2,$\cdots$,A_{2^n} 为 $\{1, 2, \cdots, n\}$ 的所有子集的任一个排列. 求

$$\sum_{i=1}^{2^n} |A_i \bigcap A_{i+1}| \cdot |A_i \bigcup A_{i+1}|$$

的最大值,其中 $A_{2^n+1} = A_1$.

(北京大学　吴苗　供题)

解 先证两个引理.

引理 1 设 A_1,A_2,$\cdots$,A_{2^n} 是集合 $\{1, 2, \cdots, n\}$ 的所有子集,则存在 A_1,A_2,$\cdots$,A_{2^n} 的一个排列 B_1,B_2,$\cdots$,B_{2^n},使得对任意的 $i = 1, 2, \cdots, 2^n$ 均满足 B_i、B_{i+1} 中的一个是另一个的子集,且元素个数差 1,其中约定 $B_{2^n+1} = B_1$.

引理 1 证明 对 n 用归纳法.

当 $n = 2$ 时,集合 $\{1, 2\}$ 的 4 个子集排列为 $\varnothing$,$\{1\}$,$\{1, 2\}$,$\{2\}$ 便满足要求.

假设当 $n = k$ 时存在排列 B_1,B_2,$\cdots$,B_{2^n} 满足要求,则当 $n = k+1$ 时,考虑下面的排列

$$B_1, B_2, \cdots, B_{2^k}, B_{2^k} \bigcup \{k+1\}, B_{2^k-1} \bigcup \{k+1\}, \cdots, B_2 \bigcup \{k+1\}, B_1 \bigcup \{k+1\},$$

这显然是集合 $\{1, 2, \cdots, k+1\}$ 的所有子集满足要求的一个排列.

引理 1 证毕.

引理 2 设 A、B 是任意两个不同有限集,则

$$2 |A \bigcap B| \cdot |A \bigcup B| \leqslant |A|^2 + |B|^2 - 1, \tag{1}$$

当 A、B 中一个为另一个的子集,且元素个数差 1 时等号成立.

引理 2 证明 设 $|A \backslash B| = x$,$|B \backslash A| = y$,$|A \bigcap B| = z$.

因 $A \neq B$,故 x、y 不能同时为 0,于是 x、y 中至少有一个 $\geqslant 1$.

显然

$$\begin{aligned} (1) &\Longleftrightarrow 2(x+y+z)z \leqslant (x+z)^2 + (y+z)^2 - 1 \\ &\Longleftrightarrow x^2 + y^2 \geqslant 1, \end{aligned} \tag{2}$$

这是显然成立的.

又当 A、B 中一个为另一个的子集且元素个数差 1 时,x、y 中有一个为 0,一个为 1. (2)中取等号,从而(1)也取等号.

引理 2 证毕.

回到原题. 由引理 2 可得

$$\sum_{i=1}^{2^n} |A_i \bigcap A_{i+1}| |A_i \bigcup A_{i+1}| \leqslant \frac{1}{2} \sum_{i=1}^{2^n} (|A_i|^2 + |A_{i+1}|^2 - 1)$$

$$= \sum_{i=1}^{2^n} |B_i|^2 - 2^{n-1}$$

$$= \sum_{k=0}^{n} k^2 C_n^k - 2^{n-1}$$

$$= (n^2 + n) 2^{n-2} - 2^{n-1}$$

$$= (n^2 + n - 2) 2^{n-2}.$$

又如果将 $\{1, 2, \cdots, n\}$ 的所有子集按照引理 1 中的排法便知上式等号成立.

故所求的最大值为 $(n^2 + n - 2) 2^{n-2}$. □

评注 这是一道难题,其难点在于需要观察到

$$2 |A \bigcap B| \cdot |A \bigcup B| \leqslant |A|^2 + |B|^2 - 1$$

这一局部不等式.

6. 设 A_1, A_2, $\cdots$, A_{13} 是太空中的 13 颗新星. 对任意 i, $j (1 \leqslant i < j \leqslant 13)$,从新星 A_i 通行至 A_j,或从新星 A_j 通行至 A_i,需花费 $f(i, j)$ 个太空币. 问是否可将各 $f(i, j) (1 \leqslant i < j \leqslant 13)$ 的值设定为两两不同的正整数,使得从 A_1 出发,以无论何种次序经过 A_2,A_3,$\cdots$,A_{13} 各一次,再回到 A_1,总是恰好花费 2017 个太空币?

(华东师范大学　何忆捷　供题)

解 结论是肯定的. 我们设

$$f(i, j) = a_i + a_j - 1 (1 \leqslant i < j \leqslant 13), \qquad ①$$

其中 a_1, a_2, $\cdots$, a_{13} 为待定正整数,且满足

$$a_1 + a_2 + \cdots + a_{13} = 1015.$$

此时,设 $(t_2, t_3, \cdots, t_{13})$ 为 $(2, 3, \cdots, 13)$ 的任何一个排列,并约定 $t_1 = t_{14} = 1$,则从 A_1 出发依次经过新星 A_{t_2},A_{t_3},$\cdots$,$A_{t_{13}}$ 再回到 A_1 所需花费的太空币数为

$$\sum_{k=1}^{13} f(t_k, t_{k+1}) = \sum_{k=1}^{13} (a_{t_k} + a_{t_{k+1}} - 1) = 2 \cdot (\sum_{i=1}^{13} a_i) - 13 = 2017.$$

下面对 a_1, a_2, $\cdots$, a_{13} 取适当的正整数值,使得各 $f(i, j) (1 \leqslant i < j \leqslant 13)$ 的值两两不同. 为此

令

$$(a_1, a_2, \cdots, a_{13}) = (1, 2, 3, 5, 8, 13, 21, 34, 55, 89, 144, 233, 407), \qquad ②$$

这样有

$$a_1 + a_2 + \cdots + a_{13} = 1015,$$

且

$$a_i + a_{i+1} = a_{i+2}(i = 1, 2, \cdots, 10), a_{11} + a_{12} < a_{13}. \qquad ③$$

考虑任意两组不同的 $(i, j), (i', j')$,其中 $1 \leqslant i < j \leqslant 13, 1 \leqslant i' < j' \leqslant 13$.

若 $j \neq j'$,不妨设 $j < j'$,那么结合 ③ 知,

$$a_i + a_j \leqslant a_{j-1} + a_j \leqslant a_{j+1} \leqslant a_{j'} < a_{i'} + a_{j'}.$$

若 $j = j'$,不妨设 $i < i'$,那么 $a_i < a_{i'}$,则 $a_i + a_j < a_{i'} + a_{j'}$.

因此总有 $a_i + a_j \neq a_{i'} + a_{j'}$,从而

$$f(i, j) = a_i + a_j - 1 \neq a_{i'} + a_{j'} - 1 = f(i', j').$$

综上可知,由①,②所确定的各 $f(i, j)$ 的取值符合题意. □

评注 此题改编自第 64 届俄罗斯圣彼得堡数学奥林匹克选拔赛十年级第 3 题(参见林常《俄罗斯圣彼得堡数学奥林匹克题解》,浙江大学出版社),改编后比原题要求更高,解题者并不能平凡地套用原解法,而需做较大的变通.虽然要构造 $f(i, j) = a_i + a_j - 1 (1 \leqslant i < j \leqslant 13)$ 是有难度的,但我们也可以从 $f(i, j) + f(m, n) = f(i, m) + f(j, n)$ 和 $f(i, j) = f(j, i)$ 这两个性质窥探一二,正是由于这样一种对称性,最自然的想法是用加法这一可交换的运算来构造 $f(i, j) = a_i + a_j$.为了使其有解,我们又可令 $f(i, j) = a_i + a_j - 1$.又为了使 $f(i, j)$ 两两不同,就要求 a_i、a_j 足够分散,从而想到用斐波那契数列来构造 a_i.

2017 年春季上海新星数学奥林匹克试题解答与评析

吴尉迟[1]　赵　岩[1]　施柯杰[2]

（1. 上海大学，200444；2. 复旦大学附属中学，200433）

2017 年春季上海新星数学奥林匹克于 4 月 17 日 8 点到 12 点在上海举行. 下面介绍此次考试的试题和解答.

I. 试题

1. 令 $|S|=n$，对固定的正整数 k，求由 S 的子集 T_i 构成的序列 $(T_1, T_2, \cdots, T_k)$ 的个数，其中要求 $T_1 \subseteq T_2 \subseteq \cdots \subseteq T_k$.

（上海大学　冷岗松　供题）

2. 设 $x_1, x_2, \cdots, x_n$ 是实数，对 $1 \leqslant k \leqslant n$，记 $\sigma_k = \displaystyle\sum_{1 \leqslant i_1 < i_2 < \cdots < i_k \leqslant n} x_{i_1} x_{i_2} \cdots x_{i_k}$. 证明：

$$\prod_{k=1}^{n} (x_k^2 + 1) \geqslant 2 \left| \sum_{k=0}^{\left[\frac{n}{2}\right]} (-1)^k \sigma_{2k} \right| \cdot \left| \sum_{k=0}^{\left[\frac{n-1}{2}\right]} (-1)^k \sigma_{2k+1} \right|,$$

其中 $\sigma_0 = 1$.

（中国人民大学附属中学　张端阳　供题）

3. 如图，设四边形 $A_1 A_2 A_3 A_4$ 为 $\odot O$ 的内接矩形，B_i 是劣弧 $\overset{\frown}{A_i A_{i+1}}$ 上的一点，$i=1, 2, 3, 4$，其中 $A_5 = A_1$ 且 $B_1 B_3 /\!/ A_1 A_4$，$B_2 B_4 /\!/ A_1 A_2$，并设 $\triangle A_i B_{i+1} B_{i+2}$ 的垂心为 H_i，$i=1, 2, 3, 4$，其中 $B_5 = B_1$，$B_6 = B_2$. 证明：四边形 $H_1 H_2 H_3 H_4$ 为矩形.

（湖南雅礼中学　尹龙晖　供题）

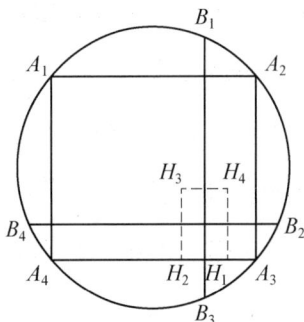

（第 3 题图）

4. 设 k、n 是正整数，$1 \leqslant k \leqslant n-2$，$n \geqslant 4$，$X(k, n) = \{k, k+1, k+2 \cdots, n\}$，对于 $X(k, n)$ 中的三元数组 (a, b, c)，$k \leqslant a < b < c \leqslant n$，如果 $a+b > c$，则称之为"好的"，否则称为"坏的". 如果 $X(k, n)$ 中好

的三元数组与坏的三元数组一样多,则称 $X(k,n)$ 是"均衡集".问:是否存在均衡集? 若存在,求出所有均衡集;若不存在,请说明理由.

(上海大学　吴尉迟,　深圳高级中学　冯跃峰　供题)

5. 求所有满射 $f:\mathbf{N}_+\to\mathbf{N}_+$,满足:对任意的正整数 i、j,$i\neq j$,有

$$\frac{1}{2}(i,j)<(f(i),f(j))<2(i,j),$$

其中 (a,b) 表示 a、b 的最大公约数.

(北京大学　吴苗　供题)

6. 设 p 为素数,$S_r=1+2+\cdots+r(r=1,2,\cdots)$.

(1) 证明:对任意正偶数 c,不存在正整数对 (m,n),使得 $\dfrac{S_m}{S_n}=p^c$;

(2) 证明:对任意正奇数 c,存在无穷多个正整数对 (m,n),使得 $\dfrac{S_m}{S_n}=p^c$.

(华东师范大学　何忆捷　供题)

Ⅱ. 解答

1. 令 $|S|=n$,对固定的正整数 k,求由 S 的子集 T_i 构成的序列 $(T_1,T_2,\cdots,T_k)$ 的个数,其中要求 $T_1\subseteq T_2\subseteq\cdots\subseteq T_k$.

(上海大学　冷岗松　供题)

解　对一个满足要求的序列 $(T_1,T_2,\cdots,T_k)$,约定 $T_{k+1}=S$,则对 $\forall x\in S$,可取出 i_x 为最小的下标 i 使得 $x\in T_i(1\leqslant i_x\leqslant k+1)$.而由 $T_{i_x}\subseteq T_{i_{x+1}}\subseteq\cdots\subseteq T_k\subseteq T_{k+1}$ 知 $x\in T_j$,这里 $i_x\leqslant j\leqslant k+1$.由 i_x 的最小性知对任何 $1\leqslant j\leqslant i_x$ 均有 $x\notin T_j$.

也就是说,x 在 $T_1,T_2,\cdots,T_k$ 中的归属由 i_x 唯一确定,所以 $(T_1,T_2,\cdots,T_k)$ 与 $\{i_x\}_{x\in S}$ 一一对应.而 $\{i_x\}_{x\in S}$ 的种数为 $(k+1)^n$,这是因为 i_x 有 $k+1$ 种可能取法,故满足要求的 $(T_1,T_2,\cdots,T_k)$ 有 $(k+1)^n$ 种.　□

评注　本题源于《计数组合学》一书.该题的做法是考查各个元素的"归属".

2. 设 $x_1,x_2,\cdots,x_n$ 是实数,对 $1\leqslant k\leqslant n$,记 $\sigma_k=\displaystyle\sum_{1\leqslant i_1<i_2<\cdots<i_k\leqslant n}x_{i_1}x_{i_2}\cdots x_{i_k}$.证明:

$$\prod_{k=1}^{n}(x_k^2+1) \geqslant 2 \Big| \sum_{k=0}^{\left[\frac{n}{2}\right]}(-1)^k \sigma_{2k} \Big| \cdot \Big| \sum_{k=0}^{\left[\frac{n-1}{2}\right]}(-1)^k \sigma_{2k+1} \Big|,$$

其中 $\sigma_0 = 1$.

(中国人民大学附属中学　张端阳　供题)

证明 记 $f(x)=\prod_{k=1}^{n}(x+x_k)$,则由定义,

$$f(x)=x^n+\sigma_1 x^{n-1}+\sigma_2 x^{n-2}+\cdots+\sigma_n.$$

设 $f(\mathrm{i})=A+B\mathrm{i}$,其中 i 是虚数单位,$A$、$B$ 是实数. 则

$$\prod_{k=1}^{n}(x_k^2+1)=A^2+B^2,$$

$$\Big| \sum_{k=0}^{\left[\frac{n}{2}\right]}(-1)^k \sigma_{2k} \Big| \cdot \Big| \sum_{k=0}^{\left[\frac{n-1}{2}\right]}(-1)^k \sigma_{2k+1} \Big|=|AB|.$$

由 $(|A|-|B|)^2 \geqslant 0$ 即知欲证不等式成立. □

评注 本题实际上考查下述恒等式:

$$\prod_{k=1}^{n}(x_k^2+1)=\Big[\sum_{k=0}^{\left[\frac{n}{2}\right]}(-1)^k \sigma_{2k}\Big]^2+\Big[\sum_{k=0}^{\left[\frac{n-1}{2}\right]}(-1)^k \sigma_{2k+1}\Big]^2.$$

本题也可以用归纳法证明,借助多项式证明简洁且本质.

3. 如图,设四边形 $A_1A_2A_3A_4$ 为 $\odot O$ 的内接矩形,B_i 是劣弧 $\overparen{A_iA_{i+1}}$ 上的一点,$i=1, 2, 3, 4$,其中 $A_5=A_1$ 且 $B_1B_3 // A_1A_4$,$B_2B_4 // A_1A_2$,并设 $\triangle A_iB_{i+1}B_{i+2}$ 的垂心为 H_i,$i=1, 2, 3, 4$,其中 $B_5=B_1$,$B_6=B_2$. 证明:四边形 $H_1H_2H_3H_4$ 为矩形.

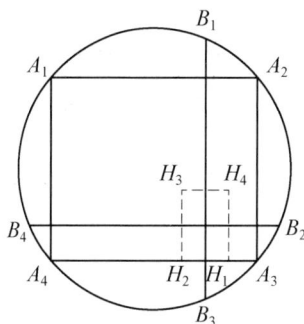

(第3题图)

(湖南雅礼中学　尹龙晖　供题)

证明 我们证明 $H_1H_2 // A_1A_2$. 记 O 为该圆圆心,O 到直线 A_1B_2、A_2B_4 的距离分别为 d_1、d_2. 由垂外心定理得,

$$B_3H_1=2d_1, \quad B_3H_2=2d_2.$$

由于 $B_2B_4 // A_1A_2$,故 $d_1=d_2$,从而 $B_3H_1=B_3H_2$.

由 $B_3H_1 \perp A_1B_2$,得

$$\angle H_1 B_3 B_1 = \angle B_1 B_3 B_2 - \angle H_1 B_3 B_2$$
$$= \angle B_1 B_3 B_2 - (90° - \angle A_1 B_2 B_3)$$
$$= \angle B_1 B_3 B_2 + \angle A_1 B_2 B_3 - 90°.$$

又由于 $B_4 B_2 \perp B_1 B_3$，故 $\angle B_1 B_3 B_2 + \angle B_4 B_2 B_3 = 90°$，故

$$\angle H_1 B_3 B_1 = \angle A_1 B_2 B_4.$$

同理 $\angle H_2 B_3 B_1 = \angle A_2 B_4 B_2$.

而 $A_1 A_2 \perp B_4 B_2$ 且内接于圆 O，故 $\angle A_1 B_2 B_4 = \angle A_2 B_4 B_2$，故 $\angle H_3 B_3 B_1 = \angle H_2 B_3 B_1$，结合 $B_3 H_1 = B_3 H_2$ 知 $B_1 B_3$ 为 $\triangle B_3 H_1 H_2$ 中 $\angle H_1 B_3 H_2$ 的平分线，则 $B_1 B_3 \perp H_1 H_2$，故 $H_1 H_2 \parallel A_1 A_2$.

同理得到其余三组平行，故四边形 $H_1 H_2 H_3 H_4$ 为矩形. □

评注 通过垂外心定理和"导角"可以得出 $H_1 H_2 \parallel A_1 A_2$，进而得出了 $H_1 H_2 H_3 H_4$ 为矩形. 此题也可以圆心为原点，以 $B_1 B_3$ 为正方向建系用复数方法解.

4. 设 k、n 是正整数，$1 \leqslant k \leqslant n-2$，$n \geqslant 4$，$X(k, n) = \{k, k+1, k+2, \cdots, n\}$，对于 $X(k, n)$ 中的三元数组 (a, b, c)，$k \leqslant a < b < c \leqslant n$，如果 $a + b > c$，则称之为"好的"，否则称为"坏的". 如果 $X(k, n)$ 中好的三元数组与坏的三元数组一样多，则称 $X(k, n)$ 是"均衡集". 问：是否存在均衡集？若存在，求出所有均衡集；若不存在，请说明理由.

（上海大学 吴尉迟， 深圳高级中学 冯跃峰 供题）

解法一 不存在.

记 $B(n, k)$，$A(n, k)$ 分别是 $X(n, k)$ 中所有坏的三元数组和好的三元数组组成的集合.

i) 对于给定的 n，若 $k > \dfrac{n-1}{2}$，则对于满足 $k \leqslant a < b < c \leqslant n$ 的三元数组 (a, b, c)，有

$$a + b > \frac{n-1}{2} + \frac{n+1}{2} = n \geqslant c,$$

此时 $X(k, n)$ 不存在坏的三元数组.

ii) 当 $k \leqslant \left[\dfrac{n-1}{2}\right]$ 时，设 (a, b, c) 是坏的三元数组. 我们先证明 $a \leqslant \left[\dfrac{n-1}{2}\right]$. 若不然，则有 $a > \dfrac{n-1}{2}$，从而 $b \geqslant \dfrac{n-1}{2} + 1 = \dfrac{n+1}{2}$，故我们有 $a + b > \dfrac{n-1}{2} + \dfrac{n+1}{2} = n \geqslant c$，这与 (a, b, c) 是坏的三元数组矛盾. 另一方面，当 $a = i \leqslant \left[\dfrac{n-1}{2}\right]$ 时，(a, b, c) 共有如下几种情形：

$$(i,\ i+1,\ 2i+1)\quad(i,\ i+1,\ 2i+2)\quad\cdots\quad(i,\ i+1,\ n)$$
$$(i,\ i+2,\ 2i+2)\quad\cdots\quad(i,\ i+2,\ n)$$
$$\vdots$$
$$(i,\ i+(n-2i),\ n)$$

一共有 $(n-2i)+(n-2i-1)+\cdots+1=\mathrm{C}_{n-2i+1}^2$ 种可能. 从而

$$|\,B(n,\ k)\,|=\sum_{i=k}^{\left[\frac{n-1}{2}\right]}\mathrm{C}_{n-2i+1}^2.\qquad(1)$$

进而我们有

$$|\,B(n,\ k)\,|+|\,B(n+1,\ k)\,|=\sum_{i=k}^{\left[\frac{n-1}{2}\right]}\mathrm{C}_{n-2i+1}^2+\sum_{i=k}^{\left[\frac{n}{2}\right]}\mathrm{C}_{n-2i+2}^2$$
$$=\sum_{i=1}^{n-2k+1}\mathrm{C}_{i+1}^2$$
$$=\mathrm{C}_{n+3-2k}^3.$$

注意到

$$|\,A(n+1,\ k)\,|+|\,B(n+1,\ k)\,|=\mathrm{C}_{n+2-k}^3.$$
$$|\,A(n,\ k)\,|+|\,B(n,\ k)\,|=\mathrm{C}_{n+1-k}^3.$$

故我们有

$$|\,A(n+1,\ k)\,|-|\,B(n,\ k)\,|=\mathrm{C}_{n+2-k}^3-\mathrm{C}_{n+3-2k}^3.$$
$$|\,A(n,\ k)\,|-|\,B(n+1,\ k)\,|=\mathrm{C}_{n+1-k}^3-\mathrm{C}_{n+3-2k}^3.$$

从而当 $k=1$ 时, $|\,A(n+1,\ k)\,|=|\,B(n,\ k)\,|$;

当 $k\geqslant2$ 时, $|\,A(n,\ k)\,|\geqslant|\,B(n+1,\ k)\,|$.

又由于当 $k\leqslant\left[\dfrac{n-1}{2}\right]$ 时, $A(n,\ k),B(n,\ k)$ 关于 n 严格递增, 故当 $k=1$ 时,

$$|\,A(n,\ k)\,|<|\,A(n+1,\ k)\,|=|\,B(n,\ k)\,|;$$

当 $k\geqslant2$ 时,

$$|\,A(n,\ k)\,|\geqslant|\,B(n+1,\ k)\,|>|\,B(n,\ k)\,|.$$

结合 i)和 ii)两种情形可知,不存在均衡集.

解法二 不存在. 以下分三种情况说明:

I) 当 $k=1$ 时,我们证明坏的数组比好的数组多.

对于一个好集中的三元数组 (a,b,c),即有 $a+b>c$,我们定义从好数组到坏数组的映射:

$$f((a,b,c))=(c-b,c-a,c),$$

由 $a+b>c$ 知:$(c-b)+(c-a)<c$,故 $(c-b,c-a,c)$ 是坏的三元数组. 由于映射 f 是一一映射,故好集与坏集的一个真子集一一对应(因为满足 $a+b=c$ 的坏的三元数组 (a,b,c) 没有与之对应的好的三原数组),从而坏的数组比好的数组多.

II) 当 $k>\dfrac{n-1}{2}$ 时,则对于满足 $k\leqslant a<b<c\leqslant n$ 的三元数组 (a,b,c),有

$$a+b>\frac{n-1}{2}+\frac{n+1}{2}=n\geqslant c,$$

此时不存在坏的三元数组. 此时好的数组比坏的数组多.

III) 当 $1<k\leqslant\left[\dfrac{n-1}{2}\right]$ 时,对于一个坏的数组 (a,b,c),即有

$$k\leqslant a<b<c\leqslant n,\ a+b\leqslant c.$$

我们定义从坏的数组到好的数组的映射:

$$g((a,b,c))=(c-b+1,c-a+1,c).$$

由 $k\leqslant a<b<c\leqslant n,\ a+b\leqslant c$ 知

$$c-b+1>a\geqslant k,\ (c-b+1)+(c-a+1)>c.$$

所以 $(c-b+1,c-a+1,c)$ 是好的三元数组. 注意到

$$g((k,n-k+1,n))=(k,n-k+1,n),$$

故好的三元数组 $(k,n-k+1,n)$ 没有坏的三元数组与之对应,又由于 g 是一一映射,故此时,好的数组比坏的数组多. 结合 I),II) 和 III) 三种情形可知,不存在均衡集. □

评注 此题可以从两方面来思考,一是通过计数来做,这样做难点在于计算量大,解法一通过观察 $|B(n,k)|+|B(n+1,k)|=C_{n+3-2k}^3$ 这一关键等式简化了运算. 此题也可以直接算坏的数组的个数,事实上当 $k\leqslant\left[\dfrac{n-1}{2}\right]$ 时,坏集的个数有如下公式:

$$B(n,k)=\begin{cases}\dfrac{(n-2k+1)(n-2k+3)(2n-4k+1)}{24}, & n\text{ 为奇数};\\[4mm]\dfrac{(n-2k)(n-2k+2)(2n-4k+5)}{24}, & n\text{ 为偶数}.\end{cases}$$

然后与好的数组和坏的数组总数的一半 $\dfrac{1}{2}C_{n-k+1}^3$ 比较也可以得出结论.

二是通过构造一一映射来规避复杂的运算,当然构造映射的方法并不唯一,这样做的难点在于要分情况讨论构造两个映射.

5. 求所有满射 $f:\mathbf{N}_+\to\mathbf{N}_+$,满足:对任意的正整数 i、j,$i\neq j$,有

$$\frac{1}{2}(i,j)<(f(i),f(j))<2(i,j),$$

其中 (a,b) 表示 a、b 的最大公约数.

（北京大学　吴苗　供题）

解　解为 $f(n)=n$.

I) 先给出两个性质:

性质 1　分别令 $(i,j)=1$ 和 $(f(i),f(j))=1$,可得 $(i,j)=1$ 与 $(f(i),f(j))=1$ 等价.

若 $f(1)\neq 1$,则令 $f(j)=2f(1)$,此时 $(f(1),f(j))\neq 1$ 但 $(1,j)=1$,与性质 1 矛盾,故

$$f(1)=1.$$

性质 2　令 $i=j$,有 $\dfrac{i}{2}<f(i)<2i$.

II) 我们证明 $f(2)=2$,$f(3)=3$,$f(5)=5$,$f(7)=7$.

若 $f(2)\neq 2$,则由性质 2 知 $f(2)=3$,$f(3)=2$.设 $f(k)=4$,那么由性质 1、2 知 $k<8$,$2\nmid k$,$3\mid k$,矛盾,故 $f(2)=2$.

若 $f(3)\neq 3$,由 $f(2)=2$ 和性质 1、2 知 $f(3)=5$,进而 $f(5)=3$.设 $f(k)=9$,则由性质 1、2 知 $k<18$,$2\nmid k$,$3\nmid k$,$5\mid k$,矛盾,故 $f(3)=3$.

若 $f(5)\neq 5$,则由性质 1、2 知 $f(7)=5$.设 $f(k)=25$,则由性质 1、2 知 $k<50$,$2\nmid k$,$3\nmid k$,$5\nmid k$,从而 $k=49$.设 $f(m)=125$,则由性质 1、2 知 $49\mid m$,$2\nmid m$,$3\nmid m$,$5\nmid m$,从而 $m\geqslant 49\times 7>250$,矛盾,所以 $f(5)=5$.

若 $f(7)\neq 7$,设 $f(r)=49$,则由性质 1、2 知 $2\nmid r$,$3\nmid r$,$5\nmid r$,$7\nmid r$.所以 $r\geqslant 121$,矛盾! 故 $f(7)=7$.

III) 证明 $f(p)=p$，p 为任意正素数.

设素数从小到大为 $p_1<\cdots<p_n<\cdots$，对 n 归纳. $n\leqslant 4$ 已经在 II) 证明. 设 $n\leqslant k$ 时成立. 当 $n=k+1$ 时，设 $f(p_{k+1})=r$.

(1) 若 r 为合数，它有小于 p_{k+1} 的素因子 d，那么由 p_{k+1} 是素数知 $(d,p_{k+1})=1$ 但 $(f(d),f(p_{k+1}))\neq 1$，矛盾.

(2) 若 r 为素数，对 m 归纳证明：$f(p_{k+1}^m)=r^m$.

当 $m=1$ 时成立. 设 $m\leqslant l$ 时成立，则当 $m=l+1$ 时，取 d 使得 $f(d)=r^{l+1}$. 若 d 有素因子 $k_0\neq p_{k+1}$，则 $(k_0,p_{k+1})=1$. 故 $(f(k_0),f(p_{k+1}))=1$，进而 $(f(k_0),r)=1$，$(f(k_0),r^{l+1})=1$，于是 $(f(k_0),f(d))=1$，矛盾. 故 d 为 p_{k+1} 的幂次. 由于 $p_{k+1}^l>\frac{1}{2}r^l$，所以

$$p_{k+1}^{l+2}>\frac{1}{2}r^l p_{k+1}^2>\frac{1}{4}r^{l+1}p_{k+1}>2r^{l+1},$$

故 d 仅能为 p_{k+1}^{l+1}. 那么 $\frac{1}{2}<\left(\frac{p_{k+1}}{r}\right)^m<2$ 恒成立. 这就推得 $r=p_{k+1}$.

IV) 证明 $f(p^n)=p^n$，p 为任意素数，$n\in\mathbf{N}_+$.

当 $p\neq 2,3,5,7$ 时，由步骤三中证明立即可见.

当 $p=2,3,5,7$ 时，前面仍正确，即有 $f(p^n)$ 仍是 p 的幂次. 此时由于 $f(p)=p$，由性质 2 知 $f(p^{n+l})=p^{n+1}$ 仅能在 $l=1$ 时成立. 故也可推得 $f(p^n)=p^n$.

V) 证明 $f(x)=x$，$x\in\mathbf{N}_+$.

若 x 为素数幂，已证. 否则，设 $x=\prod_{i=1}^n p_i^{\alpha_i}$，$(f(x),f(p_i^{\alpha_i}))>\frac{1}{2}p_i^{\alpha_i}$. 所以 $p_i^{\alpha_i}\mid f(x)$. 乘起来即 $x\mid f(x)$，而 $f(x)<2x$，所以 $f(x)=x$. □

评注 以下摘自出题人：答案平凡. 步骤 I) 易于发现. 但性质 1 无法保证原结果（如 $x=2^\alpha 3^\beta p$，则 $f(x)=3^\alpha 2^\beta p$），故必须利用不等式. 从单射入手是一个办法. 简单的放缩之后，可以得到的仅有 $f(ax)=f(bx)((a,b)\in\{1,2,3\})$ 这三种情况. 这并不好使，虽然研究 $f(2^l)$，$f(3^l)$ 可以给出单射，但是单射并不能给出太多用处. 利用归纳法，可以化归为素数幂. 事实上，$x=p^\alpha q^\beta l$，$f(x)=q^\alpha p^\beta l$，$（p、q 互素，(l,p)=(l,q)=1.）$是一个解，它满足性质 1. 它促使我们考虑素数幂，即 $f(p)=q$ 时，考察 $f(p^n)$ 来放 $\left(\frac{p}{q}\right)^n$. 直接考察 $f(p^n)$ 和考察 $f(t)=p^n$ 应该都能做. 上面的解答在放缩时，先单独讨论了 $p\leqslant 7$，这里面可能有更精确的估计，但是 $p\leqslant 7$ 的情形讨论起来并不麻烦.

6. 设 p 为素数，$S_r = 1 + 2 + \cdots + r(r = 1, 2, \cdots)$.

(1) 证明：对任意正偶数 c，不存在正整数对 (m, n)，使得 $\dfrac{S_m}{S_n} = p^c$；

(2) 证明：对任意正奇数 c，存在无穷多个正整数对 (m, n)，使得 $\dfrac{S_m}{S_n} = p^c$.

（华东师范大学　何忆捷　供题）

证明　(1) 设正偶数 $c = 2l$，则 $\dfrac{S_m}{S_n} = p^c \Leftrightarrow m(m+1) = p^{2l} n(n+1)$.

假设正整数对 (m, n) 满足上述条件. 由于 m，$m+1$ 互素，所以 $p^{2l} \mid m$ 或 $p^{2l} \mid m+1$.

若 $p^{2l} \mid m$，设 $m = p^{2l} x$，则 $p^{2l} x \cdot (p^{2l} x + 1) = p^{2l} n(n+1)$，这等价于

$$n - x = p^{2l} x^2 - n^2 = (p^l x + n)(p^l x - n). \tag{①}$$

显然 $p^l x - n \neq 0$（否则，代入 ① 又得 $n - x = 0$，从而 $p^l x = x$，这不可能），所以由 ① 知，

$$|n - x| = (p^l x + n) |p^l x - n| \geqslant (p^l x + n) \cdot 1 > x + n > |n - x|,$$

矛盾.

若 $p^{2l} \mid m+1$，设 $m + 1 = p^{2l} x$，则 $(p^{2l} x - 1) \cdot p^{2l} x = p^{2l} n(n+1)$，这等价于

$$n + x = (p^l x + n)(p^l x - n).$$

类似地，易知 $n + x \geqslant (p^l x + n) \cdot 1 > n + x$，仍矛盾.

从而满足条件的正整数对 (m, n) 不存在.

(2) 记 $k = p^c$. 由于

$$\frac{S_m}{S_n} = p^c \Leftrightarrow m(m+1) = kn(n+1)$$

$$\Leftrightarrow (2m+1)^2 - 1 = k((2n+1)^2 - 1).$$

令 $a = 2m + 1$，$b = 2n + 1$，则 $\dfrac{S_m}{S_n} = p^c$ 等价于

$$a^2 - kb^2 = 1 - k, \tag{②}$$

其中 a、b 是大于 1 的奇数.

当 c 为奇数时，k 不是完全平方数. 我们证明此时方程 ② 有无穷多组奇数解 (a, b).

熟知佩尔 (Pell) 方程

$$u^2 - kv^2 = 1, \tag{③}$$

存在无穷多组正整数解. 记③的任意一组解为 (u, v),并设

$$(a_0, b_0) = (1, 1), \begin{cases} a_{t+1} = ua_t + kvb_t, \\ b_{t+1} = va_t + ub_t, \end{cases} t = 0, 1, 2, \cdots, \qquad ④$$

则易验证 $(a_t, b_t)(t = 0, 1, \cdots)$ 均为②的正整数解,其中 $a_0 < a_1 < a_2 < \cdots$,$b_0 < b_1 < b_2 < \cdots$.

下证对一切正偶数 t,a_t,b_t 均为大于 1 的奇数.

事实上,反复利用④可得

$$\begin{cases} a_{t+2} = ua_{t+1} + kvb_{t+1} = (u^2 + kv^2)a_t + 2kuvb_t, \\ b_{t+2} = va_{t+1} + ub_{t+1} = 2uva_t + (u^2 + kv^2)b_t. \end{cases}$$

注意到 $u^2 + kv^2 \equiv u^2 - kv^2 = 1 \pmod{2}$,所以

$$a_{t+2} \equiv a_t \pmod{2}, \ b_{t+1} \equiv b_t \pmod{2}.$$

又 $(a_0, b_0) = (1, 1)$,因此对一切正偶数 t,a_t、b_t 均为大于 1 的奇数. 这表明,方程②有无穷多组奇数解 (a, b),从而有无穷多个正整数对 $(m, n) = \left(\dfrac{a+1}{2}, \dfrac{b+1}{2}\right)$,使得 $\dfrac{S_m}{S_n} = k = p^c$. $\qquad \square$

评注 第一问要分类讨论,通过"比大小"来得出矛盾. 第二问需要发现②式与佩尔方程的联系.

2017 年夏季上海新星数学奥林匹克试题解答与评析

吴尉迟[1]　施柯杰[2]　赵　岩[1]

(1. 上海大学，200444；2. 复旦大学附属中学，200433)

2017 年夏季上海新星数学奥林匹克于 6 月 2 日 8 点到 12 点在上海举行. 下面介绍此次考试的试题和解答.

Ⅰ. 试题

1. 设正整数 $n \geqslant 2$，实数 $a_1, a_2, \cdots, a_n$ 满足 $\sum_{i=1}^{n} |a_i| + |\sum_{i=1}^{n} a_i| = 1$，求 $\sum_{i=1}^{n} a_i^2$ 的最小值和最大值.

(中国人民大学附属中学　张端阳　供题)

2. 设 n 是正整数，有 2^n 个质量两两不同的砝码，称最重的砝码为 1 号砝码，第二重的为 2 号砝码，以此类推. 每次称量是指将现有的砝码分成个数相同的两组放在天平上称重，然后留下较重的那组（如果两组的质量相同，随意留下一组即可）. 这样经过 n 次称重，还剩下一个砝码，问：该砝码号码最大是多少？

(中国人民大学附属中学　张端阳　供题)

3. 已知锐角 $\triangle ABC(AB > AC)$，外心为 O，内心为 I，优弧 $\overset{\frown}{ABC}$ 和 $\overset{\frown}{ACB}$ 的中点分别为 M、N. 直线 MN、BC 交于点 K. 证明：$\angle AOI$ 与 $\angle AKC$ 相等或互补.

(湖南雅礼中学　黎宇乔　供题)

4. 已知正数 $a_1, a_2, \cdots, a_n$ 的和为 $n(n \geqslant 3)$，并记 $s = a_1^2 + a_2^2 + \cdots + a_n^2$，证明：

$$\sum_{i=1}^{n} \frac{1}{n-1+(n-2)(s-a_i^2)} \leqslant \frac{n}{(n-1)^2}.$$

(浙江杭州二中　赵斌　供题)

5. 证明：存在正整数 r，使得恰有 2017 个正整数对 $(x, y, n)(n \neq 1)$，使得 $x^n - y^n = r$.

(北京大学　吴苗　供题)

6. 设 $A=\{x+iy\mid\mid x\mid\leqslant 1,\mid y\mid\leqslant 1,x,y\in\mathbf{R}\}$，$z_1,z_2,\cdots,z_6$ 均属于 A 且满足 $z_1+z_2+\cdots+z_6=0$. 证明：存在 $1\leqslant i<j<k\leqslant 6$ 使得 $z_i+z_j+z_k\in A$.

（上海大学　冷岗松　供题）

II. 解答

1. 设正整数 $n\geqslant 2$，实数 $a_1,a_2,\cdots,a_n$ 满足 $\sum_{i=1}^{n}\mid a_i\mid+\mid\sum_{i=1}^{n}a_i\mid=1$，求 $\sum_{i=1}^{n}a_i^2$ 的最小值和最大值.

（中国人民大学附属中学　张端阳　供题）

解　一方面，由柯西不等式，

$$\sqrt{n\sum_{i=1}^{n}a_i^2}\geqslant\sum_{i=1}^{n}\mid a_i\mid,\quad\sqrt{n\sum_{i=1}^{n}a_i^2}\geqslant\mid\sum_{i=1}^{n}a_i\mid.$$

将两式相加得，$2\sqrt{n\sum_{i=1}^{n}a_i^2}\geqslant 1$，所以

$$\sum_{i=1}^{n}a_i^2\geqslant\frac{1}{4n}.$$

当 $a_1=a_2=\cdots=a_n=\dfrac{1}{2n}$ 时可以取到等号.

另一方面，对 $1\leqslant j\leqslant n$，由三角不等式，

$$1=\sum_{i=1}^{n}\mid a_i\mid+\mid\sum_{i=1}^{n}a_i\mid\geqslant\mid\sum_{i\neq j}a_i-a_j-\sum_{i=1}^{n}a_i\mid=2\mid a_j\mid,$$

所以 $\mid a_j\mid\leqslant\dfrac{1}{2}$. 从而

$$\sum_{i=1}^{n}a_i^2\leqslant\frac{1}{2}\sum_{i=1}^{n}\mid a_i\mid\leqslant\frac{1}{2}.$$

当 $a_1=\dfrac{1}{2}$，$a_2=-\dfrac{1}{2}$，$a_3=\cdots=a_n=0$ 时取到等号.

综上，$\sum_{i=1}^{n}a_i^2$ 的最小值为 $\dfrac{1}{4n}$，最大值为 $\dfrac{1}{2}$.　　□

评注　最小值在所有变量都相等时取得，可以用柯西不等式得出结果. 求最大值时，先可以考虑三个变量的情形，容易发现在 $a_1=\dfrac{1}{2}$，$a_2=-\dfrac{1}{2}$，$a_3=0$ 取到极值，这促使我们考查局部的性质，即

$|a_i| \leqslant \dfrac{1}{2}$；另外，可以通过正负分离，将绝对值问题转化，进而求出最大值．

2. 设 n 是正整数，有 2^n 个质量两两不同的砝码，称最重的砝码为 1 号砝码，第二重的为 2 号砝码，以此类推．每次称量是指将现有的砝码分成个数相同的两组放在天平上称重，然后留下较重的那组（如果两组的质量相同，随意留下一组即可）．这样经过 n 次称重，还剩下一个砝码，问：该砝码号码最大是多少？

（中国人民大学附属中学　张端阳　供题）

解　设砝码的质量分别为 $a_1 < a_2 < \cdots < a_{2^n}$．称每次称量重的一组为"胜组"，轻的一组为"败组"．对 $1 \leqslant k \leqslant n$，设第 k 次称量胜组的平均质量为 b_k，最后剩下砝码的质量为 a_*．则因为每次称量胜组的质量不小于败组的质量，所以 $b_1 \leqslant b_2 \leqslant \cdots \leqslant b_{n-1} \leqslant b_n = a_*$．于是对 $1 \leqslant k \leqslant n$，$a_* \geqslant b_k \geqslant$ 第 k 次称量败组的平均质量 $\geqslant$ 第 k 次称量败组的最小质量．

因为 a_1，a_2，$\cdots$，a_{2^n} 两两不同，故 a_* 比 n 个败组的最小质量都大，所以 a_* 的号码至多是 $2^n - n$．

下面进行构造．

因为平移不变性，所以 a_1，a_2，$\cdots$，a_{2^n} 中有负数也无妨．对 $1 \leqslant i \leqslant 2^n$，令 $a_i = -2^{2^n - i}$．因为 $a_i < a_{i+1} + a_{i+2} + \cdots + a_{2^n}$，所以每次称量含所剩最小质量的那组必为败组．对 $1 \leqslant k \leqslant n$，在第 k 次称量中，我们让 a_k 和当时质量最大的 $2^{n-k} - 1$ 个砝码同组，则它们是败组．这样最后只剩下 a_{n+1}，其号码为 $2^n - n$．

综上，所求最大值为 $2^n - n$．　　□

评注　（1）本题的关键点在逆向思维．注意到最后一次称量剩下的砝码质量 a_* 比败组的大，进而推导出 $a_* \geqslant$ 第 k 次称量胜组的平均质量 $\geqslant$ 第 k 次称量败组的平均质量 $\geqslant$ 第 k 次称量败组的最小质量，从而 a_* 至少是第 $2^n - n$ 个，然后构造证明可以取到．

（2）本题结果和如下"十项全能"问题类似：

设正整数 $n \geqslant 2$．在一次比赛中有 2^n 名选手参加 n 个项目，每个项目各选手的实力互不相同．每赛完一个项目将淘汰成绩较差的一半选手，这样 n 个项目赛完后便能决出冠军．称一个选手是"冠军候选人"，如果可适当安排比赛项目的顺序，使得这名选手能成为冠军，求冠军候选人数目的最大值．

3. 已知锐角 $\triangle ABC$（$AB > AC$），外心为 O，内心为 I，优弧 $\overset{\frown}{ABC}$ 和 $\overset{\frown}{ACB}$ 的中点分别为 M、N．直线 MN、BC 交于点 K．证明：$\angle AOI$ 与 $\angle AKC$ 相等或互补．

（湖南雅礼中学　黎宇乔　供题）

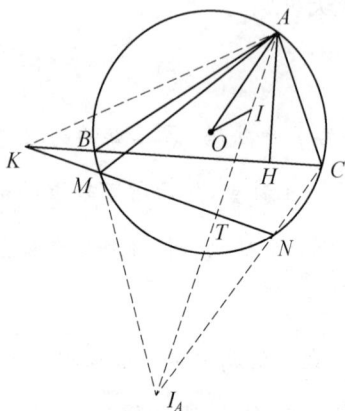
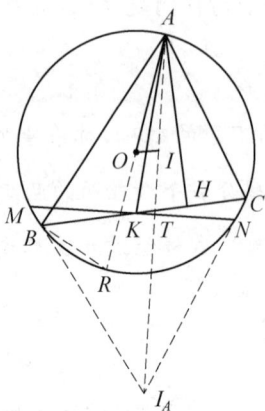
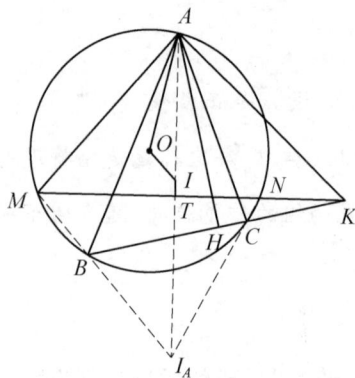

（第 3 题图①）　　　　（第 3 题图②）　　　　（第 3 题图③）

证明　设直线 MB 与 CN 交于点 I_A.

由于 $\angle I_ABC=\angle MAC=\angle MCA=\angle MBA$，所以 MI_A 为 $\triangle ABC$ 的外角平分线. 同理 CN 为 $\triangle ABC$ 的外角平分线. 故点 I_A 为 $\triangle ABC$ 关于点 A 的旁心. 从而 $\triangle ABI \backsim \triangle AI_AC$. 所以

$$AB \cdot AC = AI \cdot AI_A. \tag{1}$$

设 H 为点 A 在 BC 边上的垂足，设 MN 交 AI_A 于点 T.

注意到 $\overset{\frown}{AM}=\overset{\frown}{CM}$，$\overset{\frown}{AN}=\overset{\frown}{BN}$，所以 $\angle ANM=\angle MNI_A$，$\angle AMN=\angle I_AMN$. 因此 $\triangle MNI_A \cong \triangle MNA$.

故 MN 为 AI_A 的中垂线. 从而 $\angle AHB=\angle ATK=90°$，即 A、T、H、K 共圆. 所以 $\angle AKC=\angle ATH$（图①与图②）或 $\angle AKC=180°-\angle ATH$（图③）.

延长 AO 交 $\odot O$ 于 R，连结 BR，则 $\triangle ABR \backsim \triangle AHC$. 从而

$$AO \cdot AH = \frac{1}{2} AB \cdot AC,$$

且 $\angle BAO=\angle HAC$，由此得 $\angle OAI=\angle IAH$.

又因为 T 为 AI_A 的中点，结合(1)式得 $AI \cdot AT=AO \cdot AH$，且 $\angle OAI=\angle IAH$，所以 $\triangle AOI \backsim \triangle ATH$. 故 $\angle AOI=\angle ATH$.

因此 $\angle AOI=\angle AKC$ 或 $\angle AOI=180°-\angle AKC$. □

评注　此题要发现 MB 和 NC 的交点是 $\triangle ABC$ 的关于 A 的旁心，利用四点共圆和边成比例，得到 $\triangle AOI \backsim \triangle ATH$，然后得到结论.

4. 已知正数 a_1，a_2，$\cdots$，a_n 的和为 $n(n \geqslant 3)$，并记 $s = a_1^2 + a_2^2 + \cdots + a_n^2$，证明：

$$\sum_{i=1}^{n} \frac{1}{n-1+(n-2)(s-a_i^2)} \leqslant \frac{n}{(n-1)^2}.$$

（浙江杭州二中　赵斌　供题）

证明　原不等式等价于

$$\sum_{i=1}^{n} \frac{s-a_i^2}{n-1+(n-2)(s-a_i^2)} \geqslant \frac{n}{n-1}. \tag{1}$$

下证(1)式. 由柯西不等式得，

$$\left[n(n-1) + \sum_{i=1}^{n}(n-2)(s-a_i^2) \right] \left[\sum_{i=1}^{n} \frac{s-a_i^2}{n-1+(n-2)(s-a_i^2)} \right] \geqslant \left(\sum_{i=1}^{n} \sqrt{s-a_i^2} \right)^2,$$

化简便是

$$\sum_{i=1}^{n} \frac{s-a_i^2}{n-1+(n-2)(s-a_i^2)} \geqslant \frac{\left(\sum\limits_{i=1}^{n} \sqrt{s-a_i^2} \right)^2}{(n-1)[n+(n-2)s]}.$$

因此要证明(1)式只需证明

$$\frac{\left(\sum\limits_{i=1}^{n} \sqrt{s-a_i^2} \right)^2}{(n-1)[n+(n-2)s]} \geqslant \frac{n}{n-1},$$

亦即只需证明

$$\sum_{i=1}^{n}(s-a_i^2) + 2\sum_{1 \leqslant i < j \leqslant n} \sqrt{s-a_i^2} \cdot \sqrt{s-a_j^2} \geqslant n^2 + n(n-2)s. \tag{2}$$

再次利用柯西不等式得，$\sqrt{s-a_i^2} \cdot \sqrt{s-a_j^2} \geqslant s-a_i^2-a_j^2+a_ia_j$，

故

$$\sum_{i=1}^{n}(s-a_i^2) + 2\sum_{1 \leqslant i < j \leqslant n} \sqrt{s-a_i^2} \sqrt{s-a_j^2}$$

$$\geqslant \sum_{i=1}^{n}(s-a_i^2) + 2\sum_{1 \leqslant i < j \leqslant n}(s-a_i^2-a_j^2+a_ia_j)$$

$$= (n-1)s + (n-1)(n-2)s + 2\sum_{1 \leqslant i < j \leqslant n} a_ia_j$$

$$= (n-1)^2 s + \left(\sum_{i=1}^{n} a_i \right)^2 - \sum_{i=1}^{n} a_i^2$$

$$= n^2 + n(n-2)s.$$

故(2)式得证. □

评注 此题要先把分式型的上界问题转化为分式型的下界问题,柯西不等式一般有以下两种用法:

设 a_i, $b_i > 0$, $i = 1, \cdots, n$. 其一是

$$\left(\sum_{i=1}^{n} \frac{a_i}{b_i}\right)\left(\sum_{i=1}^{n} a_i b_i\right) \geqslant \left(\sum_{i=1}^{n} a_i\right)^2,$$

其二是

$$\left(\sum_{i=1}^{n} \frac{a_i}{b_i}\right)\left(\sum_{i=1}^{n} b_i\right) \geqslant \left(\sum_{i=1}^{n} \sqrt{a_i}\right)^2.$$

本题的难点在于只能使用第二种. 再利用柯西不等式将根式 $\sqrt{s - a_i^2} \cdot \sqrt{s - a_j^2}$ 化简即得结果.

5. 证明:存在正整数 r,使得恰有 2017 个正整数对 $(x, y, n)(n \neq 1)$,使得 $x^n - y^n = r$.

（北京大学　吴苗　供题）

证明 取 $r = 2^k$, k 待定. 考虑 $x^n - y^n = r$ 的一组解 (x_0, y_0, n_0).

若 n_0 有奇素因子 p. 设 $n_0 = pl$,则 $(x_0^l)^p - (y_0^l)^p = 2^k$. 令 $a = x_0^l$, $b = y_0^l$,则 $a^p - b^p = 2^k$.

设 $(a, b) = 2^m t$, t 为奇数,则可设 $a = 2^m a_1$, $b = 2^m b_1$,即 $a_1^p - b_1^p = 2^{k-mp}$. (a_1, b_1) 为奇数,模 2 知 a_1、b_1 均为奇数.

于是 $(a_1 - b_1)(a_1^{p-1} + \cdots + b_1^{p-1}) = 2^{k-mp}$,因此

$$a_1^{p-1} + \cdots + b_1^{p-1} \equiv \underbrace{1 + 1 + \cdots + 1}_{p \uparrow} \equiv 1 \pmod{2}.$$

故 $a_1^{p-1} + \cdots + b_1^{p-1} = 1$,而 $a_1^{p-1} + \cdots + b_1^{p-1} \geqslant p \geqslant 3$,矛盾.

若 $4 \mid n_0$. 设 $n_0 = 4s$, $u = x_0^s$, $v = y_0^s$,则 $u^4 - v^4 = 2^k$.

设 $(u, v) = 2^{m'} t'$, t' 为奇数,令 $u = 2^{m'} u_1$, $v = 2^{m'} v_1$,则 u_1、v_1 为奇数. 故 $u_1^2 + v_1^2 \equiv 2 \pmod{4}$. 注意到

$$u_1^4 - v_1^4 = (u_1^2 + v_1^2)(u_1^2 - v_1^2) = 2^{k-4m'},$$

故 $u_1^2 + v_1^2 = 2$,即有 $u_1 = v_1 = 1$,矛盾.

故 $n_0 = 2$, $x^2 - y^2 = 2^k$. 设 $x - y = 2^m$, $x + y = 2^{k-m}$,则

$$x = 2^{k-m-1} + 2^{m-1}, \quad y = 2^{k-m-1} - 2^{m-1}.$$

有解当且仅当 $m \geqslant 1$，$k > 2m$.

令 $k = 4035$，则 $m = 1, \cdots, 2017$ 为全部 2017 组解. 即 $r = 2^{4035}$ 符合条件，证毕！ $\square$

评注 为了满足恰有 2017 个正整数对 (x, y, n)，我们的目标是找到合适的正整数 r 使得 n 只能为 2（因为 $x^2 - y^2 = (x+y)(x-y)$ 便于讨论满足要求的整数对的个数）. 基于这样的想法，可考虑 r 为素数幂，可以验证当 r 为 2 的幂次满足 n 只能为 2.

6. 设 $A = \{x + \mathrm{i}y \mid |x| \leqslant 1, |y| \leqslant 1, x, y \in \mathbf{R}\}$，$z_1, z_2, \cdots, z_6$ 均属于 A 且满足 $z_1 + z_2 + \cdots + z_6 = 0$. 证明：存在 $1 \leqslant i < j < k \leqslant 6$ 使得 $z_i + z_j + z_k \in A$.

（上海大学　冷岗松　供题）

解法一 我们先证明一个重要的引理.

引理 $x_1, \cdots, x_6$ 为 $[-1, 1]$ 上的实数，且和为 0，则 $x_1, \cdots, x_6$ 中存在 12 个三元数组使得每一个三元数组的和仍属于区间 $[-1, 1]$.

引理证明 不妨设 $x_1, \cdots, x_6$ 中非负数的个数不少于负数的个数（否则用 $-x_1, \cdots, -x_6$ 代替 $x_1, \cdots, x_6$ 即可）. 则有以下 4 种情况：

① 若 $x_1, \cdots, x_6$ 中有 6 个非负数，此时 $x_1 = \cdots = x_6$. $x_1, \cdots, x_6$ 中任意三个的和均属于 $[-1, 1]$. 故有 $\mathrm{C}_6^3 = 20 > 12$ 个符合要求的三元组.

② 若 $x_1, \cdots, x_6$ 中有 5 个非负数. 设为 $x_1 < 0 \leqslant x_2 \leqslant \cdots \leqslant x_6$. 对任意

$$x_i, x_j, x_k \in \{x_1, \cdots, x_6\},$$

若 $x_1 \notin \{x_i, x_j, x_k\}$，则

$$0 \leqslant x_i + x_j + x_k \leqslant x_2 + \cdots + x_6 = -x_1 \leqslant 1;$$

若 $x_1 \in \{x_i, x_j, x_k\}$，则

$$-1 + 0 + 0 \leqslant x_i + x_j + x_k \leqslant x_1 + \cdots + x_6 = 0.$$

即 $x_1 + x_j + x_k \in [-1, 1]$，符合要求. 故有 $\mathrm{C}_6^3 = 20 > 12$ 个符合要求的三元组.

③ 若 $x_1, \cdots, x_6$ 中有 4 个非负数. 设为 $x_1 \leqslant x_2 < 0 \leqslant x_3 \leqslant \cdots \leqslant x_6$. 则对任意 $x_i, x_j \in \{x_3, \cdots, x_6\}$，有

$$-1 + 0 + 0 \leqslant x_1 + x_i + x_j \leqslant \frac{x_1 + x_2}{2} + x_i + x_j$$

$$= -\sum_{t=3}^{6} \frac{x_t}{2} + x_i + x_j \leqslant \frac{x_i + x_j}{2} \leqslant 1.$$

故 $x_1 + x_i + x_j \in [-1, 1]$,则

$$x_2 + x_i + x_j = -(x_1 + \sum_{3 \leqslant t \leqslant 6, \, t \neq i, j} x_t) \in [-1, 1],$$

故有至少 $C_4^2 \times 2 = 12$ 个符合要求的三元组.

④ 若 $x_1, \cdots, x_6$ 中有 3 个非负数,设为 $x_1 \leqslant x_2 \leqslant x_3 < 0 \leqslant x_4 \leqslant \cdots \leqslant x_6$,不妨设 $|x_3| \leqslant |x_4|$ (否则用 $-x_1, \cdots, -x_6$ 代替 $x_1, \cdots, x_6$). 注意到

$$-1 + 0 + 0 \leqslant x_2 + x_5 + x_6 = -x_1 - x_3 - x_4 \leqslant 1 - x_3 + x_3 = 1,$$

即 $x_2 + x_5 + x_6 \in [-1, 1]$. 则对 x_4、x_5、x_6 中任两个 x_i、x_j,以及 x_1、x_2 任一个 x_k,均有

$$0 + 0 - 1 \leqslant x_i + x_j + x_k \leqslant x_5 + x_6 + x_2 \leqslant 1,$$

即 $x_i + x_j + x_k \in [-1, 1]$.

对 x_4、x_5、x_6 中任一个 x_i,以及 x_1、x_2 任一个 x_j,均有

$$x_i + x_j + x_3 = -[(x_4 + x_5 + x_6 - x_i) + (x_1 + x_2 - x_j)] \in [-1, 1].$$

故有至少 $C_3^2 \times C_2^1 + C_3^1 \times C_2^1 = 12$ 个符合要求的三元组.

综上,总存在至少 12 个符合要求的三元组. 当 $x_1 = x_2 = -1$,$x_3 = x_4 = x_5 = x_6 = \dfrac{1}{2}$ 时,恰好只有 12 个符合要求的三元组,故 12 是最优的. 引理证毕.

回到原题. 设 $z_k = a_k + ib_k \, (k = 1, \cdots, 6)$.

由条件知,$a_k \in [-1, 1]$,$\sum\limits_{k=1}^{6} a_k = 0$. 由引理知,设

$$A_1 = \{(j, k, l) \mid 1 \leqslant j < k < l \leqslant 6, \, a_j + a_k + a_l \in [-1, 1]\},$$
$$B_1 = \{(j, k, l) \mid 1 \leqslant j < k \leqslant l \leqslant 6, \, b_j + b_k + b_l \in [-1, 1]\},$$

则 $|A_1| \geqslant 12$,$|B_1| \geqslant 12$.

另一方面,A_1、B_1 均为 $S = \{(j, k, l) \mid 1 \leqslant j < k < l \leqslant 6\}$ 的子集,且

$$|S| = C_6^3 = 20 < |A_1| + |B_1|,$$

故 A_1 与 B_1 的交非空. 即存在 $1 \leqslant j < k < l \leqslant 6$ 使 $a_j + a_k + a_l$,$b_j + b_k + b_l$ 均属于 $[-1, 1]$,则 $z_j + z_k + z_l \in A$. 结论成立. $\qquad \Box$

解法二 假设结论不成立,即对任意 $1 \leqslant i < j < k \leqslant 6$,均有 $z_i + z_j + z_k$ 所表示的点在正方形 A 的外部. 若以正方形的一边所在的直线为边界的开半平面不包含正方形 A,我们称该开半平面为这

条边的外侧. 以下,我们称正方形 A 上边的外侧为上侧,下边的外侧为下侧,左边的外侧为左侧,右边的外侧为右侧. 我们先证明如下引理:

引理 对于给定的 $1 \leqslant i < j \leqslant 6$,不存在 $1 \leqslant k_1 < k_2 \leqslant 6$,$k_1 \neq i, j$,且 $k_2 \neq i, j$,使得 $z_i + z_j + z_{k_1}$,$z_i + z_j + z_{k_2}$ 分别在正方形的对边的外侧.

若引理不成立,则 $|\operatorname{Re}(z_{k_1} - z_{k_2})| > 2$ 或 $|\operatorname{Im}(z_{k_1} - z_{k_2})| > 2$,这与 A 的定义矛盾. 引理证毕.

由引理知 $z_1 + z_2 + z_3$,$z_1 + z_2 + z_4$,$z_1 + z_2 + z_5$ 有两项在正方形同一边外侧,不妨设 $z_1 + z_2 + z_3$,$z_1 + z_2 + z_4$ 在正方形的下侧,则 $z_4 + z_5 + z_6$ 在正方形上侧. 由于 $z_1 + z_2 + z_4$ 在正方形的下侧,$z_4 + z_5 + z_6$ 在正方形上侧,结合引理知,$z_1 + z_4 + z_5$,$z_1 + z_4 + z_6$,$z_2 + z_4 + z_5$,$z_2 + z_4 + z_6$ 既不在正方形的上侧,也不在正方形的下侧,从而它们在正方形的左侧或右侧. 又由引理知,它们在正方形同侧,不妨设为左侧,则 $z_2 + z_3 + z_6$ 在正方形右侧,又 $z_2 + z_4 + z_6$ 在正方形左侧,由引理知这是矛盾的,从而结论成立. $\square$

评注 此题是将下述问题中的圆 A 替换为正方形得到的.

设 $A = \{x + \mathrm{i}y \mid |x|^2 + |y|^2 \leqslant 1, x, y \in \mathbf{R}\}$,$z_1, z_2, \cdots, z_6$ 均属于 A 且满足 $z_1 + z_2 + \cdots + z_6 = 0$. 证明:存在 $1 \leqslant i < j < k \leqslant 6$ 使得 $z_i + z_j + z_k \in A$.

解法一的关键点在于要先考查 $z_1, z_2, \cdots, z_6$ 实部或者虚部的性质,有了引理之后,由抽屉原理即得结论. 解法二是乐清乐成寄宿中学韩新森同学的证明,利用三角不等式得到引理,进而对三元和和正方形的相对位置进行对称分析,证明简洁美观.

2017 年秋季上海新星数学奥林匹克试题解答与评析

吴尉迟[1] 叶 思[1] 施柯杰[2]

(1. 上海大学, 200444; 2. 复旦大学附属中学, 200433)

2017 年秋季上海新星数学奥林匹克于 11 月 22 日 8 点到 12 点在上海举行. 下面介绍此次考试的试题和解答.

Ⅰ. 试题

1. 设 AM 和 CN 是一个锐角 $\triangle ABC$ 的两条高, Y 是直线 AC 和 MN 的交点, 点 X 位于 $\triangle ABC$ 内使得四边形 $MBNX$ 是一个平行四边形. 证明: $\angle MXN$ 的角平分线垂直于 $\angle MYC$ 的角平分线.

(上海大学 叶思 供题)

2. 对给定的正整数 $n(n \geqslant 2)$, 求最小的正整数 k, 使得对任意 k 个不同的整数中必存在两个不同的数, 其和或差为 n 的倍数.

(复旦大学附属中学 施柯杰 供题)

3. 设 p 是大于 5 的素数, 证明: 存在两个正整数 m、n, 使得 $m + n < p$ 且 $p \mid 2^m 3^n - 1$.

(上海大学 吴尉迟 供题)

4. 给定正整数 $n \geqslant 2$, 求最小的实数 c, 使得对任意非负实数 $a_1, a_2, \cdots, a_n$, 都存在 $i \in \{1, 2, \cdots, n\}$, 满足 $a_{i-1} + a_{i+1} \leqslant c a_i$, 其中 $a_0 = a_{n+1} = 0$.

(中国人民大学附属中学 张端阳 供题)

5. 如图, 四边形 $ABCD$ 内接于圆 O, 且 $AB \cdot CD = BC \cdot AD$. 直线 AB、CD 交于 K, AC、BD 交于 J (O, J 不重合). 过 K 作 OJ 的垂线, 分别与直线 BD、AC 交于 E、F, 以 EF 为直径的圆与线段 OJ 交于 T. 证明: KT 平分 $\angle ETF$.

(广西 卢圣 供题)

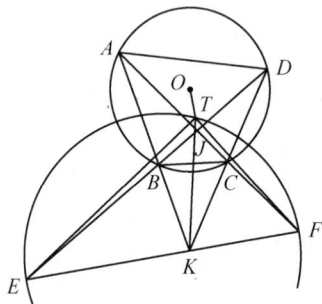

(第 5 题图)

6. 给定正整数 m、$n(1 \leqslant m \leqslant n)$，在 $m \times n$ 棋盘 M 的每个方格中填上 1 或 -1，然后进行如下操作：将同行（或同列）的每个数都同时加上 1.

如果最初棋盘 M 中恰有 r 个 1，求所有的正整数 r，使无论最初 r 个 1 填在哪些方格中，都不能通过有限次操作使各数变得相等.

（深圳高级中学　冯跃峰　供题）

Ⅱ. 解答

1. 设 AM 和 CN 是一个锐角 $\triangle ABC$ 的两条高，Y 是直线 AC 和 MN 的交点，点 X 位于 $\triangle ABC$ 内使得四边形 $MBNX$ 是一个平行四边形. 证明：$\angle MXN$ 的角平分线垂直于 $\angle MYC$ 的角平分线.

证明　如图，由 $\triangle ABM \backsim \triangle CBN$ 得

$$\frac{BM}{BN} = \frac{AB}{BC}.$$

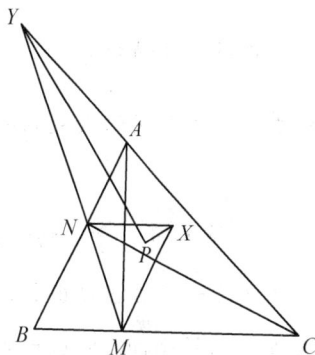

（第 1 题图）

从而 $\triangle BMN \backsim \triangle BAC$，故 $\angle BMN = \angle BAC$.

设 $\angle MXN$ 与 $\angle MYC$ 的角平分线交于点 P，则

$$\angle YPX = \angle YNX + \frac{1}{2}\angle MYC - \frac{1}{2}\angle MXN$$

$$= 180° - \angle XNM + \frac{1}{2}(\angle BMN - \angle BCA) - \frac{1}{2}\angle ABC$$

$$= 180° - \angle BMN + \frac{1}{2}(\angle BMN - \angle BCA) - \frac{1}{2}\angle ABC$$

$$= 180° - \angle BAC + \frac{1}{2}(\angle BAC - \angle BCA) - \frac{1}{2}\angle ABC$$

$$= 180° - \frac{1}{2}(\angle BAC + \angle BCA + \angle ABC) = 90°.$$

命题得证.　□

评注　这是道简单题，只需注意角之间的关系即可. 绝大多数的同学做对了此题.

2. 对给定的正整数 $n(n \geqslant 2)$，求最小的正整数 k，使得对任意 k 个不同的整数中必存在两个不同的数，其和或差为 n 的倍数.

解　答案为：$k_{\min} = 2 + \lfloor \frac{n}{2} \rfloor$.

一方面,考虑 $1+\lfloor\frac{n}{2}\rfloor$ 个数 $0,1,\cdots,\lfloor\frac{n}{2}\rfloor$. 显然它们中任意两个不同的数的差不为 n 的倍数,其中任意两个不同的数的和均小于 n,因而也不为 n 的倍数. 这说明满足条件的 $k\geqslant 2+\lfloor\frac{n}{2}\rfloor$.

下证 $k=2+\lfloor\frac{n}{2}\rfloor$ 时结论成立.

对任意 $2+\lfloor\frac{n}{2}\rfloor$ 个不同的整数,将其中模 n 的余 i 和 $n-i$ 的数分为一组($i=0,\cdots,\lfloor\frac{n}{2}\rfloor$),这样至多有 $1+\lfloor\frac{n}{2}\rfloor$ 组. 由抽屉原理知 $2+\lfloor\frac{n}{2}\rfloor$ 个数必有两个数属于同一组. 若这两个数模 n 同余,则其差为 n 的倍数;若它们模 n 不同余,则其和为 n 的倍数. 这说明此时结论成立.

综上,$k_{\min}=2+\lfloor\frac{n}{2}\rfloor$. $\qquad\square$

评注 此题为容易题,约 70% 的同学作对了此题. 由题设容易想到构造 $1+\lfloor\frac{n}{2}\rfloor$ 个抽屉(即将和或差为 n 的倍数的数放到一组).

3. 设 P 是大于 5 的素数,证明:存在两个正整数 m、n,使得 $m+n<p$ 且 $p\mid 2^m3^n-1$.

证法一 考虑形如 2^i3^j 的数,其中 $1\leqslant i,j\leqslant p-1$,则这样的数共有 $(p-1)^2$ 个. 注意到 $(p-1)^2\geqslant p+1$,故由抽屉原理可知存在不同的正整数对 (i_1,j_1),(i_2,j_2) 使得

$$2^{i_1}3^{j_1}\equiv 2^{i_2}3^{j_2}\pmod{p},1\leqslant i_1,i_2,j_1,j_2\leqslant p-1.$$

由于 $i_1\neq i_2$ 或 $j_1\neq j_2$,结合上式知 $i_1\neq i_2$ 且 $j_1\neq j_2$.

又由费马小定理知 $2^{p-1}\equiv 3^{p-1}\equiv 1\pmod{p}$,从而

$$2^{p-1}2^{i_1}3^{j_1}\equiv 2^{i_2}3^{j_2}3^{p-1}\pmod{p},$$

即

$$2^{p-1+i_1-i_2}\equiv 3^{p-1+j_2-j_1}\pmod{p}.$$

令

$$i=\begin{cases}i_1-i_2,&\text{若 }i_1>i_2,\\i_1-i_2+p-1,&\text{若 }i_1\leqslant i_2.\end{cases}j=\begin{cases}j_1-j_2,&\text{若 }j_1>j_2,\\j_1-j_2+p-1,&\text{若 }j_1\leqslant j_2.\end{cases}$$

则有

$$2^i \equiv 3^j \pmod{p}.$$

若 $i \leqslant j$，令 $m = i$，$n = p-1-j$，此时正整数 m、n 满足 $m+n < p$ 且

$$2^m 3^n \equiv 2^i 3^{p-1-j} \equiv 3^j 3^{p-1-j} \equiv 3^{p-1} \equiv 1 \pmod{p}.$$

若 $i > j$，令 $m = p-1-i$，$n = j$，此时正整数 m、n 满足 $m+n < p$ 且

$$2^m 3^n \equiv 2^{p-1-i} 3^j \equiv 2^{p-1-i} 2^i 2^{p-1} \equiv 1 \pmod{p}.$$

命题得证. □

证法二 设 2、3 模 p 的阶分别为 s、t，又由费马小定理知，

$$2^{p-1} \equiv 3^{p-1} \equiv 1 \pmod{p},$$

从而 $s \mid p-1$，$t \mid p-1$. 下面分两种情况证明结论.

1）若 $s = p-1$ 或 $t = p-1$. 当 $s = p-1$ 时，此时 $2, \cdots, 2^{p-1}$ 构成模 p 的完系，从而存在正整数 $0 \leqslant k \leqslant p-1$，使得 $2^k 3 \equiv 1 \pmod{p}$. 注意到 $k = 0$ 或 $p-1$ 均不满足上式，从而有 $0 < k < p-1$. 此时，令 $m = k$，$n = 1$ 即可满足要求. 同理，当 $t = p-1$ 时，也存在满足要求的 m、n.

2）若 $s \neq p-1$ 且 $t \neq p-1$. 结合 $s \mid p-1$，$t \mid p-1$ 知 $s, t \leqslant \dfrac{p-1}{2}$. 此时令 $m = s$，$n = t$，则有 $m+n \leqslant p-1 < p$，$2^m 3^n \equiv 1 \pmod{p}$.

由 1）和 2）知结论成立. □

评注 （1）此题为中等偏易的题，约有 50% 的同学做对了此题. 证法一是基本费马小定理的一个朴素的想法，即只需证明存在小于 $p-1$ 的正整数 i、j 使得 $2^i \equiv 3^j \pmod{p}$，而该结果用抽屉原理便可证明. 证法二给出了一个利用阶的简单证明，相较于证法一，其优点是可以利用该方法证明多元的情形：设 p 是大于 7 的素数，则存在三个正整数 m、n、l，使得 $m+n+l < \dfrac{3p}{2}$ 且 $p \mid 2^m 3^n 5^l - 1$.

（2）下面的证法给出了 $m+n$ 上界的一个更强的估计（这个上界当 $p = 7$ 时可以取到，此时 $m = n = 2$），即证明如下命题：

设 p 是大于 5 的素数，证明存在两个正整数 m、n，使得 $m+n \leqslant \dfrac{p+1}{2}$ 且 $p \mid 2^m 3^n - 1$.

证明 设 2、3 模 p 的阶分别为 s、t，从而 $\max\{s, t\} = \dfrac{p-1}{k}$，$k \in \mathbf{N}_+$. 若 $\max\{s, t\} \leqslant \dfrac{p-1}{4}$，则我们取 $n = s$，$m = t$ 即可满足要求. 故只需考虑 $k = 1, 2, 3$ 的情形. 由对称性，不妨设 $s \geqslant t$，则有 $\max\{s, t\} = s$.

i）若 $k = 1$，即 $s = p-1$，从而存在 $1 < l < p$ 使得 $2^l \equiv 3 \pmod{p}$. 设 $p-1 = lq + r$，其中

$$r \leqslant l, q, r \in \mathbf{N}_+.$$

现在我们取 $n=r$，$m=q$，则有 $2^n 3^m \equiv 2^r 2^{lq} \equiv 1 \pmod{p}$. 注意到 $q+r \leqslant \dfrac{p-1}{l}+l-1$，若 $l \leqslant \dfrac{p-1}{2}$，则由 $2 \leqslant l \leqslant \dfrac{p-1}{2}$ 知 m、n 满足条件. 若 $l > \dfrac{p-1}{2}$，则 $q=1$，从而由 $p-1=lq+r$ 知 $n+m=p-l$，此时 m、n 也满足要求.

ii) 当 $k=2, 3$ 时，令 $I_s = \{2^i \pmod{p} \mid 1 \leqslant i \leqslant s\}$. 我们证明存在正整数 $j \leqslant k$，满足 $3^j \in I_s$. 事实上，若 $3, \cdots, 3^{k-1} \notin I_s$，设 $3^q \times I_s = \{3^q 2^i \pmod{p} \mid 1 \leqslant i \leqslant s\}$，则此时，$3^q \times I_s$，$q=0, \cdots, k-1$ 互不相交，又注意到 $s = \dfrac{p-1}{k}$，从而

$$\{1, 2, \cdots, p-1\} = \bigcup_{q=0}^{k-1} 3^q \times I_s.$$

这时，$3^k \in I_s$，从而存在正整数 $1 \leqslant l \leqslant s$，使得 $2^l \equiv 3^j \pmod{p}$. 取 $m=s-l$，$n=j$，则有 $m+n \leqslant \dfrac{p-1}{k}+k-1 \leqslant \dfrac{p+1}{2}$ 且 $2^m 3^n \equiv 2^{s-l} 2^l \equiv 1 \pmod{p}$.

结合 i)，ii) 知结论成立. $\qquad\qquad\qquad\qquad\qquad\qquad\qquad\qquad\qquad\qquad\square$

4. 给定正整数 $n \geqslant 2$，求最小的实数 c，使得对任意非负实数 $a_1, a_2, \cdots, a_n$，都存在 $i \in \{1, 2, \cdots, n\}$，满足 $a_{i-1} + a_{i+1} \leqslant ca_i$，其中 $a_0 = a_{n+1} = 0$.

解 当 $c < 2\cos\dfrac{\pi}{n+1}$ 时，对 $0 \leqslant k \leqslant n+1$，取 $a_k = \sin\dfrac{k\pi}{n+1}$. 此时对任意 $i \in \{1, 2, \cdots, n\}$，

$$a_{i-1} + a_{i+1} = \sin\frac{(i-1)\pi}{n+1} + \sin\frac{(i+1)\pi}{n+1} = 2\cos\frac{\pi}{n+1}\sin\frac{i\pi}{n+1} > ca_i,$$

不满足要求.

下证当 $c = 2\cos\dfrac{\pi}{n+1}$ 时满足要求. 否则，对任意 $i \in \{1, 2, \cdots, n\}$，都有

$$a_{i-1} + a_{i+1} > 2a_i\cos\frac{\pi}{n+1}. \qquad\qquad\qquad\qquad (*)$$

我们归纳证明，对 $1 \leqslant k \leqslant n-1$，满足

$$a_{k+1} > \frac{\sin\dfrac{(k+1)\pi}{n+1}}{\sin\dfrac{k\pi}{n+1}}a_k.$$

当 $k=1$ 时,在(*)中取 $i=1$ 得,$a_2 > 2a_1\cos\dfrac{\pi}{n+1} = \dfrac{\sin\dfrac{2\pi}{n+1}}{\sin\dfrac{\pi}{n+1}} \cdot a_1$ 成立.

假设 $k-1$ 时成立,来看 k 时的情形.

由归纳假设,$a_k > \dfrac{\sin\dfrac{k\pi}{n+1}}{\sin\dfrac{(k-1)\pi}{n+1}} a_{k-1}$;在(*)中取 $i=k$ 得,$a_{k-1}+a_{k+1} > 2a_k\cos\dfrac{\pi}{n+1}$. 所以

$$a_{k+1} > \left(2\cos\frac{\pi}{n+1} - \frac{\sin\dfrac{(k-1)\pi}{n+1}}{\sin\dfrac{k\pi}{n+1}}\right)a_k = \frac{\sin\dfrac{(k+1)\pi}{n+1}}{\sin\dfrac{k\pi}{n+1}} a_k.$$

归纳证毕.

取 $k=n-1$ 得,$a_n > \dfrac{\sin\dfrac{n\pi}{n+1}}{\sin\dfrac{(n-1)\pi}{n+1}} = \dfrac{1}{2\cos\dfrac{\pi}{n+1}} a_{n-1}$. 但在(*)中取 $i=n$ 得,$a_{n-1} > 2a_n\cos\dfrac{\pi}{n+1}$,

这与上式矛盾!

综上,所求实数的最小值为 $2\cos\dfrac{\pi}{n+1}$. $\qquad\qquad\qquad\qquad\qquad\qquad$ □

评注 (1)此题是本次考试得分率最低的一道题,约有 10% 的同学做对了此题. 此题是由 2013 年罗马尼亚国家队选拔试题改编而来.

已知 n 为正整数,$x_1,x_2,\cdots,x_n$ 为正实数,证明:

$$\min\left\{x_1,\frac{1}{x_1}+x_2,\cdots,\frac{1}{x_{n-1}}+x_n,\frac{1}{x_n}\right\}$$

$$\leqslant 2\cos\frac{\pi}{n+2}$$

$$\leqslant \max\left\{x_1,\frac{1}{x_1}+x_2,\cdots,\frac{1}{x_{n-1}}+x_n,\frac{1}{x_n}\right\}.$$

(2)本题的难点在于如何求出常数 c. 也可以通过设最佳常数为 $c=c(n)$,考虑使所有题中所有不等式均成立的 $(a_1,\cdots a_n)$,可得 $c(2)=1$,$c(3)=\sqrt{2}$,$c(4)=\dfrac{\sqrt{5}+1}{2}$,$c(5)=\sqrt{3}$,从而猜测 $c(n)=2\cos\dfrac{\pi}{n+1}$. 也可以利用构造数列计算常数 c.

解 （雅礼中学 覃俊卓）

构造数列 $\{a_n\}: a_0 = a_1 = 1, a_{n+1} = ca_k - a_{k-1}(k = 1, 2, \cdots, n)$，且 $a_{n+1} = 0$（c 为待定的正常数）.

解特征方程 $x^2 - cx + 1 = 0$ 得两复数根 $\alpha = \dfrac{c + \sqrt{c^2 - 4}}{2}$, $\beta = \dfrac{c - \sqrt{c^2 - 4}}{2}$. 故可设 $a_k = A\alpha^n + B\beta^n$. 令 $n = 0$, $n = 1$ 可得

$$\begin{cases} A + B = a_0 = 0, \\ A \cdot \dfrac{c + \sqrt{c^2 - 4}}{2} + B \cdot \dfrac{c - \sqrt{c^2 - 4}}{2} = 1. \end{cases}$$

从而有 $A = \dfrac{1}{\sqrt{c^2 - 4}}$, $B = -\dfrac{1}{\sqrt{c^2 - 4}}$. 又由 $a_{n+1} = 0$ 知，$\alpha^{n+1} = \beta^{n+1}$，注意到 $\alpha\beta = 1$，故有 $\alpha^{2(n+1)} = 1$. 这说明 α 是 $2(n+1)$ 次单位根，所以有

$$\alpha = \cos\frac{r\pi}{n+1} + \mathrm{i}\sin\frac{r\pi}{n+1}, \quad r = 0, 1, \cdots, 2n-1.$$

为了使 c 较大，可取 $r = 1$（当 $r = 0$ 时，$c = 2$ 不满足要求），有 $\dfrac{c}{2} + \dfrac{\sqrt{c^2 - 4}}{2} = \cos\dfrac{\pi}{n+1} + \mathrm{i}\sin\dfrac{\pi}{n+1}$，故 $c = 2\cos\dfrac{\pi}{n+1}$. □

5. 如图①，四边形 $ABCD$ 内接于圆 O，且 $AB \cdot CD = BC \cdot AD$. 直线 AB、CD 交于 K，AC、BD 交于 J（O、J 不重合）. 过 K 作 OJ 的垂线，分别与直线 BD、AC 交于 E、F，以 EF 为直径的圆与线段 OJ 交于 T. 证明：KT 平分 $\angle ETF$.

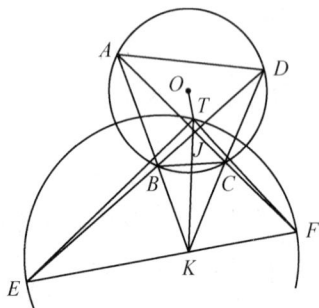

（第 5 题图①）

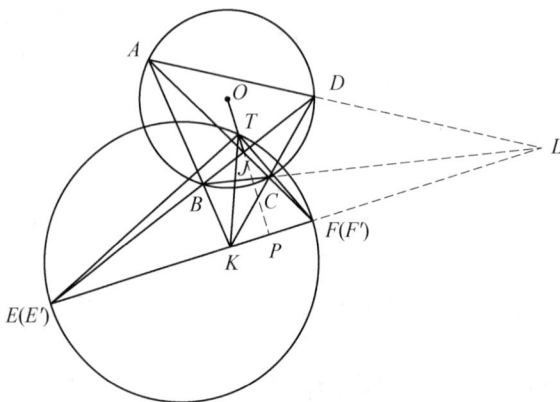

（第 5 题图②）

证明 如图②,由于 $AB \cdot CD = BC \cdot AD$,故四边形 $ABCD$ 为调和四边形.

于是设 B 关于 $\odot O$ 的切线与 D 关于 $\odot O$ 的切线交于 F',则 F'、C、A 共线.

设 C 关于 $\odot O$ 的切线与 A 关于 $\odot O$ 的切线交于 E',则 E'、B、D 共线.

延长 AD、BC 交于 L.对退化的六边形 $ABCCDA$ 运用帕斯卡定理得 K、E'、L 共线,同理有 F'、K、L 共线,故 E'、F'、K、L 共线.

由勃罗卡(Brocard)定理知 $OJ \perp KL$,从而有 $OJ \perp E'F'$,结合题设知 $E = E'$,$F = F'$.

连结 EA、EC,则其为 $\odot O$ 的切线.同样地连结 FB、FD,则 FB、FD 为 $\odot O$ 的切线.延长 OJ 交 EF 于 P,则 $TP \perp EF$.

又 T 在以 EF 为直径的圆上,所以 $\angle ETF = 90°$.因此 $ET^2 = EP \cdot EF$.

又 $\angle OBF = \angle ODF = 90°$,$\angle OPF = 90°$,所以 O、B、P、F、D 五点共圆,即 B、D、F、P 共圆,从而 $EB \cdot ED = EP \cdot EF = ET^2$.又 $EB \cdot ED = EA^2 = EC^2$,所以 $EA = EC = ET$.同理有

$$FB = FD = FT.$$

由梅涅劳斯定理,$\dfrac{ED}{DJ} \cdot \dfrac{JC}{CF} = \dfrac{EK}{KF}.$

又 FB、FD 为切线,所以 (F,C,J,A) 为调和点列,故 $\dfrac{JC}{CF} = \dfrac{JA}{AF}$.因此

$$\frac{ED}{DJ} \cdot \frac{JC}{CF} = \frac{ED}{DJ} \cdot \frac{JA}{AF} = \frac{S_{\triangle ADE}}{S_{\triangle ADJ}} \cdot \frac{S_{\triangle ADJ}}{S_{\triangle ADF}}$$

$$= \frac{S_{\triangle ADE}}{S_{\triangle ADF}} = \frac{AD \cdot AE \cdot \sin\angle DAE}{AD \cdot DF \cdot \sin\angle FDA}.$$

注意到 $\angle DAE = \angle FDA$.故

$$\frac{ED}{DJ} \cdot \frac{JC}{CF} = \frac{AE}{DF} = \frac{ET}{FT}.$$

所以 $\dfrac{EK}{FK} = \dfrac{ET}{FT}$,故 KT 为 $\angle ETF$ 的平分线.

即原题证毕. □

评注 此题是较难的几何题,约有 25% 的同学做对了此题.此题的关键是要发现 EA、EC、FB、FD 是圆的切线,即 EF 是 J 关于圆的极线.此题是合成题,需要对关于圆的一些基本图形和基本性质比较熟悉(勃罗卡定理、切线性质、调和点列),如果对这些性质比较熟悉,这个题目是不难做出来的.

6. 给定正整数 m、$n(1 \leqslant m \leqslant n)$,在 $m \times n$ 棋盘 M 的每个方格中填上 1 或 -1,然后进行如下操作:将同行(或同列)的每个数都同时加上 1.

如果最初棋盘 M 中恰有 r 个 1,求所有的正整数 r,使无论最初 r 个 1 填在哪些方格中,都不能通过有限次操作使各数变得相等.

解法一 记数表 $M = (a_{ij})_{m \times n}$,其中 a_{ij} 表示 M 的位于第 i 行第 j 列方格上的数,$a_{ij} = 1$ 或 -1($1 \leqslant i \leqslant m$,$1 \leqslant j \leqslant n$).

若 $m \mid r$,设 $r = mk$,则可将 M 的 k 格列都填 1,其余列都填 -1,此时,将填 -1 的列都操作 2 次,各数都变成 1,矛盾.

所以 $m \nmid r$. 同理,$n \nmid r$.

反之,当 $m \nmid r$,且 $n \nmid r$ 时,最初的棋盘 M 必定有一行数不全同号,也必有一列数不全同号(否则与假设矛盾).

假定第 i 行不全同号,在该行中任取一个 1,设为 $a_{ij} = 1$.

(1) 如果第 i 行存在一个这样的"-1":它所在的列不全为 -1,则不妨设

$$a_{it} = -1 \quad (t \neq j),\ a_{st} = 1 \quad (s \neq i).$$

令 $A = \{a_{ij},\ a_{st}\}$,$B = \{a_{it},\ a_{sj}\}$,$S_A = a_{ij} + a_{st}$,$S_B = a_{it} + a_{sj}$,定义

$$f(M) = S_A - S_B.$$

记考察任意一次操作,它使 S_A、S_B 同时增加 1,或都不变,所以 $f(M)$ 在操作中保持不变.

假设通过有限次操作,使数表 M 中的每个数都变成 c,则对最终的数表 M_2,有

$$f(M_2) = (c + c) - (c + c) = 0.$$

但对最初的数表 M_1,$f(M_1) = (1 + 1) - (-1 + a_{sj}) = 3 - a_{sj} \neq 0$,故目标不能实现.

(2) 如果第 i 行每个"-1"所在的列全为 -1,则第 i 行必有一个这样的"1":它所在的列不全为 1,不妨设 $a_{ir} = 1$,$a_{pr} = -1$ ($i \neq p$).

在第 i 行任取一个 -1,设 $a_{iq} = -1$ ($q \neq r$),由于它所在的列全为 -1,有 $a_{pq} = -1$.

令 $A = \{a_{ir},\ a_{pq}\}$,$B = \{a_{iq},\ a_{pr}\}$,$S_A = a_{ir} + a_{pq}$,$S_B = a_{iq} + a_{pr}$,定义

$$f(M) = S_A - S_B.$$

记考察任意一次操作,它使 S_A、S_B 同时增加 1,或都不变,所以 $f(M)$ 在操作中保持不变.

假设通过有限次操作,使数表 M 中的每个数都变成 c,则对最终的数表 M_2,有

$$f(M_2) = (c+c) - (c+c) = 0.$$

但对最初的数表 M_1，$f(M_1) = (1-1) - (-1-1) = 2 \neq 0$，故目标不能实现.

综上所述，所求 r 是一切不为 m 的倍数且不为 n 的倍数的正整数. □

解法二（成都外国语中学 覃瀚林） 若存在一个 $m \times n$ 的棋盘 M 中有 r 个数为 1，且对第 i 行操作了 a_i 次，第 j 行操作了 b_j 次后，得到的棋盘中各数均为 k，$1 \leqslant i \leqslant m$，$1 \leqslant j \leqslant n$. 从而有，$k - a_i - b_j \in \{-1, 1\}$，$\forall 1 \leqslant i \leqslant m$，$1 \leqslant j \leqslant n$. 设 m_{ij} 为最初棋盘上第 i 行第 j 列的元素.

对于给定的 a_i，则 b_j 只有两种取值 b、$b+2$；对于给定的 b_j，则 a_i 只有两种取值 a、$a+2$.

注意到对所有行或所有列各操作一次，不影响结果. 故不妨设 $\min\{a_i\} = \min\{b_j\} = 0$；注意到交换两行或者两列也不改变结果，故可设

$$a_1 = \cdots = a_s = 2, \ a_{s+1} = \cdots = a_m = 0; \ b_1 = \cdots = b_t = 2, \ b_{t+1} = \cdots = b_n = 0.$$

注意到 $m_{ij}(1 \leqslant i \leqslant s, 1 \leqslant j \leqslant t)$ 增加了 4，$m_{ij}(s+1 \leqslant i \leqslant m, t+1 \leqslant j \leqslant n)$ 保持不变，且最初棋盘上的数为 1 或 -1，故若 $0 < s < m$ 且 $0 < t < n$，则有 $m_{11} + 4 = m_{mn}$，这与 $m_{ij} \in \{-1, 1\}$，$\forall 1 \leqslant i \leqslant m$，$1 \leqslant j \leqslant n$ 矛盾. 故 $s \in \{0, m\}$ 或 $t \in \{0, n\}$. 又 $\min\{a_i\} = \min\{b_j\} = 0$，故有 $s \neq m$ 且 $t \neq n$，从而 $s = 0$ 或 $t = 0$.

1) 当 $s = 0$ 时，此时有 tm 个 $k-2$，$(n-t)m$ 个 k，故 $r = (n-t)m$，即 $m \mid r$.

2) 当 $t = 0$ 时，同理有 $n \mid r$.

上面说明了当 $n \nmid r$ 且 $m \nmid r$ 时，满足要求. 下面说明 $n \mid r$ 或 $m \mid r$ 均不满足要求.

若 $m \mid r$，设 $r = mk$，则可将 M 的 k 格列都填 1，其余列都填 -1，此时，将填 -1 的列都操作 2 次，各数都变成 1，矛盾.

所以 $m \nmid r$. 同理，$n \nmid r$.

综上所述，所求 r 是一切不为 m 的倍数及 n 的倍数的正整数. □

评注 此题是较难的组合题，约有 15% 的同学做对了此题. 解法一的难点在于，要发现一个"矩形"，其 4 角方格不全同号，且存在位于同一对角线的角上方格同号，由此定义特征函数：

$$f(M) = (a_{ij} + a_{st}) - (a_{it} + a_{sj}).$$

解法二利用交换两行或两列不改变最后的结果这一性质，将 -1 这一特殊的元素"移"到了方阵的左上方，再取 a_{11} 和 a_{mn} 这两个特殊元素比较后得到结果. 事实上，此时 a_{m1}、a_{1n} 相等，故本质上也是利用了特征函数的想法.

致谢 罗振华老师仔细审阅了此文，并给出了宝贵的建议.

2018 年春季上海新星数学奥林匹克试题解答与评析

吴尉迟[1]　罗振华[2]　叶　思[1]

(1. 上海大学，200444；2. 上海四季教育，200070)

2018 年春季上海新星数学奥林匹克于 4 月 25 日 8 点到 12 点在上海举行. 下面介绍此次考试的试题和解答.

I. 试题

1. 设正整数 $n \geqslant 2$，非负实数 $x_1, x_2, \cdots, x_n$ 满足 $\sum_{i=1}^{n} x_i = n$. 求

$$\left(\sum_{i=1}^{n} \lfloor x_i \rfloor \right) \left(\sum_{i=1}^{n} \{x_i\} \right)$$

的最大值，其中 $\lfloor x \rfloor$ 表示不超过实数 x 的最大整数，$\{x\} = x - \lfloor x \rfloor$.

（中国人民大学附属中学　张端阳　供题）

2. 如图，圆 Γ_1 与圆 Γ_2 交于 P、Q 两点. 直线 l 是过点 P 的动直线，l 与圆 Γ_1 的另一个交点为 A，l 与圆 Γ_2 的另一个交点为 B（A、B 都不同于 P）. 过 A、B 分别作圆 Γ_1 与圆 Γ_2 的切线，这两条切线交于点 C. 当直线 l 绕 P 旋转一圈时，求 $\triangle ABC$ 的外心 O 的轨迹.

（上海大学　吴尉迟　叶思　供题）

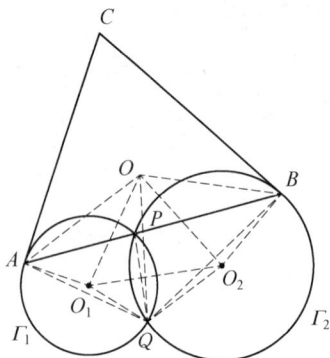

（第 2 题图）

3. 一座城堡的周围有 n 个军事要塞和 n 个瞭望点，这些要塞和瞭望点都分布在同一个圆周上. 每个瞭望点安排一名士兵值班，在某个时间段内，n 个士兵先后沿圆周按逆时针方向运动到最近的一个未接收报告的要塞报告观测到的情况，其中每个要塞只听取一个士兵的报告，每次都是当一个士兵报告完毕之后另一个士兵才出发进行下一次报告. 证明：不管士兵以何种次序出发，各个士兵运动的路程之和是定值.

（深圳高级中学　冯跃峰　供题）

4. (1) 设 α、n、k 是正整数，$n \geqslant k$，p 是素数，且满足 $p^\alpha \mid C_n^k$，证明：$p^\alpha \leqslant n$；

(2) 设正整数 n、k 满足 $n \geqslant k^2 \geqslant 64$，证明：$C_n^k$ 有一个大于 k 的素因子.

（上海四季教育　罗振华　供题）

5. $\odot O_1$ 与 $\odot O_2$ 交于 A、B 两点，过 A 的直线分别交 $\odot O_1$、$\odot O_2$ 于点 C、D，满足 O_1、O_2、C、D 四点共圆，记该圆为 Γ. 设 E 是 CO_2 与 DO_1 的交点，I 是线段 BE 与圆 Γ 的交点. 证明：I 是 $\triangle CBO_2$ 和 $\triangle DBO_1$ 的内心.

（中国人民大学附属中学　张端阳　供题）

6. n 是给定的正整数. 对于 n 元数组 $\bar{a} = (a_1, \cdots, a_n)$，记

$$S(\bar{a}) = \sum_{i=1}^{n} 3^{i-1} a_i, \quad T(\bar{a}) = \sum_{i=1}^{n} \frac{a_i}{3^{i-1}}.$$

设 m、k 是正整数且满足 $m \geqslant 2k$，定义

$$A = \{\bar{a} = (a_1, \cdots, a_n) \mid k = S(\bar{a})，其中 a_i \in \mathbf{Z}, |a_i| \leqslant m, i = 1, \cdots, n\}.$$

证明：

$$\frac{\sum_{\bar{a} \in A} T(\bar{a})}{|A|} \leqslant k,$$

其中 $|A|$ 表示 A 的元素个数.

（哈佛大学　吴昊　供题）

Ⅱ. 解答

1. 设正整数 $n \geqslant 2$，非负实数 $x_1, x_2, \cdots, x_n$ 满足 $\sum_{i=1}^{n} x_i = n$. 求

$$\left(\sum_{i=1}^{n} \lfloor x_i \rfloor \right) \left(\sum_{i=1}^{n} \{x_i\} \right)$$

的最大值，其中 $\lfloor x \rfloor$ 表示不超过实数 x 的最大整数，$\{x\} = x - \lfloor x \rfloor$.

解　当 n 是偶数时，由均值不等式，

$$\left(\sum_{i=1}^{n} \lfloor x_i \rfloor \right) \left(\sum_{i=1}^{n} \{x_i\} \right) \leqslant \left[\frac{\sum_{i=1}^{n} (\lfloor x_i \rfloor + \{x_i\})}{2} \right]^2$$

$$= \frac{1}{4} \left(\sum_{i=1}^{n} x_i \right)^2 = \frac{n^2}{4}.$$

当 $x_1 = \cdots = x_{\frac{n}{2}} = \frac{1}{2}$，$x_{\frac{n}{2}+1} = \cdots = x_n = \frac{3}{2}$ 时可以取到等号.

当 n 是奇数时，

$$\left(\sum_{i=1}^n \lfloor x_i \rfloor\right)\left(\sum_{i=1}^n \{x_i\}\right)$$

$$= \frac{1}{4}\left[\sum_{i=1}^n \left(\lfloor x_i \rfloor + \{x_i\}\right)\right]^2 - \frac{1}{4}\left[\sum_{i=1}^n \left(\lfloor x_i \rfloor - \{x_i\}\right)\right]^2$$

$$= \frac{1}{4}\left(\sum_{i=1}^n x_i\right)^2 - \frac{1}{4}\left(2\sum_{i=1}^n \lfloor x_i \rfloor - \sum_{i=1}^n x_i\right)^2$$

$$= \frac{n^2}{4} - \frac{1}{4}\left(2\sum_{i=1}^n \lfloor x_i \rfloor - n\right)^2$$

$$\leqslant \frac{n^2-1}{4},$$

最后不等号是因为 $2\sum_{i=1}^n \lfloor x_i \rfloor$ 是偶数，n 是奇数，所以 $\left|2\sum_{i=1}^n \lfloor x_i \rfloor - n\right| \geqslant 1$. 且当 $x_1 = \cdots = x_{\frac{n-1}{2}} = \frac{1}{2}$，$x_{\frac{n+1}{2}} = 1$，$x_{\frac{n+3}{2}} = \cdots = x_n = \frac{3}{2}$ 时可以取到等号.

综上，所求最大值当 n 是偶数时为 $\frac{n^2}{4}$，当 n 是奇数时为 $\frac{n^2-1}{4}$. □

评注 此题是一道简单而优雅的代数题，考试中绝大多数同学做对了此题.

2. 如图，圆 Γ_1 与圆 Γ_2 交于 P、Q 两点. 直线 l 是过点 P 的动直线，l 与圆 Γ_1 的另一个交点为 A，l 与圆 Γ_2 的另一个交点为 B（A、B 都不同于 P）. 过 A、B 分别作圆 Γ_1 与圆 Γ_2 的切线，这两条切线交于点 C. 当直线 l 绕 P 旋转一圈时，求 $\triangle ABC$ 的外心 O 的轨迹.

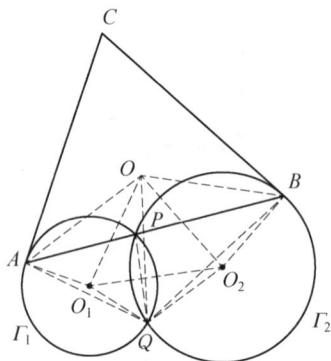

（第 2 题图）

解 设 $\triangle QO_1O_2$ 的外接圆为 Γ，证明 O 的轨迹是 $\Gamma\backslash\{Q, O_1, O_2\}$.

先证明 O 在 $\Gamma\backslash\{Q, O_1, O_2\}$ 上. （＊）

为此只须证明 O、O_1、Q、O_2 四点共圆. 事实上，由 AC、BC 分别是圆 Γ_1、Γ_2 的切线知，$\angle CAB = \angle AQP$，$\angle CBA = \angle BQP$. 从而

$$\angle ACB = \pi - \angle CAB - \angle CBA = \pi - (\angle AQP + \angle BQP) = \pi - \angle AQB,$$

故 C、A、Q、B 四点共圆，这说明 O 也是 $\triangle AQB$ 的外心，因此 $OA = OQ = OB$. 又 $O_1A = O_1Q$，$O_2Q =$

O_2B,所以

$$OO_1 \perp AQ, \quad OO_2 \perp BQ.$$

则 $\angle O_1OO_2 = \pi - \angle AQB$. 又

$$\angle O_1QA = \frac{\pi}{2} - \frac{\angle AO_1Q}{2} = \frac{\pi}{2} - \angle APQ = \frac{\pi}{2} - \frac{\angle BO_2Q}{2} = \angle O_2QB,$$

故 $\angle AQB = \angle O_1QO_2$. 从而 $\angle O_1OO_2 = \pi - \angle O_1QO_2$, 所以 O、O_1、Q、O_2 四点共圆.

当直线 l 逼近 Γ_2 过 P 点的切线时, O 趋于 O_1. 但直线 l 不能为 Γ_2 过 P 点的切线 (此时 P、B 重合), 故 O 不能取到 O_1. 同理, O 不能取到 O_2.

当直线 l 逼近直线 PQ 时, O 趋于 Q. 但直线 l 不能为直线 PQ (此时 A、B 重合), 故 O 不能取到 Q.

从而 (*) 得证.

另一方面, 当 $O \in \Gamma \backslash \{Q, O_1, O_2\}$ 时, 我们找一条经过点 P 的直线 l, 使得 O 为 $\triangle ABC$ 的外心. 过 Q 作 OO_1 的垂线交圆 Γ_1 于 A, 过 Q 作 OO_2 的垂线交圆 Γ_2 于 B (A、B 均不同于 Q).

由于 $O_1A = O_1Q$, $OO_1 \perp AQ$, 所以 $OA = OQ$. 同理 $OB = OQ$. 所以 O 是 $\triangle AQB$ 的外心.

先证 A、P、B 三点共线. 因为 $OO_1 \perp QA$, $OO_2 \perp QB$, 所以 $\angle AQB = \pi - \angle O_1OO_2$. 又 O、O_1、Q、O_2 四点共圆, 所以 $\angle O_1QO_2 = \pi - \angle O_1OO_2$. 故 $\angle AQB = O_1QO_2$, 则

$$\angle AQO_1 = \angle BQO_2, \quad \angle APQ = \frac{\pi}{2} - \angle O_1QA, \quad \angle BPQ = \frac{\pi}{2} + \angle O_1QA.$$

所以 $\angle APQ + \angle BPQ = \pi$, 则 A、P、B 三点共线.

取直线 l 为直线 APB. 过 A、B 分别做 Γ_1、Γ_2 的切线, 这两条切线交于点 C. 与 (*) 中的证明类似可得 C、A、Q、B 四点共圆. 又因为 O 是 $\triangle AQB$ 的外心, 所以 O 也是 $\triangle ABC$ 的外心.

综上可知, O 的轨迹是 $\Gamma \backslash \{Q, O_1, O_2\}$. □

评注 此题为轨迹问题. 此类题目在中国的比赛中很少出现, 其难点在于如何发现 O 的轨迹是 $\Gamma \backslash \{Q, O_1, O_2\}$. 考试中很多同学没有证明轨迹的纯粹性, 即证明 $\Gamma \backslash \{Q, O_1, O_2\}$ 上的点都满足条件.

3. 一座城堡的周围有 n 个军事要塞和 n 个瞭望点, 这些要塞和瞭望点都分布在同一个圆周上. 每个瞭望点安排一名士兵值班, 在某个时间段内, n 个士兵先后沿圆周按逆时针方向运动到最近的一个未接收报告的要塞报告观测到的情况, 其中每个要塞只听取一个士兵的报告, 每次都是当一个士兵报

告完毕之后另一个士兵才出发进行下一次报告.证明:不管士兵以何种次序出发,各个士兵运动的路程之和是定值.

证明 对士兵及要塞按如下规则进行编号和染色:对每个 $i(1 \leqslant i \leqslant n)$,如果某士兵是第 i 个出发进行报告的,则将其记上红色编号 r_i,接收该士兵报告的要塞则记上蓝色编号 b_i.由每个红色 r_i 按逆时针方向连一条到蓝色 b_i 的弧,称为逆弧 i,则各个士兵运动的路程之和就是各个逆弧 $i(1 \leqslant i \leqslant n)$ 的长度之和.

考察 n 个士兵的任意一种编号方式 M,对其进行如下操作:将 M 中的红色编号 r_{i-1}、$r_i(2 \leqslant i \leqslant n)$ 分别改为 r_i、r_{i-1}(即交换这两个士兵的出发顺序),其余红色编号不变,得到一种新的编号方式 N.

我们证明:这两种编号方式的逆弧长度和相同.

记 M 中红色编号 r_{i-1}、$r_i(2 \leqslant i \leqslant n)$ 对应的两个士兵为 A、B,蓝色编号 b_{i-1}、b_i 对应的两个要塞分别为 C、D,则 A、B、C、D 在圆周上的分布本质上只有两种可能(如下图所示).

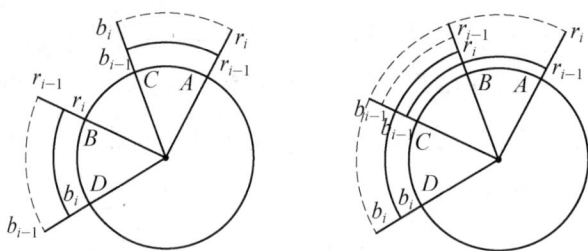

(第 3 题图)

显然,编号下标小于 $i-1$ 的红色编号在操作中不变,从而其对应的蓝色编号也不变.此外,考察以 A、B、C、D 为端点的逆弧的改变情况,M 中的两段逆弧 $i-1$、i 分别为 $\overset{\frown}{AC}$、$\overset{\frown}{BD}$.

对于第一种情形,由于 M 中逆弧 $i = \overset{\frown}{BD}$,表明 B 报告时距离最近的一个未接收报告的蓝点是 D.当 B 先于 A 报告时(编号下标 i 改为 $i-1$),B 所连的逆弧仍为 $\overset{\frown}{BD}$,所以逆弧 $i-1$ 变为 $\overset{\frown}{BD}$.接着 A 进行报告,A 报告时距离最近的一个未接收报告的蓝点是 C,所以逆弧 i 变为 $\overset{\frown}{AC}$.此时,两段逆弧 $i-1$、i 互换,长度之和不变.又其他逆弧的位置都不变,于是所有逆弧的长度之和不变.

对于第二种情形,由于 M 中逆弧 $i-1 = \overset{\frown}{AC}$,说明 C 较 D 距离 A 更近,也就是 C 较 D 距离 B 更近.当 B 先于 A 报告时,B 遇到的第一个未接收报告的蓝点是 C,所以逆弧 $i-1$ 变为 $\overset{\frown}{BC}$.接着 A 进行报告,A 报告时距离最近的一个未接收报告的蓝点是 D,所以逆弧 i 变为 $\overset{\frown}{AD}$.此时,注意到 $\overset{\frown}{AC} + \overset{\frown}{BD} = \overset{\frown}{AD} + \overset{\frown}{BC}$,两段逆弧 $i-1$、i 的长度之和不变.又其他逆弧的位置都不变,于是所有逆弧的长度之和不变.

考察 n 个士兵的任意一种编号 M,设第一个士兵的编号为 r_{x_1}. 如果 $x_1 > 1$,则将 M 中第一个士兵的编号改为 r_{x_1-1},编号为 r_{x_1-1} 的士兵的编号改为 r_{x_1},得到一种新的编号方式. 如果新的编号方式中第一个士兵的编号下标仍然大于 1,则继续上述操作,若干次操作后可使第一个士兵的编号变为 r_1. 类似地考察第 2 个士兵的编号,若干次操作可使第 2 个士兵的编号变为 r_2. 如此下去,可经过若干次操作,使对任何 $i(1 \leqslant i \leqslant n)$,第 i 个士兵的编号变为 r_i. 由上述结论,操作不改变编号方式的逆弧长度之和,所以任何编号方式都与编号方式 $(1, 2, \cdots, n)$ 的逆弧长度之和相同. 由此可见,各个士兵运动的路程之和与报告顺序无关,为定值. $\qquad\square$

评注 此题是一道中等难度的题,得分率 35% 左右. 证明的关键点是要发现任意一种出发次序,都可以通过不断调整两个士兵的出发次序,最终均变为一种特定的出发次序. 而调整的实质是证明 $n=2$ 的情形. 不少同学使用了归纳法,同样也需要调整的思想.

4. (1) 设 α、n、k 是正整数,$n \geqslant k$,p 是素数,且满足 $p^\alpha \mid C_n^k$,证明:$p^\alpha \leqslant n$;

(2) 设正整数 n、k 满足 $n \geqslant k^2 \geqslant 64$,证明:$C_n^k$ 有一个大于 k 的素因子.

证明 (1) 由勒让德(Legendre)定理知,C_n^k 中 p 的幂次为

$$\sum_{l=1}^{\alpha_1} \left(\left\lfloor \frac{n}{p^l} \right\rfloor - \left\lfloor \frac{k}{p^l} \right\rfloor - \left\lfloor \frac{n-k}{p^l} \right\rfloor \right),$$

其中 α_1 是非负整数且 $p^{\alpha_1} \leqslant n < p^{\alpha_1+1}$.

注意到不等式 $0 \leqslant \lfloor a+b \rfloor - \lfloor a \rfloor - \lfloor b \rfloor \leqslant 1$,$\forall a, b \in \mathbf{R}$,故上述 α_1 个项的和中每一项的值是 0 或 1,所以它们的和不超过 α_1,即 C_n^k 中 p 的幂次至多为 α_1.

由 $p^\alpha \mid C_n^k$ 知,C_n^k 中 p 的幂次至少为 α,故 $\alpha \leqslant \alpha_1$,所以 $p^\alpha \leqslant p^{\alpha_1} \leqslant n$. 结论成立.

(2) 令 $\pi(k)$ 表示不超过 k 的素数的个数.

先证:当 $k \geqslant 8$ 时,$\pi(k) \leqslant \dfrac{k}{2}$.

事实上,当 $k \geqslant 8$ 时,$\pi(8) = 4$. 当 $k \geqslant 9$ 时,1、9 与所有大于等于 4 的偶数都不是素数,这些数共有 $\left\lfloor \dfrac{k}{2} \right\rfloor + 1$ 个,故

$$\pi(k) \leqslant k - \left\lfloor \frac{k}{2} \right\rfloor - 1 < \frac{k}{2}.$$

假设 C_n^k 没有大于 k 的素因子,由算术基本定理知 C_n^k 可以写成不同素数幂的乘积,由(1)的结论,

每一个素数幂都不大于 k，一共有至多 $\pi(k)$ 个不同的素数幂，所以

$$C_n^k \leqslant n^{\pi(k)} \leqslant n^{\frac{k}{2}}.$$

另一方面，注意到

$$C_n^k = \frac{n}{k} \cdot \frac{n-1}{k-1} \cdot \frac{n-2}{k-2} \cdots \frac{n-k+1}{1} > \left(\frac{n}{k}\right)^k.$$

结合以上两个不等式知

$$\left(\frac{n}{k}\right)^k < n^{\frac{k}{2}},$$

即有 $n < k^2$，这与 $n \geqslant k^2$ 矛盾. 故结论成立. □

评注 此题的背景是雪尔维斯特(Sylvester)定理：当 $n > k$ 时，n，$n+1$，$\cdots$，$n+k-1$ 中一定有一个数含有一个大于 k 的素因子. 此题来源于厄尔多斯(Erdös)的论文"A Theorem of Sylvester and Schur." 这是厄尔多斯在 20 岁的论文，文中给出了雪尔维斯特定理的一个漂亮的初等证明(此前厄尔多斯证明了雪尔维斯特定理的特例切比雪夫定理)，在此论文中，厄尔多斯分了多种情况作不等式估计，本题是其中较为简单的一种情况.

本题得分率在 28% 左右，有一定区分度，考试中绝大多数同学都做对了第一问. 第一问只要想到勒让德定理或者库默尔定理，很快就可以得出结论. 第二问的关键是在反证法证明中用算数基本定理把 C_n^k 写成素数幂的乘积，然后使用第一问的结论. 为了降低题目难度，我们设置了第一问，具有很强的提示作用，给了第二问一个明确的做题方向.

5. $\odot O_1$ 与 $\odot O_2$ 交于 A、B 两点，过 A 的直线分别交 $\odot O_1$、$\odot O_2$ 于点 C、D，满足 O_1、O_2、C、D 四点共圆，记该圆为 Γ. 设 E 是 CO_2 与 DO_1 的交点，I 是线段 BE 与圆 Γ 的交点. 证明：I 是 $\triangle CBO_2$ 和 $\triangle DBO_1$ 的内心.

下面的证法一由张端阳给出.

证法一 本题直接引用如下熟知结论：

如图①，设四边形 $ABCD$ 内接于圆 O，延长 AB、DC 交于点 E，延长 AD、BC 交于点 F，AC、BD 交于点 P. 延长 OP 交 EF 于点 G，则 (1) $OG \perp EF$；(2) G 是完全四边形 $ABCDEF$ 的密克点；(3) G、A、O、C，G、B、O、D 分别四点共圆.

回到原题.

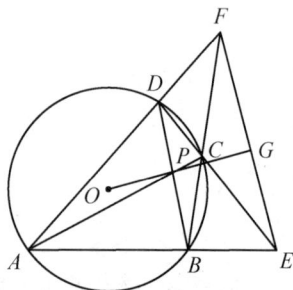

(第 5 题图①)

如图②,延长 CD、O_1O_2 交于点 F,延长 CO_1、DO_2 交于点 G.过 E 作 $EB' \perp FG$ 于点 B',下证 B' 与 B 重合.

事实上,由上述结论,B' 是完全四边形 CDO_2O_1FG 的密克点.所以

$$\angle O_1B'G = \angle O_1CA = \angle O_1AC,$$

$$\angle O_2B'F = \angle O_2DA = \angle O_2AD,$$

从而 $\angle O_1B'O_2 = \angle O_1AQ_2$.又易知 $\triangle B'O_1C \backsim \triangle B'O_2D$,所以

$$\frac{B'O_1}{B'O_2} = \frac{CO_1}{DO_2} = \frac{AO_1}{AO_2},$$

于是 $\triangle B'O_1O_2 \backsim \triangle AO_1O_2$.因为 O_1O_2 是公共边,所以 $\triangle B'O_1O_2 \cong \triangle AO_1O_2$.

因此 B' 与 A 关于 O_1O_2 对称,故 B' 与 B 重合.

如图③,设 Γ 的圆心是 O,由 B 是密克点以及熟知结论,B、E、O 共线,且 B、C、O、O_2 四点共圆.因为 $OC = OI = OO_2$,所以由鸡爪定理的逆定理,I 是 $\triangle CBO_2$ 的内心.同理,I 是 $\triangle DBO_1$ 的内心. $\square$

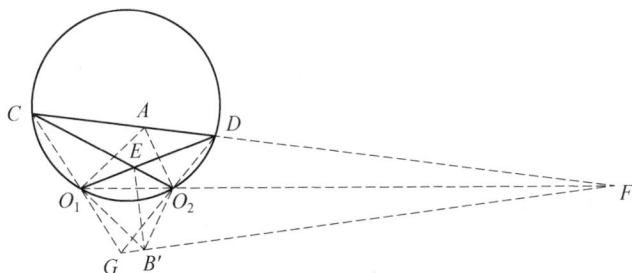

(第 5 题图②)

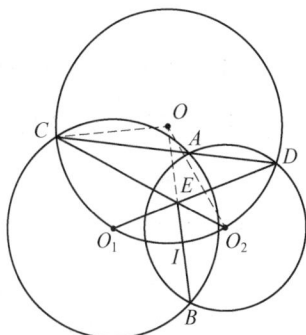

(第 5 题图③)

下面的证法二由李先颖博士(2004 年 IMO 金牌得主)提供.

证法二 如图④,由 $\angle BO_1C = 2\angle BAC = \angle BO_2D$,$O_1C = O_1B$,$O_2B = O_2D$ 知 $\triangle BCO_1 \backsim \triangle BDO_2$.

故 $\angle BCO_1 = \angle CBO_1 = \angle BDO_2 = \angle DBO_2$,设为 θ.

由熟知的结论知,$\triangle BO_1O_2 \backsim \triangle BCD$,所以 $\angle BCD = \angle BO_1O_2$.

注意到

$$\angle CO_1O_2 + \angle DO_2O_1 = 2\pi - \angle O_1CD - \angle O_2DC$$

$$= 2\pi - (\angle BCD - \theta) - (\angle BDC + \theta)$$

$$= \pi + \angle CBD,$$

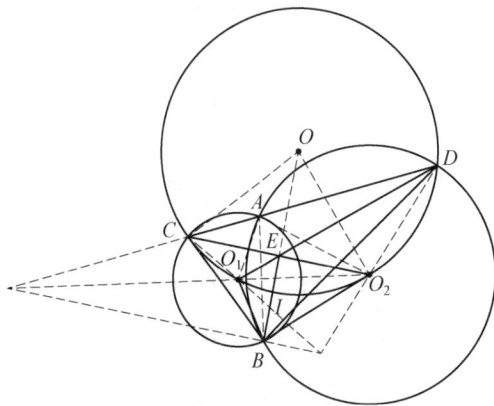

(第 5 题图④)

又 C、D、O_1、O_2 四点共圆及 $AB \perp O_1O_2$,

$$\angle CO_1O_2 - \angle DO_2O_1 = \angle CO_1O_2 + \angle DCO_1 - \pi$$

$$= \angle CO_1O_2 + \angle BCD - \theta - \pi$$

$$= \angle CO_1O_2 + \angle BO_1O_2 - \theta - \pi$$

$$= 2\pi - \angle BO_1C - \theta - \pi$$

$$= \pi - (\pi - 2\theta) - \theta = \theta,$$

故由上述两式得：

$$\angle CO_1O_2 = \frac{\pi + \angle CBD + \theta}{2} = \frac{\pi}{2} + \frac{\angle CBO_2}{2}.$$

设 $\triangle CBO_2$ 的内心为 I_1，$\triangle DBO_1$ 的内心为 I_2，则

$$\angle CI_1O_2 = \frac{\pi}{2} + \frac{\angle CBO_2}{2} = \angle CO_1O_2,$$

故 I_1 在 C、D、O_1、O_2 的外接圆上.

同理，I_2 也在这个圆上. 因为 $\angle CBO_1 = \angle DBO_2$，故 $\angle CBO_2$ 和 $\angle DBO_1$ 的角平分线重合，故 I_1、I_2 重合，记为 I'.

现延长 BI 交 $\triangle BCO_2$ 的外接圆于 O，则由鸡爪定理知：$OC = OI = OO_2$. 所以 O 是 $\triangle CIO_2$ 的外心，也是 C、D、I'、O_1、O_2 外接圆圆心. 同理，延长 BI 与 $\triangle BDO_1$ 外接圆的交点也是 O 点. 于是 I' 在 $\triangle BCO_2$ 和 $\triangle BDO_1$ 外接圆的根轴上. 因为 $EC \cdot EO_2 = ED \cdot EO_1$，所以 E 也在这两个圆的根轴上，从而 B、I'、E 三点共线，故 $I' = I$，即 I 是 $\triangle DBO_1$ 的内心. □

下面的证法三由成都外国语学校谢思睿同学给出.

证法三 如图⑤，因为

$$\angle BO_1O_2 = \frac{1}{2}\angle BO_1A = \angle BCA,$$

$$\angle BO_2O_1 = \frac{1}{2}\angle BO_2A = \angle BDA,$$

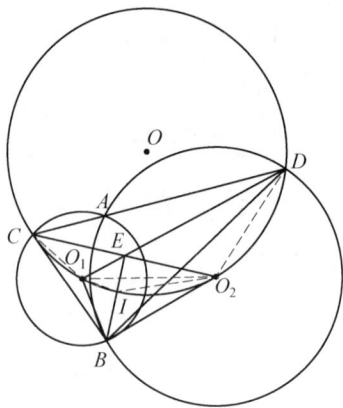

(第 5 题图⑤)

所以 $\triangle BO_1O_2 \backsim \triangle BCD$. 又因为 C、D、O_2、O_1，四点共圆，从而 $\triangle CEO_1 \backsim \triangle DEO_2$，$\triangle CDE \backsim \triangle O_1O_2E$，于是

$$\frac{CE}{EO_2} = \frac{CE}{DE} \cdot \frac{DE}{O_2E} = \frac{CO_1}{DO_2} \cdot \frac{CD}{O_1O_2} = \frac{BO_1}{BO_2} \cdot \frac{BC}{BO_1} = \frac{BC}{BO_2}.$$

由角平分线定理知：BE 平分 $\angle CBO_2$，同理 BE 平分 $\angle DBO_1$. 又因为 I 在 C、D、O_2、O_1 的外接圆上，所以

$$\angle EO_1I + \angle EO_2I = \angle DCI + \angle CDI = \pi - \angle CO_1D.$$

又注意到,

$$\angle BO_1E + \angle BO_2E$$
$$= (2\pi - \angle BO_1C - \angle CO_1D) + (\angle BO_2D - \angle CO_2D)$$
$$= 2\pi - 2\angle CO_1D,$$

所以

$$\angle BO_1I + \angle BO_2I = \angle EO_1I + \angle EO_2I. \tag{1}$$

又

$$\frac{O_1E}{O_2E} = \frac{O_1C}{O_2D} = \frac{O_1B}{O_2B},$$

所以,

$$\frac{IE}{IB} = \frac{O_1E \cdot \sin\angle EO_1I}{O_1B \cdot \sin\angle BO_1I},$$

$$\frac{IE}{IB} = \frac{EO_2 \cdot \sin\angle EO_2I}{BO_2 \cdot \sin\angle BO_2I},$$

于是,

$$\frac{\sin\angle EO_1I}{\sin\angle BO_1I} = \frac{\sin\angle EO_2I}{\sin\angle BO_2I}.$$

结合(1)知,

$$\angle EO_1I = \angle BO_1I, \quad \angle EO_2I = \angle BO_2I,$$

即 O_1I 平分 $\angle BO_1E$. 又 BI 平分 $\angle O_1BD$,所以 I 是 $\triangle DBO_1$ 的内心. 同理,I 是 $\triangle CBO_2$ 的内心.

$\square$

评注 此题是一道中等难度的题,得分率在 38% 左右. 证法一主要用布洛卡定理和完全四边形的密克点的性质;证法二主要用了同一法和根轴的性质,考试中也有部分同学用了类似的方法;证法三多次导边角关系得到结论.

6. n 是给定的正整数. 对于 n 元数组 $\bar{a} = (a_1, \cdots, a_n)$,记

$$S(\bar{a}) = \sum_{i=1}^{n} 3^{i-1} a_i, \quad T(\bar{a}) = \sum_{i=1}^{n} \frac{a_i}{3^{i-1}}.$$

设 m、k 是正整数且满足 $m \geqslant 2k$,定义

$$A = \{\bar{a} = (a_1, \cdots, a_n) \mid k = S(\bar{a}), \text{其中 } a_i \in \mathbf{Z}, \mid a_i \mid \leqslant m, i = 1, \cdots, n\}.$$

证明:

$$\frac{\sum\limits_{\bar{a} \in A} T(\bar{a})}{\mid A \mid} \leqslant k,$$

其中 $\mid A \mid$ 表示 A 的元素个数.

证明 把集合 A 划分成两个子集 A_1、A_2,其中

$$A_1 = \{\bar{a} = (a_1, a_2, \cdots, a_n) \mid \bar{a} \in A, -m \leqslant a_1 < -m + 2k\};$$

$$A_2 = \{\bar{a} = (a_1, a_2, \cdots, a_n) \mid \bar{a} \in A, -m + 2k \leqslant a_1 \leqslant m\}.$$

对任意 $\bar{a} \in A_1$,因为 $a_1 < -m + 2k$,$a_i \leqslant m (i \geqslant 2)$,则

$$T(\bar{a}) = \sum_{i=1}^{n} \frac{a_i}{3^{i-1}} < (-m + 2k) + m\left(\sum_{i=2}^{n} \frac{1}{3^{i-1}}\right)$$

$$= (-m + 2k) + m \frac{\frac{1}{3}\left(1 - \frac{1}{3^{n-1}}\right)}{1 - \frac{1}{3}}$$

$$< -m + 2k + m \cdot \frac{1}{2} = 2k - \frac{m}{2}$$

$$\leqslant k,$$

所以

$$\sum_{\bar{a} \in A_1} T(\bar{a}) \leqslant k \mid A_1 \mid.$$

而对任意的 $\bar{a} \in A_2$,由 A 的定义知

$$\sum_{i=1}^{n} 3^{i-1} a_i = k,$$

从而

$$(2k - a_1) + \sum_{i=2}^{n} 3^{i-1}(-a_i) = k.$$

由 $-m + 2k \leqslant a_1 \leqslant m$,$-m \leqslant a_i \leqslant m$ 知,

$$-m+2k \leqslant 2k-a_1 \leqslant m, \quad -m \leqslant -a_i \leqslant m,$$

故

$$(2k-a_1, -a_2, \cdots, -a_n) \in A_2.$$

将 $(a_1, a_2, \cdots, a_n)$ 与 $(2k-a_1, -a_2, \cdots, -a_n)$ 配对，每个 $(a_1, a_2, \cdots, a_n)$ 恰出现在一对中（$(k, 0, \cdots, 0)$ 的配对元素为自身），且有

$$T(a_1, a_2, \cdots, a_n) + T(2k-a_1, -a_2, \cdots, -a_n) = T(2k, 0, \cdots, 0) = 2k.$$

从而 $\sum\limits_{\bar{a} \in A_2} T(\bar{a}) = k \mid A_2 \mid$，于是

$$\sum_{\bar{a} \in A_2} T(\bar{a}) \leqslant k \mid A_2 \mid.$$

综上可知，

$$\frac{\sum\limits_{\bar{a} \in A} T(\bar{a})}{\mid A \mid} \leqslant k. \qquad \square$$

评注　此题是难题，考试中只有不到 5% 的同学做对. 本题的思想是分段估计. 对于 $-m+2k \leqslant a_1 \leqslant m$ 部分用配对估计，对 $m \leqslant a_1 < -m+2k$ 的部分直接放缩. 考试中部分做对的同学用了归纳法，其本质与上述解法相同.

2018 年夏季上海新星数学奥林匹克试题解答与评析

罗振华[1]　孙孟越[2]　吴尉迟[3]

(1. 上海四季教育，200070；2. 华东师大二附中，201203；3. 上海大学，200444)

2018 年夏季上海新星数学奥林匹克于 6 月 4 日 8 点到 12 点在上海举行. 下面介绍此次考试的试题和解答.

Ⅰ. 试题

1. 实数 x_1，x_2，$\cdots$，x_{2018} 满足：

$$x_1 + x_2 + \cdots + x_{2018} = 1007，且 \mid x_{i+1} - x_i \mid \leqslant 1，i = 1，2，\cdots，2017.$$

求 $x_2 + x_4$ 的最大值.

（杭州第二中学　赵斌　供题）

2. 已知 $\triangle ABC$ 是非等腰锐角三角形（$AB > AC$），$\odot O$ 是其外接圆，M 是 BC 的中点，A_1 是 $\odot O$ 上 A 的对径点，D、E 分别是边 AB、AC 延长线上的点且满足 $BD = AB$，$CE = AC$. 点 A_2（不同于 A_1）是 $\odot O$ 与 $\triangle A_1 DE$ 的外接圆交点. 证明：$\angle AMC = \angle A_2 MC$.

（上海四季教育　罗振华　供题）

3. 设 n 是大于 27 的整数，a_1，a_2，$\cdots$，a_n 是非常数的等差数列，$\{b_1，b_2，\cdots，b_m\} \subseteq \{a_1，a_2，\cdots，a_n\}$ 满足 $\dfrac{m}{n} \geqslant \dfrac{7}{9}$. 证明：集合

$$A = \{b_i + b_j \mid 1 \leqslant i，j \leqslant m\}$$

中存在项数不小于 n 的等差数列.

（上海大学　吴尉迟　供题）

4. 给定奇素数 p. 称一个至多 $p-1$ 次的多项式 $F(x)$ 是"美的"，如果对任意与 p 互素的整数 a、b，都有 $\dfrac{1}{p}(F(a) + F(b) - F(ab))$ 是整数.

(i) 证明:存在一个最高次项系数是 $\dfrac{1}{p}$ 的美的多项式.

(ii) 若 $f(x)$ 是美的整系数多项式.证明:存在整数 t 使得 $\dfrac{1}{p}(f(x)+tx^{p-1}-t)$ 是整系数多项式.

(华东师大二附中　孙孟越　供题)

5. 一个 $3n$ 个点的平面点集叫做"弱紧集",如果其中任意 $n+1$ 个点中有两点的距离为 1.求弱紧集中距离为 1 的点对数目的最小值.

(温州乐成寄宿中学　周一正　羊明亮　供题)

6. 对边不平行的凸四边形 $ABCD$ 中,AB 的延长线与 DC 的延长线交于 E,AD 的延长线与 BC 的延长线交于 F.点 K 是 $\triangle CDF$ 的外接圆与 $\triangle ADE$ 的外接圆的交点($K\neq D$).四边形 $ABCD$ 的四条外角平分线交成凸四边形 $GHIJ$(如图).$\triangle CDF$ 的外接圆中,$\overset{\frown}{DF}$(不含 C)的中点为 Q,直线 EJ 与 $\triangle AED$ 的外接圆交于点 M.设 GH 的中垂线与 JI 的中垂线(不重合)交于点 P,证明:P、M、Q、K 共圆.

(温州中学　欧阳泽轩　供题)

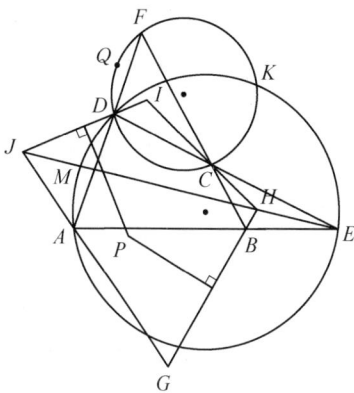
（第 6 题图①）

II . 解答

1. 实数 x_1,x_2,$\cdots$,x_{2018} 满足:

$$x_1+x_2+\cdots+x_{2018}=1007,且\,|x_{i+1}-x_i|\leqslant 1,\,i=1,2,\cdots,2017.$$

求 x_2+x_4 的最大值.

解　由 $|x_{i+1}-x_i|\leqslant 1$ 可以得到

$$x_1\geqslant x_2-1,\,x_5\geqslant x_4-1,\,x_6\geqslant x_4-2,\cdots,\,x_{2018}\geqslant x_4-2014,$$

则

$$1007=x_1+x_2+\cdots+x_{2018}\geqslant 2x_2+x_3+2015x_4-1-\dfrac{2014\cdot 2015}{2}.$$

又 $x_3\geqslant x_2-1$,$x_4\geqslant x_2-2$,从而

$$上式右边\geqslant 1009x_2+1009x_4-1006\cdot 2-1-1-\dfrac{2014\cdot 2015}{2},$$

计算可得 $x_2 + x_4 \leqslant 2014$.

等号当 $x_1 = 1007$，$x_k = 1010 - k$，$k \geqslant 2$ 时取到. □

评注 这是一道基础的不等式问题，有 60% 的同学做对此题. 本题的思路是利用 $|x_{i+1} - x_i| \leqslant 1$ 把 $x_1 + x_2 + \cdots + x_{2018}$ 放缩为关于 $x_2 + x_4$ 的一次多项式，由每一步不等式的取等条件得到 $x_2 + x_4$ 取最大值时的取等条件：$x_1 = 1007$，$x_k = 1010 - k$，$k \geqslant 2$.

2. 如图①，已知 $\triangle ABC$ 是非等腰锐角三角形（$AB > AC$），$\odot O$ 是其外接圆，M 是 BC 的中点，A_1 是 $\odot O$ 上 A 的对径点，D、E 分别是边 AB、AC 延长线上的点且满足 $BD = AB$，$CE = AC$. 点 A_2（不同于 A_1）是 $\odot O$ 与 $\triangle A_1DE$ 的外接圆交点. 证明：$\angle AMC = \angle A_2MC$.

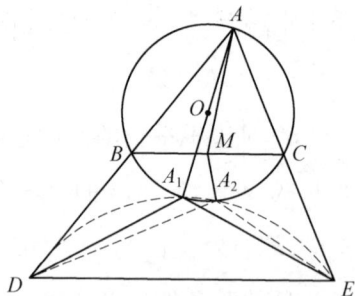
（**第 2 题图①**）

证法一（罗振华） 我们称对边乘积相等的圆内接四边形为调和四边形，后续证明中将直接使用调和四边形的如下性质.

引理 如图②，已知 $ABCD$ 是调和四边形，E 是 AC 的中点，则有如下几何性质：

$$\triangle AEB \backsim \triangle DEA, \quad \triangle CEB \backsim \triangle DEC;$$

$$\angle BEA = \angle DEA, \quad \angle BEC = \angle DEC.$$

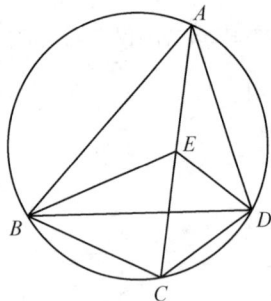
（**第 2 题图②**）

回到原题. 如图③，在 $\odot O$ 的 BC 弧（不含 A）上取一点 A_2'，使得 $ABA_2'C$ 构成调和四边形（这样的 A_2' 是唯一确定的）. 取 AA_2' 的中点 N，连结 OB、OC、NB、NC.

由引理，$\triangle ABN \backsim \triangle CAN$，$\angle BNA_2' = \angle CNA_2'$. 故 $\angle ABN = \angle CAN$. 则

$$\angle BNC = 2\angle BNA_2' = 2(\angle ABN + \angle NAB)$$
$$= 2(\angle NAC + \angle NAB) = 2\angle BAC.$$

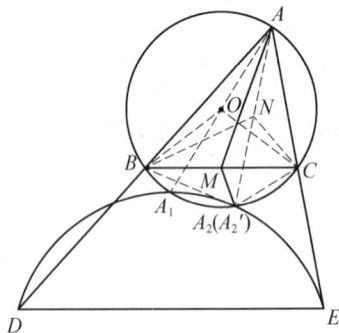
（**第 2 题图③**）

又 $\angle BOC = 2\angle BAC$，故 B、O、N、C 四点共圆.

以 A 为位似中心，2 为位似比作位似变换，则

$$B \to D, O \to A_1, N \to A_2', C \to E.$$

那么 D、A_1、A_2'、E 四点共圆，这说明 $A_2 = A_2'$. 则 ABA_2C 是调和四边形，由引理可知 $\angle AMC =$

$\angle A_2MC.$

证法二（孙孟越） 我们称对边乘积相等的圆内接四边形为调和四边形，后续证明中将直接使用调和四边形的如下性质.

引理 如图④，已知 $ABCD$ 是圆内接四边形，E 是 AC 中点，则有：

① $ABCD$ 是调和四边形当且仅当 $\angle ABE = \angle CBD$；

② $ABCD$ 是调和四边形当且仅当 $\angle BEC = \angle DEC$.

回到原题. 如图⑤，连结 A_1A_2 并延长交 DE 的延长线于 X，连结 AE.

取 DE 的中点 N，连结 AN、A_1N、AA_1、A_1B、A_1C、A_1D、A_1E. 过 A 作 DE 的垂线，垂足为 L，连结 AL、A_2L.

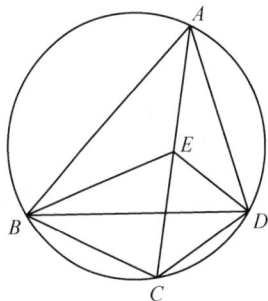

（第 2 题图④）

记 $\triangle ADE$ 的外接圆为 ω_1，$\triangle A_1DE$ 的外接圆为 ω_2. 那么 A_1A_2 为 $\odot O$ 与 ω_2 的根轴，DE 为 ω_1 与 ω_2 的根轴.

过 A 作 $\odot O$ 的切线 l，则 l 也是 ω_1 的切线. 从而 l 是 $\odot O$ 与 ω_1 的根轴. 由蒙日定理，A_1A_2、DE 与 l 三线共点. 这说明 l 经过点 X，则 AX 是 $\odot O$ 的切线. 故 $\angle A_1AX = 90^\circ$.

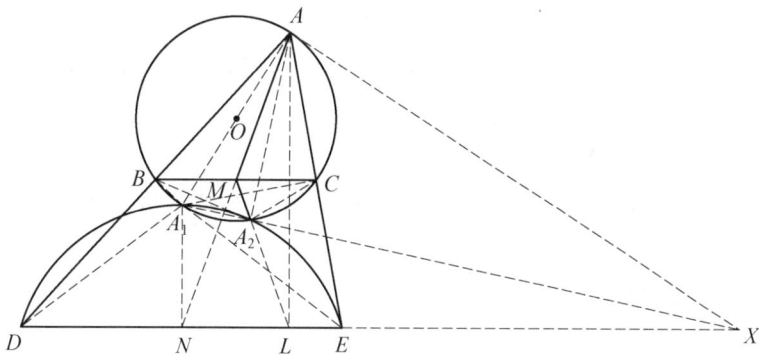

（第 2 题图⑤）

注意到 $BC \parallel DE$，M、N 分别是 BC、DE 的中点. 所以，A、M、N 三点共线. 又 $AB = BD$，$A_1B \perp AD$，故 $A_1A = A_1D$. 同理可知 $A_1A = A_1E$，则 $A_1D = A_1E$.

注意到 N 是 DE 的中点，所以 $\angle A_1NX = 90^\circ$. 这说明 A、A_1、N、X 四点共圆，所以 $\angle A_1AN = \angle A_1XD$.

又因为 A_1A 是 $\odot O$ 的直径，所以 $\angle AA_2A_1 = \angle AA_2X = 90^\circ$，故 A、A_2、L、X 四点共圆，则有 $\angle A_2AL = \angle A_2XL = \angle A_1XD$，这说明 $\angle A_1AN = \angle A_2AL$. 而

$$\angle LAE = 90^\circ - \angle AED = 90^\circ - \angle ACB = \angle BAA_1,$$

所以

$$\angle BAM = \angle BAA_1 + \angle A_1AN = \angle LAC + \angle A_2AL = \angle CAA_2.$$

由引理，ABA_2C 是调和四边形. 故 $\angle AMC = \angle A_2MC$. □

　　评注　这是一道简单而优美的几何题，约 70% 的同学做对了此题. 本题的背景是调和四边形，问题相当于证明 ABA_2C 是调和四边形. 本题的入手点非常多，大部分同学直接或间接使用调和四边形的几何性质证明了结论. 证法一的关键是取 AA_2 的中点（题目条件中出现了很多中点），利用调和四边形的几何性质和位似不改变共圆性得到了结论. 证法二的关键是找出三个圆的根心，通过导角得出 AM、AA_2 是关于 $\angle BAC$ 的等角线，利用调和四边形的几何性质证得了结论.

　　3. 设 n 是大于 27 的整数，a_1，a_2，$\cdots$，a_n 是非常数的等差数列，数列 $\{b_1, b_2, \cdots, b_m\} \subseteq \{a_1, a_2, \cdots, a_n\}$ 满足 $\dfrac{m}{n} \geqslant \dfrac{7}{9}$. 证明：集合

$$A = \{b_i + b_j \mid 1 \leqslant i, j \leqslant m\}$$

中存在项数不小于 n 的等差数列.

　　证明　由于将 a_1，a_2，$\cdots$，a_n 这个等差数列整体平移或同乘以非零常数倍不影响题目的讨论，故不妨设 $a_i = i$，$1 \leqslant i \leqslant n$，则 $2 \leqslant a_i + a_j \leqslant 2n$，故 A 中的元素为不超过 $2n$ 的正整数.

　　记 $B = \{b_1, b_2, \cdots, b_m\}$，若正整数 $x \leqslant 2n$ 不属于 A，分两种情况讨论：

　　1) 当 $x \leqslant n$ 时，考虑数组 $\{j, x - j\}$（$1 \leqslant j \leqslant \lfloor \frac{x}{2} \rfloor$），它们是两两不交的.

　　由于 $x \notin A$，则 B 不能同时包含数组 $\{j, x - j\}$（$1 \leqslant j \leqslant \lfloor \frac{x}{2} \rfloor$）中的两个元素.

因此
$$|\{1, 2 \cdots, n\} \backslash B| \geqslant \lfloor \frac{x}{2} \rfloor,$$

结合条件知，$\lfloor \frac{x}{2} \rfloor \leqslant \dfrac{2n}{9}$，即有 $x \leqslant \dfrac{4n}{9} + 2$.

　　2) 当 $n \leqslant x \leqslant 2n$ 时，考虑数组 $\{j, x - j\}$（$\lfloor \frac{x}{2} \rfloor \leqslant j \leqslant n$），类似地，我们有 $n - \lfloor \frac{x}{2} \rfloor + 1 \leqslant \dfrac{2n}{9}$，则有 $x \geqslant \dfrac{14n}{9}$.

　　综上可知，当 $\dfrac{4n}{9} + 2 < x < \dfrac{14n}{9}$ 时，有 $x \in A$. 注意到 $n > 27$，这个区间的整数个数至少为

$$\frac{14n}{9} - \left(\frac{4n}{9} + 2\right) - 1 = \frac{10n}{9} - 3 > n.$$

这说明 A 包含项数不少于 n 的等差数列. □

评注 此题是一道中等难度的题,约 20% 的同学做对了此题.此题是等差数列子列的闵可夫斯基 (Minkowski) 和的一个性质.这个问题的关键是考虑不在 A 中的元素 x 的性质,通过和为 x 的两数不能同时出现在 B 中可以估计出 x 的取值范围,最后可以找到中间一段长为 n 的等差数列.

4. 给定奇素数 p.称一个至多 $p-1$ 次的多项式 $F(x)$ 是"美的",如果对任意与 p 互素的整数 a、b,都有 $\frac{1}{p}(F(a)+F(b)-F(ab))$ 是整数.

(i) 证明:存在一个最高次项系数是 $\frac{1}{p}$ 的美的多项式.

(ii) 若 $f(x)$ 是美的整系数多项式.证明:存在整数 t 使得 $\frac{1}{p}(f(x)+tx^{p-1}-t)$ 是整系数多项式.

证明 (i) 由费马小定理,对任意与 p 互素的整数 x,有 $f(x)=\frac{x^{p-1}-1}{p}$ 是整数.并且对任意与 p 互素的整数 a、b,

$$\frac{1}{p}(f(a)+f(b)-f(ab))=-\frac{(a^{p-1}-1)}{p}\cdot\frac{(b^{p-1}-1)}{p}=-f(a)f(b)\in\mathbf{Z}.$$

故 $f(x)$ 是满足要求的多项式.

(ii) 由题设知对任意与 p 互素的整数 a,有 $\frac{1}{p}\big(2f(a)-f(a^2)\big)$ 是整数,故

$$f(a^2)\equiv 2f(a)\pmod{p}.$$

若对正整数 n 及与 p 互素的整数 a,有 $f(a^n)\equiv nf(a)\pmod p$.由题设可知

$$\frac{1}{p}(f(a^n)+f(a)-f(a^{n+1}))$$

是整数,故

$$f(a^{n+1})\equiv f(a^n)+f(a)\equiv(n+1)f(a)\pmod{p}.$$

利用上述性质并结合归纳法不难证明对任意正整数 n 及与 p 互素的整数 a,都有

$$f(a^n)\equiv nf(a)\pmod{p}.$$

特别地,取 $p\nmid a$,以及 $n=p$,得到

$$f(a)\equiv f(a^p)\equiv pf(a)\equiv 0\pmod{p}.$$

上式第一个同余号,用到了费马小定理 $a^p \equiv a \pmod{p}$,以及 f 是一个整系数多项式.

故对任意 $a = 1, 2, \cdots, p-1$,有 $p \mid f(a)$. 而由费马小定理,有 $p \mid a^{p-1} - 1$.

设 $-f(x)$ 的 $(p-1)$ 次项系数为 t(t 是整数),由于 f 至多 $(p-1)$ 次,则 $(f(x) + tx^{p-1} - t)$ 是一个至多 $(p-2)$ 次的多项式,由前面证得的结论知,其在 $x = 1, 2, \cdots, p-1$ 处的值都是 p 的倍数.

又 p 是素数,由拉格朗日定理,$(f(x) + tx^{p-1} - t)$ 必为模 p 意义下的零多项式,则 $\frac{1}{p}(f(x) + tx^{p-1} - t)$ 是整系数多项式. □

评注 有 21% 的同学做对此题. 此题背景是费马商(Fermat Quotient)的性质的逆问题,第(i)问中给出的多项式即为费马商. 进一步,可以发现加上整系数的条件后,f 可被完全刻画,这就是本题的第(ii)问.

第(ii)问中,还可以用如下构造缩系的方法得到 $p \mid f(a)$,$\forall 1 \leqslant a \leqslant p-1$:

在条件式中取定与 p 互素的整数 a,再取遍 $b = 1, 2, \cdots, p-1$ 并求和,得

$$(p-1)f(a) \equiv \sum_{b=1}^{p-1} f(ab) - \sum_{b=1}^{p-1} f(b) \pmod{p}.$$

由于 p 是素数,并且 a、p 互素,故 $a, 2a, \cdots, (p-1)a$ 构成模 p 的缩系. 并由 f 是整系数多项式,我们得到

$$\sum_{b=1}^{p-1} f(ab) \equiv \sum_{b=1}^{p-1} f(b) \pmod{p},$$

这推出 $p \mid f(a)$.

5. 一个 $3n$ 个点的平面点集叫做"弱紧集",如果其中任意 $n+1$ 个点中有两点的距离为 1. 求弱紧集中距离为 1 的点对数目的最小值.

解 所求最小值为 $3n$.

一方面,在平面上取 n 个边长为 1 的正三角形,使得任意两个不同的正三角形的中心的距离都大于 100. 则任意两个不同的正三角形的顶点距离大于 1,故图中恰有 $3n$ 个距离为 1 的点对. 而任 $n+1$ 个点中,必有两点是同一正三角形的两个顶点,它们的距离为 1,故此构造满足条件.

另一方面,证明这 $3n$ 个点中距离为 1 的点对至少有 $3n$ 对.

将这 $3n$ 个点对应图 G 中的 $3n$ 个点,若两点距离为 1,则将它们在图 G 中的对应点相连. 于是问题转化为:$3n$ 阶图 G 满足任 $n+1$ 个点间至少有一条边,证明:图 G 中至少有 $3n$ 条边.

取图 G 的最大独立点集 T_1(T_1 中的点两两不相邻),余下的点集记为 T_2,则由题设条件知,$|T_1| \leqslant n$.

由 $|T_1|$ 的最大性知,$\forall A \in T_2$,存在 $B \in T_1$ 使得 A、B 相邻. 故 T_1 中的点与 T_2 中的点之间

至少有 $3n - n = 2n$ 条边.

取图 G 限制在 T_2 上的导出子图中的最大的独立点集 $T_3(T_3 \subset T_2)$,由题设条件知 $|T_3| \leqslant n$,故 $|T_2 \backslash T_3| \geqslant n$.同理可知,$T_3$ 中的点与 $T_2 \backslash T_3$ 中的点间至少有 n 条边,故图 G 中至少有 $3n$ 条边. $\square$

评注　此题是一道中等难度的题,约 17% 的同学做对.本题本质上是一个图论问题,取最小值的构造很容易想到,证明中使用极端原理取最大独立集得到下界估计.另外,不少同学发现此题是图论中图兰(Turán)定理的一个特例:将 $3n$ 个点中距离不为 1 的两点连边,则原问题转化为求不含 K_{n+1} 的 $3n$ 阶图的边数的最大值.

6. 对边不平行的凸四边形 $ABCD$ 中,AB 的延长线与 DC 的延长线交于 E,AD 的延长线与 BC 的延长线交于 F.点 K 是 $\triangle CDF$ 的外接圆与 $\triangle ADE$ 的外接圆的交点($K \neq D$).四边形 $ABCD$ 的四条外角平分线交成凸四边形 $GHIJ$(如图).$\triangle CDF$ 的外接圆中,$\overset{\frown}{DF}$(不含 C)的中点为 Q,直线 EJ 与 $\triangle AED$ 的外接圆交于点 M.设 GH 的中垂线与 JI 的中垂线(不重合)交于点 P,证明:P、M、Q、K 共圆.

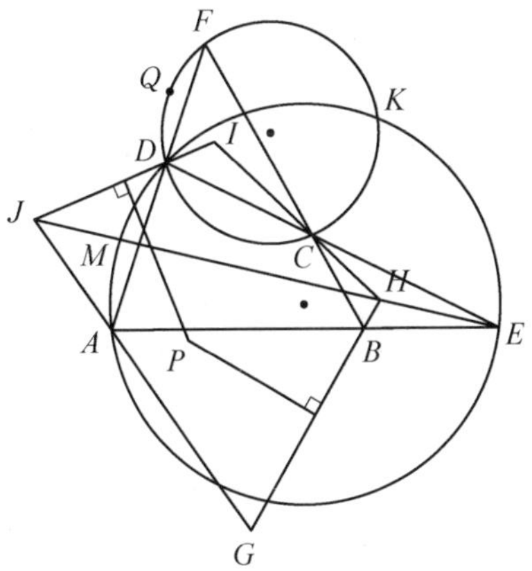

（第 6 题图①） 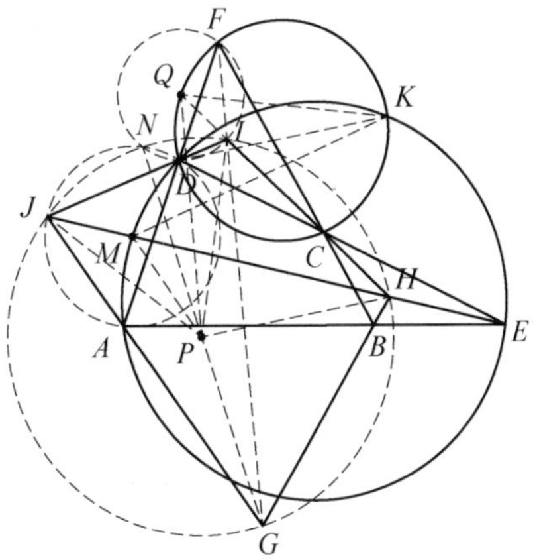　　　　　　　　（第 6 题图②）

证明　如图②,由题设,HB、HC 分别是 $\angle ABC$、$\angle BCD$ 的外角平分线,则有

$$\angle BHC = 180° - \angle HBC - \angle HCB$$

$$= 180° - (90° - \frac{1}{2}\angle ABC) - (90° - \frac{1}{2}\angle BCD)$$

$$= \frac{1}{2}\angle ABC + \frac{1}{2}\angle BCD.$$

同理,$\angle AJD = \frac{1}{2}\angle BAD + \frac{1}{2}\angle CDA$. 所以

$$\angle BHC + \angle AJD = \frac{1}{2}\angle BAD + \frac{1}{2}\angle CDA + \frac{1}{2}\angle ABC + \frac{1}{2}\angle BCD = 180°.$$

故 G、H、I、J 四点共圆.注意到 P 是 GH 的中垂线与 JI 的中垂线的交点,所以 P 是圆 $GHIJ$ 的圆心.

又 I 是 $\triangle CDF$ 的内心,G 是 $\triangle ABF$ 中点 F 所对的旁心.故 I、G 都在 $\angle AFB$ 的内角平分线上,则 F、I、G 三点共线.

设 $\triangle ADJ$ 的外接圆与 $\triangle DFI$ 的外接圆相交于 $N(N \neq D)$,则 N 是完全四边形 $GIFDJA$ 的密克点,由密克点的几何性质知 N、J、G、I 四点共圆.

由鸡爪定理,Q 是 $\triangle DFI$ 的外心,M 是 $\triangle ADJ$ 的外心.

所以 JN 是 $\odot M$ 与 $\odot P$ 的公共弦,这说明 P、M 都在 JN 的垂直平分线上,则 $\angle MPN = \frac{1}{2}\angle JPN$.同理 $\angle QPN = \frac{1}{2}\angle IPN$,则

$$\begin{aligned}
\angle MPQ &= \angle MPN + \angle QPN \\
&= \frac{1}{2}\angle NPJ + \frac{1}{2}\angle NPI \\
&= \frac{1}{2}\angle JPI = \angle JHI,
\end{aligned}$$

又

$$\begin{aligned}
\angle JHI &= \angle HCE + \angle HEC \\
&= \angle QCD + \angle MED \\
&= \angle QKD + \angle MKD = \angle MKQ,
\end{aligned}$$

故 $\angle MPQ = \angle MKQ$.所以 P、M、Q、K 四点共圆. □

评注 这是一道相当困难的几何题,只有 7% 的同学做对.此题的难点在于找出完全四边形 $GIFDJA$ 的密克点 N,利用密克点的几何性质把 P、M、Q、K 联系在一起,从而得出了结论.

2018 年秋季上海新星数学奥林匹克试题解答与评析

吴尉迟[1]　罗振华[2]

(1. 上海大学,200444；2. 上海四季教育,200070)

2018 年秋季上海新星数学奥林匹克于 11 月 23 日 8 点到 12 点在上海举行. 下面介绍此次考试的试题和解答.

I . 试题

1. 我们称正整数 n 的因子 d 是"特殊的",若 $d+1$ 也是 n 的因子.

(1) 证明：任意一个正整数至多有一半的正因子是特殊的.

(2) 求所有正整数 n,使得它恰有一半的正因子是特殊的.

(上海四季教育　罗振华　供题)

2. 已知在 $\triangle ABC$ 中,L、M、N 分别为边 BC、AC、AB 的中点. 记 $\triangle LMN$ 的外接圆为 ω. 过 L 作 ω 的切线,分别交直线 AB、AC 于点 L_1、L_2；过 M 作 ω 的切线,分别交直线 BC、BA 于点 M_1、M_2；过 N 作 ω 的切线,分别交直线 CA、CB 于点 N_1、N_2. 证明：直线 L_1N_2、M_1L_2、N_1M_2 相互平行.

(河南省郑州一中　张甲　供题)

3. 设 $n \geqslant 2$,$x_1, x_2, \cdots, x_n \in \mathbf{R}_+$ 且满足对任意 $1 \leqslant i < j \leqslant n$,有 $x_i x_j \geqslant i$. 求 $x_1 x_2 \cdots x_n$ 的最小值.

(浙江乐清市知临中学　王政　羊明亮　供题)

4. 给定整数 $n \geqslant 2$. 对每个正整数染上 n 种颜色之一,要求每种颜色都被使用,并且对每个正整数 k,在 $k+1, k+2, \cdots, k+n$ 中至少有一个数所染的颜色与 k 所染的颜色相同. 一种颜色被称为"有趣的",如果染有该颜色的全体正整数从小到大依次构成无穷等差数列. 求有趣的颜色种数的所有可能值.

(上海市七宝中学叶一超,华东师范大学何忆捷　供题)

5. 设非负实数 x_1，x_2，$\cdots$，x_{2018} 满足 $\displaystyle\sum_{1\leqslant i<j\leqslant 2018} x_i x_j = 1$. 求

$$\sum_{i=1}^{2018} \frac{1}{s-x_i}$$

的最小值，其中 $s=\displaystyle\sum_{i=1}^{2018} x_i$.

（浙江省杭州第二中学赵斌，北京大学王坤　供题）

6. 设 A_0，A_1，A_2，$\cdots$，A_{999} 是平面上两两不同的点，且无三点共线. 问：点 A_0 最多是多少个三角形 $A_i A_j A_k (1 \leqslant i < j < k \leqslant 999)$ 的内点.

（北京大学　吴茁　供题）

Ⅱ. 解答

1. 我们称正整数 n 的因子 d 是"特殊的"，若 $d+1$ 也是 n 的因子.

(1) 证明：任意一个正整数至多有一半的正因子是特殊的.

(2) 求所有正整数 n，使得它恰有一半的正因子是特殊的.

（上海四季教育罗振华　供题）

解　我们先证明：若 d 是 n 的一个特殊因子，则 $d<\sqrt{n}$.　　　　　　　（＊）

事实上，若 $d \geqslant \sqrt{n}$ 是 n 的特殊的因子，则 $d+1$ 也是 n 的因子，从而 $\dfrac{n}{d}$、$\dfrac{n}{d+1}$ 均是正整数，故

$$\frac{n}{d} \geqslant \frac{n}{d+1} + 1,$$

这等价于 $n \geqslant d(d+1)$，这与 $d \geqslant \sqrt{n}$ 矛盾！

若 $a \neq \sqrt{n}$ 是 n 的因子，则 $\dfrac{n}{a}$ 也是 n 的因子，且这两个因子恰有一个小于 $\sqrt{n}$. 再由结论（＊）知，n 至多有一半的因子是特殊的.

下面求所有满足条件的正整数 n.

若 n 恰有一半的因子是特殊的，则由结论（＊）和一半的因子小于 $\sqrt{n}$ 知，每个小于 $\sqrt{n}$ 的因子都是特殊的. 故 1 是特殊的因子，从而 2 是因子，进一步，2 是特殊的因子. 以此类推，每一个小于 $\sqrt{n}$ 的正整数都是 n 的因子.

设 k 是 n 最大的特殊的素因子，$k+1$ 是 n 的因子，但不是特殊的因子. 又由结论（＊）知，$k+1 \geqslant$

$\sqrt{n}$，从而有

$$n = k(k+1) = k^2 + k.$$

若 $k=1$，则 $n=2$ 满足条件.

若 $k \geqslant 2$，又每个小于 $\sqrt{n}$ 的因子都是特殊的，故 $k-1$ 也是 n 的因子，从而

$$k-1 \mid n - (k-1)(k+2) = k^2 + k - (k^2 + k - 2) = 2,$$

这说明 $k=2$ 或 3. 此时，$n=6$ 或 12，均满足条件.

综上，$n=2$, 6, 12 满足条件. □

评注 这是一道简单的数论题，考试中约 85% 的同学做对此题. 第一问的关键在于发现特殊因子都小于 $\sqrt{n}$，这样马上就能证得结论. 第二问需要细致分析 n 的因子情况，即说明每个小于 $\sqrt{n}$ 的因子均是特殊的，再稍加讨论得到结果.

2. 已知在 $\triangle ABC$ 中，L、M、N 分别为边 BC、AC、AB 的中点. 记 $\triangle LMN$ 的外接圆为 ω. 过 L 作 ω 的切线，分别交直线 AB、AC 于点 L_1、L_2；过 M 作 ω 的切线，分别交直线 BC、BA 于点 M_1、M_2；过 N 作 ω 的切线，分别交直线 CA、CB 于点 N_1、N_2. 证明：直线 L_1N_2、M_1L_2、N_1M_2 相互平行.

证明 如图，设三角形 ABC 的外心为 O，垂心为 H，OH 的中点为 K，则过 L、M、N 的圆是三角形 ABC 的九点圆，圆心为 K，L 的对径点 D 是 AH 的中点，$DL /\!/ AO$. 于是

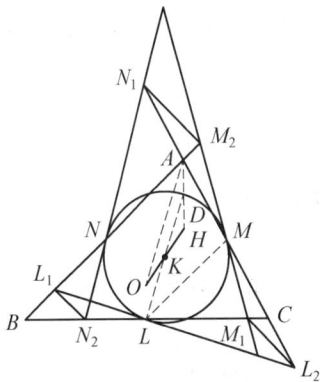

(第 2 题图)

$$\angle DLC = 180° - \angle OAC - \angle ACB$$
$$= 180° - (90° - \angle ABC) - \angle ACB$$
$$= 90° + \angle ABC - \angle ACB.$$

又因为 $L_2 L_1$ 是圆 K 在 L 点的切线，所以 $KL \perp L_1 L_2$，故

$$\angle L_2 LC = 90° - \angle DLC = \angle ACB - \angle ABC.$$

又 M、L 分别为 AC、BC 的中点，所以 $ML /\!/ AB$. 于是

$$\angle MLL_2 = \angle MLC + \angle L_2 LC = \angle ABC + \angle ACB - \angle ABC = \angle ACB,$$

结合 $\angle LML_2 = \angle CML$ 可得 $\triangle MLL_2 \backsim \triangle MCL$，从而

$$\frac{ML_2}{ML} = \frac{ML}{MC} \Rightarrow ML_2 = \frac{c^2}{2b}.$$

同理，由 $\triangle MLM_1 \backsim \triangle CLM$ 得

$$\frac{MM_1}{ML} = \frac{MC}{LC} \Rightarrow MM_1 = \frac{bc}{2a}.$$

于是

$$\frac{ML_2}{MM_1} = \frac{ac}{b^2}.$$

类似可得

$$\frac{MN_1}{MM_2} = \frac{ac}{b^2}.$$

故

$$\frac{ML_2}{MM_1} = \frac{MN_1}{MM_2}.$$

于是 $N_1M_2 \parallel M_1L_2$. 同理，$M_1L_2 \parallel L_1N_2$，故 L_1N_2、M_1L_2、N_1M_2 三线平行。 □

评注 这是一道中等偏易的几何题，考试中约 72% 的同学做对此题。上述解法的思路是通过找相似三角形计算比例来证明平行，考场上也有部分同学是通过三角法来计算比例。

3. 设 $n \geqslant 2$，$x_1, x_2, \cdots, x_n \in \mathbf{R}_+$ 且满足对任意 $1 \leqslant i < j \leqslant n$，有 $x_i x_j \geqslant i$. 求 $x_1 x_2 \cdots x_n$ 的最小值.

解 所求最小值 $\lambda(n) = \begin{cases} (n-1)!!, & \text{若 } 2 \mid n, \\ (n-2)!! \sqrt{n-1}, & \text{若 } 2 \nmid n. \end{cases}$

先证明：

$$x_1 x_2 \cdots x_n \geqslant \lambda(n). \tag{1}$$

i) 当 $2 \mid n$ 时，由条件知

$$x_1 x_2 \cdots x_n = (x_1 x_2)(x_3 x_4) \cdots (x_{n-1} x_n) \geqslant (n-1)!!.$$

ii) 当 $2 \nmid n$ 时，由条件知

$$x_1 x_2 \cdots x_{n-3} = (x_1 x_2)(x_3 x_4) \cdots (x_{n-4} x_{n-3}) \geqslant (n-4)!!.$$

又

$$x_{n-2}x_{n-1}x_n = \sqrt{(x_{n-2}x_{n-1})(x_{n-1}x_n)(x_{n-2}x_n)}$$
$$\geqslant \sqrt{(n-2) \cdot (n-1) \cdot (n-2)}$$
$$= (n-2) \cdot \sqrt{n-1},$$

将上述两式相乘得，$x_1 x_2 \cdots x_n \geqslant (n-2)!! \cdot \sqrt{n-1}$.

下讨论(1)等号成立的条件.

当

$$x_n = x_{n-1} = \sqrt{n-1}, \ x_i = \frac{i}{x_{i+1}}, \ \forall 1 \leqslant i \leqslant n-2 \tag{2}$$

时，等号成立.

下面再说明构造(2)满足条件. 即证：$x_i x_j \geqslant i$，$\forall 1 \leqslant i < j \leqslant n$. 由 x_i 的构造知，只需要证明 $x_1 \leqslant x_2 \cdots \leqslant x_n$. 从而只要证

$$x_i \geqslant \sqrt{i-1}, \ \forall 2 \leqslant i \leqslant n. \tag{3}$$

当 $i = n$，$n-1$ 时，(3)显然成立.

下讨论 $2 \leqslant i \leqslant n-2$ 的情形.

若 $2 \mid n-i$，则

$$x_i = \frac{i}{x_{i+1}} = \frac{ix_{i+2}}{i+1} = \frac{i(i+2)}{(i+1)(x_{i+3})} = \cdots$$
$$= \frac{i(i+2)\cdots(n-2)}{(i+1)(i+3)\cdots(n-3)x_{n-1}}$$
$$= \frac{i(i+2)\cdots(n-2)}{(i+1)(i+3)\cdots(n-3) \cdot \sqrt{n-1}}.$$

又 $k \geqslant \sqrt{k-1}\sqrt{k+1}$，$\forall k \in \mathbf{N}_+$，故

$$x_i \geqslant \frac{(\sqrt{i-1}\sqrt{i+1})(\sqrt{i+1}\sqrt{i+3})\cdots(\sqrt{n-3}\sqrt{n-1})}{(i+1)(i+3)\cdots(\sqrt{n-1})} = \sqrt{i-1}.$$

此时，(3)成立.

若 $2 \nmid n-i$，则

$$x_i = \frac{i(i+2)\cdots(n-3)x_{n-1}}{(i+1)(i+3)\cdots(n-2)}$$

$$= \frac{i(i+2)\cdots(n-3)\sqrt{n-1}}{(i+1)(i+3)\cdots(n-2)}$$

$$\geqslant \frac{(\sqrt{i-1}\sqrt{i+1})(\sqrt{i+1}\sqrt{i+3})\cdots(\sqrt{n-4}\sqrt{n-2})\sqrt{n-1}}{(i+1)(i+3)\cdots(n-2)}$$

$$> \sqrt{i-1}.$$

从而(3)得证. 此时 $x_1, x_2, \cdots, x_n$ 满足题目要求. □

评注 这是一道中等偏难的不等式问题,考试中约 27% 的同学做对此题. 此题命题的想法来源于 2010 年 USAMO 的第三题:2010 个实数 $a_1, a_2, \cdots, a_{2010}$,满足对任意 $1 \leqslant i < j \leqslant 2010$,有 $a_i a_j \leqslant i+j$. 求 $a_1 a_2 \cdots a_{2010}$ 的最大值.

本题中下界证明所用的方法是把相邻两项配对然后使用题设条件进行放缩. 例子的构造需要使用递推数列,先取最后两项均为 $\sqrt{n-1}$,再用递推方法构造前 $n-2$ 项,最后证明这个数列是递增的就能证得到它是满足题目条件的.

4. 给定整数 $n \geqslant 2$. 对每个正整数染上 n 种颜色之一,要求每种颜色都被使用,并且对每个正整数 k,在 $k+1, k+2, \cdots, k+n$ 中至少有一个数所染的颜色与 k 所染的颜色相同. 一种颜色被称为"有趣的",如果染有该颜色的全体正整数从小到大依次构成无穷等差数列. 求有趣的颜色种数的所有可能值.

解 首先证明,至少存在一种有趣的颜色. 对 $i=1,2,\cdots,n$,将染有第 i 种颜色的最小正整数记为 i_m. 不失一般性,设

$$m_1 < m_2 < \cdots < m_n.$$

引理 对任意正整数 $t \geqslant m_n$, $t, t+1, \cdots, t+n-1$ 遍历 n 种颜色.

引理证明 用反证法. 假设对某种颜色 $i \in \{1,2,\cdots,n\}$ 及某个正整数 $t \geqslant m_n$, $t, t+1, \cdots, t+n-1$ 均未被染颜色 i,那么 $1, 2, \cdots, t-1$ 均不含颜色 i(否则,取 k 为 $1, 2, \cdots, t-1$ 中被染有颜色 i 的最大数,则 $k+1, \cdots, t-1, t, \cdots, t+n-1$ 不含颜色 i,但由条件 $k+1, k+2, \cdots, k+n$ 中有一个数被染了颜色 i,这与 $k \leqslant t-1$ 矛盾).

从而,由 m_i 的定义知整数 m_i 被染为颜色 i,但这与 $m_i \leqslant m_n \leqslant t$ 矛盾. 引理证毕.

回到原题. 由引理知,对任意正整数 $t \geqslant m_n$, $t, t+1, \cdots, t+n-1$ 遍历 n 种颜色,$t+1, t+2, \cdots, t+n$ 也遍历 n 种颜色,于是 $t+n$ 与 t 同色. 这意味着染有第 n 种颜色的全体正整数恰好为 $m_n, m_n+n, m_n+2n, \cdots$,它们构成等差集.

另一方面,对任意 $j=1, 2, \cdots, n$,我们构造如下染色方式,使得恰有 j 种有趣的颜色.令集合

$$A_1=\{1, n-j+1, 2n-j+1, 3n-j+1, \cdots\},$$
$$A_2=\{2, n-j+2, 2n-j+2, 3n-j+2, \cdots\},$$
$$\cdots$$
$$A_{n-j}=\{n-j, 2n-2j, 3n-2j, 4n-2j, \cdots\},$$
$$A_{n-j+1}=\{2n-2j+1, 3n-2j+1, 4n-2j+1, \cdots\},$$
$$A_{n-j+2}=\{2n-2j+2, 3n-2j+2, 4n-2j+2, \cdots\},$$
$$\cdots$$
$$A_n=\{2n-j, 3n-j, 4n-j, \cdots\}.$$

并将 A_i 中的元素用第 i 种颜色进行染色,其中 $i=1, 2, \cdots, n$.易验证,每个集合 A_i 中相邻两数至多相差 n,即对任意正整数 k,k 所染的颜色在 $k+1, k+2, \cdots, k+n$ 中总能出现,符合题意.注意到当且仅当 $n-j+1\leqslant i\leqslant n$ 时,A 的元素从小到大构成等差数列,此时第 i 种颜色是有趣的,于是在这种染色方式下恰有 j 种有趣的颜色.

综上所述,有趣的颜色种数的所有可能值为 $1, 2, \cdots, n$. □

评注 这是一道中等难度的组合数论问题.考试中约 36% 的同学做对此题.本题的关键是发现每种颜色的数从某项开始是公差为 n 的等差数列,这就得出至少有一种有趣的颜色.构造的方法不唯一,上述解法是在公差为 n 的无穷等差数列基础上添加干扰项来控制等差数列的个数,从而构造出恰有 $j(1\leqslant j\leqslant n)$ 种有趣的颜色的例子.

5. 设非负实数 $x_1, x_2, \cdots, x_{2018}$ 满足 $\sum_{1\leqslant i<j\leqslant 2018} x_i x_j=1$.求

$$\sum_{i=1}^{2018}\frac{1}{s-x_i}$$

的最小值,其中 $s=\sum_{i=1}^{2018}x_i$.

解法一 所求的最小值为 $2\sqrt{2016}=24\sqrt{14}$.

由条件知,

$$\sum_{i=1}^{2018}\frac{1}{s-x_i}=\sum_{i=1}^{2018}\frac{1}{s-x_i}\left(\sum_{1\leqslant j<k\leqslant 2018}x_j x_k\right)$$
$$=\sum_{i=1}^{2018}\frac{1}{s-x_i}\left(x_i\sum_{j\neq i}x_j+\sum_{1\leqslant j<k\leqslant 2018,j\neq i,k\neq i}x_j x_k\right)$$

$$= \sum_{i=1}^{2018} \frac{1}{s-x_i} \Big[x_i(s-x_i) + \sum_{1 \leqslant j < k \leqslant 2018, j \neq i, k \neq i} x_j x_k \Big]$$

$$= \sum_{i=1}^{2018} x_i + \sum_{i=1}^{2018} \frac{1}{s-x_i} \cdot \sum_{1 \leqslant j < k \leqslant 2018, j \neq i, k \neq i} x_j x_k$$

$$\geqslant s + \sum_{i=1}^{2018} \frac{1}{s} \cdot \sum_{1 \leqslant j < k \leqslant 2018, j \neq i, k \neq i} x_j x_k$$

$$= s + \frac{2016}{s} \geqslant 2\sqrt{2016}.$$

当 $x_1 + x_2 = \sqrt{2016}$，$x_1 x_2 = 1$，$x_3 = x_4 = \cdots = x_{2018} = 0$ 时取到等号. □

解法二（雅礼中学陈子云） 不妨设 x_1、x_2 为 $x_1, x_2, \cdots, x_{2018}$ 中最大的两个. 注意到

$$s^2 - \sum_{i=1}^{2018} x_i^2 = 2 \sum_{1 \leqslant i < j \leqslant 2018} x_i x_j = 2$$

和

$$\sum_{i=3}^{2018} x_i^2 \leqslant \sum_{i=3}^{2018} x_2 x_i = x_2 \cdot \sum_{i=3}^{2018} x_i = x_2(s - x_1 - x_2),$$

故

$$2 = s^2 - \sum_{i=1}^{2018} x_i^2 \geqslant s^2 - x_1^2 - x_2^2 - x_2(s - x_1 - x_2)$$

$$= s^2 - sx_2 - x_1^2 + x_1 x_2 = (s - x_1)(s + x_1 - x_2).$$

故 $\dfrac{1}{s-x_1} \geqslant \dfrac{s+x_1-x_2}{2}$. 同理，$\dfrac{1}{s-x_2} \geqslant \dfrac{s+x_2-x_1}{2}$，从而

$$\sum_{i=1}^{2018} \frac{1}{s-x_i} = \frac{1}{s-x_1} + \frac{1}{s-x_2} + \sum_{i=3}^{2018} \frac{1}{s-x_i}$$

$$\geqslant \frac{s+x_1-x_2}{2} + \frac{s+x_2-x_1}{2} + \frac{2016}{s}$$

$$= s + \frac{2016}{s} \geqslant 2\sqrt{2016} = 24\sqrt{14}.$$

当 $x_1 = \dfrac{\sqrt{2016} - \sqrt{2012}}{2}$，$x_2 = \dfrac{\sqrt{2016} + \sqrt{2012}}{2}$，$x_3 = x_4 = \cdots = x_{2018} = 0$ 时可以取到等号.

综上，所求的最小值为 $24\sqrt{14}$. □

评注 这是一道相当困难的不等式问题，考试中约 2‰ 的同学做对此题. 首先要猜出取等条件，可以把序列中 2016 项取为 0，剩下两项待定系数来确定最小值. 下界的证明非常困难.

解法一先要对原式做恒等变形,通过观察取等条件把 $\dfrac{1}{s-x_i}$ 放缩为 $\dfrac{1}{s}$,最后用均值不等式证得了结论.

解法二采用优化的思想,选取 x_i 中最大的两个元,并建立对应的局部不等式,并将其他 $\dfrac{1}{s-x_i}$ 放缩为 $\dfrac{1}{s}$,再利用均值不等式得到结果.

对于 $n\geqslant 2$ 个实数的情形.当 $n\geqslant 6$ 时,上述方法仍然有效;在 $n<6$ 时,上述两个方法无法取等,需要对 s 与 2 的大小进行分类处理.

6. 设 A_0,A_1,A_2,$\cdots$,A_{999} 是平面上两两不同的点,且无三点共线.问:点 A_0 最多是多少个三角形 $A_iA_jA_k(1\leqslant i<j<k\leqslant 999)$ 的内点.

解法一 我们考虑更一般的情形:假设平面上有 $2n+2$ 个不同的点 A_0,A_1,A_2,$\cdots$,A_{2n+1},且无三点共线,设此时 A_0 至多是 a_n 个三角形 $A_iA_jA_k(1\leqslant i<j<k\leqslant 2n+1)$ 的内点. 我们证明 $a_n=\dfrac{n(n+1)(2n+1)}{6}$.

首先给出构造. 取 A_i 为一正 $2n+1$ 边形顺次排列的 $2n+1$ 个顶点,A_0 为其圆心. 若 A_0 在三角形 $A_1A_iA_j$ 内,不妨设 $i<j$,那么 $i\leqslant n+1$.注意到固定 i 时,j 有 $i-1$ 种选择:$n+2$,$\cdots$,$n+i$. 故总共的三角形数为 $1+\cdots+n=\dfrac{n(n+1)}{2}$. 由对称性,$A_0$ 在

$$\frac{1}{3}\cdot(2n+1)\cdot\frac{n(n+1)}{2}=\frac{n(n+1)(2n+1)}{6}$$

个三角形之中.

另一方面,我们证明 $a_n\leqslant\dfrac{n(n+1)(2n+1)}{6}$.事实上,只需证明必然存在两个顶点,$A_0$ 至多在 n^2 个含这两个顶点作为顶点的三角形中.   （＊）

此时有 $a_n\leqslant a_{n-1}+n^2$,易知 $a_1=1$,故 $a_n\leqslant\dfrac{n(n+1)(2n+1)}{6}$.

注意到点 A_0 在 $\triangle A_iA_jA_k$ 中等价于向量 $\overrightarrow{A_0A_i}$、$\overrightarrow{A_0A_j}$、$\overrightarrow{A_0A_k}$ 不能在一条过 A_0 的直线同侧,即只与向量 $\overrightarrow{A_0A_i}$、$\overrightarrow{A_0A_j}$、$\overrightarrow{A_0A_k}$ 的方向有关,故我们可以作一个充分大的圆并延长射线 A_0A_i 交圆于 B_i,用 B_i 代替 A_i,于是我们可以假设所有 A_i 共圆,且圆心为 A_0.

假设 $\angle A_iA_0A_j$ 中最大的是 $\angle A_1A_0A_2$,我们证明这两个顶点就符合要求. 设劣弧 $\overset{\frown}{A_1A_2}$ 上有 A_i 中 a 个点,优弧 $\overset{\frown}{A_1A_2}$ 上有 A_i 中 b 个点,则 $a+b=2n-1$.

若 A_0 在三角形 $A_1A_2A_i$ 内，那么 A_i 在优弧 $\overgroup{A_1A_2}$ 上，这样的三角形至多有 b 个. 若 A_0 在同一段弧上的两个点与 A_1 作为三个顶点的三角形的内部，那么这两个点必然在直线 A_0A_1 异侧，于是只能在优弧 $\overgroup{A_1A_2}$ 上. 那么，这两个点中与 A_2 在直线 A_0A_1 同侧的点，不妨设为 A_3，必然在劣弧 $\overgroup{A_2T}$ 上，其中 T 为 A_1 的对径点，故 $\angle A_1A_0A_3 > \angle A_1A_0A_2$，矛盾.

同理，A_0 也不可能在同一段弧上的两个点与 A_2 作为三个顶点的三角形的内部.

对于在不同两段弧上的两点 A_i、A_j，且 A_1、A_i、A_2、A_j 在圆上顺次排列，故 A_0 只能在三角形 $A_1A_iA_j$ 和三角形 $A_2A_iA_j$ 之一中，这样的三角形至多有 ab 个. 那么，A_0 至多在

$$b + ab = b(a+1) \leqslant \frac{(a+b+1)^2}{4} = n^2$$

个含这两个顶点作为顶点的三角形中，这就证明了命题.

特别地，本题的答案即 $a_{499} = 41541750$. □

解法二（浙江省杭州第二中学黄启昀）　点 A_0 在 $\triangle A_iA_jA_k$ 中等价于向量 $\overrightarrow{A_0A_i}$、$\overrightarrow{A_0A_j}$、$\overrightarrow{A_0A_k}$ 不能在一条过 A_0 的直线同侧，即只与向量 $\overrightarrow{A_0A_i}$、$\overrightarrow{A_0A_j}$、$\overrightarrow{A_0A_k}$ 的方向有关，故我们可以作一个充分大的圆并延长射线 A_0A_i 交圆于 B_i，用 B_i 代替 A_i，于是我们可以假设所有 A_i 共圆，且圆心为 A_0.

定义 3-圈为 $A \to B \to C \to A$ 的三点组 (A, B, C). 定义点对 (A, BC) 为同向点对，若 $A \to B$，$A \to C$ 或者 $B \to A$，$C \to A$.

在 A_i、$A_j (i \neq j)$ 连一条有向边当且仅当 A_0、A_i、A_j 按顺时针方向构成三角形的三个顶点，则 $\triangle A_iA_jA_k$ 包含 A_0 等价于 A_i、A_j、A_k 为一个 3-圈，也等价于 A_i、A_j、A_k 无同向点对.

易知，$\triangle A_iA_jA_k$ 不包含 A_0 等价于 A_i、A_j、A_k 不构成 3-圈，也等价于 A_i、A_j、A_k 含 2 个同向点对.

下面计算同向点对的个数.

设 A_i 的出度为 t_i，则入度为 $998 - t_i$. 故同向点对的个数为

$$\sum_{i=1}^{999} (C_{t_i}^2 + C_{998-t_i}^2) = \sum_{i=1}^{999} \left[\frac{t_i^2 + (998-t_i)^2}{2} - 499 \right]$$

$$\geqslant 999 \cdot 2 \cdot C_{499}^2.$$

故 A_0 至少不是 $\dfrac{999 \cdot 2 \cdot C_{499}^2}{2} = 999 \cdot C_{499}^2$ 个三角形的内点.

从而 A_0 至多是 $C_{999}^3 - 999 \cdot C_{499}^2 = 41541750$ 个三角形的内点.

当 $A_i (1 \leqslant i \leqslant 999)$ 构成以 A_0 为中心的正 999 边形时，等号成立. □

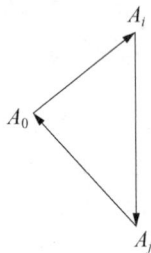

评注 这是一道有一定难度的组合几何问题,考试中约 2% 的同学做对此题. 构造只需取正 $2n+1$ 边形的顶点和它的中心即可.

解法一把问题一般化为偶数个点的情形,然后使用数学归纳法. 归纳过渡中要先把问题化简为其余 $2n+1$ 个点共圆且 A_0 是其圆心的情况,然后找出形成最大圆弧的两个点,再对圆的两段弧上的点所形成的包含 A_0 的三角形个数进行讨论就可以得出结论.

解法二先将问题等价转化为长度为 3 的有向圈的个数最大值问题,由于不形成有向圈的三元组中恰有两个同向点对,再对每一点引出的有向边形成的同向点个数对用柯西不等式进行下界估计(这里使用了典型的算两次手法),这就得到了有向圈个数的上界估计.